中文社会科学引文索引（CSSCI）来源集刊

南京大学学衡研究院成立十周年纪念特辑

◎ 孙江 主编

亚洲概念史研究

第13卷

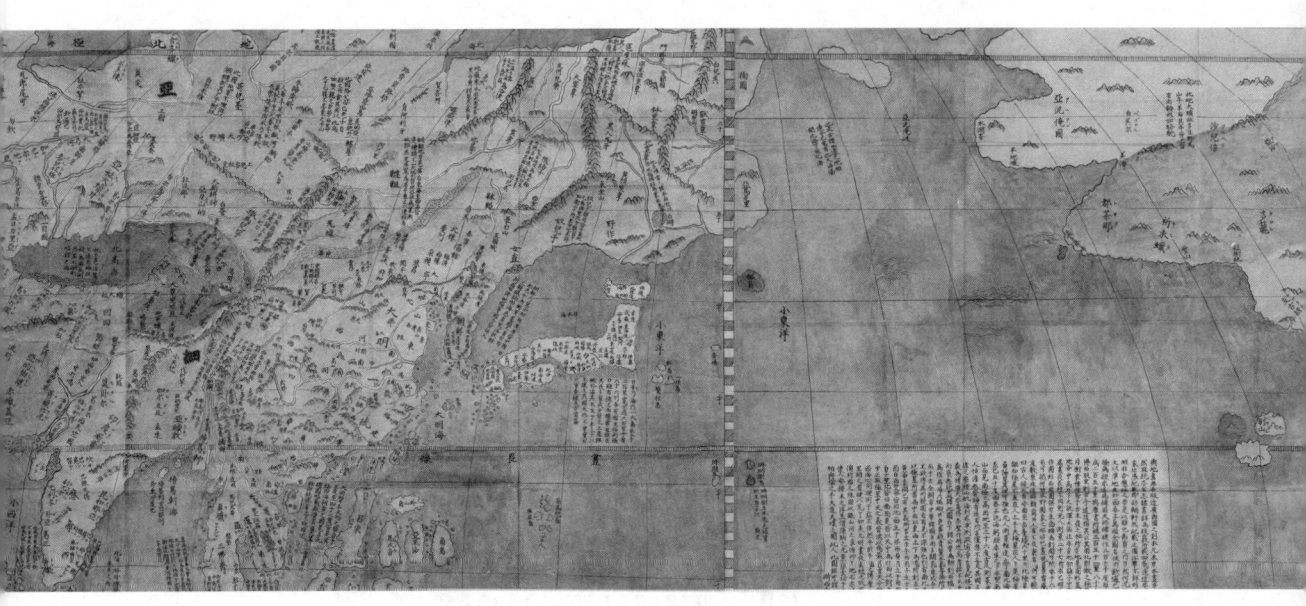

商务印书馆
创于1897　The Commercial Press

图书在版编目（CIP）数据

亚洲概念史研究 . 第 13 卷 / 孙江主编 . -- 北京：商务印书馆 , 2025. -- ISBN 978-7-100-24430-5

Ⅰ . K300.7-55

中国国家版本馆 CIP 数据核字第 2024WC6878 号

南京大学"双一流"经费和人文基金资助项目

权利保留，侵权必究。

亚洲概念史研究
第 13 卷
孙 江 主编

商 务 印 书 馆 出 版
（北京王府井大街 36 号 邮政编码 100710）
商 务 印 书 馆 发 行
南京新世纪联盟印务有限公司印刷
ISBN 978-7-100-24430-5

2025 年 6 月第 1 版	开本 787×1092 1/16
2025 年 6 月第 1 次印刷	印张 21¼

定价：98.00 元

《亚洲概念史研究》

主 办 方：南京大学学衡研究院
主　　编：孙　江
编辑委员会：李恭忠　李里峰　刘　超　闵心蕙　邱伟云
　　　　　　宋逸炜　王瀚浩　王　楠　于京东

开卷语

名不正,则言不顺。言不顺,则事不成。

历经"语言学的转变"之后,由不同学科条分缕析而建构的既有的现代知识体系受到质疑,当代人文社会科学正处在重要的转型期。与此同时,一项名为"概念史"的研究领域异军突起,越来越多的学者注意到,概念史是反求诸己、推陈出新的必经之路。

"概念史"(Begriffsgeschichte/conceptual history)一语最早见诸黑格尔《历史哲学》,是指一种基于普遍观念来撰述历史的方式。20世纪中叶以后,概念史逐渐发展为一门关涉语言、历史和思想的新学问。从概念史的角度来看,概念由词语表出,但比词语含有更广泛的意义;一定的社会、政治经验和意义积淀于特定的词语并被表征出来后,该词语便成为概念。概念史关注文本的语言和结构,通过对历史上主导概念的研究来揭示该时代的特征。

十年前,本刊部分同仁即已涉足概念史研究,试图从东西方比较的角度,考察西方概念如何被翻译为汉字概念,以及汉字圈内不同国家和地区之间概念的互动关系,由此揭示东亚圈内现代性的异同。当初的设想是,从"影响20世纪东亚历史的100个关键概念"入手,梳理概念的生成历史以及由此建构的知识体系,为展开进一步的研究奠定基础。但是,阴差阳错,力小而任重,此一计划竟迟迟难以付诸实行。

十年后,缘起石城,南京大学人文社会科学高级研究院先后于2010年和2011年主办两次"东亚现代知识体系构建"国际学术研讨会,来自各国的学者围绕概念史的核心问题展开了热烈讨论。本刊编委会急切地认识到,要想推进概念史研究,必须进行跨文化、跨学科的努力。

本刊是通向概念史研究的一条小径,举凡讨论语言、翻译、概念、文本、分科、制度以及现代性的论文及评论,皆在刊登之列。通过出版本刊,我们希望达到如下目标:首先梳理中国现代知识体系的生成与演变,继而在东亚范围内进行比较研究,最后在全球史(global history)视野下,从中国和东亚的视角与欧美学界进行学术、理论对话。

本刊将本着追求学术、献身学术的宗旨,为推动撰写"影响20世纪东亚历史的100个关键概念"做知识和人力准备,诚恳欢迎学界内外的朋友给予关心和支持。我们不敢自诩所刊之文篇篇珠玑,但脚踏实地、力戒虚言,将是本刊一以贯之的态度。

Verba volant, scripta manent(言语飞逝,文字恒留)。

《亚洲概念史研究》编委会

目 录

理论视野

"现代"(Moderne)的另一种概念方案:科泽勒克论"Neuzeit"概念
………………………………………………………… 王基臣（3）
　一、引言 ……………………………………………………（3）
　二、"Neuzeit"的时间性分析 ………………………………（6）
　三、"Neuzeit"的概念史研究 ………………………………（12）
　四、"Neuzeit"究竟有多新? …………………………………（18）
　五、"Neuzeit"与"Moderne"之争 …………………………（21）
　六、结语 ……………………………………………………（26）

情感的空间

　主义还是问题
　　——孙中山《大亚洲主义》新释 ………………… 孙　江（31）
　　一、小引 …………………………………………………（31）
　　二、到神户去 ……………………………………………（33）

三、共感的空间 ……………………………………………（37）
四、主义抑或问题 …………………………………………（41）
五、结语 ……………………………………………………（45）

汪康年的观念世界
　　——兼论实践家的思想史意义 ……………………李里峰（46）
一、西与中 …………………………………………………（47）
二、变与守 …………………………………………………（53）
三、国与民 …………………………………………………（59）
四、官与绅 …………………………………………………（65）
五、结语 ……………………………………………………（72）

白璧德的新人文主义情感观及其对中国的影响与启示
　　………………………………………………………刘　超（75）

情感的重塑
　　——中国古今情感概念的交织与演进
　　………………………………………范明蕙　邱伟云（86）
一、引言 ……………………………………………………（86）
二、情感概念从传统到近代的极性翻转 …………………（87）
三、情感概念在近代极性翻转的概念桥梁 ………………（98）
四、结语：中国近代社会变革的情感驱动 ………………（103）

"祖宗"的力量
　　——梅光迪的文化救国思想 ……………………赵千迪（105）
一、引言 ……………………………………………………（105）
二、"祖宗"的危机 …………………………………………（107）
三、中国文化的危机 ………………………………………（111）
四、在民族危机中召唤"祖宗" ……………………………（113）
五、结语 ……………………………………………………（118）

《学衡》译载的《柏拉图对话集》的底本问题研究 ………虞　越（120）
一、引言 ……………………………………………………（120）

二、《学衡》译本的底本辨析 ……………………………………(121)

　　三、《学衡》译本的底本之确定 …………………………………(124)

　　四、余论 ……………………………………………………………(132)

概念实践

"江湖":一个前近代的"社会"近似概念 ……………………李恭忠(137)

　　一、"江湖"的三个维度:地理、文化与集体行为 ………………(138)

　　二、作为人际空间的"江湖" ………………………………………(140)

　　三、作为文化传统的"江湖" ………………………………………(145)

　　四、"江湖"的社会理论意涵 ………………………………………(150)

"脑质"与"气质"

　　——晚清形塑国民思想的两个关键词 ……………闵心蕙(155)

　　一、脑质:可视的格致名词 …………………………………………(158)

　　二、气质:理学旧词的焕新 …………………………………………(164)

　　三、《亚东时报》所见变易脑质与变化气质 ……………………(168)

　　四、结语 ……………………………………………………………(171)

"干部是什么"?

　　——基于先锋队理论的视角 ………………………谢　任(174)

　　一、引言 ……………………………………………………………(174)

　　二、渊源:俄国的而非日本的 ……………………………………(175)

　　三、内涵:"先锋队的先锋队" ……………………………………(180)

　　四、异同:与"官僚"的联系和区别 ………………………………(186)

　　五、结语 ……………………………………………………………(191)

"青年"概念的创出与发生

　　——基于共产主义视角的考察(1921—1927) ………葛银丽(193)

　　一、引言 ……………………………………………………………(193)

　　二、研究回顾 ………………………………………………………(198)

　　三、中俄关系 ………………………………………………………(200)

四、共产国际 …………………………………………………（204）
　　五、结语 ……………………………………………………（209）
1928—1931年《暂行反革命治罪法》在江苏的司法实践
　　………………………………………………… 张安康（211）
　　一、引言 ……………………………………………………（211）
　　二、"反革命罪"的制度设计 ………………………………（212）
　　三、"反革命"案件的告发和受理 …………………………（214）
　　四、"反革命"案件的审理 …………………………………（217）
　　五、结语 ……………………………………………………（221）
重塑水域：1930年代太湖造园规划及其历史演进 ………… 黎心竹（222）
　　一、1930年代前后太湖造园情况 …………………………（223）
　　二、从"太湖森林公园"到"国立太湖公园" ……………（227）
　　三、造园中的"森林""水域"及其公共性展演 …………（232）
　　四、公共游览与太湖"水域"景观营造的多维实践 ………（239）
　　五、余论 ……………………………………………………（247）

东瀛新论

明治初期日本知识人的社会主义观 ………………………… 郑雪君（253）
　　一、"ソシアリスメ"（社会主义） ………………………（254）
　　二、"社会说"（社会主义） ………………………………（256）
　　三、"マルクス"（马克思） ………………………………（261）
大正"德谟克拉西"的黄昏 ………………………………… 王瀚浩（267）
　　一、天皇制的龃龉 …………………………………………（267）
　　二、"德谟克拉西"三调 ……………………………………（269）
　　三、"德谟克拉西"的困境 …………………………………（274）
1941年德王第二次访日
　　——以日方档案为中心的考察 ………………… 景梦如（281）
　　一、引言 ……………………………………………………（281）

二、再度访日的缘由 ······ (283)
三、日本政府的应对 ······ (287)
四、两场仪式表演 ······ (291)
五、德王与日本高层 ······ (295)
六、结语 ······ (300)

学术书评

"伟大民族"抑或"伟大的国家"?
——兼评科林·琼斯 *The Great Nation: France from Louis XV to Napoleon* ······ 宋逸炜(305)
一、引言 ······ (305)
二、从"Nation"到"La Grande Nation" ······ (306)
三、法国革命史研究中的"La Grande Nation" ······ (310)
四、科林·琼斯及其"The Great Nation" ······ (313)
五、结语 ······ (318)

书写有情节的思想史
——周月峰《另一场新文化运动：五四前后"梁启超系"再造新文明的努力》读后 ······ 潘恩源(320)
一、追索复调的"五四" ······ (320)
二、描摹思想的"肌理" ······ (323)
三、文化与政治的纠缠 ······ (325)

征稿启事 ······ (328)

理论视野

"现代"(Moderne)的另一种概念方案：
科泽勒克论"Neuzeit"概念

王基臣*

一、引言

1989年11月23日，德国第三届"历史学会奖"(Preis des Historischen Kollegs)颁奖典礼在慕尼黑举行，①西德联邦总统里夏德·冯·魏茨泽克(Richard von Weizsäcker)亲自为莱因哈特·科泽勒克(Reinhart Koselleck)颁奖，以表彰他在学术领域的杰出贡献，尤其是过去二十年间他所主导的概念史研究重大成果——《历史性基本概念：德国政治—社会语言历史辞典》(*Geschichtliche Grundbegriffe: Historisches Lexikon zur politisch-sozialen Sprache in Deutschland*)。

《历史性基本概念》辞典第一卷于1972年出版，至1989年末，辞典的最终

---

* 王基臣，南京大学政府管理学院博士研究生。
① 关于这届颁奖典礼的记录，参见由历史学会基金会整理的文献汇编《第三届历史学会奖颁奖典礼》(Stiftung Historisches Kolleg Hg., *Dritte Verleihung des Preises des Historischen Kollegs, Schriften des Historischen Kollegs*, Dokumentationen 7, München, 1991)。

卷已基本完成。① 辞典以历史语义学方式分析百余个"基本概念",其主旨是"从概念化的历史中考察旧世界的解体和现代世界(moderne Welt)的出现"。② 科泽勒克认为,自约1750年起,古典概念的含义经历了一场深刻且酝酿已久的变革。在这场变革中,既有的概念和新兴的概念都获得了至今仍然适用的意义。正是由于这些概念所承载的经验发生了加速变化,我们所处的"Neuzeit"(新时代)才能真正被理解为一个"neue Zeit"(新的时代)。③ 简言之,《历史性基本概念》辞典旨在揭橥"新时代"的开启,以及伴随而来的加速的时间经验。

颁奖典礼上,科泽勒克作公开演讲《新时代有多新?》("Wie neu ist die Neuzeit?")。④ 然而,作为主题词的"新时代"——在辞典第一卷导论中被视为概念史目标的关键概念——在《历史性基本概念》辞典中却没有专门词条。1977年,科泽勒克明确表示:"迄今为止,关于'新时代'的概念史研究仍然缺失。"⑤ 至1992年项目结束,这一词条仍旧空白。对此,科泽勒克在辞典收官卷中提到,编纂过程中的一大遗憾是部分关键概念的缺席,尤其是Raum(空间)与Zeit/Zeitalter(时间/时代)这组重要的概念未能及时编写。⑥ 其中的关键概念"新时代",在这项学术工程竣工时,依然未能出现。

"Neuzeit"是由"neu"(新)和"Zeit"(时代/时间)构成的德语复合词,中文一般译作"现代",常与另一个由拉丁语词modernus发展而来的"Moderne"混

---

① 指第七卷,该卷正式出版于1992年,辞典第八卷为专门索引卷。在奥托·布伦纳(Otto Brunner)和维尔纳·孔茨(Werner Conze)相继去世后,辞典编纂工作已完全由科泽勒克负责。

② Reinhart Koselleck, "Einleitung", in Otto Brunner, Werner Conze, Reinhart Koselleck Hg., *Geschichtliche Grundbegriffe: Historisches Lexikon zur politisch-sozialen Sprache in Deutschland*, Bund 1, Stuttgart: Klett-Cotta, 1972, S. XIV.

③ Reinhart Koselleck, "Einleitung", in Otto Brunner, Werner Conze, Reinhart Koselleck Hg., *Geschichtliche Grundbegriffe: Historisches Lexikon zur politisch-sozialen Sprache in Deutschland*, Bund 1, Stuttgart: Klett-Cotta, 1972, S. XV.

④ Reinhart Koselleck, *Zeitschichten: Studien zur Historik*, Frankfurt am Main: Suhrkamp, 2000, S. 225-239.

⑤ Reinhart Koselleck, *Vergangene Zukunft: Zur Semantik geschichtlicher Zeiten*, Frankfurt am Main: Suhrkamp, 1995, S. 305.

⑥ Reinhart Koselleck, "Vorwort", in Otto Brunner, Werner Conze, Reinhart Koselleck Hg., *Geschichtliche Grundbegriffe: Historisches Lexikon zur politisch-sozialen Sprache in Deutschland*, Bund 7, Stuttgart: Klett-Cotta, 1992, S. VII.

同。英语在翻译"Neuzeit"时同样存在模糊性,通常用"modern"(现代)或"modernity"(现代性)来表示,但两者的侧重点不同。① "Neuzeit"指的是从中世纪到现代断裂式的过渡,在德语历史学语境中,具有更为复杂的时间意识。而"Moderne"一般指启蒙运动以后的历史阶段,突出技术、政治、经济和社会的发展,其核心理念是进步与理性。②

尽管在《历史性基本概念》辞典中"新时代"概念缺席了,但科泽勒克多篇以"新时代"为研究主题的文稿,多角度反映了他对这一关键概念的理解。主要包括:1965 年《早期新时代之过去的未来》("Vergangene Zukunft der frühen Neuzeit")③、1977 年《"新时代":论现代运动概念的语义学》("'Neuzeit': Zur Semantik moderner Bewegungsbegriffe")④,以及 1989 年的演讲《新时代有多新?》。上述文章或讲稿在写作时间上几乎覆盖了《历史性基本概念》辞典编纂的全部阶段,展现了科泽勒克对"新时代"的长期考量。

科泽勒克对"新时代"概念的剖析,最初从历史性时间理论的角度切入,强调"新时代"蕴含未来加速逼近的"时间性结构",继而运用概念史的方法,展现了"新时代"作为划分历史时期的标志,如何通过承载"时间"的意义,最终影响了政治和社会运动的发展,简言之,即揭示了概念的时间化如何演变为概念的政治化过程。科泽勒克认为,相较于"现代"概念,"新时代"不仅反映了历史加速的进程,更是经由加速的历史时间带出一种危机。随着"新时代"的到来,时间的加速感愈加明显,历史事件的间隔迅速缩短,未来期望与现实间的矛盾日益加剧。

战后德国,经历了法西斯主义与战后重建,学者们对现代性的双重影响有了更为切身的洞察,德国学界弥漫着关于现代性的激烈争议。由于与政治

---

① 例如,海德格尔(Martin Heidegger)著作中 Neuzeit 通常被英译为"Modernity",参见 Mark A. Wrathall ed., *The Cambridge Heidegger Lexicon*, Cambridge: Cambridge University Press, 2021, pp.493-496.

② 本文中,"Moderne"相关词组,遵循"现代"一贯译法,"Neuzeit"则译为"新时代"以作区分,另外,"neuzeitlichen"译为"新时代性的","neue Zeit"译为"新的时代","frühen Neuzeit"译为"早期新时代"。

③ Reinhart Koselleck, *Vergangene Zukunft: Zur Semantik geschichtlicher Zeiten*, Frankfurt am Main: Suhrkamp, 1995, S.17-37.

④ Reinhart Koselleck, *Vergangene Zukunft: Zur Semantik geschichtlicher Zeiten*, Frankfurt am Main: Suhrkamp, 1995, S.300-348.

保守主义阵营特别是卡尔·施米特(Carl Schmitt)等人的亲近,科泽勒克被哈贝马斯(Jürgen Habermas)视为"施米特主义者"。事实上,科泽勒克并不是哈贝马斯所批判的倡导回归传统的保守主义者。区别于哈贝马斯强调"现代"概念,科泽勒克通过"新时代"概念强调现代性自身所包含的内在危机与不确定性。20世纪末"新时代有多新?"的问题再次被抛出,恰恰展现了科泽勒克对语言、政治和历史之间复杂关系的谨慎批判,表达了一种基于历史结构分析的、审慎的"现代性"之理解。

二、"Neuzeit"的时间性分析

《早期新时代之过去的未来》是1965年科泽勒克获得教授资格后,首次以历史学教授身份在海德堡所作的演讲。该文以阿尔布雷希特·阿尔特多费(Albrecht Altdorfer)1529年所作名画《亚历山大在伊苏斯之战》(*Alexanderschlacht*)为线索开篇。画作描绘了公元前333年秋,亚历山大率领马其顿军队和波斯皇帝大流士三世的军队,在奇里乞亚古城附近的伊苏斯进行的关键一战。正是这场战役,开启了希腊化时代。绘画中,阿尔特多费使用了"时代错置"(Anachronismus)手法:画中亚历山大率领马其顿人对抗波斯人的形象,被替换成了神圣罗马帝国皇帝马克西米利安一世率领军队对抗土耳其人的样貌。这幅画绘就的同年(1529年),土耳其人围攻维也纳失败。因此,阿尔特多费所描绘的历史事件,对他来说反而是当代的(zeitgenössisch)。科泽勒克认为,这种"时代错置"手法恰恰表明了过去、现在和未来被一个共同的"历史性视域(Horizont)"所包围。① 这种融合多维度时间结构的历史视域是"新时代"特有的时间意识。并且,现在、过去与未来之间的距离随着新时代的来临,变得愈发紧凑:

概括地说,在这几个世纪中,我们所面对的是历史的时间化(Verzeitlichung),在时间化的末期,出现了我们现代所特有的那种加速度。因此,我们要探究的是所谓早期新时代的特殊性质。在这样做的时

---

① Reinhart Koselleck, *Vergangene Zukunft: Zur Semantik geschichtlicher Zeiten*, Frankfurt am Main: Suhrkamp, 1995, S.18.

候,我们仅限于从那个时代的几代人各自的未来,简而言之,从过去的未来,来探究今天呈现在我们面前的那一面。①

就"早期新时代之过去的未来"题义而言,科泽勒克所要关注的是"早期新时代"(约1500年到1789年革命)中各式对未来的期望及其变化,并探究这种时间意识如何影响"新时代"的时间性结构,以至于导致了政治和社会的加速变革。

在科泽勒克看来,从中世纪至16世纪,包括《亚历山大在伊苏斯之战》所属的基督教历史时期,对未来的看法总体上被《圣经》中的末世论(Eschatologie)解释所主导。但随着宗教改革,围绕末日解释权的斗争逐渐加剧,教会所推算的世界末日时间点被不断推迟,最终导致末世论本身被淡化。17世纪后,关于未来的解释权从教会手中转移到专制国家及其行政体系之中。国家通过压制对末日和占星术的解读,强行垄断了对未来的控制权。科泽勒克引用格劳秀斯(Grotius)1625年出版的《战争与和平法》(*De Jure Belli ac Pacis Libri Tres*)内容,来说明政治家在与教会争夺未来解释权中取得的胜利:

> 神学家,你们要提防一切胆大包天的事情;
> 政治家,你们要提防一切胆大包天的神学家。②

除了政治家,想要在这场未来解释中抢占话语权的人,还包括人文主义者和怀疑论者,例如蒙田(Michel de Montaigne)和培根(Francis Bacon),在德国是斯宾诺莎(Baruch de Spinoza),他们通过对神谕和宗教迷信的批判,参与

---

① Reinhart Koselleck, *Vergangene Zukunft: Zur Semantik geschichtlicher Zeiten*, Frankfurt am Main: Suhrkamp, 1995, S.19.
② 值得注意的是,该引用还出现在科泽勒克1966年7月26日寄给施米特的《洛伦茨·冯·施泰因关于普鲁士宪法论文的历史性预测》("Geschichtliche Prognose in Lorenz v. Steins Schrift zur preußischenVerfassung")文章赠语中,科泽勒克额外补充了一句:"不正义的理由=在没有上帝授命的情况下实现预兆……(causa injusta = voluntas implendi vaticinia sine dei mandato…)"参见 Reinhart Koselleck, Carl Schmitt, *Der Briefwechsel 1953 - 1983 und weitere Materialien*, Berlin: Suhrkamp, 2019, S.203。

了重新描绘未来蓝图的斗争。政治家的算计和人文主义者的质疑,从宗教手中夺走了未来的解释权,最终导致对未来的预言变成了对未来的计划。科泽勒克将其分为理性预测(rationale Prognostik)和历史哲学(Geschichtsphilosophie)。其中,理性预测是对未来的反复计划,即使理性预测失败,也不会怀疑理性自身,反倒会将原因归咎于实现未来的条件还不够充分。随着每一次对未来期望的失望,未来实现的确定性反而在增加。科泽勒克指出其中的悖谬,"未来的时间会以'不可预见的可预见'(unvorhersehbar vorhersehbare)方式,反复从预测中释放出来"。① 概言之,未来被理性预测限制住了开放的可能性,其中的时间性结构发生了变化:"时间总是以一种令人惊讶的方式反映在预测中;一成不变的末世预言被预测中不断更新的时间所取代。因此,从时间性结构角度来看,预测可以被理解为国家的整合因素,它超越了留给它的世界,走向被限制(begrenzte)的未来。"②在科泽勒克看来,比理性预测对未来控制更甚的,是以进步为旗帜、以乌托邦为目的的历史哲学:"在专制政治的阴影下,一种时间和未来的意识开始形成,先是秘密地,后来公开地,由政治和预言的大胆结合来支撑。18世纪的进步哲学是典型的理性预测与救世期望的混合体。"③

科泽勒克此种观点,反映了他对历史主义哲学的批判,这与他的博士学位论文《批判与危机》(*Kritik und Krise*,1959)中的观点一致。《批判与危机》的主要研究对象是"早期新时代"中的历史哲学,揭示了市民阶层启蒙运动和现代性危机之间的复杂关系。④《批判与危机》的主要观点是:在宗教内战被专制主义所压制后,市民阶层通过启蒙运动摧毁了专制制度,并为法国大革命奠定了思想基础。但这一运动催生了乌托邦式的政治思想,推动了政治与道德之间的分裂,并将"批判"从共济会集会、沙龙等私人领域转向了公共领

---

① Reinhart Koselleck, *Vergangene Zukunft: Zur Semantik geschichtlicher Zeiten*, Frankfurt am Main: Suhrkamp, 1995, S.29.
② Reinhart Koselleck, *Vergangene Zukunft: Zur Semantik geschichtlicher Zeiten*, Frankfurt am Main: Suhrkamp, 1995, S.30.
③ Reinhart Koselleck, *Vergangene Zukunft: Zur Semantik geschichtlicher Zeiten*, Frankfurt am Main: Suhrkamp, 1995, S.33.
④ Reinhart Koselleck, *Kritik und Krise: Eine Studie zur Pathogenese der bürgerlichen Welt*, Freiburg/München: Suhrkamp, 1976, S.IX.

域,成为一种实体化的理性法庭。然而,这种批判无意中导致了恐怖统治,特别是在法国大革命中,国家与意识形态结合,导致了极权主义的萌芽。

所谓"危机",科泽勒克在《批判与危机》中将其表述为,启蒙历史主义哲学引发了现代政治危机。而在《早期新时代之过去的未来》中,科泽勒克则从时间性分析角度将危机描述为一种"没有未来的未来"(zukunftslose Zukunft)。历史主义哲学所设想的未来具有两个主要危机。第一,它逼近我们的速度越来越快,历史变动和突发事件的间隔越来越短;第二,它导致了一种"坏的无限",一种"理所应当"的未来:"正如黑格尔所说,在寻找'坏的无限'(schlechte Unendlichkeit)的过程中,行动者的意识依附于一个有限的'尚未'(endliches 'Noch-nicht'),而这个'尚未'具有永久应该(perennierenden Sollens)的形式结构。从此,千年帝国、无阶级社会等虚构故事就有可能变成历史性的现实。"①

科泽勒克指出,法国大革命之前,这种试图掌握未来话语权的历史主义式预言不胜枚举,不乏诸如卢梭(Jean-Jacques Rousseau)、伏尔泰(Voltaire)这样的伟大预言家,满怀对未来的自信期望。然而,鲜有人注意到,这种时间不断加速的、"理所应当"的未来所导致的危机,除了狄德罗(Denis Diderot)。科泽勒克对狄德罗1772年所作的"革命"预测给予了"最伟大"的评价,预测的主要内容是:专制制度下被奴役的人民会站起来反抗,但由于没有目标和计划,最终只能导致无政府状态(Anarchie)。人民不知道如何捍卫获得的自由,于是分裂成不同的党派,并最终成为两股对抗的势力,在野心和贪婪的驱使下,国家走向内战。最终,人民上缴了他们的尊严和自由,内战的局面将由一位救世主式的新时代君主来结束。然而,"这场革命如何继续?无人知晓"(Quelle sera la suite de cette révolution? On l'ignore)。②

狄德罗1772年所作预测之伟大,不仅在于他几乎完全预言了18年后法国大革命的浪潮和走向,甚至预告了作为帝国皇帝的拿破仑的出场。但更重要的是,对于科泽勒克而言,狄德罗的预测同阿尔特多费所绘《亚历山大在伊

---

① Reinhart Koselleck, *Vergangene Zukunft: Zur Semantik geschichtlicher Zeiten*, Frankfurt am Main: Suhrkamp, 1995, S.35.
② Reinhart Koselleck, *Vergangene Zukunft: Zur Semantik geschichtlicher Zeiten*, Frankfurt am Main: Suhrkamp, 1995, S.36.

苏斯之战》一致,其中融合了过去的经验与未来的期望,即"经验空间"(Erfahrungsraum)与"期望视域"(Erwartungshorizont)的融合。① 正是这一点,揭示了经验主体身处历史并影响历史的时间性存在方式。狄德罗、阿尔特多费以及被预测的拿破仑,都以这样时间性存在的方式承担着历史使命。在演讲最后,科泽勒克向读者讲述了《亚历山大在伊苏斯之战》的历史命运:

> 1800年,那位被[狄德罗]预测的拿破仑将这幅画[《亚历山大在伊苏斯之战》]带到了巴黎,并将其挂在他位于圣克劳德的浴室里……他是否意识到西方历史(Geschichte des Abendlandes)在这幅画中如何存在?可以这样假设。拿破仑认为自己是与亚历山大大帝并驾齐驱之人,甚至犹胜。起源(Herkunft)的推动力是如此强大,以至于即使在所谓的1789年革命的新开端中,神圣罗马帝国在救赎历史中早已褪色的使命,仍在熠熠生辉。②

综上所述,《早期新时代之过去的未来》这篇讲稿,虽然与《批判与危机》所关注的"现代性危机"一致,但科泽勒克已将危机根源从历史主义哲学,更进一步地追溯到导致历史主义产生的时间意识之中。启蒙运动以来兴起的历史主义哲学,源自对未来话语权的争夺,并导致了"新时代"的时间化不断加速。根据1966年8月8日科泽勒克与卡尔·施米特通信中的线索,这篇文章聚焦的正是"新时代"的"时间性结构"问题:

> 一旦我着手接下来关于历史时间化的工作,它们将会带来至关重要的帮助。我已越发从预测和未来视域的问题被推向了时间性结构

---

① "经验空间"与"期望视域"是科泽勒克用以突出"历史的时间性"的两个重要范畴。受海德格尔的此在(Dasein)存在论和伽达默尔(Hans-Georg Gadamer)可能性的条件。相关论述主要体现在《"经验空间"与"期望视域"——两个历史学范畴》("'Erfahrungsraum' und 'Erwartungshorizont' - zwei historische Kategorien", 1976)中,参见 Reinhart Koselleck, *Vergangene Zukunft: Zur Semantik geschichtlicher Zeiten*, Frankfurt am Main: Suhrkamp, 1995, S.349-375。

② Reinhart Koselleck, *Vergangene Zukunft: Zur Semantik geschichtlicher Zeiten*, Frankfurt am Main: Suhrkamp, 1995, S.37。

(zeitliche Struktur)方面……这些预测及其相关内容,只有被纳入其他时间性的经验层面并与之联系起来,才能够被充分地理解。①

信中,科泽勒克告知施米特,计划将该讲稿交付《历史学刊》(*Historische Zeitschrift*)印刷出版。同时他也表达了担忧,认为讲稿以画作《亚历山大在伊苏斯之战》作为引子,可能不符合当时学术期刊的规范要求。文章最终未在《历史学刊》发表,而是被收录在1968年为施米特80岁生日献礼的纪念文集中。② 后来,该文成为科泽勒克1979年首部论文集《过去的未来:关于历史性时间的语义学》(*Vergangene Zukunft：Zur Semantik geschichtlicher Zeiten*)的开篇作,并且于1981年以《现代性与历史性的多面》为题,刊登于英语学刊《经济与社会》,成为科泽勒克首篇英译文章。③

从文章内容看,诸如"时间化""时间性结构""经验空间""期望视域""历史性""时间性"等概念的使用,体现了科泽勒克受到海德格尔和伽达默尔的启发,尤其是在历史性时间理论方面。④ 科泽勒克在《早期新时代之过去的未来》中,试图将海德格尔在《存在与时间》中关于"此在"的人类学历史性时间理论,拓展到更广泛的社会历史研究领域。他通过阿尔特多费、狄德罗和拿破仑等人的历史性经验和视域,将个体与整个社会的时间化过程相联结,并提醒听众注意,这种时间性与每一代人、每一个历史主体都息息相关,尤其对于生活在不断加速的"新时代"的我们尤为重要。"新时代"这一复合词,正是对这种"未来加速逼近的时间化"现象的概念性强调。

---

① Reinhart Koselleck, Carl Schmitt, *Der Briefwechsel 1953 - 1983 und weitere Materialien*, Berlin: Suhrkamp, 2019, S.206.
② Hans Barion, Ernst Wolfgang Böckenförde, Ernst Forsthoff, Werner Weber Hg., *Epirrhosis: Festgabe für Carl Schmitt (zum 80. Geburtstag)*, Berlin: Duncker & Humblot, 2002. S.549 - 566.
③ Reinhart Koselleck, "Modernity and the Planes of Historicity", *Economy and Society*, Vol.10, 1981, pp.166 - 183.
④ 关于科泽勒克的历史性时间理论以及其受海德格尔等人的影响,可参考科泽勒克的相关论述,Reinhart Koselleck, "Über die Theoriebedürftigkeit der Geschichtswissenschaft", in *Zeitschichten: Studien zur Historik*, Frankfurt am Main: Suhrkamp, 2000, S.298 - 316。也可参考科泽勒克与施米特的通信中提及的与海德格尔等人的交往经历,Reinhart Koselleck, Carl Schmitt, *Der Briefwechsel 1953 - 1983 und weitere Materialien*, Berlin: Suhrkamp, 2019, S.307.

在演讲的最后,科泽勒克借狄德罗之口提醒听众关注"早期新时代"终末的关键问题:"这场革命如何继续?无人知晓。"①在科泽勒克看来,狄德罗的这一提问打破了理性预测和历史哲学对未来的限定,使未来重新变得不可预测。未来将如何发展,仍是一个没有答案的问题,我们对身处其中的"新时代"还缺乏足够的理解②。正如科泽勒克所指出的,"新时代"的概念史研究至今仍然缺席。

三、"Neuzeit"的概念史研究

《"新时代":论现代运动概念的语义学》于1977年首次发表于科泽勒克主编的文集《关于现代世界开端的诸研究》中。③ 该文集是孔茨组织的"现代社会史工作组"(Arbeitskreis für Moderne Sozialgeschichte)围绕"现代世界开端"问题举行的研讨和文稿汇总。④ 除了科泽勒克的文章外,文集还收录了《历史性基本概念》辞典第四卷"Moderne"词条作者汉斯·乌尔里希·贡布雷希特(Hans Ulrich Gumbrecht)的相关文章。

不同于贡布雷希特关注源自拉丁语的德语外来词"Moderne",⑤科泽勒克强调德语复合词"Neuzeit"对于理解现代世界开端的重要性。在这篇文章中,科泽勒克遵循概念史辞典"分析词语在现代与旧有含义之间的重叠与演变"的原则,⑥对"新时代"概念进行了历史语义学考察,展示了"新时代"及其

---

① 科泽勒克在1989年《新时代有多新?》一文中再次引用了狄德罗的预测和问题。
② 德语中,"理解"(begreifen)与"概念"(Begriff)是同源词。这两个词都来源于动词"greifen",意思是"抓住"或"把握"。begreifen的字面意思可以理解为"抓住"或"掌握"某个想法或事物,进而引申为"理解"或"领悟"。而Begriff则是"抓住"的名词形式,意为"概念"或"定义"。理解(begreifen)某物本质上就是"抓住"并形成一个关于它的概念(Begriff)。
③ Reinhart Koselleck Hg., *Studien zum Beginn der modernen Welt*, Stuttgart: Klett-Cotta, 1977.
④ 孔茨去世后,科泽勒克担任该组织领导者。
⑤ Hans Ulrich Gumbrecht, "Modern Modernität, Moderne", in Otto Brunner, Werner Conze, Reinhart Koselleck Hg., *Geschichtliche Grundbegriffe: Historisches Lexikon zur politisch-sozialen Sprache in Deutschland*, Bund 4, Stuttgart: Klett-Cotta, 1978, S. 93–131.
⑥ Reinhart Koselleck, "Einleitung", in Otto Brunner, Werner Conze, Reinhart Koselleck Hg., *Geschichtliche Grundbegriffe: Historisches Lexikon zur politisch-sozialen Sprache in Deutschland*, Bund 1, Stuttgart: Klett-Cotta, 1972, S. XIV.

相关概念的"时间化"和"政治化"过程。

根据科泽勒克的词语史考察,与可追溯至公元5世纪的"Moderne"相比,①"Neuzeit"确实是一个属于新时代的新词。从18世纪开始,"新的时代"(neue Zeit)这一说法已被包括兰克(Leopold von Ranke)在内的德国历史学者所接受。科泽勒克依据《格林德语词典》考证,复合词"Neuzeit"直至1870年才首次由德国诗人费迪南德·弗赖利格拉特(Ferdinand Freiligrath)使用。② 事实上,笔者研究发现,"Neuzeit"概念的出现要比科泽勒克推测的时间提前约60年。根据柏林-勃兰登堡科学与人文学院的德语文本档案(Deutsches Textarchiv)显示,至少在1810年,弗里德里希·路德维希·扬已在其著作《德意志民族品质》中三次使用了"Neuzeit"这一复合词。③

在德国历史学的时代分期表述中,"古代—中世纪—新时代"(Altertum-Mittelalter-Neuzeit)成为惯例,而唯有"新时代"这个概念,通过其字面含义,直接表达了时间上的新旧对比意识,明确地将中世纪和古代视为与"新时代"相对的"旧时代"。科泽勒克认为,关键问题在于:为什么一个特定的历史时期需要用"Neuzeit"(新-时代)这一假定存在相对"旧时代"的概念来表征,进而引入一种时间性结构?从字面上看,这一表达仅指时间(Zeit),并将其描述为"新"(neu)的。相比之下,贡布雷希特的研究证明,"Moderne"一词早在12世纪就已获得了明确的指代"现在"(Gegenwart)的含义,即"一百年内通过口耳相传仍能为人所知的事物"。④

为了解答这一问题,科泽勒克强调,概念史研究不仅需要关注词语的词源学历史记录(Historie),更为重要的是探究词语意义如何发生流转变化的历史过程(Geschichte)。就"新时代"概念而言,核心问题在于:该概念中的时

---

① Hans Ulrich Gumbrecht, "Modern Modernität, Moderne", in Otto Brunner, Werner Conze, Reinhart Koselleck Hg., *Geschichtliche Grundbegriffe: Historisches Lexikon zur politisch-sozialen Sprache in Deutschland*, Bund 4, Stuttgart: Klett-Cotta, 1978, S. 97.

② 出自 Jacob Grimm, Wilhelm Grimm, *Deutsches Wörterbuch*, Bd. 7, Leipzig: Verlag von S. Hirzel, 1889, S. 689: "Neuzeit, die neue, jetzige Zeit, gegensatz zu vorzeit"(新时代,新的、当前的时代,与从前时代相对); Freiligrath, "ein Kind der neuzeit, fiebernd und erregt"(一个新时代的孩子,狂热而兴奋)。

③ Friedrich Ludwig Jahn, *Deutsches Volksthum*, Lübeck, 1810, S. 247, 301, 409.

④ Hans Ulrich Gumbrecht, "Modern Modernität, Moderne", in Otto Brunner, Werner Conze, Reinhart Koselleck Hg., *Geschichtliche Grundbegriffe: Historisches Lexikon zur politisch-sozialen Sprache in Deutschland*, Bund 4, Stuttgart: Klett-Cotta, 1978, S. 97.

间意识——"新"的含义——是如何在与旧的历史对比中获得的?

科泽勒克认为,答案可以在"文艺复兴"(Renaissance)和"宗教改革"(Reformation)这两个中世纪重要概念的变化中找到。在他看来,对"新时代"的时间意识,正是通过这些中世纪概念逐渐获得时间性结构的过程得以出现。① 根据科泽勒克的分析,17 世纪的历史学在回顾中世纪时,逐渐意识到"文艺复兴"概念隐含着一种"重生的隐喻"(Wiedergeburtsmetapher),而"宗教改革"中则包含着一种必须被完成的未来使命,象征着与旧时代对立的"新时代"。

通过对"文艺复兴"和"宗教改革"的概念史分析,科泽勒克证明了这些原本用于指代文艺和宗教领域个别"事件"(Ereignis)的活动,因其持续性而被历史学理解为一个较长且完整的历史时期。概念中隐含着新旧对比的时间性结构,使得这些中世纪的事件逐渐被 17、18 世纪的历史学家视为开启"新时代"的关键时代门槛(Epochenschwelle)。在这一过程中,新的时间意识出现于一种动态且反思性的时间经验之上,不仅要求对过去的回顾,更需对未来持有开放的期望。② 随着科学的不断进步,早期新时代的人们相信未来会带来更多确定性的期待,在这种动态且反思性的时间经验驱动下,人们逐渐认为自己所处的"新的时代"还不够新,甚至创造了"更新的时代"乃至"最新的时代"(neueste Zeit)的概念。"最新的时代"这一概念的出现,与人们对未来的不断更新的期望相吻合,而启蒙运动和法国大革命所积累的时间经验,则为这一概念的出现提供了政治和社会层面的动力。大革命之后,概念中的时间在加速,最终,人们把自身所处的时代理解为复合概念——"新时代"。

通过对"新时代"的概念史分析,科泽勒克进一步贯彻并阐述了《历史性基本概念》辞典中"四化"标准之一的"时间化"观点。③ "概念的时间化"表明

---

① Reinhart Koselleck, *Vergangene Zukunft: Zur Semantik geschichtlicher Zeiten*, Frankfurt am Main: Suhrkamp, 1995, S.307.
② 关于这种对未来的期望的变化,可以回顾本文第二节对科泽勒克的《早期新时代之过去的未来》的相关阐述。
③ 概念史"四化"标准分别为"民主化"(Demokratisierung)、"时间化"(Verzeitlichung)、"意识形态化"(Ideologisierbarkeit)和"政治化"(Politisierung),参见 Reinhart Koselleck, "Einleitung", in Otto Brunner, Werner Conze, Reinhart Koselleck Hg., *Geschichtliche Grundbegriffe: Historisches Lexikon zur politisch-sozialen Sprache in Deutschland*, Bund 1, Stuttgart: Klett-Cotta, 1972, S.XVI-XIX,相关中文介绍可参见孙江:《概念史研究的中国转向》,《学术月刊》2018 年第 10 期。

了科泽勒克对历史、时间与概念之间关系的深刻理解,在"新时代"概念中,科泽勒克找到了历史时间加速变化最直接的证据:

> 历史是时间化的,因为随着时间流逝,今天的历史会发生变化,而随着距离拉近,过去的历史也会发生变化,或者更确切地说:它在各自的真实性(Wahrheit)中被揭示出来。"新时代"赋予整个过去一种世界历史(weltgeschichtliche)的品质。然而,随之而来的是,正在发生的历史被反思为新的历史,其新颖性(Neuheit)在整个历史中的地位逐渐增强。①

通过对"新时代"概念史的考察,科泽勒克提出了"概念史时间化"的历史学判断标准(Kriterien),并通过不同阶段的时间化表现总结了这一进程:

第一,17世纪历史学开始研究历史事件的内部时间,聚焦于独特的时间点与特定的历史时期。这一阶段的时间化可归结为"个别时间的确定"。第二,1800年前后,全球各地的社会和政治差异成为历史学的经验基础,导致"非同时性的同时性"成为历史认识的核心理论,由此构建出"整体历史的时间结构",时间化表现为"整体历史的建构"。第三,随着历史判断的相对性逐渐被历史学的认识论所接受,主观的历史学视角(subjektiven historischen Perspektive)和历史性陈述的在地化成为焦点,②时间化体现为"过去经验的相对化"。第四,自18世纪末以来,历史学将当代视为一个加速驶向未来的过渡时期,由此,时间化达到了"新时代"的标准,表现为"未来期望的加速"。

---

① Reinhart Koselleck, *Vergangene Zukunft: Zur Semantik geschichtlicher Zeiten*, Frankfurt am Main: Suhrkamp, 1995, S. 327.

② 科泽勒克"历史性陈述的在地化"(Standortbindung geschichtlicher Aussagen)这个表达指历史经验的描述具有空间的相对性。德语"Standortbindung"一词,英译为"Localization"(本土化),中文直译应为"地点-绑定"(Standort-bindung)。科泽勒克1977年写作文章《在地化和时间性:关于史学史开辟历史性世界的文章》("Standortbindung und Zeitlichkeit: Ein Beitrag zur historiographischen Erschließung der geschichtlichen Welt")参见Reinhart Koselleck, *Vergangene Zukunft: Zur Semantik geschichtlicher Zeiten*, Frankfurt am Main: Suhrkamp, 1995, S. 195. 文中科泽勒克强调,除时间性之外,地点相关性对于历史性知识发展具有同等重要的意义:"地点相关性(Standortbezogenheit)是历史性知识的构成要素。它对应于现实的发现,随着时间的推移,过去、现在和未来的维度分歧越来越大。随着这种观点破碎的历史的时间化,我们有必要反思自己的立场,因为它在历史性运动中发生变化。"本文对应"Verzeitlichung"(时间化),将"Standortbindung"译为"在地化"。

第五,新时代中,"过去经验"和"未来期待"之间的鸿沟日益扩大,传统历史学陷入既无法准确言说过去,也难以构想未来的困境。为此,历史学开始依赖一些能够承载"时间性结构"的概念,如"发展"(Entwicklung)和"进步"(Fortschritt)。在这一阶段,时间化最终表现在"概念的时间性"之中。

通过这些判断标准,科泽勒克展示了历史如何被经验为"时间性"的过程。这种历史的时间性经验在"新时代"概念中被转化为包含时间性结构的"基本概念",即所谓"概念的时间化"。科泽勒克指出,最终,"过去经验"与"未来期望"之间的矛盾在政治和社会领域演变为一场"时间争夺战"。政治和社会领域中,保守派试图拖延历史进程,而进步派则希望加速运动。"概念的时间化"由此进一步表现为"概念的政治化":"理论上准备好的基本概念进入了所有政党的舆论形成和政党合法化口号的宝库。这最终体现在自1800年左右以来,人们为了在风起云涌的社会和政治运动中获得洞察力或权力,或同时获得两者而过度利用'时间'本身。"①

如"共和主义"(Republikanismus)、"民主主义"(Demokratismus)等以"主义"(-ismus)为后缀的概念群,就是利用"时间"推动政治运动的鲜明案例。科泽勒克认为,这类概念通过前缀部分附上后缀"-ismus",就能够将自己政治目标的正当性推断到未来。这些主义概念的共同点是:仅有部分意义是来自过去的经验,并且词语中对未来的期望,随着过去经验的缺乏反而在增加。② 除了新造词外,新时代中还有一批古典概念由于"时间化"而获得了新意义,其中最典型的概念是"革命"(Revolution)。这个概念最初用来描述星体的周期性运行,但在法国大革命之后,它获得了朝向未来的"时间性"意义,进而为社会和政治运动赢得了历史正当性。类似的古典概念还包括"Diktatur",这一概念既能够作为"独裁"对过去的政体进行批判,又能够在"无产阶级专政"(Diktatur des Proletariats)的新提法中,获得对未来的解释权和政治行动的正当性,概念的时间化和政治化在"Diktatur"词义的使用变化中展现得淋漓尽致。

---

① Reinhart Koselleck, *Vergangene Zukunft: Zur Semantik geschichtlicher Zeiten*, Frankfurt am Main: Suhrkamp, 1995, S.337.
② Reinhart Koselleck, *Vergangene Zukunft: Zur Semantik geschichtlicher Zeiten*, Frankfurt am Main: Suhrkamp, 1995, S.341.

1978年3月,科泽勒克将《关于现代世界开端的诸研究》文集寄赠施米特时,随信谈及《"新时代":论现代运动概念的语义学》的文章主旨。① 科泽勒克表示,该文所思考的是语言与政治的关系问题:"语言是政治的一个因素和指标。如何将二者结合起来?"科泽勒克认为,自己比以往更接近这个难题。在这篇文章中,科泽勒克直面"新时代"这个概念本身的历史,在对"新时代"的概念史考察中,证明了关键概念如何通过承载"时间"而最终影响到了政治:"'新时代'作为对过渡时期的确定,自其被发现以来就从未失去任何时代性证据。'新时代'一个明确无误的判断标准是它的运动概念——作为社会和政治变革的指标,以及作为意识形态形成、意识形态批判和行为控制的语言因素。"②

古代或中世纪等"旧时代"中的概念建构,主要是将先前积累的经验捆绑到其表达中。对比之下,"新时代"中诞生或转化的概念,则通过否定过去的经验而获得新义和解释权,为了做到这一点,它们必须怀有或唤醒对未来新的期望。最终,这批"新时代"中诞生的历史性基本概念,经由时间化,继而政治化,成为社会运动的因素和指标。"新时代"就是其中最具代表性的历史性基本概念。

在赠予施米特的文集中,科泽勒克写下了一个反问式的留言:"历史中什么时间不是过渡期呢?"③这一反问,显示了科泽勒克对"新时代"及其运动概念的深切忧虑。对于科泽勒克来说,所有历史时期都可以被视为"过渡时期"。将某一时期特别标记为"新时代"不仅是一种空洞的形式化操作,更会导致原本开放的未来被意识形态所限制:"一旦将未来的可取性标准纳入判断中,意识形态驱动的批判性任务就无法再从经验上反驳了。它们所指向的未来只是'新时代'所展开的未来,自此后就再也没有被超越过。"④

---

① Reinhart Koselleck, Carl Schmitt, *Der Briefwechsel 1953 – 1983 und weitere Materialien*, Berlin:Suhrkamp, 2019, S.326.
② Reinhart Koselleck, *Vergangene Zukunft: Zur Semantik geschichtlicher Zeiten*, Frankfurt am Main: Suhrkamp, 1995, S.348.
③ Reinhart Koselleck, Carl Schmitt, *Der Briefwechsel 1953 – 1983 und weitere Materialien*, Berlin:Suhrkamp, 2019, S.329.
④ Reinhart Koselleck, *Vergangene Zukunft: Zur Semantik geschichtlicher Zeiten*, Frankfurt am Main: Suhrkamp, 1995, S.347.

新时代所展开的未来与真实的未来有何不同？未来究竟将会如何？科泽勒克1965年借狄德罗之口提出的问题,仍未得到满意答案。① 似乎对科泽勒克而言,不论是"历史性时间理论"的角度还是"概念史"的研究方法,仍未能缓解对"新时代"概念本身的焦虑,特别是对于置身新时代之中的德国处境而言。科泽勒克对"新时代"的追问来到了1989年这个历史性时刻。

四、"Neuzeit"究竟有多新？

如前所述,1989年11月23日,柏林墙倒塌两周后,第三届"历史学会奖"颁奖典礼上科泽勒克作题为《新时代有多新？》的主旨演讲,该演讲可以视作他对"新时代"概念以及德国政治和历史处境的反思性总结。演讲开始前,历史学会奖创始人兼评审委员会委员阿尔弗雷德·赫尔豪森（Alfred Herrhausen）博士在祝词中表示：

> 时间和历史不会停滞不前,正如过去几周向我们展示的那样。我们不断面临新的任务,我们的社会不断面临新的挑战。这意味着,面对不断变化的经验和观点,我们必须不断地重新认识我们的过去。作为时代见证者,我们目睹了东欧和东德发生的令人惊叹的变化,这难道不是最好的证明吗？②

赫尔豪森认为科泽勒克的研究体现了历史学家如何在"旧的事实"中找到"新的经验",以避免历史重蹈覆辙。对于目前德国乃至世界所处的时代,这一点尤为重要。

回到演讲的主题"新时代"。科泽勒克首先提醒与会者,尽管"新时代之为新"这件事早已不言自明,但我们需要始终保留对"新时代"的谨慎反思。在科泽勒克看来,"新时代有多新？"这样的问题之所以会产生,正是根源于人

---

① Reinhart Koselleck, *Vergangene Zukunft: Zur Semantik geschichtlicher Zeiten*, Frankfurt am Main: Suhrkamp, 1995, S.37.
② Stiftung Historisches Kolleg Hg., *Dritte Verleihung des Preises des Historischen Kollegs*, *Schriften des Historischen Kollegs*, Dokumentationen 7, München, 1991, S.25.

们塑造了"新时代"这样一个将"新"(neu)义直截了当地表达于字面的概念，这是"历史学家在概念塑造(Begriffsbildung)时强加给自己的难题"。① 因此，在回答"新时代有多新？"问题前，首先需要从概念塑造的角度，回顾"新时代"概念产生的历史：

起初，过去与未来的时间性结构首先出现在政治和文化概念中。1500年前后的"宗教改革"和"文艺复兴"等事件，连同印刷术、新大陆的发现、日心说等创新，成为启蒙时代反思古代、中世纪以及自身时代的"过去经验"。以数学为基础的自然科学推动了政治、战争和经济学的经验化与科学化，助力现代国家和市民社会的兴起，并唤起对未来的期望与预测。在经验与期望的张力中，"新的时代"和"新的历史"的概念逐渐确立。随后，法国大革命加速了对未来的期待。未来不再仅仅是期望的对象，更成为可主宰的目标，概念时间化的速度越来越快。启蒙时代的"新的时代"与"新的历史"概念被"最新的时代"取代。人口增长、交通加速、全球通信网络的兴起，以及迅速变化的艺术形式，都显示了过去与未来之间的差距不断扩大。在这种加速的历史时间化下，"新时代"这一复合概念正式诞生。继而，"新时代"的时间化推动了政治化。"新时代"中许多新词或古典概念，如"主义""独裁""启蒙"等，通过否定过去的经验获得了新义，并在社会与政治运动中成为政党的旗帜和舆论的口号，用以争夺对未来的解释权，最终成为社会运动的重要因素和指标。

在简述"新时代"概念史后，科泽勒克提出了"新时代有多新？"这一问题。由于这一概念本身蕴含着时间性结构，探究"新时代"的历史本质上就是探讨不同时代的人们如何理解时间，如何看待过去与未来。因此，科泽勒克提出"新时代有多新？"，目的是通过反思这一概念的历史，唤起对过去经验的重视，消除对未来的盲目期待，从而更清晰、公正地理解概念中所包含的"过去与未来"。由此，他提出了对"新时代有多新？"的三点反思。

首先是语义性(semantisches)的论点。科泽勒克指出最显而易见的问题——"新时代"中的"新"直接体现在字面意义上。"Neu-zeit"这一词语结构持续暗示着一个心理预设，即新时代比古代或中世纪更加新颖与先进。这种字面的新颖性造成了一种心理暗示，促使当代自认为优于过去，进而垄断了

---

① Stiftung Historisches Kolleg Hg., *Dritte Verleihung des Preises des Historischen Kollegs*, *Schriften des Historischen Kollegs*, Dokumentationen 7, München, 1991, S.39.

对历史经验的价值判断:"哥特式飞扶壁、风车或机械报时钟等在所谓的中世纪被发明时,都是新颖而又创新的,能够改变经济、社会和知识生活。因此,'新'和'新颖性'作为历史学范畴在心理上是可以理解的,但在理论上却被所谓的'新时代'错误地垄断了。"①

其次是预测性(prognostisches)的论点。科泽勒克强调,合理的未来预测必须基于对历史的反思与尊重,尤其是要认识到历史的可重复性结构。这一结构表明,在"新时代"这一概念中,过去经验与未来期待密不可分。以法国大革命为例,尽管其被认为是全新的事件,但它的发生实际上是历史发展的可预测结果,这种预测能力来源于对历史的可重复性结构的深入理解:"如果法国大革命真像许多同时代人所说的那样新颖独特,那么它是无论如何也无法预测的。绝对新的东西是无法预测的。如果它是可以预见的,那么其中出现的历史就一定是可以从之前的历史中推导出来的,并且是可以高度预测的。"②

基于对历史的可重复性结构的深入理解,狄德罗精准地预见了大革命的走向:人民对专制的反抗陷入了无政府状态,党派争权夺利之后是帝国和帝制的复辟。科泽勒克认为,狄德罗从塔西佗(Claudius Tacitus)那里了解到权力使人腐化的历史。正是这种对过去经验的深入了解,使得狄德罗能够推断出结构上可重复的未来。③

最后,科泽勒克给出了历史性(historisches)的论点。大革命后两百年来发生的事实表明,不仅历史事件充满多样性,其可重复性结构也是多层次的、难以同步的。科泽勒克认为,时代的变革不仅总是经历反复,而且政治、经济、科学等不同领域的变革往往也无法同步,总是有的领域新,有的领域旧。由于历史可重复结构多层次、不同步的性质,时代在变革中总是经历阵痛和失望。

科泽勒克从语义性、预测性、历史性三个角度回答了"新时代有多新?"的

---

① Stiftung Historisches Kolleg Hg., *Dritte Verleihung des Preises des Historischen Kollegs*, *Schriften des Historischen Kollegs*, Dokumentationen 7, München, 1991, S.44.
② Stiftung Historisches Kolleg Hg., *Dritte Verleihung des Preises des Historischen Kollegs*, *Schriften des Historischen Kollegs*, Dokumentationen 7, München, 1991, S.45.
③ Stiftung Historisches Kolleg Hg., *Dritte Verleihung des Preises des Historischen Kollegs*, *Schriften des Historischen Kollegs*, Dokumentationen 7, München, 1991, S.49.

问题,这三个角度分别代表了从词义到未来预期,再到实际历史经验的对"新时代"概念的全面审查。其结论是:所谓"新时代"的新颖性并不在于对未来的简单期待或构想,而是在持续的历史反思和对过去经验的谨慎对待中体现出来。新时代的"新"是一种带有"时间性结构"的相对的、历史性的概念,既受制于词语的心理暗示,也依赖于对历史可重复结构的理解。真正重要的不是这个时代有多新,而是我们如何通过反思过去和展望未来,理解历史的连续与断裂性。

无论是1789年的法国大革命,还是两百年后的今天,历史总是通过它的可重复性和非同步性结构,不断刷新经验与认知。时代在变革中所遭遇的阵痛和失望,要求对"过去经验"和"未来期待"之间的断裂更加明晰。面对电视上报道的东欧发生的迅速而突然的变革,科泽勒克谨慎地提醒与会者:"社会和经济结构的不足,导致并促成了这一迅速的政治变革,但社会和经济结构却远未因此改变。至少,没有达到政治上所需要的速度。"① 演讲终末,科泽勒克再次引用了狄德罗的话:"年轻人喜欢事件和事实,而老年人喜欢反思。"② 在其看来,我们应当"既年轻又老",既要保持对未来的审慎期待,又需尊重并深刻反思过去的经验,将"未来会如何"的问题转化为对"新时代有多新?"问题的持续思考。关键不在于提供一个明确的答案,而在于对问题本身所持的反思态度。

五、"Neuzeit"与"Moderne"之争

关于"新时代"或"现代",在第二次世界大战爆发前的几十年里,就一直是德国政治和社会思想界的主要议题。在奥斯瓦尔德·斯宾格勒(Oswald Spengler)、弗里德里希·迈内克(Friedrich Meinecke)以及海德格尔、施米特等思想家的著作中,不乏围绕"Neuzeit"或"Moderne"的密集论述。战后,审

---

① Stiftung Historisches Kolleg Hg., *Dritte Verleihung des Preises des Historischen Kollegs*, *Schriften des Historischen Kollegs*, Dokumentationen 7, München, 1991, S.51.
② Stiftung Historisches Kolleg Hg., *Dritte Verleihung des Preises des Historischen Kollegs*, *Schriften des Historischen Kollegs*, Dokumentationen 7, München, 1991, S.52.

视现代性的任务落到了科泽勒克、哈贝马斯等"1945年人"[①]肩上。与此同时,冷战的背景使这场争论愈加政治化,在人文学科领域,"语言学转向"则带出一种新的提问方式,即如何描述现代性。

科泽勒克对这一问题的批判性解答可从上述三篇"新时代"主题文章中窥见。他分别以"时间性分析""概念史分析""历史性分析"为视角,切入该问题。

在《早期新时代之过去的未来》(1965)一文中,科泽勒克进一步发展了《批判与危机》中的观点,关注"新时代"中的时间意识及其结构。他指出,由启蒙运动所引发的"现代政治危机",根源自"新时代"开端以来"对未来的盲目期待",是一种"时间意识危机"。受《存在与时间》中"此在"的历史性时间理论的启发,科泽勒克将海德格尔的"时间性分析"拓展到更广泛的政治和社会领域。通过分析"新时代"概念的时间性结构,科泽勒克揭示了其中所蕴含的"未来加速逼近"的时间意识,以及其如何对政治和社会变革产生深远影响。

相较1965年的文章,科泽勒克于1977年写就的《"新时代":论现代运动概念的语义学》,在坚持"时间性分析"的基础上,进一步突出"语言"作为时间意识之载体的重要性。在该文中,他运用概念史方法,尤其关注概念史"四化"标准中的"时间化"与"政治化"维度,揭示了"新时代"及其相关概念如何通过时间化取得对未来的解释权,进而通过政治化成为政党的旗帜和舆论宣传的口号,最终成为影响政治和社会运动的重要因素与指标。

科泽勒克在1989年的演讲《新时代有多新?》中,综合了"时间性"和"概念史"视角,从词语含义、未来预测和历史经验三个角度反思了"新时代有多新?"的问题。他指出了尤为关键的一点,真正重要的问题并不是"新时代有多新?",而是要通过意识到历史的可重复性结构,破除对时代"新颖性"的盲信,理解时代变革与历史转换中的断裂和连续。

---

① "1945年人"指德国二战后思想成熟的一代。A.D.摩西在《德国知识分子与纳粹的过去》中将1945年人的问题和任务表述为"找出并根除那些导致德意志灾难的知识传统、话语、意识形态和政治语言,以便使联邦德国在现在和将来都走上正确的轨道"。参见 A. Dirk Moses, *German Intellectuals and the Nazi Past*, Cambridge: Cambridge University Press, 2007, p.66。

"现代"(Moderne)的另一种概念方案:科泽勒克论"Neuzeit"概念

综上所述,相较"现代",科泽勒克更专注于"新时代"概念。"新时代"概念的历史,揭示了18世纪末以来历史时间发生的断裂性加速,其中暗藏着由这种加速的历史时间意识所招致的危机。具体表现为,时间的加速感愈加明显,历史事件的间隔愈加缩短,未来的期望与现实之间的矛盾愈加剧烈。这种危机意识始终萦绕于战后的德国,尤其是对亲历法西斯主义并以战败士兵身份被遣返回德的学者科泽勒克而言,现代性之危机从未解除,因而需审慎对待。

从政治哲学的角度看,科泽勒克对"新时代"的诊断,显示出一种德国语境下"保守主义"的现代性批判特征。科泽勒克认为,现代性自诞生之初就内在包含病态的危机和不确定性。1959年论文出版时,科泽勒克甚至将《批判与危机》副标题修订为"关于市民阶层世界发病机理的研究"(Eine Studie zur Pathogenese der bürgerlichen Welt)。① 从其学术背景来看,科泽勒克政治上的保守主义倾向不难理解。学生时代,他就师从或聆听曾经服务于纳粹政权的约翰内斯·屈恩(Johannes Kühn)、海德格尔和伽达默尔的教诲,并与许多德国保守主义者交往甚密。《历史性基本概念》辞典的另外两位主编布伦纳和孔茨,二战时期亦为纳粹党员。更重要的是,科泽勒克与第三帝国的"桂冠法学家"施米特保持了长达三十余年的通信和交往关系。《批判与危机》的写作,正是在与施米特这位"非正式导师"的多次意见交换中完成的。

1960年,科泽勒克的《批判与危机》出版仅一年后,与他同期在海德堡求学的哈贝马斯即撰写批评文章《污名化的进步——被误解的世纪:论历史哲学的批判》。哈贝马斯认为《批判与危机》之中暗藏着强烈的施米特式的反启蒙逻辑。他公开指责科泽勒克等人②不过是"施米特的传声筒":"至少,我们有幸从这些聪明的作者那里,了解到卡尔·施米特这位具有这种思维方式的专

---

① 在《新时代有多新?》演讲中,科泽勒克表示,《批判与危机》的副标题受到存在主义医学人类学家维克托·冯·魏茨泽克(Viktor von Weizsäcker)的启发,后者与典礼上为科泽勒克颁奖的联邦总统里夏德·冯·魏茨泽克有叔侄关系。
② 包括科泽勒克的海德堡同窗汉诺·凯斯廷(Hanno Kesting)的作品《历史哲学与世界内战:从法国大革命到东西方冲突史的解读》(*Geschichtsphilosophie und Weltbürgerkrieg: Deutungen der Geschichte von der Französischen Revolution bis zum Ost-West-Konflikt*, 1959)。

家是如何评估当今形势的。"①

同属"1945年人"的哈贝马斯,对于当时德国政治社会中的保守主义观点及其代表人物,特别是曾经参与国家社会主义的海德格尔和施米特,始终展现出严格批评的姿态。尽管与科泽勒克在人生经历上多次交汇,②但对于"现代性",哈贝马斯持有相当不同的看法。

哈贝马斯1962年出版的教授资格论文《公共领域的结构转型》,③与较早出版的《批判与危机》聚焦于同一历史时期——18世纪以来的启蒙时代。他在研究中多次引用了《批判与危机》中提供的资料,但却得出了与科泽勒克完全不同的结论:哈贝马斯将18世纪以来咖啡厅、沙龙和集会中的政治、历史和哲学讨论理解为民主和自由主义诞生的"公共领域",而科泽勒克的《批判与危机》则将其视为滋生历史主义哲学和现代性危机的"秘密空间"。与科泽勒克的《批判与危机》研究"市民阶层世界发病机理"不同,在《公共领域的结构转型》中,哈贝马斯将"市民阶层的公共领域"(Bürgerliche Öffentlichkeit)视为具有时代典型性的范畴,④主张建立一个以公共领域为基础的民主社会。

结论上的分歧,显示两位思想家的"现代性"之思存在根本区别:科泽勒克将"启蒙以来的时代"视为隐含对未来的盲目性,并充满内战危机的"新时代";哈贝马斯则将其视为一个诞生公共领域,并促进社会民主的"现代"。相应于战后德国政治的民主化氛围,《公共领域的结构转型》要比《批判与危机》具有更广泛的接受度和影响力。号召建设现代性"公共领域"并扩大民主参与程度的《公共领域的结构转型》,无疑与当时德国的政治导向更为契合。

1980年9月11日,法兰克福市授予哈贝马斯特奥多尔·W.阿多诺奖

---

① Jürgen Habermas, "Verrufener Fortschritt-Verkanntes Jahrhundert: Zur Kritik an der Geschichtsphilosophie", *Merkur*, Jg. XIV, 1960, S.477.
② 哈贝马斯与科泽勒克同期求学于海德堡,共同出席过伽达默尔组织的研讨会(会上海德格尔曾出席),之后还参与了由汉斯·布卢门贝格(Hans Blumenberg)和科泽勒克等人参与组建的"诗学和诠释学"(Poetik und Hermeneutik)小组。事实上,哈贝马斯比科泽勒克年轻6岁。1945年战争结束时,哈贝马斯年仅15岁,并未参加纳粹国防军,相较科泽勒克的参战和被俘经历,哈贝马斯受纳粹德国的影响相对较小。
③ Jürgen Habermas, *Strukturwandel der Öffentlichkeit: Untersuchungen zu einer Kategorie der bürgerliche Gesellschaft*, Frankfurt am Main: Suhrkamp Verlag, 1990.
④ Jürgen Habermas, *Strukturwandel der Öffentlichkeit: Untersuchungen zu einer Kategorie der bürgerliche Gesellschaft*, Frankfurt am Main: Suhrkamp Verlag, 1990, S.51.

(Theodor W. Adorno-Preis),哈贝马斯发表题为《现代——一项未竟的事业》的主旨演讲。或许是受语言学转向影响,哈贝马斯同样先从"Moderne"的概念史讲起,并积极为"现代"辩护。针对科泽勒克等人所担忧的现代性"危机",他则认为,"与其放弃现代性及其计划,将其视为一项失败的事业,不如从那些试图否定现代性的奢侈计划的错误中汲取教训"①。在哈贝马斯看来,危机恰恰诞生于妄图退回到前现代的"保守主义"阵营。② 对于"现代",哈贝马斯给出了不同于"新时代"的理解:"'现代性'反复表达了一个时代的意识,它将自己与古代的过去联系起来,以便将自己理解为从旧到新的过渡之结果。"③

科泽勒克将"新时代"视为连结过去与未来的永恒的"过渡时期",哈贝马斯却将"现代"视为新旧过渡"未完成的结果",在他看来,现代是"一项未竟的事业"。相较哈贝马斯重视"Moderne",科泽勒克对"Neuzeit"的关注则显示出一种对"现代性"更为德国语境的、相对保守的政治性判断。包括海德格尔的历史时间哲学、施米特等人的政治哲学在内,德国保守主义阵营的思想潜移默化地影响着科泽勒克的政治与历史意识。科泽勒克对"Neuzeit"概念的关注本身或许也是出于某种不得已。究其原因,在民主化浪潮席卷而来的政治氛围中,被讥为"施米特主义者"的科泽勒克,或许是为了回避自由主义者和民主主义者对"Moderne"概念的解释霸权,不得不选择"Neuzeit"概念。科泽勒克曾在采访中表示,《批评与危机》出版后,他对施米特的公开承认遭遇了德国学术界的普遍怀疑,施米特的名声甚至导致他曾被从大学职位申请人名单中删除。④

---

① Jürgen Habermas, "Die Moderne – ein unvollendetes Projekt", in Wolfgang Welsch Hg., *Wege aus der Moderne: Schlüsselterte der Postmoderne Diskussion*, Berlin: Akademie Verlag, 1994, S.189.
② 哈贝马斯在演讲中将保守主义阵营分为"青年保守派"(Jungkonservativen)、"老年保守派"(Altkonservativen)和"新保守派"(Neukonservativen),并将施米特及其追随者划入"新保守派"阵营中,参见 Jürgen Habermas, "Die Moderne – ein unvollendetes Projekt", in Wolfgang Welsch Hg., *Wege aus der Moderne*, Berlin: Akademie Verlag, 1994, S.191 – 192。
③ Jürgen Habermas, "Die Moderne – ein unvollendetes Projekt", in Wolfgang Welsch Hg., *Wege aus der Moderne*, Berlin: Akademie Verlag, 1994, S.178.
④ Reinhart Koselleck, "Formen der Bürgerlichkeit: Reinhart Koselleck im Gespräch mit Manfred Hettling und Bernd Ulrich", *Mittelweg*, Vol. 36, No.2, 2003, S.62 – 82.

由此推知,"新时代"与"现代"之争,实际上是语言学转向背景下,两位学者试图回答"如何描述现代性"问题的"概念错位"。面向"现代",哈贝马斯专注于实现现代性的"公共领域"计划,对民主和理性的社会未来怀有积极的愿景。科泽勒克则转向了"新时代",通过时间性和概念史分析,审慎对待其"新颖性"所引发的政治和社会"危机"。不论是《批判与危机》还是《历史性基本概念》辞典,科泽勒克的"历史学"始终表现出一种对现代政治和社会的"危机意识"。因此,与其说科泽勒克的观点代表着"政治性"保守主义,不如说这是一种富有危机感的"历史性"保守主义。

这种危机感同样反映在1989年末的《新时代有多新?》演讲中。科泽勒克提醒听众,当前政治社会运动中最重要的因素和指标是三个关键概念——"民主化"(Demokratisierung)、"解放"(Emanzipation)和"防止灾难"(Zerstörungspotential)。科泽勒克的提醒在不断加速的"新时代"中显得分外重要。1989年11月9日,就在第三届历史学会奖颁奖典礼的两周前,柏林墙倒塌。11月30日,典礼举办一周后,为科泽勒克致贺词的赫尔豪森博士遭遇德国红军派(Rote Armee Fraktion)炸弹袭击,不幸身亡。不久前,赫尔豪森博士还以普通公民身份,公开呼吁东德尽快举行自由选举,推动两德统一。次年,德国统一,为科泽勒克颁奖的里夏德·冯·魏茨泽克则成为德国统一后的首任总统。

六、结语

1965年,科泽勒克发表题为《早期新时代之过去的未来》的演讲时,《历史性基本概念》项目尚处于筹划阶段。到1977年《"新时代":论现代运动概念的语义学》见刊之际,概念史辞典的编纂工作已如火如荼地开展。1989年,历时二十余年的辞典项目获德国"历史学会奖"殊荣,但三位主编中,布伦纳、孔茨相继去世,相对年轻的科泽勒克也已年逾花甲。"新时代"概念,虽未列入《历史性基本概念》辞典,但却作为辞典研究的目的指向,始终贯穿科泽勒克的学术生涯。

从反思启蒙运动的博士学位论文《批判与危机》,到以三月革命为主题的教授资格论文《改革和革命中的普鲁士》(*Preußen zwischen Reform und*

Revolution),科泽勒克长期聚焦古代向现代过渡的"新时代"。于科泽勒克,"新时代"不仅是政治和历史上的特定时代分期,更是一个深刻影响"过去经验"与"未来期待"的基本概念,并最终成为影响政治和社会运动的语言因素。

面对"如何描述现代性"这一时代问题,哈贝马斯和科泽勒克给出了不同的解答。哈贝马斯等人关注"Moderne"概念,作为一项未竟事业的"现代"似乎意味着"新时代还不够新"。科泽勒克则试图通过"概念的错位",回避自由和民主主义者对"Moderne"概念的解释锋芒,将目光锁定在德语复合词"Neuzeit"之上,也因此显示出充满危机意识的"历史性"保守主义特征。1978年,科泽勒克在日本东京发表题为《19世纪——一个过渡时期》的演讲,从时间体验的角度回答了"新时代有多新?":"这是一种不断超越新的时间的体验,直截了当地说,这就是'新时代'。这种'新时代'体验的特殊性在于,一切变化的速度似乎都快于我们的预期或之前的经历。"①

不论是19世纪还是20世纪,"历史中什么时间不是过渡期呢?"②

---

① Reinhart Koselleck, "Das 19. Jahrhundert eine Übergangszeit", in *Vom Sinn und Unsinn der Geschichte*, Berlin: Suhrkamp Verlag, 2010, S.137-138.
② Reinhart Koselleck, Carl Schmitt, *Der Briefwechsel 1953-1983 und weitere Materialien*, Berlin: Suhrkamp, 2019, S.329.

情感的空间

主义还是问题

——孙中山《大亚洲主义》新释

孙 江*

一、小引

1924 年 11 月 24 日,孙中山携夫人宋庆龄及李烈钧、戴季陶等搭乘日本邮船"上海丸"抵达神户。四天后,孙中山应邀在兵库县神户高等女学校演讲,吸引了两三千名听众,轰动一时。次日,当地报纸纷纷予以报道,《大阪每日新闻》称"王道文化"①,《大阪朝日新闻》题"高唱亚细亚主义"②,《神户新闻》作"大亚细亚问题讲演"③,《神户又新日报》曰"大亚细亚主义"④,记者们以三种不同标题命名讲演。《大阪每日新闻》时为日本最大的报纸,在 12 月 3—6 日连载讲演全文时,将题目改为"大亚细亚主义"。12 月 8 日,上海《民国日报》刊出中文全文,名为"大亚洲主义"。⑤ 从此,孙中山的神户演讲被冠

---

* 孙江,澳门大学人文学院历史系系主任,南京大学学衡研究院名誉院长。
① 「王道の文化」,『大阪毎日新聞』1924 年 11 月 29 日。
② 「亜細亜主義を高調」,『大阪朝日新聞』1924 年 11 月 29 日。
③ 「大亜細亜問題講演」,『神戸新聞』1924 年 11 月 29 日。
④ 「大亜細亜主義」,『神戸又新日報』1924 年 11 月 29 日。
⑤ 黄昌毅:《孙先生"大亚洲主义"演说辞》,《民国日报》(上海)1924 年 12 月 8 日。

名为"大亚洲主义"或"大亚细亚主义",成为研究其亚洲话语的重要素材。①

何谓亚洲主义?言人人殊。如果取其最大公约数,似可归纳如下:亚洲主义是日本现代民族国家理念的外显形式,它把日本的国家利益视为最高目标,为了达成这一目标,不拘泥于日本一国的"独善",倡导以日本为"盟主"的超民族主义(transnationalism),与西方进行种族的、文明的对决。对于亚洲主义,近代中国知识人经历了由推崇而批判的变化。对亚洲主义"同文同种""辅车相依""黄种人反抗白种人"等抱有亲近感的,先有何如璋,后有梁启超、章太炎、孙中山、蔡元培等;对亚洲主义持批判意见的,有转向的章太炎和张继、陈独秀等倡导的以联合亚洲被压迫弱小民族为旨归的"亚洲和亲会",有指斥亚洲主义为侵略的隐语、呼吁亚细亚被压迫民族自决的李大钊的"新亚细亚主义"。② 这两种反应亦共在于孙中山关于亚洲的论述中。

1897年,孙中山初会宫崎滔天,谓"救支那四万万之苍生,雪亚东黄种之屈辱,恢复宇内之人道"。③ 1913年3月11日,孙中山在大阪基督教青年会演讲,第一次使用"大亚洲主义"一语,认为"日本和民国的文明系统是同一的",应"以亚细亚人来治理亚细亚"。④ 1917年,孙中山在上海接受日本记者采访时批评日本追随列强的"利益均沾"政策,忘却了与中国在思想和情感上的联系。⑤ 是年春,朱执信受孙中山之命执笔发表《中国存亡问题》,声言:"中国今日欲求友邦,不可求之于美、日以外。日本与中国之关系,实为存亡安危两相关联者,无日本即无中国,无中国亦无日本。""夫中国与日本,以亚洲主义,开发太平洋以西之富源;而美国亦以其门罗主义,统合太平洋以东之势力;各遂其生长,百岁无冲突之虞。"⑥ 1924年1月,孙中山在讲述"三民主义"时改变

---

① 相关资料和先行研究,本文参考了以下两本书:陈德仁、安井三吉编『孫文・講演「大アジア主義」資料集』、法律文化社、1989年;愛新翼、西村成雄编『孫文・講演「大アジア主義」資料集』II、法律文化社、2024年。
② 参见孙江「近代中国におけるアジア主義言説」、『日本・東アジア文化研究』第1号、2002年2月;孙江:《近代中国的"亚洲主义"话语》,《上海师范大学学报(哲学社会科学版)》2004年第3期。
③ 《与宫崎寅藏平山周的谈话》,载《孙中山全集》第1卷,中华书局1981年版,第174页。
④ 「在阪の孫逸仙」、『大阪朝日新聞』1913年3月12日。
⑤ 「日支親善の根本義」、『大阪朝日新聞』1917年1月1日。
⑥ 《中国存亡问题》,载《朱执信集》(上),中华书局1979年版,第312页;另见《中国存亡问题》,载《孙中山全集》第4卷,中华书局1985年版,第94—95页。

了以往的亚洲论述:"将来白人主张公理的和黄人主张公理的一定是联合起来,白人主张强权的和黄人主张强权的也一定是联合起来。有了这两种联合,便免不了一场世界大战,这便是世界将来战争之趋势。"① 至此,孙中山由赞同黄白人种对决转而强调公理反对强权。那么,同年12月被冠以"大亚洲主义""大亚细亚主义"的神户演讲和这一话语的转变没有任何关系吗?难道孙中山重新回到了之前的亚洲主义话语?以往论者从亚洲主义角度对神户演讲进行过多方面的深入研究,② 相较而言,对演讲主题是否为亚洲主义甚少追究。③ 以下本文拟对孙中山神户演讲进行深描,首先爬梳孙中山的神户之旅,继而回到演讲本身比较日文本和中文本的异同。缘此,本文对表征孙中山思想的文字和声音作区隔,认为与载诸报端,特别是收入孙中山文集中的"文字"相比,孙中山面向日本公众和记者的"声音"反映了其"当下"的情思,理应受到重视。

二、到神户去

1924年11月13日,孙中山一行乘"永丰舰"离开广州。14日,在香港换乘"春阳丸"前往上海。孙中山此行的目的地是北京,他将代表南方的"护法政府"与北京政府(段祺瑞、张作霖)举行南北会谈。在经历了打倒清朝、建立中华民国以及反袁世凯独裁等后,孙中山于1924年1月改组国民党,制定了联俄联共、扶助农工的政策。与北京政府深受英美日等影响相对,他在广东建立的"护法政府"得到了苏俄的资助。

17日,"春阳丸"抵达上海。18日,孙中山与从日本赶来的李烈钧会面。在了解了日本朝野对"护法政府"的看法后,孙中山通过李烈钧向日本驻上海总领事表达了顺访日本的愿望,得到的回答是不合时宜,但可在神户经停。

在孙中山的生涯里,神户具有特别意味。1895年广州起义流产后,孙中

---

① 《三民主义》,载《孙中山全集》第9卷,中华书局1986年版,第193页。
② 详见桑兵:《解读孙中山大亚洲主义演讲的真意》,《社会科学战线》2015年第1期。
③ 关于孙中山访问神户经纬,参见安井三吉「孫文『大アジア主義』講演と神戸」、『孫文研究』58号、2016年6月。

山亡命日本,就是在神户登陆并与"革命"邂逅的。① 一个多月前,李烈钧曾访问神户,为孙中山打前站,受到了孙中山的友人、神户商工会议所会长泷川仪作的招待(11月8日)。即使无法访问东京,孙中山还是决意访问神户。他当即给老友犬养毅、涩泽荣一、头山满等去电,希望在神户"与诸贤恳谈东亚大局"。②

22日晨8时,孙中山一行乘"上海丸"离沪。船行驶在茫茫的大海上,留着八字胡的李烈钧和潇洒的戴季陶在甲板上欢谈,有些晕船的孙中山和夫人蜗居在特等室里。随船采访的《大阪每日新闻》特派员村田跑到戴季陶处打探孙中山的内心想法。时隔四年访日的戴季陶明白来客意图后直率地说:"不管怎样,在中国对日本抱有不同寻常热诚的大概只有孙先生,孙先生至少认为日本国民是中国的唯一友人。"③接着,戴季陶直斥欧美诸国是造成中国动乱的原因,以"共同管理""分割"来压迫和搞乱中国的首恶是英国。戴季陶自述曾悲愤地想投江自尽,后来觉悟到人必须努力,由此开始研读佛教经典。戴季陶递给村田一支烟,继续说道:"在日本,如果有人认为我已经相当赤化了,请转告,不是赤化,是佛化。"

"上海丸"以每小时20海里的速度疾驶,风浪很大,村田随戴季陶来到孙中山的船舱。映入村田眼帘的孙中山与两三年前相比,头发稀疏,但精神不输壮年。对时隔七年再访日本的孙中山,村田恳请其直率地指出"日本最好的地方和最坏的地方"。坐在椅子上的孙中山闻言合上双眼,沉浸在回忆中,徐徐地答道:

> 日本最好的地方是位在东亚,同为东亚民族,却比他国率先图进步,且达到了目的。坏的地方也有,即在强大后忘记了自己也是东洋之一国、东洋之民族,恰如乡下人到城里后忘了自己的出自,只跟城里贵族交往。俄国在革命后返还利权,中国人民欢迎之。如果日本对中国的态度

---

① 陈少白:《兴中会革命史要》,台北"中央"文物供应社1956年版,第12页;安井三吉「『支那革命党首領』孫逸仙考:孫文最初の来神に関する若干の問題について」、『近代』57、神户大学紀要、1981年12月。
② 安井三吉「孫文『大アジア主義』講演と神戸」、『孫文研究』58号、2016年6月。
③ 「東亜の一国である事を忘れて了つた日本」、『大阪每日新聞』1924年11月23日。

能像俄国一样,则中国国民必定会[对日本]抱有好感。帝制时代,俄国吞并中国领土的野心是在吞并政策下实施的,革命后俄国放弃了吞并政策,因而赢得中国人之心,得人心远比吞领土有尊严,因为舍弃了有形的物质,得到了无形的贵重的理想。日、俄、中三国同盟是吾党[国民党]之主张,吾等渴望实现之。如能实现,则必能压制英、美在东方的跋扈。①

孙中山所言重点不在对日本特征的描述,而在关于俄国的内容,通过革命前后俄国的转变比较委婉地批判日本。孙中山说日、俄、中同盟是国民党的主张(姑且不问是否如是)表达了神户之行的意图——化敌为友,因此话中的敌人被明确定位为英美。

22日离开上海前,孙中山曾对日本记者将前日发表的声明具化为如下几点:"对于日本国民的期望是,两国国民相互提携,维系亚细亚的大局。"中国人民之所以依旧对日本持怀疑态度,是因为日本没有放弃参与英美倡导的"侵略"和"共同管理"。"我决意要求[英美]撤出在中国租界的治外法权,希望得到日本的同情。"孙中山指出,中国骚乱的原因不在"内政"而在"外患",英国是首谋,正在支持吴佩孚和广东商团破坏中国的统一。②

23日正午,"上海丸"抵达长崎,孙中山受到中华民国驻长崎领事和留学生的欢迎。一袭黑色服装的孙中山站在船上表示此行的使命和政治上的意见已见诸上海发表的声明,没有特别要说的了,但是,"接触日本的风物,难抑心中的怀旧之情"。接着,孙中山开始滔滔不绝地发表感言,戴季陶的即时翻译仿佛是在给日本警探听:以往借助"国民力量"推翻清朝统治,"而今同样要借助国民力量埋葬曹锟、吴佩孚之徒,从军阀手中夺取政权。今后以这一力量行民治,对抗外国的侵略"。此次代表伟大的国民意志进京参加"国民会议",旨在用国民的力量,建立完全独立的国家。"我已经发表了三民主义五权宪法,可惜日本国民完全没有注意到,对于日本国民不关心中国问题深感遗憾。"中国问题不是一个国家的问题,是世界性的问题,中日两国国民的"亲善"不能止于口头,要通过"提携"来"拯救中国并确立东亚的和平"。此行要和日本朝野名士畅怀交换意见。孙中山的"日本国民"云云显然指的是"日本

---

① 「領土から人心へ——露國对支政策の変遷」,『大阪每日新聞』1924年11月23日。
② 「欧米諸国の野心が支那動乱の原因」,『大阪每日新聞』1924年11月23日。

政府"。演说结束后,孙中山没有答应"驻长崎中华民国人"上岸一聚的邀请,直接前往神户。①

24日下午2时,悬挂中华民国国旗的"上海丸"抵达神户。神户港聚集了欢迎的人群,有中华民国驻神户领事柯鸿烈、国民党驻神户支部长杨寿彭等,还有一千多名留学生和华侨,人们举着"和平万岁""东亚民族团结"等旗帜。日方前来迎接的有,犬养毅的代表古岛一雄、萱野长知、山田纯三郎、宫崎滔天之子宫崎龙藏等孙中山的旧友及当地工商界、报界人士。与这些欢迎人群相对照的是,随处可见警察"警戒的目光"。孙中山被"特别保护"的一个原因是防止来自中国内部敌对势力的危险:"当地广东省人中,支持商团军的人视孙文为国贼,露出愤懑之言者不在少数。"帝国政府内务省警保局曾要求兵库县知事平塚广义将孙中山与"一般亡命客"区别对待。李烈钧操着流利的日语感谢前来欢迎的人群,犹如在对警探说:"此番不去东京,准备经神户前往天津,请对东京的官民诸君致谢。"孙中山在神户港设置的特别室里对前来采访的日本记者说,原本计划从上海直接去天津,唯因铁路不通,两周后的汽船票也已售尽,只能绕道日本。孙中山表示在日本有很多友人,很久没有相见了,看到如此多朝野人士前来欢迎感到十分高兴,此行的目的有三:国家统一、废除不平等条约及中日结成"经济同盟"和"关税同盟"。②

从上海到神户,孙中山不时透露出对日本特有的情思,"思"指孙中山重视日本的存在,"情"指对日本怀有的期待。但是,孙中山的到来,给日本朝野带来了不小的不安。第一,废除不平等条约岂不损害了日本在华利益吗?在此前提下,中日如何"提携"?孙中山提出的"经济结盟"和"关税结盟"远远抵不上失去治外法权给日本带来的"损失"。果然,26日来访的"传统的右翼""亚洲主义者"头山满于次日午饭后和孙中山讨论了"满蒙问题"。头山满单刀直入问废除治外法权是否包括日本在"满蒙"的既得权益,具体说是否要收回旅顺和大连。孙中山的回答颇有意味:和香港、澳门一样,"没有考虑收回旅顺、大连",废除不平等条约主要包括"废除治外法权"和获得"关税自主"。③

---

① 「支那を救ふはこの機を措いてない——孫文氏は語る」、『大阪毎日新聞』1924年11月24日。
② 「支那統一の鍵は不平等の条約撤廃」、『中外商業新報』1924年11月25日。
③ 「旅順大連の回収 そこ迄は考へていない」、『東京朝日新聞』1924年11月27日。

第二,另一不安是孙中山和苏俄的关系。苏俄在日本被称为"过激主义",日本政府对方兴未艾的左翼运动十分忌惮。《神户先驱报》社长当面问孙中山"赞成还是反对布尔什维克的过激主义"。孙中山坦率相对:"回答既是肯定的,也是否定的。从政治上说是肯定的。为什么呢?将俄国前政府掠夺的全部返还给中国,这给予中国国民以新的活力,我们必须对苏联表示感谢。但是,在经济上则是否定的。为什么呢?中国困于产业不发达,马克思式的共产主义无法治愈产业不兴,如果不导入福特式的主义、效率主义,就无法解决中国之问题。"①

三、共感的空间

到神户后,孙中山忙于会见来自各方的访客,25—27日三天共接待了包括宪政会、宪友会在内的朝野、政商界人士,计三十余人,有前台湾总督内田嘉吉、亚洲主义者头山满、山田纯三郎、井上雅二等,还有在日华侨、朝鲜《东亚日报》记者,甚至还有朝鲜的亲日团体、被帝国政府弹压的大本教干部。28日,孙中山迎来了在神户高等女学校的演讲。关于当日会场的情景,11月29日《神户又新日报》有一则详细报道,内容如下:

> 孙氏夫妇午后一点尚未到会场,为了一睹这位支那革命的先觉、日支亲善的楔子,县立高等女学校附近,群众早早聚集在那儿等待了。会场内外警察局派来的众多的警察,布置了严密的警戒网。
>
> 当孙氏一行到达后、在给同校学生演讲的时候,正门、后门人山人海,人群绵延到车站的路上,呈现出令人惊叹的光景。午后二时二十分大门一开,群众争先恐后如雪崩般地涌入会场,如拼了命似的,一片混杂,瞬间会场就被挤满。然而,为了看一眼孙氏,涌来的群众络绎不绝,窗口、讲坛挤满了人,人数超过三千。孙氏无法走到讲台,主办者扯着嗓子请群众让路,根本不起作用。狂热的听众简直在演示阿鼻叫唤的混杂。主持人见状请求孙氏讲演两次。孙爽快地答应了,立刻去楼下雨天

---

① 「孫氏とボルセビヅム」、『神戸又新日報』1924年11月29日。

体操场,讲了一遍。其间《大阪朝日新闻》押尾茂部长在本会场介绍孙文的经历和其他事情,如此会场才归于平静,但是,依然是一把椅子挤坐两三人的盛况。

比预定时间晚一个多小时,孙氏结束第二会场的演讲来到主会场,"万岁"和掌声让会场摇撼。孙氏难抑欢喜之情,挥动帽子作答。接着,泷川商业会议所会长称赞孙氏在中国的功绩,感谢今日的演讲,宣布演讲开始。孙再次受到雷鸣般掌声的欢迎。借助戴季陶的翻译,孙文首先说,"对今日盛大的欢迎,从心底表示感谢",随后开始了刊于另处的以《大亚细亚问题》为题的演讲,展示出其滔滔不绝的雄辩。孙不时现出温和的、令人着迷的微笑,一言一语均发自大亚细亚民族的肺腑。氏也热了起来,温和的脸颊上泛起了红潮。讲到关键处,全场听众会发自内心地鼓掌。超过两个小时的长演讲最后以这段话结束:"以作为亚细亚民族本真的正义和人道,东亚民族必须团结起来,一致抵御西洋的压迫。"听众挥舞帽子,连呼"万岁"相送,氏亦向听众挥动帽子,在夫人的陪伴下,与李烈钧等人一起离开会场。①

孙中山俨如明星受到众多日本民众的追捧。令人吃惊的是,孙中山不止演讲了一次。13 时 20 分,孙中山携宋庆龄及戴季陶等来到神户高等女学校,稍作休息后去"讲堂"给一千名女生讲话。孙中山用中文演讲,戴季陶翻译,大意是感慨日本的文化进步,特别是学校的发展,称其为"明治维新的礼物"。中国虽然落后,但正在效法明治维新奋起直追,期待将来中日两国为了东亚的安全相互"提携"。接着宋庆龄用英文演讲,女教师塚本藤(ふじ)翻译。宋庆龄说:"此番受到大家盛大的欢迎,令我想起了学生时代,禁不住想说一句话,今日女性的使命重大,土耳其已有女性出任文部大臣,其他国家还有州长,在政治上活跃的女性更多。各位肩负着日本的未来,在此意义上,日华两国女性要不断觉醒,为东洋的整全而携手共进。"②

14 时 20 分,设在三楼的大讲堂开门后,人群潮水般涌入。主办方将未能进入会场的人群引导到一楼"雨天体操场",后者与操场相接。孙中山在"雨

---

① 「大亜細亜主義」、『神戸又新日報』1924 年 11 月 29 日。
② 参见安井三吉「孫文『大アジア主義』講演と神戸」、『孫文研究』58 号、2016 年 6 月。

天体操场"演讲结束后回到三楼主会场。泷川仪作在介绍孙中山时使用了"当代伟人"一语。接着,一袭黑色中式长袍的孙中山脱下帽子,徐徐开讲,戴季陶翻译,历时两个多小时。

孙中山的演讲记录有日文和中文两个不同文本。日文本又有三个版本:《大阪朝日新闻》11月29日刊载的概述,《神户又新日报》12月1日刊载的速记简稿,《大阪每日新闻》12月3、4、5、6日连载稿。中文本最早刊于12月8日上海《民国日报》,系黄昌毅速记,与收入孙中山文集中的文稿略有出入。比较中文本与日文本,主旨和叙事完全一致,除文字上略有出入外——如在讲到日俄战争时,中文本有"东乡大将"云云,日文本则无。中文本和日文本的最大分歧有两点,一是中文本最后一段文字不见于日文本,中文本如下:"美国学者对于一切民众解放的运动视为文化的反叛,所以我们现在所提出来打不平的文化,是反叛霸道的文化,是求一切民众平等解放的文化。你们日本民族既得到了欧美的霸道的文化,又有亚洲王道文化的本质,从今以后对于世界文化的前途,究竟是做西方霸道的鹰犬,或是做东方王道的干城,就在你们日本国民去详审慎择。"①如此重要的结语何以不见于日文本?日本学者的意见一分为二:一种认为孙中山讲过,但记者没有记录;另一种认为孙中山没有讲。笔者认为中文本既然是黄昌毅的现场记录,在没有证据的前提下,没有理由认为孙中山没有说过这段话,更可能是戴季陶没有翻译。但是,从后文讨论的中文本中"大亚洲主义"的表述可知,围绕这一关键概念,中日文本的差异甚大,不似戴季陶有意不译,更像是事后添加的。另一个分歧意味深长,是日本报纸十分忌讳的话题,有的报纸略而不提。中文本写道:

> 现在欧洲有一个新国家,这个国家是欧洲全部白人所排斥的,欧洲人都视他为毒蛇猛兽,不是人类,不敢和他相接近,我们亚洲也有许多人都是这一样的眼光。这个国家是谁呢?就是俄国。俄国现在要和欧洲的白人分家,他为什么要这样做呢?就是因为他主张王道,不主张霸道;他要讲仁义道德,不愿讲功利强权;他极力主持公道,不赞成用少数压迫多数。像这个情形,俄国最近的新文化便极合我们东方的旧文化,所以

---

① 黄昌毅:《孙先生"大亚洲主义"演说辞》,《民国日报》(上海)1924年12月8日。

他便要来和东方携手,要和西方分家。欧洲人因为俄国的新主张不和他们同调,恐怕他的这种主张成功打破了他们的霸道,故不说俄国是仁义正道,反诬他是世界的反叛。①

《大阪每日新闻》连载稿仅附有一段文字:"孙氏再次说,'俄国眼见欧洲文化的弊害,感到不能不重视仁义道德,采取与欧洲各国不同的政策,因此被白皙人种视为谋反'云云。"《神户又新日报》的记载很详细:

> 今日白色人种中有一个国家,这个国家即白色人种中被全部黑色[白色——引者]人种国家视为毒蛇,或视为猛兽,是对欧美文化的威胁,动员所有宣传力排斥那个国家。被白色人种排斥的国家是哪个呢?露西亚。这个叫露西亚的国家为何被欧美各国所排斥,其原因为露西亚觉悟到所谓欧洲文化就是以四亿人民压迫十二亿人,看到欧洲文化的这一弊害,感到必须重视仁义道德,如此一来欧罗巴各国采取扑灭方针,其他白皙人种国家将其视为反叛。②

基于上述分歧,笔者认为应该将中文本和日文本区别对待,哪个"声音"更接近孙中山的原声,待考。就目前而言,要了解日本听众乃至读者对演讲的反应,应以日文本为准。《大阪每日新闻》题为《大亚细亚主义》的连载将演讲分为四个部分——文化的发祥地、王道文化、日本与土耳其、我们的自觉,循着孙中山的"声音",似可整理如下(固有名词沿用日语汉字):

亚细亚是人类文化的发祥地,欧罗巴最古老的文化国家——希腊和罗马文化都是由亚细亚传过去的。到了最近数百年,亚细亚各民族逐渐颓废,欧罗巴各民族日益强盛,乃至三四十年前亚细亚竟没有一个独立国家。但是,三十年前日本通过"改正"与各国签订的不平等条约,一跃而为亚细亚民族中"一个独立的民族国家",这促使亚细亚独立运动的高涨。在日俄战争中,日本战胜欧罗巴强国,给亚细亚民族以能够比欧罗巴更发达的信心,埃及、土耳其、波斯、阿富汗等纷纷独立成功,印度的独立运动正在高涨。遗憾的是,亚

---

① 黄昌毅:《孙先生"大亚洲主义"演说辞》,《民国日报》(上海)1924年12月8日。
② 「大亜細亜主義」,『神戸又新日報』1924年12月1日。

细亚东部的日本和中国至今尚未结合。原因出在何处呢？孙中山没有直接回答，而是转引美国某学者所宣传的"亚细亚民族的觉醒即亚细亚民族对世界文化的反叛"，[①]指的是日俄战争中获胜的日本。这位美国学者如此考虑是因为欧洲民族的文化是"唯物质的文化"，用亚细亚过去的语言说，"欧洲是以霸道为中心的文化，我们亚细亚的文化是王道，即以王道为中心的文化"。从两千年前到五百年前，中国是最强盛的国家，超过今日的英国、美国，尼泊尔这样的小国敬服中国的王道，直到民国元年仍以"祖国之礼来中国朝贡"。孙中山指出"大亚细亚问题"的根本是东洋文化和西方文化的冲突，"东洋文化是以仁义道德为中心的文化，西洋文化是崇尚武力、枪炮的文化"，尼泊尔的例子说明东洋文化有"感化力"，而英国虽然拥有武力，其势力圈正遭到来自独立运动和革命运动的冲击。所谓"大亚细亚主义"是要以东洋文明中的仁义道德为基础，同时吸收西洋文化，而学习西洋武力文化的目的不在"压迫他人"，是为了"正当防卫"。当下亚细亚学习西洋武力文化的样板，西有土耳其，东有日本，将来拥有世界人口四分之一的亚细亚全部以仁义道德联合、提携，可以形成抵抗欧洲压迫的武力。这种力量一定能够形成。在欧美各国，虽然人数很少，但认同仁义道德的人在增加，俄国就是一例，它因此被视为"反叛"。大亚细亚问题的根本是被压迫的大多数亚细亚民族反抗来自西洋文明的少数民族的压迫，"因此，我们自称大亚细亚问题即文化问题，是要复兴以仁义道德为中心的亚细亚文明，以这一文明的力量来抵抗彼等以霸道为中心的文化。这个大亚细亚问题就是以我们东洋文化的力量抵抗西洋文化，赋予其感化力。恰如美国学者所说，我们亚细亚民族的觉醒就是对西洋文化的反叛，我们确实在反叛，只是对以霸道为中心的文化的反叛。对以仁义道德为中心的文明，我们的觉醒旨在护持文化，是为复兴文化的运动"。

四、主义抑或问题

孙中山两个小时的激情演讲回应了满堂听众的期待，堪称大获成功。对于演讲的成功，通常会进行泛因果的分析，如归因于同年5月美国通过的排

[①] 即西奥多·洛思罗普·斯托达德（Theodore Lothrop Stoddard）及其著作《对文明的反叛：劣等人的威胁》（*The Revolt Against Civilization: The Menace of the Under-Man*）。

日法案的影响，又如地缘政治的作用，以及当地报纸有关"日支提携"的连篇报道，等等。就事论事，应从演讲本身寻求答案。安井三吉前揭文认为来自听众的掌声有 19 次，确切地说是 20 次。20 次掌声按主题可分为两个方面：关于亚洲的和关于欧美的。批判欧美 4 次，称赞亚洲 16 次，后者分别是日本 6 次、中国 4 次、亚洲 5 次，涵盖前三者 1 次。细细咀嚼内容，不难发现，演讲被冠名为"大亚细亚主义"或"大亚洲主义"，可谓"题不对文"。

孙中山在演讲中先谈亚细亚民族的今昔，继述日本明治维新后通过"改正"不平等条约的崛起，再及日俄战争中强者和弱者的逆转，最后说败者俄国转向"王道"，暗喻胜者日本在奉行"霸道"，最后突然谈及"王道"，指出"王道"才是"大亚细亚主义"的本旨。就演讲内容言，标题应该是"大亚细亚问题及其解决方法"，或简称"大亚细亚问题"。

实际上，比对中文本和日文本可知，中文本"大亚洲主义"出现 7 次，日文本"大亚细亚主义"仅 2 次，是孙中山讲过 7 次而戴季陶只译出 2 次，还是事后整理中文稿时添加所致，待考。先看中文本关于"大亚洲主义"的表述：

(1) 今天大家定了一个问题，请我来讲演，这个问题是大亚洲主义。

(2) 我们现在讲大亚洲主义研究到这个地步，究竟是甚么问题呢？简而言之，就是文化问题，就是东方文化和西方文化的比较和冲突问题。

(3) 诸君听到这里，当然可以知道东西文化的优劣。我们现在处于这个新世界，要造成我们的大亚洲主义，应该用什么做基础呢？就应该用我们固有的文化做基础。

(4) 仁义道德就是我们大亚洲主义的好基础。

(5) 我们要讲大亚洲主义，恢复亚洲民族的地位，只用仁义道德做基础，联合各部的民族，亚洲全部民族便很有势力。

(6) 我们讲大亚洲主义，研究到结果，究竟要解决甚么问题呢？就是为亚洲受痛苦的民族，要怎么样才可以抵抗欧洲强盛民族的问题。简而言之，就是要为被压迫的民族来打不平的问题。受压迫的民族不但是在亚洲专有的，就是在欧洲境内也是有的。行霸道的国家不只是压迫外洲同外国的民族，就是在本洲本国之内，也是一样压迫的。

(7) 我们讲大亚洲主义，以王道为基础，是为打不平，美国学者对于一切民众解放的运动,视为文化的反叛,所以我们现在所提出来打不平的文化,是反叛霸道的文化,是求一切民众平等解放的文化。

如果仅看上述罗列,演讲主题无疑是大亚洲主义。但是,通看全文,开篇第一句"大亚洲主义"后,直到最后谈"王道"才连续出现6次"大亚洲主义","大亚洲主义"在演讲中的权重很低。如果看日文本的话,会发现上述7处"大亚洲主义"在日文本里仅有2处。日文本开篇第一句话被表述为:"今日要给大家讲的问题是大亚细亚主义。"中文本(3)在日文本作:"何谓大亚细亚主义?应该以何为中心?必须以我们东洋文明的仁义道德为基础。"中文本其他5处在日文本或作"大亚细亚问题",或没有出现。中文本(2)在日文本为:"何谓大亚细亚问题,即东洋文化与西洋文化的比较问题。"中文本(4)(5)不见于日文本。中文本(6)在日文本为:"若论何谓大亚细亚问题,即被压迫的多数亚细亚民族尽全力对横暴的压迫——压迫我们的诸民族必须予以抵抗的问题。"中文本(7)在日文本作:"所谓大亚细亚问题就是以我们的东洋文化之力抵抗西洋文化、将感化力被及西方文化的问题。"从日文本看,无疑演讲主题不是"大亚细亚主义"。

事实上,主办方邀请孙中山讲的是"大亚细亚问题"。11月25日,孙中山抵达神户的当天下午,老友神户商业会议所副会长西川庄三就前来探望,向孙发出演讲邀请。关于讲演的消息立刻出现在当晚和次日报纸的广告栏里,题目要么是"大亚细亚",要么作"大亚细亚问题"。演讲前一日(27日),《神户新闻》和《神户又新日报》作"大亚细亚问题",《大阪朝日新闻》和《大阪每日新闻》作"大亚细亚"(大アジヤ)。演讲结束后,日文报纸出现的"大亚细亚主义"字样无疑系记者所加。同样,稍晚在《民国日报》刊出的《大亚洲主义》的题目,显为记录者黄昌毂所加。

可以断言,无论初衷,还是内容,孙中山的演讲并非标题所说的"主义",而是"问题"。如此一来引出了另一个问题,即孙中山所说"大亚洲主义"与日本最大公约数的"大亚细亚主义"的龃龉。如本文开头所述,孙中山尽管有很多关于亚洲的言说,却很少谈及亚洲主义,1924年1月更是告别了亚洲主义。将"王道"附着于"大亚洲主义"在孙中山个人思想脉络中显得尤其突兀。无论是孙中山在上海发表的声明,还是在前往神户途中的谈话,都没有触及"王道"。到神户后,孙中山每日忙于送往迎来,见诸报章的言论亦无"王道"字样。那么,演讲中突然插入的大段王道话语是从何而来的呢?

1987年,日本著名历史小说家陈舜臣在一次座谈会上提到孙中山"王道"说与王正廷《王道与霸道》一文的关系,之后横田丰进行比对,确认二者"极为相似"。① 笔者同意这一说法。需要赘言的是,从儒家王道角度论述国际关系的并非始自王正廷。1903年,幸德秋水在《我直言》中就以儒家的仁义道德批判西洋的伪善。② 同年,幸德秋水更在给山口义三著《破帝国主义》所作序中道:"今夫天下之人牧,未有不嗜杀人者也,犹同孟子之时,彼等皆借帝国主义之美名,以行当年霸者之事。"③ 以下根据本文的旨趣,对孙、王的"王道"略加铺陈。

1923年9月1日,日本发生关东大地震。10月,有关中国人在震后被残杀的消息传到上海,群情激奋,北京政府立即表达抗议。11月底,北京政府组成受害者调查委员会,王正廷是其中一员。王正廷曾留学日本,系耶鲁大学博士,在巴黎和会上担任中国方面的全权代表。在日本调查期间,王正廷撰写了《王道与霸道》一文,12月连载于《东京朝日新闻》。王文的主旨是如何杜绝此类事情发生,进而建立两国的"亲善"关系。王正廷说,从"东洋大局"看,中国和日本是可以发扬东洋文化而为世界做贡献的。"历来西洋的主义与东洋不同,采取侵略主义,常常诉诸干戈,扰乱国际和平。"欧战后,人们痛感"侵略主义"不能带来"人类的幸福和平",而东洋文化却可以造福世界,其根据在孔子和孟子的教导中。"要言之,东洋的主义是王道,西洋的主义是霸道。""与西洋人尚武不崇文,即仅热衷于尚武精神相比,东洋人尚武亦尚文,换言之,可以尚文尚武促使西洋人放弃侵略主义。"这段文字和孙中山的演讲词十分相近。接下来还有一段很相似:"敬服日本五十年前受到西洋压迫,能够一点点克服之而达到今日富强的境地。"王文最后一段有:"外国人经常问中国的历史为什么如此古老,我常常这样回答:'中国行文化化人主义,是以文教

---

① 参见横田豊「王正廷のもう一つの『大アジア主義』」、『歷史評論』1993年9月号;関智英「孫文大アジア主義演説再考—『東洋＝王道』『西洋＝覇道』の起源」、三元社編集部編『竹村民郎著作集完結記念集』、三元社、2015年。
② 幸德秋水「予は直言す」、月刊『直言』1巻1號、1904年1月5日。
③ 幸德秋水「序」、山口義三『破帝國主義論』、鉄鞭社、1903年。

化人的结果。'"王借此谈及俄国彼得大帝的侵略主义:"今日如何?大帝的霸业已被从根本颠覆,国情大变,岂不见劳农俄国是在过激共产主义下推行政治?其主义是非善恶且不论,从露西亚人已经从根本上觉醒可见其变化,也即霸道行不通。"这段话与孙中山谈苏俄的文字亦极为相似。

五、结语

  由上可见,1924年孙中山在神户的演讲能否作为"大亚洲主义"或"大亚细亚主义"的文本来阅读是值得商榷的,因为无论就名而论,还是以实为据,该演讲的主旨都不是"主义"。日本的亚洲主义无论是可以被注入各种内容的空洞符号,抑或因其意识形态化而成为予取予求的概念,都与孙中山演讲中偶然提及的"大亚洲主义"或"大亚细亚主义"旨趣相异。孙中山的演讲被冠以"大亚洲主义"或"大亚细亚主义"是事后所加,如不问演讲内容而以"大亚洲主义"或"大亚细亚主义"来释读演讲,实为本末倒置。

  作为老练的政治家,孙中山的神户之行有着清晰的政治诉求:废除治外法权。孙中山认为列强的"分辖"或"共管"是中国的乱源所在。由于日本是侵略中国列强的一员,面对天真的日本听众,孙中山没有以公理直接批判日本的强权,而是以俄国弃霸道而向王道的今昔变化暗批日本。在此,日文本中唯一一次出现"大亚细亚主义",被释为以仁义道德为本旨的"王道",这与其说是在倡导"新"的"大亚细亚主义",不如说是在批判"大亚细亚主义"。有意味的是,这一被冠以"大亚洲主义"或"大亚细亚主义"的演讲给后来的中日关系留下了值得咀嚼的二义性余韵:既是正当性的来源,又是自我否定的根据。

  12月1日,孙中山一行离开神户,送行场面蔚为壮观。孙中山发表即兴讲话,表示明年春天在访问欧美后期待去东京。12月4日,孙中山抵达天津,不久一病不起,次年3月12日在北京溘然长逝,享年五十有九。

汪康年的观念世界
——兼论实践家的思想史意义

李里峰[*]

汪康年(1860—1911)是19世纪末20世纪初一位积极的变法倡导者、出色的报业经营者和著名的社会活动家。汪氏1860年1月生于浙江钱塘,1889年中举,1892年中进士;1890年入湖广总督张之洞幕,任其孙辈家庭教师;1896年创办《时务报》并任经理,发表《中国自强策》等名文,积极参与变法维新;1900年参与"东南互保"和"中国议会",在复杂政局中纵横捭阖;1904年入京补应朝考,授内阁中书;晚年往来京、沪之间,着力经营《中外日报》《京报》《刍言报》等报刊;1911年武昌起义后避居天津,同年11月4日去世。[①] 终其一生,汪康年以宣传维新变法和对政府进行舆论监督为职志,对世纪之交的中国社会产生了很大影响。然而,汪康年本质上是一个实践家而不是思想家,其主要成就在于报业经营和文化营造而不

---

[*] 李里峰,南京大学政府管理学院暨学衡研究院教授。
[①] 汪康年生平,参见汪诒年纂辑:《汪穰卿先生传记》,收入章伯锋、顾亚主编:《近代稗海》第12辑,四川人民出版社1988年版。下引《汪穰卿先生传记》,均出自此版本。

是思想撰述①,所以在后世史家眼中常被康有为、梁启超、严复、谭嗣同等人的光芒所掩盖②。

但思想史的悖论在于,思想精英总是时代的先驱,唯其思想之深刻与超前,反未必能代表一个时代的"一般思想状况",所以有学者试图以普通人的"知识、思想与信仰世界"为中心来重写思想史③,或者径以描绘普遍思想意识的"观念史"或"概念史"来取代以记述精英思想为己任的"思想史"④。自戊戌至辛亥,汪康年当然无法与康有为托古改制的思想飓风、梁启超新民之说的风靡海内、孙中山倡言革命的一呼百应相比拟,但其稳健变法主张或更能反映当时中国士大夫们既想变法图强,又不愿"轻言破坏"的普遍心态。就此而言,或可将汪康年视为一个思想史的"文本"(text),借以表征中国思想之转型期⑤的时代"语境"(context),对其实践性强于理论性的观念世界加以剖析,可以帮助我们更具象地把握世纪之交士人们的思想理路及其变迁轨迹。

一、西与中

19世纪中期以降中国各阶层近代意识的形成,与西方因素的影响密不可

---

① 汪康年去世后,其胞弟汪诒年将其文字编为《汪穰卿先生遗文》(收入沈云龙主编:《近代中国史料丛刊》第5册,文海出版社1966年版)和《汪穰卿笔记》(收入章伯锋、顾亚主编:《近代稗海》第11辑,四川人民出版社1988年版)。2011年浙江古籍出版社推出汪林茂编校的《汪康年文集》上、下册,共800余页,53万余字,主要收录《时务报》《京报》《刍言报》之论说文以及部分书牍和未刊稿。无论从论著数量还是思想深度与广度来看,汪康年与同时代的知名思想家均难同日而语。相比之下,由其师友写给他的信函汇编而成的《汪康年师友书札》(上海图书馆编,上海古籍出版社1986年版)可谓卷帙浩繁,收录700余人所写的3000余通书信,排印本分为4册,篇幅达4000余页。下引相关书目,均出自上述版本。
② 据笔者日前在"中国知网"(CNKI)的综合检索,"篇关摘"(篇名+关键词+摘要)中含有汪康年的论文合计335篇,含有康有为、梁启超、严复、谭嗣同的文献分别为9155、19 567、5900、1609篇,两相对比,反差极大。专以汪康年为研究对象的学术专著,笔者仅见廖梅:《汪康年:从民权论到文化保守主义》,上海古籍出版社2001年版;另有探讨汪氏主编之《中外日报》的专著一部(林盼:《报人群体与组织生长:以清末〈中外日报〉为中心》,福建教育出版社2023年版)。
③ 参见葛兆光:《七世纪前中国的知识、思想与信仰世界(中国思想史第一卷)》,复旦大学出版社1998年版,第1—66页。
④ 参见洛夫乔伊:《观念史论文集》,吴相译,江苏教育出版社2005年版;方维规:《什么是概念史》,生活·读书·新知三联书店2020年版。
⑤ 参见张灏:《中国近代思想史上的转型时代》,《二十一世纪》第52期,1999年4月。

分。一方面是列强侵略和不平等条约造成日益深重的民族危机,另一方面是西方器物与制度映衬之下中国传统文明的相形见绌,共同推动了近代士人们的知识与观念转型。汪康年关于政治、社会与文化的种种看法,同样是从对民族存亡危机的感受和对西方近代文明的认知开始的,他所从事的各种社会活动和创办的各种报刊学会,亦皆指向学习西方以救亡图存的目标。但随着戊戌变法的失败和政治局势的变化,汪康年对西人西学的认知也经历了一个发展变化的过程。

戊戌年之后,汪康年一方面继续呼吁维护国家利权,阻止西方侵略的深入,另一方面又力图缓和中国与列强之间的矛盾,保全和局;一方面继续主张向西方学习,取人之长,另一方面又强调接受西方事物时有所取舍,不能全盘照搬。

汪康年始终关注国运民生,其"忧国之心,至死无变"①。他对列强侵略日益加剧深感忧虑,迭于报端呼吁各阶层人士尽己所能,维护利权。在其撰写的文字和主编的报刊中,关于抵制侵略、维护利权的论述随处可见,涉及诸多方面。仅简单列举如下:(1) 领土主权。1901年上海各报登载葡萄牙欲划界澳门并索香山的消息,汪上书江、鄂、粤三总督,称"此事关系至重,万不可视为等闲",建议如葡人来请勘界,"即派干员与之商办,倘有意外要挟,仍应坚持不许,宁与失和"。② 1902年《上政府说帖》云:"各国规占愈甚,如俄阳言归东三省,而规占愈急;英俄均染指西藏;俄又诱我蒙古;法始得云南矿路权,继又与桂抚有约,将插手广西;近英德于长江事颇致断断;英意有管我粤东三江叉口之谣。如是则数年以后,竟不知是何景象矣。"③ (2) 铁路权。1907年清政府承借外债修建苏杭甬铁路,激起浙省士绅反抗,引发了要求废除借款和约、本省铁路自办的江浙铁路风潮。汪康年时任《中外日报》主编,于报端迭次发文抨击,要求清廷"速将主持借用外债之外部尚书立予谴责,使其拒绝外人之要求,以慰天下之人望"④,并呼吁国民"联合各省,自结坚固团体,凡关于

----

① 林纾:《汪穰卿先生墓志铭》,载《汪穰卿先生传记》,第174页。
② 《上江督刘岘庄制军书》,载《汪穰卿先生遗文》,第151页。
③ 《上政府说帖》,载《汪穰卿先生遗文》,第101页。
④ 《论江浙勒借外债之弊》,载墨悲编辑:《江浙铁路风潮》第1册(收入罗家伦主编:《中华民国史料丛编》,编号A-17,[台]国民党党史史料编委会1968年版),第155页。下引《江浙铁路风潮》,均出自此版本。

路矿及各种实业权利,非经国民认可,决不能听政府为赠与,政府即有所为,可坚拒而视为无效"①。(3) 矿权。"窃谓朝廷设矿局之意,盖欲为小民裕衣食之源,而免利源之外溢也,谓宜先鼓励华商合股办理,必不得已而招洋商,亦宜家予以限制。"②(4) 税权。"赫德一平常英国人,而我国税权邮权均在其掌握,甚可惊也",建议处置赫德,收回税权,并提高进口税。③ (5) 内河航运权。"中日条约许外人内河行轮,此为失权最甚之事",建议敕令各省督抚"速招华商行驶内河轮船"。④ (6) 用人权。"各国竟迫易我疆臣……在外人实无理已甚,而我所以应付之者,亦失之绵软。"⑤(7) 司法权。"国家之所以成国家者……在有法律以保护人人之生命财产而已,故国之成也,必能自立其法律权,而国之亡也,必先自弃其法律权。"⑥(8) 教育权。"设立学堂培植人才,乃吾中国人之责,今中国人不为而转使西人为之,是教育之权全入西人手矣。"⑦(9) 舆论权。"盖报者全国之指南,若吾国无足为人信服之报,而外人乃入而主之,则日浸月灌,吾国之耳目,将尽为外人所移易,其力实甚于火炮百倍。"⑧为维护上述利权,汪康年时常呼吁政府办理外交事务应当"以能否保全权利为断"⑨,提出借款不可失权、与外人订商约务必慎重、公董局应设华董、慎用外人、内乱不可乞师邻邦等原则。⑩

然而,鸦片战争以来中西历次交锋均为各国胜出的事实,又使汪康年不能不承认列强实力远在中国之上,若贸然与战,很可能因战败而导致利权进一步丧失,局面益发不可收拾。因此,汪氏既对列强侵略深表愤慨,又力图保持与各国"相安"之局,不敢轻言战事。1896 年所撰名文《中国自强策》,即把"慰天下及各国之望"作为新政三大端之一,要求政府"与各国力保太平之约,

---

① 《挽回苏浙路矿办法之一策》,载《江浙铁路风潮》第 1 册,第 181 页。
② 《致高□□先生书》,载《汪穰卿先生遗文》,第 174 页。
③ 《上政府说帖》,载《汪穰卿先生遗文》,第 111—113 页。
④ 《上政府说帖》,载《汪穰卿先生遗文》,第 118 页。
⑤ 《上政府说帖》,载《汪穰卿先生遗文》,第 101 页。
⑥ 《论中国政散民流之故》,《中外日报》乙巳(1905)二月二十三日。
⑦ 《致唐杰臣先生书》,载《汪穰卿先生遗文》,第 176 页。
⑧ 《闻奉天通报馆停闭感言》,载《汪穰卿先生传记》,第 262 页。
⑨ 《外部电文驳议》,载《江浙铁路风潮》第 2 册,第 431 页。
⑩ 分别参见《汪穰卿先生遗文》第 76—77、122、142、120 页及《汪穰卿先生传记》第 314 页。

并方便予以权利,且聘其贤豪,与之参定法制",如此"中外始有更新之望矣"。①

庚子年义和团运动兴起,汪氏对拳民及朝中顽固派的排外情绪严加抨击,称"拳乱"及外患皆起因于守旧和排外,称顽固派之仇视西人,"并非真知西人之将割裂我版图,奴隶我子弟,朘削我脂膏而恶之也。不过怪其所不习耳,与狗之吠生人,一理也"。②他在这一年参与发起"中国议会",主张"保全中外交涉和平之局",拒不承认朝中载漪、刚毅等人"通匪诸矫传之伪命"。拳民事起后,汪康年设法向各国解释并支持东南各督抚与列强言和,共保江南和平之局。《中外日报》刊文称,"今战衅之成","全出于端逆及刚、徐、启、赵等之五贼臣,于皇上无与,于国民无与",进而提议"南方为贼权不及之地,今谨代表圣意,会合西师,共定内乱,以敦睦谊,事定之后,再议和约"。③与此同时,又力劝各国不要大动干戈:"如其欲保东亚商务之利,欲保全球和平之局,则此事要当和平处理,而不可以大欺小,以众暴寡,以强凌弱,致以北省一隅之事,激动各省民心。"④强调通过外交周旋来缓和与各国的矛盾,认为中国外交之失不在"媚外"而在隔绝,在于因不知各国外交惯例而妨碍中外之间的交流沟通。⑤

"夫中国外交垂六十年,而屡次通商之约,皆出于战败以后,故一切多让西人,此在谋国者,欲有所振作,惟宜求进化以开民智,变法以立国宪,如此十年至二十年,内治既修,国势自盛,然后议易条约,改税则,挽利权,调民教,皆在可行,近比日本,是其前例。"⑥以退让保和局,以和局求变法,以变法图救国,便是汪康年及其同侪对政局的基本看法。

自魏源"师夷长技以制夷"的命题问世以来,向西方学习始终是近代中国人救亡图存的基本途径之一。戊戌维新期间,汪康年在书信中详细论述学西方以变法的主张,针对人们对学习西方的种种疑虑,逐一解释澄清:"若谓改

---

① 《中国自强策》,《时务报》光绪二十二年(1896)八月初一日。
② 《论义和拳与新旧两党之关系》,载翦伯赞等编:《中国近代史资料丛刊》第九种《义和团》(四),神州国光社1951年版,第180页。下引《义和团》(四),均出自此版本。
③ 《筹南十策》,载《义和团》(四),第190页。
④ 《各国宜守和平宗旨说》,载《义和团》(四),第187页。
⑤ 《汪穰卿笔记》卷二杂记,第394页。
⑥ 《论刚毅三大罪》,载《义和团》(四),第197页。

从西法,则将剥贫民以奉豪富,不知必如此而后贫富可互相资济,否则当以兼并为事,其剥民不更甚乎?""来书谓延西人教中人,中必出西下,固也,然不学则并此无之矣。""来书谓西人重商务,中人多士林,不知西人全国皆读书,安能云专重商务。"总之,"今日事势极急,速择善法行之,犹虑不济,若必存中西之意见,虑纤维之弊病,恐议论未毕,而大局愈难问矣"。①

汪氏留下的文章、书信、笔记中,随处可见对于西方物质文明和制度文明的赞叹,以及对国人不愿探究西方事物的批评和感慨,尤其对顽固派"不究己之所以弱,而恶人之强;不求人之所以胜,而讳己之败"表示愤慨。② 为缓解守旧人士对西学的抵触情绪,他也和当时许多人一样假托孔子之名,称"孔子虽为大圣,万不能逃天演之公例,且正惟大圣而智无不通,使其生今之世,观时察变,亦必兼采西学之长"。③ 庚子国变之际,《中外日报》多次在时评中阐述开国与维新、锁国与守旧"相表里"的道理。"所谓维新者无他,开其民智,使其学术政治兵商诸事,去己之短,取人之长,改良而适于用,臻于上等之谓也。"总之,"守旧之不足以致治",故须施行新法;"锁国之不足以自立",故须取人之长。④

但在戊戌变法和庚子中国议会失败之后,汪康年的看法有所变化,越来越意识到西方在科技进步、政治修明、经济发达的背后亦有种种弊端:"今者各国非吾辈所目为政治修明乎,然祸乱之端,几无国蔑有,奇惨之事,岁必二三。至其风俗偷薄,奸伪滋彰,见留学生所述,西报所载,指不胜屈。"⑤于是,对西方采取更为审慎的态度,主张学习西方应有所取舍,反对唯西是尚、全盘照收:"若谓取则异国,亦当精加选择,况夫各国为法亦不同,且有因于从前习惯姑沿之者,又有因于情势不得已而为之者,而吾乃不辨宜否,一概抄袭,亦可怪矣。"⑥强调"用人之器"与"精己之器"不可偏废:"始则用人之器而不知精己之器,继则不顾己之物而用人之物,已而己虽有适用之物亦不用,而专用他

---

① 《覆友人论变法书》,载翦伯赞等编:《中国近代史资料丛刊》第八种《戊戌变法》(二),神州国光社 1953 年版,第 575—576 页。
② 《论近日致祸之由》,载《义和团》(四),第 197 页。
③ 《论中国欲自强宜先消融各种界限》,《京报》丁未(1907)三月二十日。
④ 《原近时守旧之祸》,《中外日报》庚子(1900)九月廿二日。
⑤ 《痛论颁行新律之宜慎》,载《汪穰卿先生遗文》,第 60 页。
⑥ 《痛论颁行新律之宜慎》,载《汪穰卿先生遗文》,第 82 页。

人之物,其卒也则己之物以无人过问,一切废绝,虽欲不用人之物而不可。"①

在其报章文字尤其是晚年所办《刍言报》中,汪康年对废除汉字、称中国为"支那"、"黄帝西来"说等予以批评。针对废除汉字、改用字母之议,认为"吾国之字以义为主,实有足以自立者,断不能舍己从人,且天下亦无数千年数万万人习惯之事,忽欲尽废之之理"。②针对一些报纸模仿西人、日人称中国为"支那",指出"天下之兴",除戎狄而外"无不用己之名称",何况"支那"之名"实缘辗转传讹,乃有此号",国人用以自称"乃至无理"。③出于类似理由,他也反对称中国三代以前为"酋长时代",以及所谓"黄帝西来"之说。④

汪康年尤其反对在风俗习惯上舍中从西,"盖俗尚之从违,与其国家思想之浓薄极有影响,固不能不致谨也"。对于"世界大同之日,自政教外,语言、文字、衣服、饮食及一切习俗将无不统一,然必以渐相就,则我之从西俗亦其宜也"之论,汪氏不能苟同,"顾吾恐各国自守其俗如故,独我乃举国成为非驴非马之形状,将复何如?"⑤在其笔记中亦多处记载笨拙模仿西人时尚的可笑行为,对惟西是尚者予以批评嘲讽。⑥

但总体看来,汪康年对西人西学的认知尚停留在较浅的层次上。他在笔记中赞赏西方文明,大多是有感于某些具体现象,如西方科技发达,西人办事认真、遇事肯加研究等,而很少探究表象背后的历史、文化和制度背景。他主张学习西方政治制度,但没有清楚地认识到西学亦有古今之别、各国之异,西学在其言论中基本上是一个模糊的整体。所以,汪康年既不能从西方近代政治思想中提取出某个核心概念作为学习西方的理论支撑,也无法从各国政体模式中选择一种作为学习西方的具体蓝本,这也印证了他作为实践家而不是思想家的基本特性。

相比之下,汪康年对中国传统精神力量的重视是一以贯之的。他在对西学最为向往和器重的戊戌时期便曾强调:"夫国家所至之境界,实全国人心所结撰也。心注于强则强,心注于巧则巧,心注于拙则拙,心注于衰乱则衰乱,

---

① 《汪穰卿先生遗文》,第94页。
② 《汪穰卿笔记》卷五杂记,第494页。
③ 《汪穰卿笔记》卷五杂记,第494页。
④ 《汪穰卿先生遗文》,第82—83页。
⑤ 《汪穰卿笔记》卷三杂记,第435页。
⑥ 《汪穰卿先生遗文》,第83—84页。

是故为国家者,莫慎乎驱人心之所注也。"①所以"圣教为吾国根基之地,自应协力护持,勿使坠地"②,一切学问"皆以端心术,守圣教为主"③。不过这一时期汪康年思想的主流还是取用西法以变革图强,对待传统文化的侧重点仍在于批判其负面影响。而在1900年以后,汪康年思想的天平进一步向传统文化倾斜,试图在传统中找到凝聚国人的精神力量,这在很大程度上是对历次变革失败进行反思的结果。戊戌时期,维新派内部梁启超与汪康年的分歧和反目,导致《时务报》论说之力锐减,影响大不如前。1900年,汪康年与唐才常又在中国议会中形成两个派别,两派行动不一甚至相互掣肘,致使其实力受损,自立军起义迅速失败。④ 汪康年亲身参与的这两次变法活动,都因内部不和而严重削弱了自己的力量,这使他更加坚信人心才是救国救民之根本,认为"吾国之所患不在种种名目,而在精神"⑤,只有国人紧密团结,才能实现变法图强的愿望。

二、变与守

对中国政治与社会进行变革以救亡图存,是汪康年一以贯之的理想。戊戌时期,汪氏力言"复民权,崇公理","尚创作而贱安闲,尚改变而贱守常"⑥,以创办并经理《时务报》、宣传维新变法而名世。⑦ 变法失败以后,他继续多方探索和反思,希望找到适合中国的变革道路。1900年拳民事起,汪康年认为其根源在于清廷的守旧政策:"此番之祸,实具有线索可寻,脉络相承之理,综而论之,盖起于守旧,成于训政,迫于废立,终于排外,四者相因,而大祸遂作。"⑧《中外日报》刊文称:"皇上之维新为是,太后之守旧为非,荣(禄)、端(方)、刚(毅)、董(福祥)之祖匪为长乱,李(鸿章)、刘(坤一)、袁(世凯)、张(之

---

① 《论宜令全国讲求武事》,《时务报》光绪二十四年(1898)六月廿一日。
② 《致朱亮生书》,载《汪穰卿先生遗文》,第139页。
③ 《汪穰卿先生传记》,第199页。
④ 参见胡珠生:《自立会历史新探》,《历史研究》1988年第5期。
⑤ 《读杨君演说家族主义国家主义之余论》,载《汪穰卿先生遗文》,第68页。
⑥ 《中国自强策(中)》,《时务报》光绪二十二年(1896)八月初一日。
⑦ 参见黄珍德:《论戊戌时期汪康年的变法思想》,《华中师范大学学报(人文社会科学版)》1998年第5期。
⑧ 《原乱二》,载《义和团》(四),第226页。

洞)之抗旨为从权。"① 当权顽固派对八国联军束手无策,适足以证明"守旧之不足用于今日"。② 这些时论文字,代表了汪康年等人对庚子政局的基本立场。这一年他参与发起"中国议会"并实际担负领导之责,议会宗旨之一便是"力讲明新政法而谋实施之",而且为此制定了两套颇为激进的行动方略。③

在此之后,汪康年的主要精力由社会政治活动重新回到报业经营上来,先后主编《中外日报》《京报》《刍言报》,继续宣传维新变法,其基本立场仍然是"中国前途终不能无改革之一境,我不自行,他人必将起而代谋"。④

汪康年于1902年草拟的两份说帖,比较集中地反映了他在戊戌以后的变法主张。政治方面:一曰行宪政,称宪政可使君主"有权利而无责任",使官吏"行政之责轻",可除吏治之"蒙蔽贿赂暴敛侵渔";⑤二曰定权限,包括中央与地方之权限、官与绅之权限;⑥三曰改官制,建议各省设立总务、财赋、警察、学务、邮政诸部及工程局、军政局;⑦四曰变风气,主张严定办事程序,"凡事皆以勤实平实为之,力反从前雍容延缓之习"。⑧ 经济方面:一曰发国债,以"平亿兆之心,鼓全国之气",并使民间"稍舒喘息";⑨二曰重商务,主张设商部、定商律,企业由官办改为商办,让商人参与商务;⑩三曰开交通,以"使商货转运灵捷";⑪四曰银本位,以扭转中外贸易之不利局面。⑫ 军事方面:一曰尚武俗,建议全民习武,"寓武事于各事之中";二曰练洋操,且"武营规矩均依西国之法"。⑬ 文教方面:一曰设报馆、定报律,以"新远近之耳目,振上下之胆气,

---

① 《砭俗》,载《义和团》(四),第194页。
② 《原近时守旧之祸》,载《义和团》(四),第193页。
③ 关于中国议会及汪康年在其中扮演的角色,参见桑兵:《论庚子中国议会》,《近代史研究》1997年第2期;廖梅:《汪康年和庚子中国议会》,《复旦学报(社会科学版)》2001年第5期。
④ 《论中国改革之难》,《中外日报》甲辰(1904)四月初五日。
⑤ 《立宪浅说》,《中外日报》乙巳(1905)六月初九日。
⑥ 《汪穰卿先生传记》,第288—289页。
⑦ 《上某疆臣说帖》,载《汪穰卿先生遗文》,第125—129页。
⑧ 《上政府说帖》,载《汪穰卿先生遗文》,第108页。
⑨ 《上政府说帖》,载《汪穰卿先生遗文》,第109页。
⑩ 《上政府说帖》《致陈雨苍京兆书》,载《汪穰卿先生遗文》,第109、153—155页。
⑪ 《上某疆臣说帖》,载《汪穰卿先生遗文》,第129页。
⑫ 《上政府说帖》,载《汪穰卿先生遗文》,第116—117页。
⑬ 《上某疆臣说帖》,载《汪穰卿先生遗文》,第126、128页。

扶公私之积弊";①二曰办学堂,以"求民之开通及人才有从出之源";②三曰派游学,此为培植人才的"省便"之法。③ 从中可以看到,汪康年提出的是一份颇为具体和周详的变革蓝图。

但是另一方面,对历次变革受挫和中国当前局势的反思,又促使汪康年以一种更为缓和的方式去推动变革。戊戌变法时期,汪康年已因其变法主张的稳健而显示出与康、梁不同的特色,并和梁启超发生争执甚至反目。④ 经历了庚子年中国议会的失败后,他对变革的态度更加谨慎,在变革的方式和道路上做出了重新选择。

首先,基于对中国国民素质的负面评价,认为某些变革尚非其时,必待开民智以后方可施行。立宪是汪康年变法思想之大端,但他对立宪派请速开国会运动不以为然。"天下事至繁赜,断不能一蹴而就",立宪之事"九年预备,已极困难",应该担心的是"宪政之无实",而不应"冀其进行之过骤"。以中国之现状,"非上下皆从实际下手,而持之以五十年之恒心",宪政改革难以奏效。⑤ 中国变法大业之根基在于开民智,"欲中国自立,必自大开民智始"。⑥ 若"民智未开,民德未具",则政治制度无论新旧,"必随其政之所至,而成为各类弊端"。⑦ 汪康年在笔记中对一些新政举措颇有微词,批评其"不问事之缓急"照单全收,"不问其能行否,亦不问财力能支否",将其比作乡下人进了大食肆,将所有菜肴各点少许杂而进之,食而不知其味,"归乃大泻,并其旧储而尽去之"。⑧

其次,基于对变革之复杂性和艰巨性的认识,主张讲求策略,减轻阻力,

---

① 《致陈雨苍京兆书》,载《汪穰卿先生遗文》,第154页。
② 《上某疆臣说帖》,载《汪穰卿先生遗文》,第128页。
③ 《上晋抚胡聘之中丞书》,载《汪穰卿先生遗文》,第138页。
④ 参见黄珍德:《论戊戌时期汪康年的变法主张》,《华中师范大学学报(人文社会科学版)》1998年第5期;崔志海:《论汪康年与〈时务报〉——兼谈汪梁之争的性质》,《广东社会科学》1993年第3期。
⑤ 《汪穰卿先生传记》卷五,第292页。汪康年师友中持此观点者不在少数,如夏曾佑称"民权之说,众以为民权立而民智开,我以为民智开而后民权立耳",冯守志称"人才少则惟有专制,可做到除弊地步,殆至强迫教育之后,则共和立宪与共和公司均可兴利而无害也"。见《汪康年师友书札》,第2册第1390页,第3册第2251页。
⑥ 《论中国欲自立宜先求开民智之策》,载《义和团》(四),第212页。
⑦ 《论中国当注意于精神教育》,《中外日报》甲辰(1904)四月初三日。
⑧ 《汪穰卿笔记》卷六杂记,第517页。

缓步进行。汪康年坚信"弃旧则易，而谋新则难"①，救国之道"尤无捷法"，必须"深思熟虑，循序渐进"方有成功的希望，如欲"谋一劳永逸之计"，则"不啻挟泰山以超北海"，天下必无此理。②为了减轻来自各方面的压力和阻力，他主张"应仍从前之形式，而暗将政体变更"。③其实这种看法在19世纪末20世纪初的维新派士绅中已有很大市场，汪康年的多位师友都曾提及此意。例如，汪大燮奉劝同仁"不必作无谓之讥评，于一切犯忌之事，尤望检点，勿以牛毛细故，致令依违不定之新政，自我而扫除净尽也"。④叶瀚认为："与其决裂于旦夕，不如求全于木然之为得计……他人不足惧，而过拂他人，则又可虑。行事固欲坚，又欲能忍，坚而无忍，则折断无存矣。"⑤1900年唐才常自立军起义失败后，参与其事的日本人井上雅二在日记中有如下记载："朴实而有主见的绅士认为康有为性太急，无恒心，了解变法的好处却不知中国的情况。戊戌政变以来，北京政府更加顽固，这不能不是康、梁的过失。太后从前也不完全是这样顽固。康有为的急于变法，将满朝的大员弄成今天这种情况。"⑥所谓"朴实而有主见的绅士"，指的首先就是汪康年。出于策略考虑而反对变法步骤过激过快，在很大程度上是当时许多士人共同的看法。

关于中国实施变革的途径，汪康年曾提出三种可能的选择："第一朝廷自能整顿。其次则督抚中有起而任其责者，亟于力量可及之处设法预备。最下则素称强悍之省，分由民间自行设法，清户口，理财货，阜农工，办团练，利器械以待变。"⑦从权力层级来看，这三种方案分别以上层（朝廷）、中层（督抚及地方政府）和下层（民间社会）为变革的主体。从戊戌到辛亥，汪康年对变革道路的选择是不一样的。

汪康年所创办的几种重要报刊《时务报》《中外日报》《刍言报》，在某种程度上可以代表其变法主张的几个不同阶段。《时务报》时期（1896—1898），汪

---

① 《读杨度家族主义国家主义演说系之以论》，载《汪穰卿先生遗文》，第66页。
② 《借款造路平议》，载《汪穰卿先生遗文》，第76页。
③ 《上某疆臣说帖》，载《汪穰卿先生遗文》，第125页。
④ 《汪穰卿先生传记》，第213页。
⑤ 《汪穰卿先生传记》，第214页。
⑥ 《井上雅二日记》，明治三十三年（1900）八月二十六日（收入《近代史资料》总74号，中国社会科学出版社1989年版）。下引《井上雅二日记》，均出自此版本。
⑦ 《致朱亮生先生书》，载《汪穰卿先生遗文》，第139页。

康年最看重自下而上的变法道路,认为"中国政体不甚干预民间之事,故民间可自办之事甚多",如能广招同志"自行设法","如是五年或可有济"。① 所以《时务报》对"变革之权当操之上,下民何能为"的想法提出批评,号召人人就其力所能及之事加以努力,以民间的维新推动政府的变法,并为后者奠定良好的社会基础。《中外日报》时期(1899—1908),汪康年对三种变革方案各有所重,难以取舍,一方面没有放弃通过民间自发办学堂、设学会、兴实业等维新举措来推动全国变革的希望,另一方面又屡屡对政府提出批评和建议,呼吁政府认清危局,革除弊端,自行变法。与此同时,他还寄望于各地督抚,或者请求他们帮助光绪亲政以变法,或者希望他们在各自辖区内率先变法。但总体而言,随着对民间行为干扰新政进程之忧惧日益加深,汪康年越来越不敢轻言民间自行变革,而更多地倾向于上层和中层道路。到《刍言报》时期(1910—1911),汪康年已基本放弃以民间推动政府变革的道路,而寄希望于政府主动进行变革。②《刍言报》的论说主要涉及三个方面:一是反对废除读经,提倡精神教育,维护传统礼教;二是对政府的官制改革发表评论;三是批评保路运动,并向政府建言献策。对于民间社会乃至地方政府之变法,《刍言报》已不再关注。总体看来,汪康年出于对变法失败和中国现状之反思,对变革的方式和道路进行了重新选择,变革主体转向上层,变革方式趋向缓和,更加遵循审慎原则,讲求变革策略。

近代以来中西遭逢而形成的"数千年来未有之变局"③,对知识人产生了深刻影响。一方面,在西方文明的强势冲击下,中国知识人逐渐形成了一种"东方主义"认知,既以本质化方式去看待原本作为"他者"的西方,又以西方为参照对中国进行一种自我"他者化"的镜像式认知。另一方面,西方近代文明伴随着列强炮舰而来,中国在向近代迈进的同时还须面对救亡主题,因而迫切需要一种足以整合民众信仰、增强民族凝聚力的精神力量,而在新的思

---

① 《致欧阳云衢先生书》,载《汪穰卿先生遗文》,第141页。
② 这一主张以期待和呼吁政府自行变法为基本特征,被学界称为"自改革"思想。参见朱维铮、龙应台编著:《维新旧梦录——戊戌前百年中国的"自改革"运动》,生活·读书·新知三联书店2000年版。
③ 李鸿章:《筹议海防折》,载翦伯赞等主编:《中国通史参考资料》近代部分上册,中华书局1980年版,第331页。

想资源极度匮乏的情况下,这种精神力量最可能从传统中来。①

在汪康年看来,中国自秦汉一统之后历二千余年,"虽屡生祸乱而风教不改","以失抵抗力如此之久,而能凝而不散,植而不倾,是必有物焉镇定而联固之,乃能如是也"。这种镇定联固之物便是礼教。礼教使一家之中父子、兄弟、夫妇相爱,进而"以及于宗族,以及于乡党,以及于国家,遂使极大极散之人群能团合而一"。② 汪氏云,西人国力虽盛,却只能依赖强力来维持,假使欧美各国"忽变而为一统,或全改为民主,实行弭兵主义",则必然导致"政党争于上,无政府党起于下,祸乱大作,有非人力所能扑灭者"。③ 对于中国只有家族主义而无国家主义的说法,汪康年不以为然。他认为,中国历代圣贤之书中"具激励民使忠于国者多矣","身之外不能无家,家之外不能无国,由家而国,乃自然之理",所以"于家国二字实一丝不隔",正是中国传统礼教优于各国之处。④ 其主编报刊曾大量刊载以护持礼教、回归传统为主旨的论说,例如:"国家之兴,视乎人心,人心所系,本乎德教。经世之政,弊积返本;修心之教,弥乱益治。正其本则国以日兴,亡其本则邦以日灭。""中国人心之腐败,未能骤去,而改革之图,欲变其本则必益加之厉,固不若以古圣贤道德之教,率而先之,其计为犹愈也。"⑤

1910年在《刍言报》上发表的一段话,明确表达了晚年汪康年的变革观:"今之人但知倾向于西,辄欲吐弃一切以就之,不知器械可改也,轨则法度可改也,即政体亦可改也,而数千年相沿习之政教必不可改也。诸君疑吾言乎?试观各国变法,有并变其教者乎? 截趾适履,盖无过于此者。"⑥ 由是观之,汪康年的变革主张已由器物层面入于制度层面,而止步于精神层面。在汪康年及其同侪看来,西方文化的优势在于科技和政制,中国传统文化则在精神层面胜过西方,中西各具特色,各有短长。

基于此,汪康年明确反对将中国造成"与欧美同一无二之国",而希望中

---

① 参见李里峰:《"东方主义"与自我认同——梁启超中西文化观的再阐释》,《福建论坛(人文社会科学版)》2005年第1期。
② 《痛论颁行新律之宜慎》,载《汪穰卿先生遗文》,第59—60页。
③ 《痛论颁行新律之宜慎》,载《汪穰卿先生遗文》,第60页。
④ 《读杨度家族主义国家主义演说系之以论》,载《汪穰卿先生遗文》,第59—60页。
⑤ 《论近日人心宜重古道》,《中外日报》丙午(1906)正月二十日。
⑥ 《痛论颁行新律之宜慎》,载《汪穰卿先生遗文》,第61页。

国成为"欧美之外东方一大国","使吾国人永永自知为伏羲、神农、黄帝、尧、舜以来递嬗之国,吾人为太古以来诸圣帝贤王之胄裔"。他以类似禅语的四句话警告国人:"凡欲存我,要在有我。假其无我,何有于存我。"①保存中国文化的特质,走中国自己的路,使中国成为"欧美之外东方一大国",汪康年在辛亥前夜(1910)提出的这一观点,已具有典型的文化保守主义特征。一战以后,梁启超的《欧游心影录》、梁漱溟的《东西文化及其哲学》都表达过类似的见解;"五四"之后持续多年的"中西文化论争",其中一方所持的观点也与之相类。以向往西学、批判传统始,以疏离西学、复归传统终,这种从"离异"到"回归"的现象在近代中国并不罕见,许多曾执时代之牛耳的先进人物,如严复、梁启超、孙中山等,都曾有过这种经历。②

三、国与民

中国现代舆论是在甲午战败之后,随着新式学堂、学会、报刊的大量涌现而逐步形成的。"它们创造了一种引起思想激动的气氛,这在受过教育的中国人中间广泛地起着作用……这些新的渠道体系一经沟通,能够很快地把分散的个人观点集中起来并加以鼓吹,创造了类似现代的社会舆论的事物。"③对于现代舆论在中国的形成和发展,汪康年发挥了重要作用。自1895年着手创设《时务报》之后,汪氏的绝大部分时间和精力都放在报纸的创办、编辑和经营上,被认为是20世纪前十年"报界之权威"。其所创报刊除《时务报》外,还有《时务日报》《昌言报》《中外日报》《京报》《刍言报》,其中《中外日报》延续时间最久,社会影响也最大。④

观其报业实践及报端言论,汪康年办报的基本理念在于以报纸造舆论,对国家与社会进行双重监督和调解。尤其在庚子中国议会的武力变政计划失败后,汪康年对自己以前的活动和中国变革的前景进行反省,看到了专制制度的根深蒂固、国民素养的严重欠缺、革新阵营的鱼龙混杂、民众行为的喧

---

① 《续论颁行新刑律之宜慎》,载《汪穰卿先生遗文》,第63页。
② 参见章开沅:《离异与回归——传统文化与近代化关系试析》,湖南人民出版社1988年版。
③ 参见费正清主编:《剑桥中国晚清史》下卷,中国社会科学出版社1985年版,第379—380页。
④ 参见李里峰:《汪康年与近代报刊舆论》,《学术研究》2001年第7期。

嚣扰攘,这些认识促使汪康年得出这样的结论:政府始终存在专制集权的倾向,必须通过舆论对它进行监督,以维护广大民众的利益;但与此同时,民间的过激行为又会干扰政府改革的进程,因而对民众运动也必须加以限制。所以他在国家与社会之间选择了中间立场,"既维护现行政府的地位,又坚持批评政府的昏庸行为;既反对民间与政府的对抗,又反对政府以武力镇压人民"①。

　　汪康年用力最多、经营最久的《中外日报》曾刊载大量评论专制之弊端的文章,指出中国以皇帝为国家的主人,地方为皇帝的产业,官吏为皇帝的奴仆,国家之事只有皇帝能决断,只有官吏能参与,广大民众只能"束手受治而已"。如此,则官吏只对皇帝负责,不管人民的利益和要求;而民众既不能与闻国事,也就不会关注国家的利害安危。②汪康年一度对中央集权表示赞同,戊戌时期曾大力倡导聚权立相,但基于对专制弊端的深刻认识,1900年以后的《中外日报》更多地倾向于分权:"权者,利器也,当其散于各处也,则聚之不易;及其聚之一处也,则散之亦不易。然与其聚而不可复散,则毋宁散而未尝聚。"③他既承认中央集权"实为经国之嘉猷",又认为是说"可行于各国而独不可行于今日之中国,可行于立宪之国而独不可行于专制之国"④,故"本报以为政府若真欲中央集权,则当先布宪法,而后议此事"⑤。

　　汪康年尤其反对以新政和立宪之名行专制之实。他在笔记中写道:"天下岂有真是非?但使强权在手,令出而人不敢不遵,虽行专制之实,谁敢谓其专制哉?"⑥1911年清"皇族内阁"甫一出台,汪氏立即在《刍言报》上撰文批评:"专制改为立宪,头绪千万,大要必为改良政治。然以吾观之,则更逊于前。何则?前军机中无亲贵也。夫军机大臣不过备顾问宣诏令,才抵一书记长,而亲贵尚不得为之。今之责任内阁,则古之相也,而乃以亲贵为之,何欤?"⑦除此之外,他还对政界种种不良现象,如办事颠顸、苟且阿徇、漠视国

---

① 廖梅:《汪康年与中国近代化思潮的特征》,《复旦学报》1996年第6期。
② 《论中国必革政始能维新》,《中外日报》癸卯(1903)十二月十一日。
③ 《中央集权之预言》,《中外日报》甲辰(1904)八月二十七日。
④ 《论中央集权之弊》,《中外日报》甲辰(1904)七月初二日。
⑤ 《再论中央集权》,《中外日报》甲辰(1904)七月二十三日
⑥ 《汪穰卿笔记》卷六杂记,第518—519页。
⑦ 《汪穰卿先生传记》,第290页。

运、欺上瞒下、悬价售官、讼以贿成等,一一予以批评嘲讽。①

与此同时,汪康年亦以监督民众与社会为职志,极力批评、阻止民间过激行为发生。他认为,民众自发行动往往会扰乱地方稳定,给政府变革造成障碍。在其变革计划中就有"预杜乱萌"一条,称"民间私会繁兴,涓涓不塞,将来必成不救之症,宜随时设法解散,不使有碍治理",并提出了具体的预防措施:"求地方之平靖,必先清查户口,然后省会大镇市以次布设警察,使乱民不敢生心。"②他尤其反对民众以暴力流血的方式与政府相抗衡。1907年皖抚恩铭遇刺,汪康年于《京报》撰文,认为民众对于政府之"暗于时势,钝于机宜,拙于应付"固然应该"起而争之",但"若夫出于暴动,成于流血",则会"使乱机由是而发,祸患由是而滋"。在位者"方病疲软畏葸",对他们只能"矜而导之,强而就之",如果"急言怖之,则反而却走,深闭固拒,而不敢复与天下有志之士通问讯",会将其推向讳言一切变革的极端。③

汪氏反对民间过激行为的另一理由是,国内政局和社会的不稳定会给列强可乘之机,从而招致外侮。"若民间偶有蠢动,则外兵立至,将由此尽失国权"④,"若我国一有内乱,则伊等借端保护,争先动手,我国将全行糜烂"⑤。庚子年间,《中外日报》对义和团运动批评有加,称其"横挑邻衅,自启祸源,上贻君父之忧,坐召不测之变"⑥,为"百年之余孽,而近畿之乱民耳"⑦,主张对其"以强力制之"⑧,称"乱民必宜剿,必不宜抚,宜急剿必不宜缓,何待再言"⑨。

铁路建造及路权问题是清末民初各阶层关注的焦点之一,曾引发江浙铁路风潮和保路运动,并最终导致革命发生和帝制终结。汪康年对于铁路问题的态度和主张,比较典型地反映了他在国家与社会之间所持的双重立场和矛

---

① 参见《汪穰卿笔记》卷三杂记,第435、409—410、110页;卷四杂记,第444、474页;《汪穰卿先生传记》,第291页。
② 《上某疆臣说帖》,载《汪穰卿先生遗文》,第126、128页。
③ 《汪穰卿先生传记》,第276页。
④ 《上江督刘岘庄制军书》,载《汪穰卿先生遗文》,第146页。
⑤ 《汪穰卿先生传记》,第301页。
⑥ 《歼厥渠魁说》,《中外日报》庚子(1900)六月十七日。
⑦ 《论近日致祸之由》,《中外日报》庚子(1900)六月十九日。
⑧ 《汪穰卿先生传记》,第296页。
⑨ 《歼厥渠魁说》,《中外日报》庚子(1900)六月十七日。

盾心态。

1907年,清政府承借外债修建苏杭甬铁路,激起江浙铁路风潮。汪康年作为《中外日报》主编,于报端迭次发文抨击勒借外债之弊:"庶政公诸舆论,非朝廷曾有是言耶？然而强江浙士民承借外债,何反抗舆论之甚也！悬赏爵以励实业,非朝廷曾有是命耶？然而夺江浙商办之路为抵借外债之用,何摧残实业之甚！""呜呼,吾观于苏杭甬借款一事,而知中国之失其民,殆不远矣。"①希望江浙士商"力去其依赖之性质","力为破釜沉舟之计",主张"筹足股本,并力经营,自款自造"②,此即所谓"实力抵制主义"③。对于清政府,一方面呼吁其"速将主持借用外债之外部尚书立予谴责,使其拒绝外人之要求,以慰天下之人望"④,另一方面主张"既呼吁无灵,国民宜联合各省,自结坚固团体,凡关于路矿及各种实业权利,非经国民认可,决不能听政府为赠与,政府即有所为,可坚拒而视为无效"⑤。

但在此之后,尤其是到了《刍言报》时期,汪康年对铁路问题的看法开始发生变化。在收回路权和自办铁路的过程中暴露的问题、发生的冲突,促使汪康年进行反思,认为中国限于各种条件而难以依靠民间力量自办铁路,勉强为之则定会滋生流弊。因此,他开始有保留地接受铁路国有和借款造路的看法:"统观各省,于路事无不争竞延缓,各为其私,非改为国有,则此交通最要之事,何日能成？"⑥铁路"归国有借款而办,或有完成之一日,若划省绅办,恐百年无成。以无款则办事人坐糜薪水,款多则人人涎金而起相攘夺也"⑦。铁路风潮平息之后,汪康年在笔记中详记其事始末,看法已和当时完全不同:"至全国铁路自办一事……今反复研究之,乃知其为大谬焉。"⑧

尽管如此,汪康年并未忘记铁路国有和借款筑路的弊端与风险,对其态度仍很谨慎。他意识到铁路国有实际上就是"借洋款办也",既承认"以路事

---

① 《论江浙勒借外债之弊》,载《江浙铁路风潮》第1册,第155页。
② 《论外部令苏浙士绅派代表入京事》,载《江浙铁路风潮》第1册,第176页。
③ 《忠告江浙绅商士民》,载《江浙铁路风潮》第1册,第180页。
④ 《论江浙勒借外债之弊》,载《江浙铁路风潮》第1册,第155页。
⑤ 《挽回苏浙路矿办法之一策》,载《江浙铁路风潮》第1册,第181页。
⑥ 《借款造路平议》,载《汪穰卿先生遗文》,第74页。
⑦ 《汪穰卿先生传记》,第295页。
⑧ 《苏杭甬路始末略记》,载《汪穰卿笔记》卷一纪事,第353页。

之要,财政之困,借款造路,孰曰非宜",又指出"必款无滥支,工无虚旷,行东收入,莫敢侵渔",方可逐渐赢利并归还借款。① 所以,"借款之可不可,视为之何如耳。为之而善,则足济一时之急,为之而不善,则大势随以去矣。然则吾国之废兴存亡,皆悬于此,当事之人可不益加慎重哉"②。基于此,汪康年逐渐转向对民间废约保路运动的批评。铁路风潮之际,汪康年及《中外日报》也曾力言废约保路,但在事后记述时却认为京官同乡递呈商部请求废约及朝廷下廷寄令盛宣怀废约"尤为失误",并对"借款办路即路亡,路亡即国亡"等所谓"过激"之辞表示不满。③ 1911年四川保路运动爆发,汪康年的批评矛头更多地指向了绅民对政府的反抗运动和暴力方式。他在《刍言报》刊文云:"乃如川省因政府将撤换电局委员,而相约抗拒,且以新总办至,必置之死地为恫吓,如此直是叛民矣。此等情态,逐渐加甚,则大乱成矣。"认为保路运动是对国家的"抗拒挟制",称其为"至可怖之象"。④

江浙铁路风潮和四川保路运动是国家与社会间面对面的对抗和交锋,双方态度强硬,难有缓和回旋的余地。汪康年既以对二者的双重监督为职志,难免身陷进退两难的尴尬境地。他对保路运动曾评价道:"川中之事,吾辈至断绝意念。何则? 欲民气之胜欤,则声势滋长,渐至四方响应,于前途至为危险。欲官之胜欤,则无论如何,至少必杀人千百,是皆不知所云,然而死者冤矣。且民气壅遏过甚,一旦怨毒之发,亦非国家之福。欲其解散而就平和之理处欤,则又处于万不能之势。"⑤这段话,正是其两难处境的生动写照。

基于对国家与社会的这种矛盾心态和立场,汪康年进而希望借助舆论的力量去调解二者之关系,以求在平衡、稳定之中逐步实现变革目标。

他对政府的要求大致有三。一是政务公开,让民众了解和参与政治。"吾国上下之隔绝,民间之误会,全在秘密",秘密非但不能掩盖政府的弊端,反而会引起百姓猜疑,加深官民隔阂。⑥ 1911年保路事起,他提出的一个挽救办法就是政府"将与外人所订之约,刊一全文,发行各处,另须作一简明之

---

① 《汪穰卿先生传记》,第294页。
② 《论借外款之宜慎》,载《汪穰卿先生遗文》,第76页。
③ 《苏杭甬路始末略记》,载《汪穰卿笔记》卷一纪事,第346、354页。
④ 《汪穰卿先生传记》,第297页。
⑤ 《汪穰卿先生传记》,第307页。
⑥ 《汪穰卿先生传记》,第312页。

表,载明迭次损失权利之处,不可略为讳饰,并将何事现在如何办法,使全国人得释疑而更起其希望之心,庶足挽救于万一"。①

二是维护民生,不可夺民之利。在他看来,保全生计是百姓听命于政府的前提条件,若政府不能维持民生则必然发生内乱。为此,他力主电报商办,政府不可过多干涉商务,以维护商民之利益;②反对改革服饰、易绸为呢之议,因为"恃以为食者不知若干万人,一朝令下,易绸为呢,则诸人无策,唯有束手听死而已";③反对设立制蛋公司,以免"小民之一线生机将于此绝"。④

三是对民众行为予以宽容。汪康年一方面对民间的过激言论和行为不以为然,另一方面也时常为其解释开脱,希望政府能从宽处理。1900年拳民事起,他称"民教失和之故,官吏逼勒,教民肆横,民人误会皆有之",希望各地方官"以公平从事,绝不可有偏袒之见"。⑤ 1903年《苏报》案发,汪致电政府,建议"宜由朝廷托辞宽大,诏予轻减,不复根讯,仅命暂禁租界"。⑥ 同年,留日学生成立拒俄义勇军,朝中官员称其"与革命党通连",汪则主张即便真有此事,朝廷也"宜作为不知,一面奖励,一面慰抚,使勿轻动",如此既能"离彼之心",又可"假以激励天下"。⑦ 对于清廷闻之色变的革命党,汪康年也以"其人甚多,不可遍治"为由,主张"办理之始,苟得握要之方,而不多诛求,则波澜自不难立定"。⑧ 1911年保路运动发生,汪对其深感愤慨,但仍主张川省之乱宜慰抚而不宜强制,并劝政府千万不可纵容士兵枪击"无枪滋事之平民"。⑨

对于社会或民众一方,汪康年也提出了自己的要求和希望。一是关心国事,各尽其责,不可自外于国家。无论何事,虽有朝廷谕旨提倡于先,"必赖有士民之鞭辟于后,而后所办之事乃有明效之可收"⑩ 所以"人人宜有自救之

---

① 《汪穰卿先生传记》,第312页。
② 《汪穰卿先生遗文》,第114—115、153—157页。
③ 《驳剪发易服之反对论》,载《汪穰卿先生遗文》,第78页。
④ 《汪穰卿笔记》卷五杂记,第487页。
⑤ 《汪穰卿先生传记》,第242页。
⑥ 《汪穰卿先生传记》,第242页。
⑦ 《致朱桂辛先生书》,载《汪穰卿先生遗文》,第164—165页。
⑧ 《上吕镜宇尚书书》,载《汪穰卿先生遗文》第166、168页。
⑨ 《汪穰卿先生传记》,第306、307页。
⑩ 《论士民宜自尽其责任》,《中外日报》甲辰(1904)五月十八日。

志,人人宜讲求自救之术,尽得一分人事,即挽回一分天运"①,而不能"以为此世界之大事,非我一人之责",或者"以为在上者自有善策,非常人所得预谋",自弃作为国民的权利与责任。②

二是谨言慎行,不要轻易激怒政府。在他看来,戊戌以后朝廷之所以屡屡对国民"方近而遽远,欲前而忽却",就是因为"新党急于自用,不肯稍忍须臾,引之过甚,而遂至相绝"。③激烈的言论和行为不但难以达到目的,相反只会激怒政府,促使其走向人民所希望的反面,故士民之立言行事均"宜如何审慎而出之"。④其友人汪大燮曾致书云:"故国民必当效辅补救于政府,而不可使政府失威信,即至更换政府之际,新政府一日未成立,旧政府之尊崇一日不能去。"这在很大程度也正是汪氏本人的观点。

汪康年利用自己经营的各种报刊,通过对政府举措和民间行为的批评与建议,试图充当国家与社会之间双重监督者和调解人的角色,进而在平衡与稳定中缓慢实现自己的变革主张。遗憾的是,世纪之交中国的内忧外患已极度深重,舆论的监督与调解早已无能为力。就国家而言,清政府一再错失立宪变法的良机,逐步失去了民众支持和统治合法性,到实施新政之时已经无力控制局面,新政反而导致了农民负担的加重、新兴力量的崛起、参与意识的高涨,形成了"图强而速患"⑤的悖论格局。就社会而言,列强侵略的深入、变革尝试的受挫、经济发展的迟滞,都使人们对清政府日趋不满,对变革的期望和要求却越来越高,加上长期纠缠的满汉矛盾,社会变革的方式被推向激进,达到了非推翻清政府不足以变法、不足以救亡图存的地步。在此时代背景下,汪康年试图充当双重监督者和调解人的希望,以及借此实现变革的政治理想,遂不能不以失败而告终。

四、官与绅

汪康年思想与行动最活跃的时期,大致为甲午至辛亥的一二十年间,这

---

① 《论士人不讲求实业之非》,《中外日报》甲辰(1904)五月初八日。
② 《论波舰东来与中国之关系》,《中外日报》乙巳(1905)三月十八日。
③ 《汪穰卿先生传记》,第277页。
④ 《汪穰卿先生传记》,第307页。
⑤ 孙家鼐:《筹办谘议局须兼顾民力》,《东方杂志》第5卷第10期,1908年。

正是张灏所说中国思想之"转型时代"(1895—1925)的前半段。① 甲午战败之后,主要由于新式学堂、学会、报纸杂志等传播媒介的推动,中国知识人的知识图景和观念世界发生了巨大变化,参与创办这些传播媒介的士绅群体本身也迅速分化转型,逐渐由以科举入仕为中心的传统士大夫转变为以新型文化事业为中心的现代知识分子。② 以报业经营和舆论营造为职志的汪康年便是其中的典型一员,他与张之洞、刘坤一、瞿鸿禨等清廷重臣的依违离合,生动地展现了新型知识人对于官绅关系的观念与行为特征。

汪康年与张之洞的关系始于1890年,这一年31岁的汪康年在会试报罢后,"应两湖总督张孝达尚书之招,课其孙刚孙、道孙兄弟,旋在自强书院任编辑事,又充任两湖书院史学斋分教,一时名流之在张尚书幕中及官于武昌者,先生皆与纳交"。③ 此后数年,汪康年一直待在湖北,在此期间逐步形成维新变法思想,并初步建立起自己的社交网络,这决定了他此后一生的走向。

甲午战争爆发后,张之洞代任两江总督兼江宁将军,汪康年应其邀请,于1895年前往上海,着手创办维新报刊。汪康年在张之洞幕中多年,但张对他的评价不算太高。据张的亲信梁鼎芬所言,南皮"谓穰虽不甚明白,亦有不定处,然讲经济,办事有力"④,仅对其办事能力表示赏识。1896年1月,北京、上海强学会先后被禁,张之洞授意汪康年接收强学会余款,移作办报经费,这一方面固然是出于对汪的信任,另一方面也是因为汪筹建中国公会、参与上海强学会,在沪、鄂等地新派人物中已有"通达洋务"的声名。但在《时务报》创办过程中,汪康年很快感受到来自张之洞的阻力。1896年3月,张之洞离开南京,回湖广总督本任,希望汪康年随他回鄂。汪的友朋也大多认为"南皮之于兄,不得谓非知己也"⑤,劝汪"自以在鄂为是"⑥。但汪康年认为鄂中局面太窄,在上海更有利于报纸经营和事业发展,因而不肯回鄂,引起了张之洞

---

① 参见丘为君:《转型时代——理念的形成、意义,与时间定限》,载王汎森等:《中国近代思想史的转型时代》,联经出版公司2007年版,第507—530页。
② 参见许纪霖:《重建社会重心——现代中国的"知识人社会"》,载王汎森等:《中国近代思想史的转型时代》,联经出版公司2007年版,第137—168页。
③ 《汪穰卿先生传记》,第195页。
④ 梁鼎芬致汪康年,载《汪康年师友书札》第2册,第1914页。
⑤ 汪大钧致汪康年,载《汪康年师友书札》第1册,第606页。
⑥ 吴德潚致汪康年,载《汪康年师友书札》第1册,第386页。

的不满。汪康年在上海经济拮据,请张帮忙在沪谋一职位,张之洞婉言相拒,并表示:"开报馆,则无馆;不开报馆,则有馆。盖以在鄂、在沪定之也。"①据其弟汪诒年云,汪康年"时方为两湖书院分教,乃亟向张尚书告辞,欲自至商埠集资设报社。尚书力尼其行,先生坚不从"。②为缓和与张的关系,汪康年于1896年8月《时务报》第一期正式刊出后,专程前往湖北为张之洞祝寿。可见在《时务报》创办过程中,汪康年不仅要筹募经费、开辟销路,而且要承受包括张之洞在内的多方压力,为人际关系和各种事务而奔波周旋。③

《时务报》创刊后,张之洞对其采取了又打又拉的两手策略,力图控制《时务报》馆,将其言论限制在洋务派许可的范围内。他对报馆给了财力上的支持,饬令其属僚和两湖书院生员阅读《时务报》,并极力笼络担任《时务报》总理的汪康年。但汪并没有被张之洞所左右,成为他在《时务报》馆的代理人。相反,《时务报》接连刊发了大量宣传维新变法的振聋发聩的文字,其中包括汪康年本人撰写的《中国自强策》《论中国参用民权之利益》等文章。张之洞对此甚为不满,采用多种手段对汪和报馆施加压力,一是"通饬所属停看该报,在政治上施加压力",二是"授意幕僚致函汪康年抑压改良派的论议"④。梁鼎芬反复来书批评汪康年:"弟自云不附康,何以至是?"嘱其"千万不可动笔,实做经理二字"⑤。叶瀚也力劝汪"多译实事,少抒伟论"。⑥张的属僚和汪的友朋多次提醒汪康年不要刊发攻击洋务派的文字,汪却以"总理不能管主笔之事"相推诿,致使缪荃荪愤然声称,如此则"不能名曰总理矣"。⑦梁启超离沪赴湘后,《时务报》言论有所缓和,但仍以变法图强为主旨,在社会上继续产生影响。《时务报》从创办到停刊,始终作为宣传维新变法的阵地存在

---

① 梁鼎芬致汪康年,载《汪康年师友书札》第1册,第1895页。
② 《汪穰卿先生传记》,第207页。
③ 《时务报》的详细创办经过及汪康年在其中所起的作用,参见廖梅:《汪康年与〈时务报〉的诞生》,载王元化主编:《学术集林》卷九,上海远东出版社1996年版,第196—216页。
④ 参见汤志钧:《论洋务派对〈时务报〉的操纵》,载氏著:《康有为与戊戌变法》,中华书局1984年版,第206—207页。
⑤ 梁鼎芬致汪康年,载《汪康年师友书札》第2册,第1897页。梁在信中还说:"弟处华夷纷杂之区,耳目已淆,品类尤伙。""徐(勤)文专攻南皮,弟何以刻之,岂此亦无权耶?""坚守初心,常存君国之念,勿惑于邪说,勿误于迷途。""仆前救康长素,今救简竹居,他日幸勿有救两君之事也。"(第1899—1901页)言语间不无威胁之意。
⑥ 叶瀚致汪康年,载《汪康年师友书札》第3册,第2547页。
⑦ 缪荃荪致汪康年,载《汪康年师友书札》第3册,第3056—3057页。

着,汪康年虽然出于策略考虑做过一定的让步,但并没有如论者所言"完全投向张之洞一边"①。

至于汪康年与梁启超的反目,虽有张之洞多方施压的因素,更主要的则是因为变法策略的不同。汪康年主张政治变革,但对康有为的"托古改制"不以为然,并反对梁启超在《时务报》上渲染与康的师承关系。汪梁分歧公开化后,汪康年称:"康与卓如订交于庚寅年,两人交若兄弟,自开报馆以后,尤觉亲密。但以学术不同,加以构间,致渐乖异。"②与此同时,汪梁之争也含有地域派别之见的因素。同为浙人的陈汉第曾致书汪康年云:"湘学已为康教所惑,浙学汲汲宜办,以杜其萌芽,先发制人,此其时矣。先生宁困生忧思,而不欲与同志独树一帜,昌浙学之宗派,绝粤党之流行,此汉所不解者也。"③

揆诸史实,称汪康年为张之洞的代理人、汪梁分歧为洋务派与维新派之争的说法并不准确。戊戌变法失败后,当张之洞镇压维新派时,汪康年却不计前嫌,与流亡海外的梁启超再度接近,并在自己主办的《中外日报》上继续针砭时弊,宣传变法,得到了梁启超的赞许。梁启超称"《中外日报》之婞直,实可惊叹,前者《清议》论说,尚当退避三舍也",并请汪在日报上介绍《新民丛报》章程和特色以广其销路。④

庚子(1900)年是汪康年与政治权威产生联系的第二个高峰期。义和团运动、八国联军之役、自立军起义、中国议会等事件的发生,使这一年成为中国近代史上一个重要的关节点。汪康年在戊戌变法失败之后,除继续与叶瀚、夏曾佑等江浙士绅和康有为、梁启超等海外维新派保持联系外,还开始与革命派、民间秘密会党及日本人联络,多方探索变革之路。到了多事之秋的1900年,汪康年参与发起正气会和中国议会,试图在极度混乱的局势中影响甚至改变政局,以实现其变政革新的夙愿,从而达到了他一生中激进的

---

① 参见汤志钧:《论〈时务报〉的汪梁之争》,载氏著:《康有为与戊戌变法》,中华书局1984年版,第201页。
② 《汪穰卿先生传记》,第235页。汪并自表心迹云:"康年既不欲毛举细故,以滋笔舌之烦,尤不敢力争大端,以酿朋党之祸,盖恐贻外人之消,兼惧寒来者之心。良以同志无多,要在善相勉而失相宥,外患方棘,必须恶相避而好相援,此则窃愿与卓如共相劝勉者也。"
③ 陈汉第致汪康年,载《汪康年师友书札》第2册,第2045页。
④ 梁启超致汪康年,载《汪康年师友书札》第2册,第1870页。

顶点。①

在正气会和中国议会内部,以唐才常为首的康梁派和以汪康年为首的江浙派之间始终存在矛盾和摩擦。矛盾之根源,一般认为是政治宗旨上的分歧:"由于汪康年派旨在发扬清议,徐图振兴中国之策,并依靠张之洞等督抚保障东南,并没有与清廷决裂的勇气;而康有为派则痛恨后党,坚决勤王起事,部署即将就绪,召开国会旨在取得合法依据。因此,两派意见始终无法统一,矛盾日益尖锐。"②

汪康年一派的确与东南督抚保持着密切关系。一则,汪康年等人反对排外,力主和局,因而极力支持张之洞、刘坤一等人发起的"东南互保"。《中外日报》对东南互保给予极高评价:"端逆、刚毅等盗窃兵柄,窥伺神器,征外兵,发伪诏,务使通国皆从其为贼而后逞志。幸而东南督抚,半皆老成,洞烛奸伪,相约共不遵奉,复与各国互订保护条约,于是东南十数行省,得以暂获安全,则一二疆臣之力也。"③据汪诒年记载,汪康年还亲自参与了东南互保的发起工作:"闻英与诸国将遣兵轮入长江保护侨民,先生以为此时欲靖北方,非先保南方不可,欲保南方,非先与各国切实订约,使中外相安不可。遂有赞助上海各官绅,商请两江、两湖总督委派江海关道与驻沪各国领事订约互保东南之举。"④

二则,汪康年等人想借助张之洞等封疆大臣之力,争取在中国议会中的领导地位。汪康年派对张之洞等人寄予希望,认为张"固不甚中用,然尚赖其支持一二,若并此无之,真举国无人矣"。⑤而在局势极不明朗的情况下,李鸿章、张之洞、刘坤一等督抚对中国议会的成立和早期活动均未加干涉,张之洞的亲信陶森甲还加入议会,这进一步促使汪康年等有声望而无权势的江浙士绅倾向于争取督抚的支持。

义和团运动爆发后,汪康年先后向张、刘、李上书进言,请其北上勤王、剿匪议和。据其自述是年行踪云:"五月至鄂,以剿匪劾政府之说干南皮制军。

---

① 参见桑兵:《论庚子中国议会》,《近代史研究》1997年第2期。
② 参见胡珠生:《自立会历史新探》,《历史研究》1988年第5期。
③ 《筹南十策》,载《义和团》(四),第189页。
④ 《汪穰卿先生传记》,第243页。
⑤ 汪大燮致汪康年,载《汪康年师友书札》第1册,第997页。

旋又至江宁,亦以其说请同志达诸台座(刘坤一)。李傅相至申,则合同志上书,请即率兵入都,以剿匪为议和之根本。七月又至江宁,与同志商量,欲请公举兵入都,护卫两宫,因以弹压西兵,主持和议,以为时已迟,不及上达而止。"①

然而,东南各督抚没有采纳汪康年等人的建议,相反"与议会大相嫉恶,尝以解散及破坏为宗旨"。② 根本原因在于,两方的政治宗旨和立场完全不同。据亲历其事的井上雅二记载,中国议会的公开宗旨为:"一、保全中国疆土与一切自主之权。二、力图更新日进文明。三、保全中外交涉和平之局。四、入会者当以联邦交、靖匪乱为责任,不承认现在通匪诸矫传之伪命。"其秘密宗旨则为:"废除旧政府,建立新政府,保全中外利益,使人民进化。"③汪康年本人还就具体方略提出两种选择:"第一,众人议定政令、法令,一旦大变之后,即推戴一名人为总统。第二,各省按地区自行处理。要乘今日民心纷扰之时,派人去各省联络土匪,以造成势力。"④与唐才常派相比,二者不仅在宗旨上,而且在方略上都并无根本差别。相反,实行东南互保、拒绝与列强开战的东南各督抚当然无法容忍汪康年等人的激进变政主张,中国议会与督抚们的决裂难以避免。

中国议会的武力变政计划失败以后,汪康年与张之洞、刘坤一等人的关系转入低潮,瞿鸿禨成为汪康年与之交往的政治权威的主要代表。瞿与汪有师生之谊,汪康年1886年参加岁试列第一名、1888年参加优行生员考试列第二名,主考官都是时任浙江学政瞿鸿禨。⑤ 瞿对汪十分欣赏,称汪"切实能干,有功世局"⑥;汪对瞿也颇为敬重,在其维新活动中常请瞿相助筹集经费、介绍关系等事。1899年叶瀚创办速成教习学堂,款项不足,汪康年即代为致书瞿鸿禨,"请夫子大人向苏州当道设法,略拨官款资助学堂"。⑦ 汪对政局的许多意见,也力图通过瞿鸿禨来表达和实现。他曾向瞿上书,请速定报律,令准民

---

① 《上江督刘岘庄制军书》,载《汪穰卿先生遗文》,第146—147页。
② 《哥老会巨魁唐才常》,载杜迈之等辑:《自立会史料集》,岳麓书社1983年版,第217页。
③ 《井上雅二日记》,明治三十三年(1900)七月三十日。
④ 《井上雅二日记》,明治三十三年(1900)八月四日。
⑤ 《汪穰卿先生传记》,第193、194页。
⑥ 章梫致汪康年,载《汪康年师友书札》第2册,第1961页。
⑦ 《上江苏学政瞿侍郎书》,载《汪穰卿先生遗文》,第145页。

间开设报馆,①又曾托人转告瞿,请其电阻将邮电之权交给袁世凯。② 其他人欲向瞿进言建议,也往往利用汪康年的关系。③

汪瞿关系最密切之时,当在1907年。这一年袁世凯的部下段芝贵向庆亲王奕劻之子载振进献歌妓杨翠喜,并贿银十万两,得以担任黑龙江巡抚。御史赵启霖具折参劾,反被罢斥。瞿鸿禨再次上疏纠弹,汪康年也在《京报》上发覆其事,一时京城对此议论纷纷,朝廷被迫免去段芝贵巡抚之职。此事起因与歌妓杨翠喜有关,时称"杨翠喜案"。此事发生不久,瞿入值军机,慈禧太后言谈间流露出对庆亲王不满,有拟令其退出军机之语。不料,此语很快传入驻京英使耳中,英使乃向外部询问,慈禧得知后甚为不满,下朱谕称瞿"暗通报馆,授意言官,阴结外援,分布党羽",并不等复奏便"着即开缺回籍,以示薄惩",《京报》馆也随即被封禁。这就是"丁未政潮"。④ 汪是瞿的门生,在杨翠喜案上与瞿立场一致,事后又同遭厄运,故时人皆视汪为瞿之心腹。

实际上,汪瞿二人关系密切是实情,称汪为瞿的心腹则言过其实。1896年《时务报》创办不久,瞿鸿禨认为其言论"过激",以座师身份写信劝告汪康年:"近惟有时议论恢张,不能无矫枉过正之弊,……尚愿少加谨慎,留意选收,即保令名,亦全盛举。"⑤汪对此不置可否。丁未政潮间汪与瞿立场一致,但二人的出发点并不相同。瞿鸿禨与袁世凯素来不和,据汪大燮云:"至去年(1906)改官制,袁实欲与瞿同为副总理。其不成者,实瞿相手腕,故袁怨之深。"⑥瞿鸿禨时任军机大臣,在朝中向有清议领袖之誉,对贿任之事固然不能视而不见,但他参劾段芝贵却也不无政治派系的因素。汪康年在《京报》上揭露此事,与他办报的一贯宗旨和倾向是一致的,并非全出于瞿的授意。报刊"事必求其确实,论必求其正当",以收"言论救世"之功,是汪康年办报的基本

---

① 《汪穰卿先生传记》,第261页。
② 《致张劭熙、朱桂辛二君书》,载《汪穰卿先生遗文》,第161页。
③ 例如,汪大燮致汪康年,载《汪康年师友书札》第1册,第837页。
④ 丁未政潮事,详见《汪穰卿先生传记》,第263—278页;戈公振:《中国报学史》,生活·读书·新知三联书店1955年版,第140页。据戈言,慈禧之语即由汪康年泄漏而出:"瞿归告其夫人,其夫人又告汪之夫人。汪又以告曾敬贻,初不过闲谈而已。讵曾竟告之伦敦《时报》驻北京访员马利孙。马即据以为实在消息,电告报馆发表。而驻京英使反无所闻,乃向外部询问。事为慈禧所知,甚责瞿之漏言。"
⑤ 《汪穰卿先生传记》,第215—216页。
⑥ 汪大燮致汪康年,载《汪康年师友书札》第1册,第950页。

准则。① 除《京报》外,汪康年用力最勤、坚持最久的《中外日报》也因其直言不讳而被迫让与他人。早在丁未政潮前数年,汪对瞿已颇有微词,认为"瞿师迈幅极狭小,倚以办事实所不能"②,称"瞿意非不佳,然不足辅"③。汪瞿二人虽有很长时间且一度相当密切的交往,但汪始终有自己的独立见解并据以行事,不同于一般门人幕僚,更说不上是瞿的"心腹"。

通过以上论述,可以看到汪康年对于官绅关系的基本立场。一方面,在创办和经营《时务报》时以张之洞为奥援,组织中国议会时又极力争取东南督抚的支持,都是希望能借政治权威以实现其变政革新的愿望。另一方面,始终坚持自己的独立人格,在与当权者打交道时:其一,有所选择。同样是清廷重臣,汪康年对张之洞和瞿鸿禨颇为敬服,借重较多,而对袁世凯和奕劻则始终嫌恶,不肯交纳。其二,有所为有所不为。戊戌时借助张之洞,但不愿将报纸论说限于洋务范畴;庚子时争取各督抚,但不愿放弃武力变政的激进宗旨;丁未时不惜开罪直隶总督和庆亲王,将贿任内幕公诸报端。这些都表明汪康年有自己的原则和标准。其三,不以个人好恶为是非。张之洞和瞿鸿禨是与汪康年关系最为密切的两位大员,但对他们的不足之处和失当之举,汪并不讳言。他对袁世凯极为不满,甚至连他的去世都与得知袁被重新起用有关④,但他对袁的某些可取之处也曾表示肯定,并在《中外日报》上刊发过赞赏袁世凯的文章。⑤

五、结语

汪康年出生于第二次鸦片战争后,活跃于甲午到辛亥之间,去世于民国

---

① 《汪穰卿笔记》卷三杂记,第408页。
② 汪大燮致汪康年,载《汪康年师友书札》第1册,第903页。
③ 汪大燮致汪康年,载《汪康年师友书札》第1册,第928页。
④ 其弟诒年记载汪康年去世的情形如下:"(先生)初无他疾,十二日方晚餐,得京中友人密书,言政府将起用袁世凯。先生太息言,今方主张共和,然是人可为拿破仑,不能为华盛顿也。语毕遂起就枕,至夜半,家人闻有呻吟声,亟起视,则已昏迷不能言。进以参汁,啜少许,仅能下咽,翌日未时遂卒。"见《汪穰卿先生传记》,第315页。
⑤ 如"近闻直督袁制军,特令人创造切音新字,以教其部下之兵士……吾向所谓至难之事,当以至易之法御之者,袁制军此举,其殆深得此意者乎? 然则开千古未有之首功,舍制军其谁与归也耶?"见《论除刑讯必先开化愚民》,《中外日报》乙巳(1905)四月初二日。

肇造前夕,见证了近代中国政治、社会与思想转型的关键时期。汪康年的政治立场,可以用他的弟弟汪诒年的一段话来概括:"先生平日绝不主张激烈之行动,以为天下大器,破坏滋易,建设实难。以吾国之人材、财政、内忧外患而论,尤不当虚作一建设之理想,轻言破坏。故平素持论恳恳絮絮,专属望于政府之能自改革,勿自蹈于危亡之域,以致危及天下。"① 汪康年去世后,被目为极端守旧者的林纾为他撰写了墓志铭,称其"生平建议不主激烈,一一中于时病,忧国之心,至死无变,顾乃摧挫,未能一展其意"。②《上海日报》对他的评价是,"汪氏虽为革进派,只可谓之渐进派或温和派,非如康、梁党之急进派"。③ 在时人眼中,汪康年无疑是一位温和知识分子,一个保守主义者。

但是综观汪康年的一生,又不难在他身上发现激进的影子。戊戌时期,汪康年大力宣传维新变法,不仅意识到"非变法不足以图存",且声称"非将教育、政治,一切经国家、治人民之大经大法,改弦易辙,不足以变法"。④ 这与康、梁的"全变"主张已没有多大差别。直到1902年,他仍然说过变法"如但偏举一二事,则不特于大局无补,即此一二事亦归无用而已"。⑤ 这是变革内容上的激进。汪康年自1898年与孙中山初次会晤之后,一直关注孙中山及其革命事业,作为"温和的君主立宪派"的一员健将,他不但未见与革命党展开论战,反而多少显示出同情态度。⑥ 1900年汪康年参与其事的中国议会,为实现其变政目标而制定了两套行动方略:一是争取东南各督抚支持,请其北上剿匪勤王,辅佐光绪亲政以变法;二是联络革命党和各地民间会匪武装,借政局混乱之机起兵推翻清廷,建立一个能够领导改革的新政府。从中已丝毫看不出温和、保守的影子。这是变革方式上的激进。

19世纪末20世纪初,和汪康年一样素持温和主张,却又不时表现出激进特征的士人不在少数。他们自称为"革政派",其政治立场和变革主张既不同于激进的革命派,也与极端守旧的顽固派有所区别。"国家不变法,则保皇者

---

① 《汪穰卿先生传记》,第315页。
② 林纾:《汪穰卿先生墓志铭》,载《汪穰卿先生传记》,第174页。
③ 《汪穰卿先生传记》,第316页
④ 《汪穰卿先生传记》,第198页。
⑤ 《上政府说帖》,载《汪穰卿先生遗文》,第108页。
⑥ 参见李吉奎:《孙中山与国内上层知识分子——以汪康年资料为中心》,《中山大学学报论丛》1992年第5期。

忠臣也,革命者义士也。"①汪有龄在致汪康年的信中写道:"得死君国,不失为忠;委曲求济,不失为智;稍有建树,不失为勇;扶顺抑逆,不失为义。左之右之,惟其是而已矣。否则事不阅历,跬步荆棘,一腔热血,无处施展,岂不惜哉!"②"左之右之,惟其是而已矣",正是世纪之交众多变革者真实心态的写照。只要能实现变政革新、救亡图强的目标,他们可以尝试任何方式,无论其为激进抑或保守。就此而言,作为实践家而不是思想家的汪康年,其关于中国与西方、变法与守成、国家与社会、官员与士绅的观念世界及为此而开展的种种活动,或许在一定程度上更能代表世纪之交中国士人的"一般思想状况",可以帮助读者更好地把握观念的水位与时代的脉搏,从而具有与康有为、梁启超、严复等思想先驱不一样的思想史意义。

---

① 孙宝瑄:《忘山庐日记》上册,上海古籍出版社1983年版,第368页。
② 汪有龄致汪康年,载《汪康年师友书札》第1册,第1059页。

白璧德的新人文主义情感观及其对中国的影响与启示

刘 超[*]

在《经济与社会》这部巨著中,马克斯·韦伯把近代以来城市生活的兴起视为现代性的重要标志之一,并将城市生活的核心特征概括为以下两点:一点是经济生产模式的多样化,另一点则是所谓"邻里特性"的消失,即居民个人之间不再"彼此相熟"。[①] 在涂尔干看来,传统的"生活共同体"的解体、"集体意识"及与之相应的"机械团结"的削弱,正是造成道德领域内普遍失范问题的重要原因之一。[②] 一方面,原有的规约体系不复存在;另一方面,正如西美尔所洞见的那样,一旦脱离了温情脉脉的乡土,独自面对金钱至上、充满各种不确定性的大都市,人们很快便会为一种"麻木不仁"、功利、算计的社会心态所主导,而这种心态反过来又加速了道德秩序的崩坏。[③] 无论是传统礼俗社会的消失还是功利主义的泛滥,其根本原因都在于人际交往模式的嬗变,

---

[*] 刘超,南京大学文学院暨学衡研究院教授。
[①] 马克斯·韦伯:《经济与社会》第 2 卷,阎克文译,上海人民出版社 2010 年版,第 1375 页。
[②] 埃米尔·涂尔干:《社会分工论》,渠东译,生活·读书·新知三联书店 2000 年版,第 113—114 页。
[③] 西美尔:《金钱、性别、现代生活风格》,顾仁明译,学林出版社 2000 年版,第 13—14 页。

从朝夕相处、荣辱与共转变为陌生人间的疏离和对立,从因冒犯他人即意味着生存危险,故而必须时刻保持克制谦恭转变为失去敬重之心和自我约束,可以随时将礼仪规范抛诸脑后。后者发展到极致,就是鲍曼在《现代性与大屠杀》里所论述的脱离了"与他人接近的地基"及连带道德责任的集体杀戮。① 实际上,在这一由自然、有机的共同体走向以利益选择为导向的、机械的社会②的过程中,最终缺失的既不是个体的感性欲望,也不是外在的日常习俗,而是作为人们心中道德律基础的普遍情感,③换句话说,正是共情能力的衰退构成了人与人之间心理隔阂的首要症结及由此所产生的社会交往问题的深层根源。

  作为新人文主义思想的代表人物,白璧德在他的一系列论述中同样对现代人的情感生活给予了特别的关注,并将使个人"逃离小我"、摆脱对"个体感觉和印象"的依附、投入"普遍的生活"④之中视作重建"真正的人际交流"机制、在现代语境下恢复社会和谐统一的先决条件。在白璧德那里,情感首先被有意区分为两种相对的类型:第一种基于"原始的、自发的、本能性的事物",不受"约束和抑制",放任自流,且表现为对自身独特感受的偏执和沉溺;第二种则是"受过训练的、有选择"的情感,"克制含蓄",通过诉诸"一般或普通的人类感觉",⑤对个体施以"内在制约"⑥。

  对于前者,白璧德将其追溯到卢梭那里,称之为"情感的人道主义",因其否定一切规则、张扬自我、放纵天性、毫无节制而大加鞭挞。这一被白璧德以"sentiment"来表示的情感,从词义上来说本身就带有"失之过度"与"无谓感伤"的贬义色彩,在白璧德的论述当中,更与纯粹的功利主义和激进的科学主义一道被当作现代文明精神危机两大根源,成为新人文主义理论最主要的批判对象。白璧德还清醒地认识到,普遍施与的"同情"貌似高尚无私,却与以

---

① 鲍曼:《现代性与大屠杀》,杨渝东、史建华译,译林出版社2002年版,第240页。
② 斐迪南·滕尼斯:《共同体与社会》,林荣远译,商务印书馆1999年版,第52页。
③ 康德:《道德形而上学》,张荣、李秋零译注,中国人民大学出版社2013年版,第182—183页。
④ 欧文·白璧德:《文学与美国的大学》,张沛、张源译,北京大学出版社2004年版,第112页。
⑤ 欧文·白璧德:《文学与美国的大学》,张沛、张源译,北京大学出版社2004年版,第34页。
⑥ Irving Babbitt, *The New Laokoon: An Essay on the Confusion of the Arts*, Boston and New York: Houghton Mifflin Company, 1910, p.201.

自我为中心的滥情互为同构关系,是个人"无限专断"的一种镜像。①二者作为现代主体性兴起的一体两面,互为补充、互相说明:"同情"作为主观情感外在投射的产物,通过对主体所拥有的能力及权威的衬托和彰显,以某种自反的方式再次确认了主体凌驾于他者之上的优位性,而至于他者究竟如何,实则主体并不关心。白璧德进一步指出,"同情"不但将自身性情作为"个体的理想需要",更被亚当·斯密、卢梭等人赋予了"战胜人际交往中的自私本能"的伦理意义,化身为"乌托邦式的博爱"及建诸其上的世界主义理念,以这一"受到启蒙的自私自利"去制衡个人或民族国家之间"形形色色、相互抵牾的利己主义",不啻缘木求鱼、荒唐至极。②

正因为白璧德对包括同情在内的"情感人道主义"颇多批驳之词,后世的一些研究者往往就此断定白璧德反对一切情感性的因素,并且从感性、理性二元对立的预设出发得出白璧德"所尊崇的是理性"③,主张通过理智抑制情感来建立相应的"约束性原则",从而实现所谓"更高和谐"的结论。这样的论断无疑曲解了新人文主义学说的精神内核。白璧德所推崇的,并非现代社会所通行的理性主义,相反,他对这种同样把个体及其思想作为"衡量一切事物的尺度"的认识方式始终报以怀疑的态度,认为其在本质上与卢梭的"自然主义"一脉相承,很容易便会因自我膨胀走向僵硬、极端、教条的机械论。所以他提出,应当同样对理性加以节制,使其与非理性间保持"最佳平衡",做到"中庸"与"适度",而高于理性之上、引发对理性的"内在制约"并指导理性做出正当"选择"的则是"更高意志"这一白璧德理论的核心概念。④尽管"更高意志"有时也被白璧德以"更高的理性"或"伦理自我"来指代,但其绝非理性的更高阶段,而是一种内在的精神力量、一种先验的心理机制。换句话说,白璧德把新人文主义"最高的道德权威"落在了非理性而不是理性的基础之上。⑤不

---

① 欧文·白璧德:《卢梭与浪漫主义》,孙宜学译,商务印书馆2016年版,第137页。
② 欧文·白璧德:《文学与美国的大学》,张沛、张源译,北京大学出版社2004年版,第64、122页。
③ 梁实秋:《关于白璧德先生及其思想》,载徐静波编:《梁实秋批评文集》,珠海出版社1998年版,第211页。
④ 欧文·白璧德:《民主与领袖》,张源、张沛译,北京大学出版社2011年版,第5页。
⑤ 克雷斯·莱恩:《白璧德与实在问题》,林国荣、达巍译,载美国《人文》杂志社、三联书店编辑部编:《人文主义——全盘反思》,生活·读书·新知三联书店2006年版,第91页。

仅如此,这种"更高意志"是依靠所谓的"道德—想象动力"①来发挥作用的,只有借助"想象力"这一途径,个体才能够将自身与历史、自身与他人、自身与现实世界联系为一个统一的整体,进而达成内心的自我克制与约束。在这里,无论是"更高意志",还是"想象力",都属于广义的情感的范畴,而其最终目的,也是在现代社会的语境之下重新确立主体间共情的法则。与"同情"不同,共情建立在平等沟通和相互理解的基础上,白璧德虽并未直接使用"共情"一词,却屡次以"普遍人性""普遍的生活"来表示相近的意义。由此可见,上述第二种情感才是白璧德新人文主义道德重建方案的关键之所在。

从被白璧德借歌德之口奉为"人类真正美好原型"的古希腊经典的角度去看,正如《理想国》中苏格拉底所主张的灵魂的德行在于欲望、理智、激情三者各司其职、和谐有序一样,新人文主义的道德理想也在于将知识、理性与"意志和性格"联系起来,使它们结合为一个整体,遵循共同的"信条与纪律"。只不过这三者中在苏格拉底看来本应服从、协助理智的"thymos"经过白璧德的阐释,再现了其"作为生命、感觉和思想之原则的灵魂与精神"②这一本义,被拔擢到了首要的位置上,不但成为个人追求完善人格的强大的伦理力量,还承担起了"协调、整合人类所有能力"的职责,而情感中那些负面、有害的部分则被归入欲望的范畴。在这一点上,白璧德似乎与为其所批判的席勒持有相似的观点,后者同样基于力量王国、伦理王国和审美王国的划分,提出只有审美活动所引发的情感才能使人不依赖于外在力量或律法的约束,真正发现并遵循内心的道德法则,完成从"感性的人"向"理性的人"的飞跃,③也就是康德所说的"在每一个有限的理性存在者那里,这样一种情感是与道德法则的表象不可分割地联结在一起的"④。然而,和席勒沉湎于情感的具体内容不

---

① 克雷斯·莱恩:《现代性的想象起源:作为幻想与梦魇的生活》,潘剑、林国荣译,载美国《人文》杂志社、三联书店编辑部编:《人文主义——全盘反思》,生活·读书·新知三联书店2006年版,第174页。
② Henry Liddell & Robert Scott, *A Greek-English Lexicon*, Oxford: Clarendon Press, 1996, p.810.
③ 弗雷德里希·席勒:《审美教育书简》第二十三、二十七封信,冯至译,载《冯至全集》第11卷,河北教育出版社1999年版,第126—127、162页。
④ 康德:《实践理性批判》,韩水法译,商务印书馆1999年版,第87页。

同,白璧德所关注的则是"法则的形式"而非"规则的客体"。换句话说,构成新人文主义情感面相内核的不是纷繁芜杂的情感体验本身,而是共同的情感表达方式和情感交流机制,即白璧德一再强调的"信条与纪律";它们一方面不断对情感进行着"训练"和"选择",另一方面又以此协调着人与人、人与社会之间的关系。而白璧德所要做的,正是延续埃利亚斯笔下欧洲近代早期的"文明的进程",像文艺复兴时代的人文主义者及之后的新古典主义者那样,基于当下生活新建立起一套"普遍的、人文的"交往规范,①从而确保人们以合适的方式展开情感沟通与联系。

至于如何建立这一交往规范,进而实现人类整体的共情,白璧德从对古典作品的研读入手提出了"历史的方法"和"比较的方法"这两条具体的实施路径。所谓"历史的方法",用白璧德自己的话来讲,首先,要通过认真阅读古代经典,养成一种使文明人与野蛮人相区别的历史感,树立"对以往历史所应有的尊重",把自身放在"传统的连续性"链条上加以考量;其次,要"耐心地吸收前人的智慧",尤其是那些"古老而历久弥新的认识",借助"整个人类的智慧与经验"来增进个人的体认能力;最后,这种吸收又必须是"创造性的消化吸收",需要从"对现当代的把握来理解过去的历史",通过"想象力"把"过去的东西重新阐释成为今天的东西"。② 而所谓"比较的方法",既包括个体之间的心意沟通、求同存异和相互体认,也包括以一种"广阔、有机的方式"将古代与现代世界联系在一起,探索并依循其前后相继的发展脉络,为"现代生活的需要与期盼"提供指引。③ 然而,不管是采用"历史的方法"还是"比较的方法",个体经验都应当被置于"绝对价值意识"之下,接受"恒常的人类心灵"的"反思"和"选择",以求从中"发现人类精神的基本规律",并将其作为社会交往的最高原则。④

在20世纪初西方现代文明遭遇深刻危机的大背景下,白璧德通过对科

---

① 欧文·白璧德:《文学与美国的大学》,张沛、张源译,北京大学出版社2004年版,第14页。
② 欧文·白璧德:《文学与美国的大学》,张沛、张源译,北京大学出版社2004年版,第154、107、144、73、31、90、114页。
③ 欧文·白璧德:《文学与美国的大学》,张沛、张源译,北京大学出版社2004年版,第107、114页。
④ 欧文·白璧德:《文学与美国的大学》,张沛、张源译,北京大学出版社2004年版,第84、85页。

学主义、浪漫主义和黑格尔主义的批判以及对古希腊思想所具有的典范意义的强调，揭橥了西方文明的核心价值，即人的法则、自律的传统和道德的精神，并由此出发形成了以融合理性感性、克制欲望、倡导德性和中庸为特色的新人文主义思潮。不仅如此，在新人文主义的思想谱系当中，儒学也有着极为重要的地位。白璧德敏锐地发现了西方古典文化与儒家伦理间深刻的内在联系，因此对儒学怀有很高的敬意，认为儒家思想所体现的正是人文主义的一整套价值理念，孔子、释迦牟尼与耶稣和亚里士多德的地位同样重要，东方与西方不应壁垒森严，而是要相互沟通，共同回应现代性所引发的道德失范的危机。

白璧德的观点也为他的两个中国学生吴宓和梅光迪所分享，他们在"五四"之后求新求变的社会风尚之中，指出全盘西化论者所推崇的"晚近一家一派之思想文章"不过是西方文化的末流和"糟粕"罢了，①传播这样的"伪学"不仅对西方文化来说是一种"厚诬"②，还给中国社会引入了可怕的"毒酖"。在他们看来，西方文化真正有价值的部分在于古希腊、古罗马哲学和源远流长的古典文学，而这二者既是西方人文主义的源头，又和作为中国文化精华的儒家思想彼此契合，因而完全可以借鉴其知识体系和方法论，尤其是新人文主义的现代表述，去阐发和利用中国文化，即所谓"能慎择而审取之，截长以补短，则得矣"③。吴宓和梅光迪还一致认为，文化是跨越地域、人群和时代的，并不存在东方与西方、古代与现代的本质对立，所以应当在理性分析、批判和评价的基础上整合中西文化，通过"彻底研究，加以至明确之评判，副以至精当之手续"④，从而催生出一种"以释迦、耶稣之心，行孔子、亚里士多德之事"⑤的新的全球性文明。

为了将这一理念落到实处，向中国知识界，特别是年轻一代，系统性地介绍西方文明的思想内核，展现其自古希腊以来源远流长的人文精神，梅光迪和吴宓决定在他们任教的南京高等师范学校（后改为国立东南大学）创立中

---

① 吴宓：《论新文化运动》，《学衡》1922年第4期。
② 梅光迪：《评提倡新文化者》，《学衡》1922年第1期。
③ 梅光迪：《民权主之流弊论》，《留美学生季报》1916年第3卷第3期。
④ 梅光迪：《评提倡新文化者》，《学衡》1922年第1期。
⑤ 《白璧德论民治与领袖》，吴宓译，《学衡》1924年第32期。

国首个西洋文学系,旨在超越民族国家的界限,揭示西洋古典与中国传统文化间的共通之处,并致力于实现二者的有机融合。为了让学生充分接触、全面了解"西方文化"这个"古为希腊,中为罗马,近为英法俄德美,上下几千年,纵横数万里"①的复杂概念,梅光迪也精心设计了"文学概论"与"近世欧美文学趋势"这两门课程,以历史为线索,系统介绍了欧美文学的起源、发展和变革的详细情况,包括文艺复兴、亚里士多德思想、浪漫主义、自然主义等一系列内容。而由于当时中国社会对古希腊、古罗马的思想文化所知甚少,吴宓等人还以其创办于1922年的《学衡》杂志为平台,翻译并刊载了大量西方古典名著,对古典学研究在中国的发展起到了重要的推动作用。吴宓、梅光迪等人先后在《学衡》上发表了《希腊文学史》《现今西洋人文主义》《亚里士多德哲学大纲》《亚里士多德伦理学》等多篇文章,极大地推动了新人文主义在中国的传播。

同他们的老师白璧德一样,梅光迪和吴宓一方面反对基于卢梭"滥情"传统的、以自我为中心的现代"感伤主义"(sentimentalist)道德观,对所谓无条件的(uncritical)同情心与"兄弟情谊"(fraternity)抱以怀疑的态度,另一方面却仍然试图在作为"人类本质"的道德情感中寻找"那些将人们在精神层面上凝聚在一起的向心力"②。这一向心力,在白璧德以及梅光迪和吴宓看来,是一种谦卑、自省的仁爱精神,而这正是儒家伦理思想的根基与核心价值之所在。在此基础之上,白璧德倡导重建现代中国的人文传统,而梅光迪和吴宓则在归国后积极实践了他的主张,并在国难日益深重的形势下,将其进一步发扬为爱国主义思想的情感源泉。

例如,梅光迪就曾指出,儒家"五伦"的底色是"人情",而"人情"的出发点则是"爱家"。从这一永恒、朴素、普适的情感出发,中国人进而发展出忠君爱国的理念,从爱父母逐渐扩展到爱"祖宗筚路蓝缕惨淡经营之遗业",再到爱建诸其上的"本国山川之美、物产之饶,以及风俗习惯之良善、学术文艺典章

---

① 释太虚:《西洋文化与东洋文化》,载《太虚法师文钞初集》第1编,中华书局1927年版,第213页。
② Irving Babbitt, "Humanistic Education in China and the West", *The Chinese Students' Monthly*, Vol. 17, No. 2, 1921, p. 89.

制度之光荣"①,最终心甘情愿地担负起抵抗侵略、保国保种的重任;只有在这种"缠绵悱恻"的爱国情感的推动之下,国人才能团结一致、相互"策励"、共同御侮,国家与民族也才能在残酷的国际竞争中生存下去。② 为了培育并滋养这一宝贵的精神力量,梅光迪更将目光投向中国古代文学经典,进一步强调了文字联结历史、传承文化、唤起情感与想象的重要功能。③

与梅光迪不谋而合,吴宓也聚焦于儒家思想中的情感要素,将"心"置于比"身"更为重要的位置上,由"仁者必有勇"出发,提出通过情感认同的塑造来培养坚毅的性格,并指引日常生活实践。④ 不仅如此,吴宓还从"儒教孔子"延伸至"上帝之信仰",基于情感对宗教进行重新阐释,认为上帝"兼具无上之感情与理智之理想",而宗教则是"深彻之理智"同"真挚之感情"的融合,人们在发挥自身"道德本性"的同时也在"执行上帝之意志",以期获得"理想事业之合作"和"理想感情之表现"。⑤ 由此,宗教之于个体的最高价值被吴宓落实在了情感寄托、引导与评判功能之上。而针对抗战中中国落后挨打的现实,吴宓也将其归咎于所谓国民精神的"堕落销沉",即"缺乏感情,缺乏想象,缺乏意志,缺乏热烈之真诚,缺乏坚贞之毅力,缺乏远大之目光",进而大声疾呼"中华民族今所急需者,为精神之改造",⑥并把"壮烈之情感"视作"人世最宝贵之物"与"为世界中国文化精神而作战"的关键。至于如何激发这一"壮烈之情感",吴宓同样诉诸文学,断言这是"伟大文学所必具之成分",希望借助文学"以勖国人之勇而祛当前之惑"。⑦ 在吴宓眼中,诗歌是所谓"第一世界"或理念世界的产物,比起历史来,要更适合表现真理,特别是诗歌蕴含着人类永恒不变的基本情感,且更加"亲切""完美""生动","更合于读者之情趣",因

---

① 梅光迪:《非常时期与历史教训》,《浙江建设月刊·专载》1936年第10卷第5期。
② 梅光迪:《爱国主义之今昔》,载《梅光迪文存》,华中师范大学出版社2011年版,第200—201页。
③ 梅光迪:《中国古典文学之重要》,《国立中央大学日刊》1932年第857期。
④ 余生:《道德救国论》,《大公报·文学副刊》1932年2月15日。
⑤ 吴宓:《空轩诗话·二十四》,载徐葆耕编选:《会通派如是说——吴宓集》,上海文艺出版社1998年版,第337—338页。
⑥ 余生:《世界历史世界文学训示吾国人应积极抗敌苦战牺牲到底论》,《大公报·文学副刊》1933年1月9日。
⑦ 余生:《论战争能振起民族精神并产生充实光辉之文学》,《大公报·文学副刊》1932年2月25日。

此完全可以凭借对于"理想之人物及高尚之行事"的描绘在潜移默化之中影响社会,以"感"的方式最终促成"全民族、全人类之思想、感情、行事为之改善"。① 正是在此意义上,无论是白璧德,还是吴宓、梅光迪,都不但呼吁中国文化的苏生,还倡导一种全新形式的"人文国际",这一"人文国际"不再以主观、空洞、伪善的"兄弟之爱"为基础,而是呈现出一幅不同文明间依据理性和共情原则频繁交往、互动的喜人图景,其最终目的则在于通过协商形成全人类的普遍共识与行为准绳,而中国知识分子将在这一过程中发挥举足轻重的作用。②

白璧德在20世纪初所面对的功利化、碎片化和主观情感泛滥等社会问题在当今全球化背景下的网络时代不但没有缓解的迹象,反倒愈演愈烈:一方面,随着网络技术的广泛普及,人人都在同时扮演着信息发送者和接受者的角色,沟通"负荷"规模空前巨大,除了全天候的信息轰炸之外,实时的传播模式也要求人们在瞬间做出反应,信息处理的"间隔"急剧缩短,白璧德所说的"我们的心灵已经为沉重的信息资讯所湮没;对于这些信息,我们缺乏内在活力与反思能力来为我所用并转化为有机的营养成分"③的现象已成了生活的常态,受其影响,每个人都被锁闭在自己的信息茧房内,真正意义上的深入交流变得越来越罕见。另一方面,互联网的匿名发言机制进一步消解了已然薄弱的道德责任感,面对赛博空间中被虚化、"曲解"了的交往对象,人们常常会放弃自我约束,毫无顾忌地释放各种负面的情感,以满足自身对于色情、暴力、金钱的欲望;有基于此,网络世界的情感逻辑也发生了根本性的转变,表现为谁的表达方式更强烈、更激进,谁就能引发更广泛的舆论关注,得到更多人的支持和拥护,进而使情感本身拥有某种想定的本真性与合法性;更有甚者,情感同网络流量乃至经济利益直接挂钩,为了获取最大收益,有意制造话题、挑起纷争、激化情感冲突的事件屡见不鲜。④ 在这样无序的状况下,白璧德以情感为突破口重建"人文的约束性原则"的主张及其所提出的"历史"与

---

① 余生:《民族生命与文学·三》,《大公报·文学副刊》1931年10月19日。
② Irving Babbitt, "Humanistic Education in China and the West", *The Chinese Students' Monthly*, Vol.17, No.2, 1921, p.91.
③ 欧文·白璧德:《文学与美国的大学》,张沛、张源译,北京大学出版社2004年版,第105页。
④ 参见冯庆:《"网络暴力"的结构性根源》,载氏著:《古典与青年:理论时代的经典阅读》,生活·读书·新知三联书店2019年版,第271页。

"比较"的二重方法论无疑具有十分重要的借鉴意义。

根据白璧德的提议,结合当下的社会现实,我们可以采取如下一系列举措来改善互联网世界的情感生态:第一,在线上大批量、不间断地投放以中华传统文化①及世界各国优秀文化为主要内容的文字、图像和视频信息,并着力使这些信息素材融合为一个统一的、相互关联的整体,从而凸显人类文明共同的精神特质;第二,基于社会发展的时代要求,对经典作品进行现代意义上的重新诠释和改编,让它们借助网络以轻松、有趣的形式走进普通人的日常生活;第三,除了设定严格的监管标准,自动过滤、删除那些过激的言辞之外,更需要树立并传播人际交往的正面形象,在潜移默化之中对网络情感表达进行良性引导;第四,以媒介融合为契机,通过各种媒体表现手段、资源形态及平台渠道,增加人与人之间面对面直接交流的机会,融入声音、表情、肢体动作等多种信息,尽可能加深相互理解,避免歧义的产生;第五,改变使网络游离于社会生活之外的匿名交流机制,要求各大门户网站、社交平台、SNS 社区及自媒体端口普遍采取实名认证制度,让数字空间真正成为现实世界的延伸,将网络言行同样置于道德责任的约束之下;第六,依靠线上线下互动,加强网络社群的建设,一方面大力增加社群数量及其广泛性和代表性,另一方面尽可能提高社群成员的参与度和归属感,由此推动个体多元身份认同的形成,使其得以摆脱偏执、狭隘、以自我为中心的世界观对情感的负面影响。

值得注意的是,媒体技术本身的日新月异也为互联网时代新人文主义原则指导下新的情感交流语境的营造展现出了一幅光明的图景。早在麦克卢汉那里,便已然提出了"媒介即是信息"的观点,强调人类的社会活动建立在媒体所引入的特定"生活习惯"和"思维模式"的基础之上。作为传播工具,媒体对"人的组合与行动的尺度和形态""发挥着塑造和控制的作用",为新的社会变革的产生提供了种种可能。② 基于麦克卢汉的传播学思想,基特勒转而以媒介技术为中心,进一步阐明人类的话语体系和话语实践正是在媒介技术

---

① 事实上,白璧德本人便非常"喜欢阐发中国人礼节中的宗教传统的优越性",曾多次援引中国古代伦理思想对其新人文主义理念进行解释和说明,参见 Frederick Manchester & Odell Shepard eds., *Irving Babbitt, Man and Teacher*, New York: G. P. Putnam's Sons, 1941, p.153.
② 马歇尔·麦克卢汉:《理解媒介——论人的延伸》,何道宽译,商务印书馆 2000 年版,第34 页。

的不断形塑之下得以形成、发展,进而催生出各异的沟通与理解方式;在一定程度上,甚至可以说,媒介技术"决定了我们的状况",赋予人类生活以意义,并对现代社会的主体性建构起到了至关重要的作用。① 同白璧德一样,基特勒也反对将"对人性的崇拜"当作"真正的宗教",②试图动摇人类/自我中心主义价值的霸权统治,只不过白璧德主要着眼于主体内在的道德自律及其相互之间的情感共识,而基特勒则有意凸显了客观物质世界给人类社会所带来的深刻影响。从基特勒的"媒介本体论"出发,新千年以来陆续涌现、日趋成熟,并被广泛应用于媒体传播领域的人工智能、虚拟仿真、5G通信等高新技术无疑将引领人类文明进入一个全新的时代。在这个时代当中,人们除了可以跨越时空的距离、真实地模拟个体间面对面交流的景象之外,还能够与智能机器人或VR人物角色朝夕相处,展开频繁互动,再现传统社会亲密和谐的人际交往模式。在这一转变过程中,实现白璧德所提出的重建情感"纪律与信条"的构想也就自然成了题中应有之义了。

---

① Friedrich Kittler, *Gramophone, Film, Typewriter*, trans. Michael Wutz, Stanford: Stanford University Press, 1999, p. xxxix.
② 欧文·白璧德:《文学与美国的大学》,张沛、张源译,北京大学出版社2004年版,第26页。

情感的重塑
——中国古今情感概念的交织与演进*

范明蕙　邱伟云**

一、引言

在《说文解字》这部古代汉语字典中,"感"被解释为"动人心也"①,而"情"则被描述为"人之阴气有欲者"②。段玉裁(1735—1815)在其《说文解字注》中引用了董仲舒(前179—前104)的观点,将"情"定义为"人欲之谓情",并援引《礼记》和《左传》中的说法,指出"喜、怒、哀、惧、爱、恶、欲,七者弗学而能"以及"民有好、恶、喜、怒、哀、乐,生于六气"。③ 近代著名翻译家严复(1854—1921)在翻译《穆勒名学》(*A System of Logic*)时,对穆勒(John Stuart Mill,

---

* 本文所引用"情感"的词条内容,取自"中国近现代思想史专业数据库(1830—1930)"(香港中文大学中国文化研究所当代中国文化研究中心研究开发,刘青峰主编);该数据库由台湾政治大学高教深耕"东亚文化传统及其现代转型"国际拔尖计划(主持人:金观涛、郑文惠)进一步发展完善,并提供检索服务,谨致谢忱。本文系教育部人文社会科学重点研究基地重大项目"跨文化语境中的中国文论概念古今之变研究"(22JJD750013)的阶段性成果。
** 范明蕙,南京大学历史学院硕士研究生;邱伟云,南京大学历史学院暨学衡研究院副教授。
① 许慎撰,段玉裁注:《说文解字注》,上海古籍出版社1981年版,第513页。
② 许慎撰,段玉裁注:《说文解字注》,上海古籍出版社1981年版,第502页。
③ 许慎撰,段玉裁注:《说文解字注》,上海古籍出版社1981年版,第502页。

1806—1873)原文中关于"觉"与"意"概念的关系,以及作为"意"的四个分支——"感""思""情""志"进行了阐释。严复在按语中指出,"西语不以情为感,而中文则情感混",①这一见解深刻地揭示了中西文化在情感理解上的差异。

在古代的天人思想中,外在事物的感应能够引发内心的情动,尽管"情感"一词在古代并不常用,但从东汉末年开始,古汉语文献中便时有"情感"二字连用的例证。进一步而言,西方学术中的"情""感""情感"与中文在一定程度上有着天然的契合之处。严复在跨文化翻译过程中,对于《名学》中直译较为含糊难解的"不可自解者曰情"一句,按照"哀乐欣戚之属"进行了解释,从而连接了中西学术。而"因于物而接以官者"则被翻译为汉字"感"。② 在西方学术中,感性主体通过感官功能对外在对象产生感性认知的过程,与中国传统的"物感"意指相似,这一翻译体现了严复在跨文化理解与翻译上的深厚功底。这一翻译过程的实质,充分反映了"情感"一词从古代汉语向近代转型时,旧词新义、嫁接中西的基本面貌。严复的翻译活动不仅使得近代情感概念在中西新旧身份之间的边界变得模糊,而且在近代语用中,情感几乎始终保持着模糊的内涵,并被灵活运用于各种情境之中。彭小妍指出:"由于我们对日常语言已经太熟悉了,以至于到底那一个字是本土的还是非本土的,其间界限实难以划分。一个词汇,就像一个观念、一本书,一旦跨越了语言或是国族的界限,就各自展开新生命。与其追溯词汇的'根源',不如探究它的演变经过,还有它进入异文化后如何生根、如何使异文化蜕变的过程。"③这一论断对于理解本文所关注的近代转型中跨文化生成的"情感"概念提供了深刻的启发。

二、情感概念从传统到近代的极性翻转

在中国古代哲学的研究中,"情"与"感"并非核心概念。张岱年(1909—

---

① 约翰·穆勒:《穆勒名学》,严复译,商务印书馆1981年版,第71—72页。
② 约翰·穆勒:《穆勒名学》,严复译,商务印书馆1981年版,第68页。
③ 彭小妍:《一个旅行的现代病——"心的疾病"、科学术语与新感觉派》,载《中国文哲研究集刊》第34期,"中研院"中国文哲研究所2009年版,第206页。

2004)在《中国观念史》一书中,对从西周到清代各家哲学的主要概念范畴进行了梳理,仅在"程朱学派"部分提及了"情",而"感"则未被纳入讨论。① 尽管如此,自东汉末年以来,"情感"这一双音词首次出现在文献中,并在历代均有零星使用,其词义相对稳定。根据《汉语大词典》的归纳,"情感"主要有两个含义:一是"心情感动",二是"人受到外界刺激后产生的心理反应和情绪体验,例如爱、憎、喜、怒、哀、乐"。② 这种构词方式与近代知识体系中的"动感""乐感""沮丧感"等"×感"系列结构不同,更类似于"缘起""心动"——即古汉语中单字词的常用和主谓结构的搭配,逐渐演变为双音节词。中国传统的情感概念起源于汉儒确立正统思想地位之后,随着时间的推移,受到汉宋儒家"性情论"中"性阳情阴""性仁情贪""性善情恶"等观念的影响,"情感"一词在传统中国往往带有负面色彩。然而,在近代,情感概念在基本词义未发生大的变化的情况下,逐渐摆脱了传统赋予的负面含义,并吸收了西方的价值观念,转变为一个具有正面性和正当性的概念。

(一)情感概念在传统的负面性

传统上,"情感"这一概念深植于汉宋儒家的思想体系之中,尤其是其对"情"的理解。可以说,传统"情感"一词的形成和运用,深受汉代以来"性—情"对立框架下对"情"的负面看法的影响。通过梳理"情感"的词汇史,我们发现该词早见于汉末王粲(177—217)的《柳赋》中"人情感于旧物,心惆怅以增虑"③,这与《汉语大词典》中"情感"词条所列的"心情感动"这一义项相吻合。随后,传统文言中又发展出名词性质的"情感",即表示爱、憎、喜、怒、哀、乐等人受到外界刺激所产生的心理反应和情绪体验的"情感",就目前过眼材料,其最早的文献用例出现在晋代陆云(262—303)的《与陆典书书》中"且念亲各尔分析,情感复结,悲叹而已"④。这两种用法的出现都在西汉董仲舒重

---

① 张岱年:《论古代哲学的范畴体系》,载苑淑娅编,张岱年等著:《中国观念史》,中州古籍出版社2006年版,第10页。
② 汉语大词典编纂处编纂:《汉语大词典(第一版+订补)》,上海辞书出版社2024年版,条目"情感",汉语辞典总汇,网址:https://www.hanyucidian.org/dictionary/entry?dictionaryCode=hydcdcx&entryName=情感,查询日期:2024年10月1日。
③ 王粲:《王侍中集》卷一,明崇祯间太仓张氏原刊本,页10上。
④ 陆云:《陆士龙集》卷十,明汪士贤刻汉魏六朝名家本,页7上。

构儒学体系、汉武帝(刘彻,前156—前87年)独尊儒术后,而未见于先秦或西汉时期。

"情"字由"心"部首和"青"声旁组成,许慎(生卒年不详)在《说文解字》中将"情"与"性"并列解释,将"情"嵌入了阴阳对立的框架中,其中"情"属阴。"情"音从"青",而"青"在《说文解字》中释为"东方色",从"生""丹"二字会意,"丹青之信言必然",段注"信若丹青""相生之理有必然"。① 因此,原始的"青/情"字含有"信""理有必然"等指涉"质实"的含义,这并非偶然。这种原始"情"字义与情欲、喜怒、好恶之情不仅内涵不相重合,甚至连外延能否相接都未必确然。根据前人研究,先秦时代的"情"概念尚未具有负面价值。② 这些研究不仅帮助我们摒除"先见",厘清先秦文本中"情"字所指向的真正内涵,还启发我们在理解先秦情感论时应脱出当时"情"字,去捕捉诸子所论内容之中真正接近现代"情感"范畴的部分。丁四新结合郭店楚简和传世诸子文献,认为:先秦"情"字的内涵为"实"而非情感反应,它无所谓信伪,而是无可怀疑的真实;它既不符契于宋明理学性情论或"四端""七情",更不适用现代西方心理学理解结构来解读;待荀子(约前313—前238)等后学扩大"情"的外延,"情"便接近"欲"而有了恶的意味。③ 桥本昭典也指出,如戴震(1724—1777)所考证的"情,犹素也,实也",先秦"情"之含义并非"人的感情",而是"人的情实","感情"之情乃汉代以后的造物。④ 赵东明也考证认为,先秦"情"与"性"皆为"人天生所具有的状态",至于"性善情恶""性仁情贪"的观念则是由汉儒和宋儒发展起来的。⑤

由此,先秦"情"与"性"同样指向"天生、本质",其价值属性至少也是中性的、具有本源意味的,而与"性"相对立的负面意义的、"非制度不节"的"情"则是汉代性情论建立后形成的。赵法生直接申明孔子(前551—前479)和思孟的"情"具有正面意义,且地位甚至过于"性",并指出继承了儒门工夫论的思孟性情论实为情本论,甚至先秦诸子大量出现"情性"一词,"情"被置于"性"

---

① 许慎撰,段玉裁注:《说文解字注》,上海古籍出版社1981年版,第215、502页。
② 相关研究参见丁四新:《论郭店楚简"情"的内涵》,《现代哲学》2003年第4期。
③ 丁四新:《论郭店楚简"情"的内涵》,《现代哲学》2003年第4期。
④ 桥本昭典:《中国古代"情"观念刍议:寻求"感情论"的所在》,《东亚观念史集刊》2016年第11期。
⑤ 赵东明:《〈吕氏春秋〉"情"与"性"之涵义析论》,《思想与文化》2017年第2期。

前,郭店简《性自命出》中"与情相比,性更像是一个被动性的概念"。赵法生由此推论原始儒家工夫论路径的"性情一本""即情即理",经荀子、汉儒的影响,发展至宋明儒学,逐渐转向本体论的"性情二元""性理情气","情"在价值和本体意义上都被否定、贬抑。① 从诸子时代到春秋大一统的历史过程伴随着"情"概念范畴的移位。同时,正如丁四新所揭示的,尽管先秦的"情"并非情感之"情",然二者之间确乎暧昧交融、联系密切,随"情"字外延的开拓,"情"字义逐渐容纳了后来通常意义上喜怒爱恶的"情感"。② 就本文所关切的情感概念的历史转型而言,伴随着丁四新所言"情"概念的转化,"情"发生了有史以来第一次价值极性翻转。汉儒在天人阴阳结构中确立下来的性情论,使"情"的言说空间趋于狭隘化;而宋代理学体系的构建则加强了这一趋势,在理气二元的理本论中,"性"与"情"之间有了"形上形下的异质异层"的分殊,在官方"性""情"对举框架下,情感或情欲之"情"所包含的负面意涵被强化。③

自荀子性恶论开启了对"情"的否定转向后,批判秦政、力主更张的大儒董仲舒在《天人三策》里论述到天命与情性,在天人思想立意下,以定义性语句正"性""情"之名,"性者生之质也,情者人之欲也","质朴之谓性,性非教化不成;人欲之谓情,情非度制不节"。④ 这种性情论嵌合在策对逻辑过程和董学天人思想中,此般"性""情"对举的框架初步形成并在西汉中期以后的儒学思想中沉淀下来。东汉《说文解字》明确有了"情,人之阴气有欲者也""性,人之阳气性善者也"的说法,⑤汉儒主扶阳抑阴,可知汉代形成了情恶性善的性情论;宋代理学家继承唐代古文运动人物李翱(约772—约836)灭情复性说,主张"存天理灭人欲",进一步固化了性情善恶对立的思想框架,主张守性节情,"情者,性之动也。人之情,本但可以为善而不可以为恶,则性之本善可知

---

① 赵法生:《性情论还是性理论?——原始儒家人性论义理形态的再审视》,《哲学研究》2019年第3期。
② 丁四新:《论郭店楚简"情"的内涵》,《现代哲学》2003年第4期。
③ 赵法生:《性情论还是性理论?——原始儒家人性论义理形态的再审视》,《哲学研究》2019年第3期。
④ 班固:《汉书·董仲舒传》,中华书局1983年版,第2501、2515页。
⑤ 许慎撰,段玉裁注:《说文解字注》,上海古籍出版社1981年版,第502页。

矣"。① 至清人段玉裁引用董仲舒《天人三策》性情论注《说文》，《三策》原本并举"性""情"，"性非教化不成，情非度制不节"，而段玉裁仅在注"情"字时引"情非制度不节"，在注"性"字时未引"性非教化不成"，②汉宋儒学传统中明确存在的节制情欲、性善情恶的观念，在清人段玉裁的处理中甚至有所强化。在接受性善论的基础上，"情"是恶的、负面的、需加以节制阻遏的不正当之物，故而基于这种"情"观的情感概念也往往具有负面意涵。中国古代"情感"一词产生和含义相对固定化的过程便是在如此思想观念背景之下展开的。

至此，我们不妨一窥明清时士人如何在负面意义上使用"情感"概念。杨慎(1488—1559)在《梦说》中感慨道"得失蕉鹿也，物我蝴蝶也，荣枯黄粱也，情感巫峡也"，③以"情感"为虚幻不实、无法捉摸、转瞬即逝之物，对情感抱有消极认知。沈德符(1578—1642)则在点评曲词时曰"然西厢到底不过描写情感"，④有贬抑、轻视情感的意味，且这种轻视在沈氏的认知中天然合理、不言自明。李颙(1627—1705)在《四书反身录》中阐明"慎"的观念时也引"情感"为其对立之一面："朝乾夕惕，时时畏敬，不使一毫牵于情感、滞于名义。"⑤儒家"情"观对情感概念的影响如上所述，而佛教思想入华与华化的过程同样增益了传统中国对"情"的贬抑态度，并渗入对"情感"一词的解读。唐代释玄应撰有《一切经音义》，在"愤毒""愤发""愤恚"词条下均注有"情感也"，⑥将"情感"与佛门教义中具有负面性的词汇对译捆绑一处；后来"情感"与"愤"的对应关系甚至溢出佛教语境而融入一般汉语文言，比如清人桂馥(1736—1805)《说文解字义证》"愤"字下释有"情感也"，而许慎原文包括段注对"愤"义的解释仅作"懑也"。⑦ 总的来说，儒释两家对"情"与"情感"的贬抑态度是同向的。

若说"情"字更多的是赋予传统"情感"概念以汉宋儒学性情论的价值褒

---

① 朱熹：《四书章句集注·孟子集注》，朱杰人、严佐之、刘永翔主编：《朱子全书》第 6 册，上海古籍出版社 2010 年版，第 399 页。
② 许慎撰，段玉裁注：《说文解字注》，上海古籍出版社 1981 年版，第 502 页。
③ 杨慎：《梦说》，《升庵集》卷七十三，钦定四库全书本，页 12 下。
④ 沈德符：《顾曲杂言》不分卷，四库全书本，页 1 下。
⑤ 李颙：《四书反身录·中庸》，浙江书局清刻本，页 4 下。
⑥ 释玄应：《一切经音义》卷一、二十三、三，清海山仙馆丛书本，页 4 下、8 上、23 下。
⑦ 桂馥：《说文解字义证》卷三十二，清抄本，页 84 上；许慎撰，段玉裁注：《说文解字注》，上海古籍出版社 1981 年版，第 512 页。

贬含义,那么"感"字则与《汉语大词典》中"情感"释义之"外界刺激而产生"密切相关。传统"情感"的"感"字,非同现代汉语"动感""触感""优越感"之类"×感"之"感"字用法,而与古代思维认知中"天人感应"的"感"用法相近,背后的思想体系也非同西学以来诸构词法的知识体系和认知方法。在《说文》中"感"的释义为"动人心也",暗示物我相感,感于外而动于中,蕴含主体的"我"的感知活性;同时,相对于持恒守静,"感"意味着一种交互、一种"动"相,如"咸"之于"亨(恒)"。然而要特别注意,失去先秦时期原始内涵之本源性而日益与喜、怒、哀、乐、好、恶相近的"情"的概念也未尽然处于贬义。汉代以降儒学吸收了阴阳学的内容,发展了天人学说,"天乃有喜怒哀乐之行,人亦有春秋冬夏之气者,合类之谓也",人副天数,视天而行,"人主有喜怒,不可以不时"——其对于喜怒的态度还是偏于温和的。① 其一,承认、接受喜怒哀乐为人类情性的自然天性;其二,并不是要像"存天理灭人欲"的理学那样追求断绝情感,而是要有度而节、变而有常;其三,节制喜怒的主体常常是圣人、人主,没有直接推向一般教化;其四,春夏喜乐与"阳""德"同类,而对立于《春秋繁露》所贬的"刑",喜怒哀乐本身是善恶参半的需要调和的中性词。故而,虽然宋代正统理学家主张抑制"情"、节制"动"、守性守静,但是儒家体系同样看重"中道",平衡动静的价值本身也暗寓在"情感"之中。

值得注意的是,虽然古代语境中的"情"与"情感"基本是负面性的,但在传统文化内部"情"与"情感"已经有翻身的迹象。传统文化资源本身也蕴藏着赋予"情感"以正面评价的潜能:不论是先秦儒家以"诚"为价值本源的倾向,比如孔子之"宁戚""哭之恸",孟子(前372—前289)之四端、性善,古典诗教、乐教乃至后世诗论之"言志""志之所之""缘情",还是佛、老中包含的个人主义,都蕴藏着可供发明的"情"的正面价值,以至于近现代土壤之上的中国吸纳西学内涵而格义再造的"情感",甚至也能援引经典文献、溯源历史,为其正当性、合理性找到理据。② 如南朝宋刘裕(363—422)以"金兰之分,义深情感"为由,陈情上表,请求追赏刘穆之,③为故人争取追赠资格,呈现出"情感"

---

① 苏舆:《春秋繁露义证》,中华书局1992年版,第333—337页。
② 相关讨论参见李海燕:《心灵革命:现代中国爱情的谱系》,修佳明译,北京大学出版社2018年版。
③《南史》卷十五,四库全书本,页6上。

因发自人心真情而含有的天然纯正的一面。又如唐诗盛行时,其中抒情叙事的诗作也能彰显情的价值,若白居易(772—846)《庭槐》"人生有情感,遇物牵所思"、顾况(？—820)《朝上清歌》"萧寥天清而灭云,目琼琼兮情感",都是正面而不含贬义地使用"情感"一词以抒情。① 乃至明清,在私人论著和书信中也能看到部分明清士人正视情感的价值和作用,例如阳明后学王时槐(1522—1605)在致族侄信时问候以"承手翰,具见爱厚之情感",以"情感"之厚,示亲情和洽;②冯梦龙(1574—1646)、汤显祖(1550—1616)等作家也发明了"情"的价值,如《牡丹亭》从《诗经》中引出对"情"的宣发,文艺复兴式地为明清"情教"开辟了"情"的正面言说空间,正是上述自明清所形成的"中国近代传统"影响着晚清民初情观的中西嫁接。

(二) 情感概念在近代的正面性

近代情感概念的思想资源主要源自中国传统思想和西方近代学科。面对内忧外患、国势陵夷的近代中国,政治社会变革不断,文化思想的西学东渐成为不可阻挡的趋势,"情感"一词也从传统理学主导下的性情论中解放出来,在新时代的舞台上展现出新的生命力。近代"情感"词义在与西学的接触中,并未变得与中国旧解截然不同或难以理解。早期传教士在将西语词汇emotion、feeling、passion、affection、sentiment 翻译为中文"情感"时,大多沿用了传统中文"情感"的模糊词义,并将其融入西方知识体系和思想框架中,类似于翻译佛经时的"格义"。③ "情感"一词虽在古代中国不常见,但近代情感概念通过中西格义,更新其中的价值、知识和学科背景,不再与"性""理"对立,而是继承了旧"情感"的模糊语义——由外界刺激引起的内心反应,如喜怒哀惧等。这种从传统思想中提取的"七情""物感"等概念,被用来格义西学新知,使中西文化得以通融,国人无需过多解释即可理解其含义。有人认为,中国古代学术虽提及情感,但未深入探讨,如情感在心界的现象和外界影响

---

① 白居易:《庭槐》,《白氏长庆集》卷十一,四库全书本,页 4 下;顾况:《朝上清歌》,李昉:《文苑英华》卷三百三十二,四库全书本,页 6 上。
② 王时槐:《答族侄思靖》,《友庆堂合稿》卷二,井冈山大学藏本,页 41 下。
③ 关于"情感"一词在近代双语辞典中的对译情况,可见"中研院"所建置的"英华字典数据库",网址:http://mhdb.mh.sinica.edu.tw/dictionary/index.php,查询日期:2024 年 10 月 1 日。

等,这些问题需新青年解放思想、辞旧迎新来细说。① 情感一词的使用向度因此自然而灵活地转变,由近代知识人形塑的近代情感论也渗透至中国社会,直至当代。

对传统"情感"宽泛语义的继承,使得近代"情感"概念在实际运用中具有灵活性,涉及西方社会学、政治学、心理学、文学等多个学科,无论是公共领域还是私人领域,其价值内涵也是在具体使用中后天赋予的。虽然情感概念在翻译、理解和传播过程中可能会有所偏移,但对国人来说,大多不至于难以理解。中国知识人在将西语对译为"情感"并用来阐述自己理论观点时,绾合中西,"旧词新用"。正是在他们灵活的使用过程中,近代"情感"概念逐渐生根落地,在不同文本语境中承载不同的价值,协助表述不同的学术理论或社会主张。总体而言,近代情感概念发生了由负面转向正面意涵的极性翻转:西学大潮带来的新知识系统、学科门类、思维方式和价值观冲击了传统理学的桎梏,褒性贬情的价值底色褪去。在知识人手中,正当、合法、积极的"情感"不断被使用、演绎和传播,作为近代概念的情感逐渐生成和固定。

至晚清,除了民间对"情教"精神的延承外,在官方话语中,"情"也有正当化的迹象。在晚清士大夫议论外交("夷务")的场合中,有几处"情感"与"理喻"等词并举使用,此时的"情感"指的是在以中国为中心的传统朝贡体系下正常、理应的外交手段。② 在这些语境下,情感一词以及理应感化他族的"情"在官方"外交"话语中无疑象征着传统天朝认知下与不通仁义的"蛮夷"相对立的一种"文明"国格。而后甲午战争及中国的战败,无疑刺激了中国近代化进程的加速展开。此后,随着近代印刷业、报刊事业兴起和近代西学更广更深地引入中国知识界,近代报刊、译著、结社都为现代"情感"概念在中国的逐步展开提供了重要载体。"情感"一词经近代知识人之手被激活,使用向度也开始变得丰富,并呈现出兼具儒学道德情感之价值功能与西方伦理之工具理

---

① 李亦民:《人生唯一之目的》,《新青年》1915 年 10 月 15 日。
② 如潘祖荫指出"曾有小屈大伸之谕。仰见当时降心议抚,实出不得已之苦心。非谓犬羊枭獍之族,可以理喻而情感也"或是胜保等人提及"盖圣人不得已而用兵。诚深知异类之难以情感,而非威武不足以慑之也"。以上参见潘祖荫:《奏议"议抚不如议战、用兵不如用民"折》(1858),《咸丰朝筹办夷务始末》卷二十三,中华书局 1979 年版,第 829 页;胜保等:《奏"沥陈洋务之失、入京之害、宜以民力阻其入江"折》(1859),《咸丰朝筹办夷务始末》卷三十四,中华书局 1979 年版,第 1278 页。

性的双层诠释结构的特点。伴随着对西学血液和骨架的接受,情感概念本身发生了由负面到正面的价值意涵转变。正如严复多处使用汉语文言中的"情感"一词去对译西学概念,汉语词情感进入近代西学知识体系内,并被赋予中性甚至正面的意涵。在颇具影响的《天演论》中,凡自然者谓之性,"情感"与"心知、血气、耆欲"同属于"生人之性"("生人之性"内既有"粗且贱者"亦有"精且贵者"),又与"思虑"并为"脑的功用",而"脑之事"又与"生生之事""男女情欲"成反比例。在这里,"情"与更容易被污名化的"欲"区隔开,情感概念外延收缩、内涵提纯,指向人之本能、天性。尽管严复认为《天演论》的《论性》篇与宋儒论"性"的理气善恶论相近,但是从该篇乃至该书中间析分出"情感",摆脱了性情二分乃至理气二分的形而上学,更接近于一个描述人自然属性的中性概念。此外,严复按,当其"极治之世",相应的人脑也会"其体既大,其用斯宏","情感"和"思虑"也会拓展其广深,强调民脑之情感思虑与"群"和"国"有密切关系,也意味着情感概念被纳入"群"的"天演公例"的讨论之中。在《群学肄言》中,情感与理想并列作为"天演最后之结果"的"心之二用";同时,不难注意到,《肄言》《穆勒名学》等严译著作中不乏"主观二义,曰理与情"之类基于"情—理"二分思维的表述,儒学的性情二元论被近代的情理二分所代替。通过与天性、脑、心、群、天演的联系,这种社会进化理论中"情感"的正面性可谓明确。《群己权界论》首篇划定自由界域"自由""Liberty of feeling"对译到"情感自由",情感概念直接与穆勒在该书所论之核心理念"自由"相连接,触及近代西方启蒙主义价值观,同时也嵌入社会学、法学等近代学科中,接通了西方思想和价值体系。[①]

除严复译介之西学,中国知识分子引介日本化了的"东学"知识和思想时也会使用情感概念加以对译,且情感概念常含有积极正面的意思。1900年,《清议报》"东洋学说"栏目译介福泽谕吉(1835—1901)《男女交际论》,讨论男女交往的道德伦理问题,区别了肉体之交与情感之交,揭露男尊女卑、贞节观等东亚旧的社会秩序和伦理观念对"自由"的压制,抨击东洋"古学"礼教阻遏了高尚的情感之交,这时"情感"与"自由"相连,正当合理,而且应当被发扬和

[①] 以上参见商务印书馆1930、1931年版:《天演论》,上卷第38—39页,下卷第38页;《群学肄言》,第336页;《群己权界论》,第12页。

提倡。① 紧接着,这种对情感的积极认识进一步扩展到了文学领域。1902年《新民丛报》刊登了严复致梁启超(1873—1929)的书信,围绕西文翻译的文体问题,严复认为"文辞者,载理想之羽翼而以达情感之音声也"。如果说严氏在西学译著中使用的是格义了的承载西学意涵的"情感",那么他本人在定义"文辞"的功能时所使用的情感一词,却透露出"情动于中而形于言"的中国诗文传统的影子。② 本文认为,在这里,对传统思想的延承、在中西之间的格义、严复主观性的创新,三者之间的边界是模糊的,中西新旧意涵纠缠化合。作为中国传统观念的"情"迈向现代受到西学体系的冲击,而西学意义上的情感概念在东渐之时被本土化,选择性嫁接于中国既有概念框架中。尽管严复此处的表述仍然受到传统诗学的影响,但总的来看,此段论述不仅表现出儒家的性—情对举传统的消亡,而且相比于诗文在生成层面上对情感的使用,此处是在文学的价值功能上使用情感——如果说传统情感是自然生发的、无谓褒贬的,那么此处情感、理想当是功能性的、作用积极的,"情感""理想"并列为文辞应当承载的高尚的价值。同时,严复认为欧洲晚近文辞粗俗鄙陋,较之古典文章"其情感之高妙,且不能比肩"。③ 可见饱览西学的严复以"情感"可以承载正面意涵来为自己的翻译理念张本。严复在1902年使用具有近代色彩的情感概念,在文体问题的范畴中,护持了文言乃至"雅"的翻译标准,而在论证理路上与他同途殊归的是,1908年吴稚晖(1865—1953)在倡言中国使用万国新语、要求变易中国人的语言时,同样援引"情感"以为自己主张的正当性所在,认为中文"简单野蛮之篇章"不足以"动其情感",当被淘汰废除。情感成为文章和语言的应有之义,崇高而重要。④

如果说严、吴二氏对情感之于文学的价值的强调在整个知识界尚属孤立事件的话,那么后来1917年元旦《新青年》刊载的胡适(1891—1962)《文学改良刍议》对于鼓舞文学改良的热潮,则可谓影响深远。胡适倡言文学改良第一要义便是"言之有物",而"物"即"情感"与"思想",情感之于新文学的重要性不言而喻。胡适在《文学改良刍议》中写道,"情感者,文学之灵魂。文学而

---

① 福泽谕吉:《男女交际论》,《清议报》1900年3月11日。
② 毛亨传,郑玄注,孔颖达疏:《毛诗正义》卷第一,北京大学出版社1999年版,第7页。
③ 严复:《与〈新民丛报〉论所译〈原富〉书》,《新民丛报》1902年5月8日。
④ 吴稚晖:《书〈驳中国用万国新语说〉后》,《新世纪》1908年12月5日。

无情感,如人之无魂,木偶而已,行尸走肉而已",又将近世文学之衰微归结于"既无高远之思想又无真挚之情感"。① 文学改良热议一时,连带着"情感"的地位水涨船高,在知识分子中间造成了深刻的印象,"情感"在文学界的正面形象基本确立下来。在文学界内外,思想与情感并提而成的惯用方式,也对国人文学评论影响颇显,甚至溢出文学界,广泛影响了现代汉语措辞和思维习惯,巩固着情感概念在社会观念中的正面形象。文学改良派的一面旗帜是"情感",而对胡适和陈独秀(1879—1942)激进的文学改良论作以驳正的人,也以"情感"为评判文学优劣的准则。就在胡适《文学改良刍议》发表后的第二个月,便有陈丹崖驳正这种激进的文学观,指出悲苦时代、哀怨表露于文字,不等同于"无病呻吟",认为诗三百"哀婉怨悱、适足代表一时之情感",以"情感"为中国古代文学作适当的辩护。同时,被视为偏保守派的晚年梁启超在思想上意识到"情感"之重要性,自1920年至1923年先后成文《孔子之人格》《中国韵文里头的情感》《情圣杜甫》《评非宗教同盟》《人生观与科学——对于张丁论战的批评》等,凸显和推崇"情感"的价值地位,认为情感是人类一切动作的原动力,②并在《前清一代思想界之蜕变》中将自己作文"条理明晰,笔锋常带情感,对于读者,别有一种魔力焉"引以为豪。③ 文学理论家们在引介、阐述现代文学理论和各国文学史时,将"情感"与"格律""知识""理解""意志"等列为文学诗歌的要素和评判标准,情感在文学界不仅正面、合法,且必要、关键。

20世纪初情感概念从传统负面性翻转为近代正面性,总体来说,并非偶然。20世纪的中国历史恰如19世纪的欧洲历史一样,处在动荡的历史转型期。正如霍布豪斯(Leonard Trelawny Hobhouse,1864—1929)所言,"没有观念就不会发生变革。要冲破习俗的冰霜或挣脱权威的锁链,必须激发人们的热情"。④ 情感概念本身承载有一定的近代内涵,包含着召唤近代性的潜能;同时,它作为一种承载着"观念"的概念范畴,能召唤来社会同情,调动起社会变革。完成了自身极性翻转的、顺乎中国变革方向的"情感",为知识分

---

① 胡适:《文学改良刍议》,《新青年》1917年1月1日。
② 梁启超:《人生观与科学——对于张丁论战的批评》,载《饮冰室合集·文集》之四十,中华书局1936年版,第26页。
③ 梁启超:《清代学术概论》,载《饮冰室合集·专集》之三十四,中华书局1936年版,第62页。
④ 霍布豪斯:《自由主义》,朱曾汶译,商务印书馆1996年版,第24页。

子乃至社会大众、官方话语所接受。历史与概念互相作用、彼此推进，情感概念的正面化与中国社会的近代化转型同向而行，相辅相成。

三、情感概念在近代极性翻转的概念桥梁

在探究情感概念于近代中国的极性翻转时，我们已经揭示了从传统到近代的转变现象，这种转变不仅标志着情感价值的重新评估，也反映了中国社会在思想和文化层面的深刻变革。然而，仅仅认识到这一转变的存在是不够的。若不深入挖掘和指出这一转变的关键因素，我们就无法全面理解近代情感概念的深远意义与价值。情感概念的极性转移并非孤立发生，而是与其他重要时代概念相互作用之下的结果，如国家/民族、个人、社会/群等。这些概念的发展和变化，为情感概念的正面化提供了理论基础和思想动力。因此，以下将通过国家/民族、个人、社会/群这些概念桥梁的分析，揭示情感概念在近代中国的转型路径，并从中探知这一转型如何影响了中国社会的现代化进程和文化认同。这样的探讨将有助于我们深刻认识到情感在近代中国社会变革中的核心作用，以及它在构建现代中国文化和思想中的重要地位。

（一）国家/民族与情感

根据文献阅读，情感概念的极性翻转与国家/民族、个人、社会/群这几个概念的演变紧密相关。首先是国家/民族与情感概念的互动，梁启超在《大中华》发刊辞中强调了情感对于国家和民族凝聚力的重要性，认为情感是维系全国人民相亲相扶的纽带。① 随着近代政治学和国族观念的传播，情感一词被引入现代公领域，与国家强盛的时代主题紧密相连。在传统文化中，情感多指个人私情，但在"诗言志"的诗学传统中，情感与群体感情相联系，诗歌中的志、情、感相互勾连，情感的意义延展至政治风教。② 民族概念在西方政治

---

① 梁启超:《大中华发刊辞》，载《饮冰室合集·文集》之三十三，中华书局1936年版，第79—90页。
② 关于诗学内"情""志""物感"等关系的讨论，可参见马银琴:《论"诗言志"与"诗缘情"的关系及其理论嬗变》，《中南民族大学学报（人文社会科学版）》2019年第3期；刘安然、杨隽:《"诗言志"与"诗缘情"》，《文艺评论》2014年第10期；黄若舜:《对"诗言志"与"诗缘情而绮靡"的新思考》，载徐中玉、郭豫适主编:《中国文论的方与圆——古代文学理论研究（第三十一辑）》，华东师范大学出版社2010年版，第354—371页。余例不详举。

学范畴内被近代中国接受,与国家、国民等概念多有牵涉。① 清末民初,国人尤其是知识人救亡心切,关怀政治。国民、国家、政府、立宪、共和等概念引入中国后,广为知识人所讨论。《清议报》等媒体呼吁国民情感与国家紧密联系,认为国民情感是国家认同的基础。②《外交报》等媒体也强调国民情感对国家的重要性,警示国人应将情感寄于国家。③ 辛亥革命后,关于民主共和的讨论中,情感的正当性渗入对民国政治伦理的讨论。国民情感不仅在内政上对近代国家—国民的形成发挥作用,在外交层面上,国民情感、民族情感也是影响国际关系的重要因素。近代中国国家/民族概念与情感概念通过文艺形式加强了联系。在民族主义思潮下,音乐、美术、文学的重要性提升,抒发感情、寄托情志的文艺作品与艺术陶养、社会整合、民族认同与团结密切相关。胡适、陈独秀等知识分子提出情感与思想是文学的二"物",强调情感在文化中的价值。④ 梁启超、蔡元培等强调文艺教化与情感的联系,认为情感陶养和协调在民族社会中至关重要。在文艺作品的赏评中,民族成为情感抒发的主体,民族情感的提法在文艺评论中屡见不鲜,表征着国人对民族观念的接受和内化。梁启超在讲演中强调情感在中国文化中的地位,通过情感维度对比中国和西洋文学,意在为中国文化正名。⑤ 各派人士援引情感概念与民族、国家观念相连,论证思想主张的正确性、合理性。在民族意识觉醒、民族群体认同加深的背景下,情感概念的正面价值借助国族主义的正当性而被弘扬。情感在近代中国的政治、文化和外交中扮演了重要角色。它不仅是个人情感的表达,更是国家和民族认同、团结和进步的基石。情感的培养和表达成为知识分子和政治家们关注的焦点,他们认为通过情感的培养可以加强国民的民族认同感,促进国家的统一和强大。在这一过程中,文艺作品成了传递和培养情感的重要工具,不仅能够激发个人的情感,还能够强化民族国家的凝聚

---

① 关于民族与国家的概念研究众多,可参见黄兴涛:《清末现代"民族"概念形成小考》,《人文杂志》2011 年第 4 期;郑大华:《中国近代民族主义话语下的"民族""种族"和"国族"》,《史学月刊》2020 年第 8 期;沙培德:《清末的国家观:君权、民权与正当性》,载许纪霖、宋宏编:《现代中国思想的核心观念》,上海人民出版社 2010 年版,第 367—388 页。余例不详举。
② 伤心人:《论中国国民创生于今日》,《清议报》1900 年 12 月 22 日。
③ 《论俄日协商》,《外交报》1903 年 11 月 3 日。
④ 陈独秀:《基督教与中国人》,《新青年》1920 年 2 月 1 日。
⑤ 梁启超:《中国韵文里头所表现的情感》,载《饮冰室合集·文集》之三十七,中华书局 1989 年版,第 70—140 页。

力。梁启超等人的主张,反映了知识分子对于情感在民族国家建设中作用的深刻认识,他们试图通过文艺教育来培养国民的情感,以实现国家的现代化和民族的复兴。这种将情感与民族主义相结合的趋势,不仅体现了情感在个人生活中的价值,也显示了它在国家和民族层面上的重要性。情感成为连接个人与国家、民族的桥梁,成为推动社会进步和国家发展的重要力量。

(二) 个人与情感

除了国家/民族概念促使情感概念极性转移外,第二个概念桥梁是个人概念。[1] 在近代中国,个人概念的传播和主体性的建构推动了情感概念的极性翻转,使得个人主观情感被视为正当且有价值的。这一转变在社会契约论、法学、伦理学和哲学等领域的个人概念和人格概念中尤为明显,这些概念在东亚知识界的昌明早于情感概念。鲁迅(1881—1936)在1908年发表的《文化偏至论》中,将"个人""人格"与"情感"联系起来,强调了个人情感的重要性。[2] 他认为,19世纪欧陆哲学的理性思辨转向了内省和抒情,精神现象是人类生活的极致,而张扬个人人格是人生首要之事。鲁迅提出,情感与情操的统一调和是理想人格的关键,而全人的概念要求感性与理性的圆满结合。至于近代连结个人与情感概念最为有力的,当数文学领域中,个人情感的抒发和主体意志的表达被鼓励。胡适在1917年的《文学改良刍议》中提出了文学改良的方向和衡量文学作品价值的标准,即"情感"和"思想"。方孝岳(1897—1973)在同年的文章中明确指出,文学改良运动所倡导的"情感"是基于个人观念的。他认为,中国文学是士宦文学,而欧洲文学是国民文学,后者以个人地位表达直观情感,具有转移政事、学术、社会的能力。[3] 而潘公展(1895—1975)则在1919年的文章中表达了对新文学理念的接受,强调了个

---

[1] 关于个人观的概念研究不少,可参见余英时:《中国近代个人观的改变》,载许纪霖、宋宏编:《现代中国思想的核心观念》,上海人民出版社2010年版,第197—205页;金观涛、刘青峰:《中国个人观念的起源、演变及其形态初探》,载氏著《观念史研究:中国现代重要政治术语的形成》,法律出版社2010年版,第151—179页;许纪霖:《大我的消解:现代中国个人主义思潮的变迁》,载许纪霖、宋宏编:《现代中国思想的核心观念》,上海人民出版社2010年版,第209—236页。余例不详举。
[2] 鲁迅:《文化偏至论》,《河南》1908年8月。
[3] 方孝岳:《我之文学改良观》,《新青年》1917年4月1日。

人价值的凸显和近代主体意识的觉醒。他主张文学应张扬自我、解放个性，宣发个人情感。① 李璜(1895—1991)在1920年后对法兰西文学的介绍中，将个人观念与文学抒情性串联在一起，强调"各人有各人的情感"。② 法兰西浪漫主义文学的盛行，使得情感不仅正面、合理、天然，而且充满了浪漫之美。李璜还将个人观念与社会组织的原则联系起来，认为个人的自由参加和退出全凭个人的认识和情感，不是压迫和命定的结果。③ 在对宗教问题的评论中，李璜主张宗教的根源不在个人情感，而在社会本身中，社会的强制性与宗教的合法性相驳斥。他肯定了个人情感的自由和天赋合理性。④ 综上所述，近代中国的个人概念和情感概念的传播和翻转是相互关联、共同发展的。个人情感的正当性和价值得到了社会的广泛认可，这不仅在文学理论中得到了体现，也在文学创作和社会文化中得到了广泛的传播和实践。这一转变标志着中国社会从传统向现代的转型，个人情感的解放和表达成了这一过程中的重要特征。

(三) 社会/群与情感

第三个影响情感概念极性转移的则是社会/群的概念。严复在引进西方学科知识时，提出了"群"的概念，强调情感不仅是个人层面的体验，还能影响群体和社会制度。例如，在《法意》中，他通过孟德斯鸠(1689—1755)的"地理决定论"探讨了气候对人们情感和文化的影响，认为情感的中和对社会最为有利。⑤ 近代中国出现了"群""社会""社团"等社群概念，它们成为国家与个人之间的纽带。桑兵指出，进步知识界的共识是"欲救国难，必须从合群开始"。⑥ 章清分析了晚清历史文本，认为"××界"的提法延伸到社会的过程，是社会重组转型的表征。⑦ 李恭忠研究"社会"的概念史，揭示其暧昧特征或

---

① 潘公展:《关于新文学的三件要事》,《新青年》1919年11月1日。
② 李璜:《法兰西诗之格律及其解放》,《少年中国》1921年6月。
③ 李璜:《德模克拉西的由来(一个社会学上的看法)》,《少年中国》1922年7月。
④ 李璜:《社会学与宗教》,《少年中国》1921年8月。
⑤ 孟德斯鸠:《法意》,严复译,郑有国、薛菁点校,福建教育出版社2014年版,第247—250页。
⑥ 桑兵:《清末新知识界的社团活动》,生活·读书·新知三联书店1995年版,第284页。
⑦ 章清「"界"的虚与实:略论汉语新词与晚清社会的演进」『東アジア文化交渉研究』别册(7)、2011年、55—76頁。

内在紧张关系,理论上"社会"关乎国运兴衰,是充满正面色彩的概念。① 正是在此语境下,情感概念与"社会/群"的概念产生密切联系。一方面,与小群的关系,体现在近代文本中对社团成员间感情的表述。例如,东京留学生会因念及政法农工卒业之盛,特开音乐会以贺之,烘托出留学生群体毕业送别的复杂情感。② 民国以后,新知识界活跃,国内涌现出许多新式社团组织和新式报刊媒体,如《少年中国》上恽代英(1895—1931)致"全体同志"的"会员通讯",提到情感隔阂和意见交换机会的缺乏,强调学会的团结和会员的联络融洽。③ 另一方面,与大群的关系,则体现在文艺作品中,一种具有团结"民族情感"的国家民族主义意义,下沉到基层成为陶冶或调和"社会情感"。爱国意识引出了"社会""群"的正当性,社会群众的"情感"关乎团结、和谐、力量,呈现出情感概念的正面性。知识界对社会科学和社会主义的接受和传播让"社会"内涵更加丰富,基于此种"社会"的"社会情感"倾向了平民阶层甚至革命。1923年,《新青年》杂志刊布瞿秋白(1899—1935)所作《新宣言》,明确"《新青年》当为社会科学的杂志",兴奋社会情感,以助受压迫、被剥削的平民实际运动之进行。④ 当左翼谋求"兴奋社会情感"之时,国民党需要的是绥息社会矛盾,"沟通"劳资阶级间的情感,如王世杰(1891—1981)讨论实现劳资协调的方法、制度,主张成立"业务协会"组织,以便沟通劳资情感,避免劳资误会。⑤ 而当时社会改革也需要昂扬的"情感",如王光祈(1892—1936)主张从女子教育问题入手谋求解决男女平等问题,鼓励女子教育协进会,组织女子教育讲演团,强调女子解放运动需要热烈情感、坚强意志。⑥ 综上所述,近代中国情感概念被赋予了"社会/群"的意涵,上升到公领域,"民族情感""社会情感"等搭配用法的通行,表现出"情感"在国族和社群面前的存在感。情感不仅是个人的情感,也是群体和社会的情感,它在民族国家建设、社会改革和文化发展

---

① 李恭忠:《Society 与"社会"的早期相遇:一项概念史的考察》,《近代史研究》2020年第3期。
② 《亚雅音乐会之历史》,《新民丛报》1904年8月25日。亚雅音乐会,光绪三十年(1904)由曾志忞发起筹建的新式音乐社团,会所设于江户清国留学生会馆内,前身为光绪二十八年(1902)由沈心工在江户留学生会馆开设的音乐讲习会。
③ 恽代英:《会员通讯(致全体同志)》,《少年中国》1920年5月。
④ 瞿秋白:《新青年之新宣言》,《新青年》1923年6月15日。
⑤ 王世杰:《国民党的劳工政策》,《现代评论》1928年2月4日。
⑥ 王光祈:《胡适之〈大学开女禁的问题〉后序》,《少年中国》1919年10月。

中扮演了重要角色。

通过以上对民族/国家、个人、社会/群这几个概念桥梁的探讨,我们可以看到情感概念在近代中国的极性翻转是一个多维度、跨领域的复杂过程。这些概念不仅在理论上为情感的正面化提供了支持,而且在实践中也推动了情感概念的转变和发展。这种转变不仅涉及文学和艺术的领域,也深入到政治、社会和文化的各个方面,成为近代中国社会变革和思想更新的重要推动力。

四、结语:中国近代社会变革的情感驱动

本文深入剖析了情感概念的历史演变,揭示了中国式情感概念的深刻内涵,为我们理解中国情感历史提供了新的视角。情感不仅是中国近代化进程中的路标,更是社会与思想转型的催化剂,为当代史埋下了伏笔。情感概念的转变,从负面到正面的极性翻转,不仅标志着价值意涵的变迁,更是历史进程中情感力量的觉醒与释放。在近代转型中,情感概念的模糊暧昧和变动不居,反映了情感在社会变革中的复杂性和多面性。情感的转型并非单向线性的正面化过程,其内部张力始终存在,这种张力是推动历史发展的重要动力。"情"与"诚""实""自由"等积极正面的概念为伍,也可能站在"性""理"的对立面而受到排斥。在中国文化、历史与语言中,情感的价值归属并非永恒不变,这种张力通过具体的社会作用和历史要求展现出来,其结果可能作为既定事实或"前理解",影响着接下来历史方向的加速度或形成一种历史惯性。

情感的概念史不仅揭示了情感概念及情观的历史性,而且在一定程度上解释和预言了今天21世纪中国情感概念及情感论的粗泛浑整、应用无方、即善即恶的特点。情感概念从与"性""理"的对立结构中解放出来,与国族主义等近代中国主流价值相辅相成,合乎历史进步的方向,基本获得合理性、正当性。然而,在西方科学体系中,获得现代身份的"情感"常被置于"理性""意志""情感"的人性三分结构中。在西学东渐的时代浪潮中,情感概念经历了一场名为近代化的变革,这场变革不仅是知识的更新,更是情感力量的释放和重构。随着资本主义和工业文明的全球扩张,人类社会的价值认同向科学、(工具)理性、功利、效率倾斜。基于"本能"的感性直观,而不经"知性"或

"理性"检验的"情感",在摆脱了汉宋儒学的束缚、洗脱了性善情恶的原罪的同时,也戴上了西方知识论的紧箍。从性情二元变易为情理二分、知感二分,对于情感概念的价值意涵走向而言,这是不是一种"祸"?然而,情的内部张力和辩证运动,以及时代的要求,总会对当下和未来的情感观形成制约作用。资本主义的上升、工业文明的扩展、科技革命的突破、"世纪病"的流行、全球化与逆全球化的两股潮流等种种现实,都会启发我们对当前情感概念价值的认知。

  在当前学术界,许多学者虽然采用了情感史的方法,但在讨论情感时往往未能深入挖掘中国式情感的内涵,这种现象并不鲜见。这种表面的、缺乏深度的研究不仅可能导致对中国情感历史的误解,还可能忽视了中国情感概念在不同历史时期和社会文化背景下的多样性和动态变化。因此,本文希望未来学者在采用西方情感史研究方法时,必须深刻理解中国情感概念的本土特性,这对于推动中国情感史研究的深化和精确化具有重要意义。通过本文的研究,我们能够更全面地理解中国情感的历史脉络,更准确地评价情感在中国社会和文化中的作用,从而为当代的情感研究和实践提供更加坚实的历史基础和理论支撑。本文不仅强化了对情感概念史研究的价值认识,而且对于促进跨文化理解和全球史学对话具有深远的影响。在全球化的背景下,深入探讨中国情感概念的内涵,不仅有助于我们更好地理解自己的历史和文化,也为世界提供了一种多元的视角,丰富了全球情感史的研究。

"祖宗"的力量
——梅光迪的文化救国思想

赵千迪*

一、引言

18世纪中叶,"文明"一词出现,在基督教的影响下,以法国、英国为代表的国家将统治权视为上帝所赋予的使命,自视他们的文明是人类的最高价值。18世纪末,法国大革命催生了近代民族国家。德国产生了文化民族主义,以"文化"观念来表现自我、自身的特点,认为"文化"的价值高于"文明"。① 代表西方近代物质文明成就的"文明"概念和代表民族特性、民族精神的"文化"概念随着西方对外殖民和扩张传播开来。戊戌变法失败后,梁启超流亡到日本,之后将民族主义思想和"文明"观念传播回国。20世纪20年代后,部分知识分子开始从"文化"的整体角度和高度来思考中国发展的问题。② 知识分子从"文明"

---

* 赵千迪,南京大学历史学院博士研究生。
① 诺贝特·埃利亚斯:《文明的进程:文明的社会发生和心理发生的研究》,王佩莉、袁志英译,上海译文出版社2018年版,第1—4页。
② 黄兴涛:《晚清民初现代"文明"和"文化"概念的形成及其历史实践》,《近代史研究》2006年第6期。

或"文化"的角度思考国家发展,形成了两种对"未来"的期待:一者以西方近代文明为模板,另一者则要求走出不同于西方的、根据中国传统资源形成的特有的道路;前者形成了在思想文化观上反叛、否定传统文化的独特的民族主义,①后者要求尊重民族文化,却无法给出一条能融入世界物质文明发展体系的道路。文明论述与文化论述的矛盾不曾止息,且反复在不同历史阶段以不同的形式呈现出来。② 在这样的情况下,讨论梅光迪的文化救国思想和背后独特的"文化"概念是有意义的。

1922年,梅光迪与同人创办《学衡》杂志,旨在批评新文化运动中整体地看待文化、将中西文化视为二元对立的思维,他们试图提出另一种"新文化"。作为《学衡》杂志的开创者,梅光迪的文化救国思想具有代表性。以往关于梅光迪的研究多关注20世纪20年代梅氏对胡适和新文化运动的批评,将梅光迪视为保守主义者,③也有研究者认为梅光迪的思想自20世纪20年代起就几乎停滞不前。④ 关于梅光迪在抗战时期的思想言论的研究较少,黄兴涛认为梅光迪在抗战时期通过文化自豪感来鼓舞人民同敌人作战,反复强调"祖宗"和传统的做法是从他在五四时期执着于传统的偏颇思想发展而来。⑤ 本文认为,梅光迪在20世纪30—40年代战时文化思想是对20世纪10—20年代文化思想的延续和发展,这背后既有他独特的"文化"思想作为支撑,也有对欧洲民族主义思想资源的援用。

"概念"本身具有历史内涵,对"概念"的不同认识的背后往往指涉不同

---

① 胡伟希:《民族主义与中国近现代学术思潮》,载刘青峰编:《民族主义与中国现代化》,香港中文大学出版社1994年版,第425页。
② 黄克武:《从"文明"论述到"文化"论述——清末民初中国思想界的一个重要转折》,《南京大学学报(哲学·人文科学·社会科学)》2017年第1期。
③ 可参见沈松侨:《学衡派与五四时期的反新文化运动》,台湾大学出版社1984年版;林丽月:《梅光迪与新文化运动》,载刘桂生、张步洲编:《台港及海外五四研究论著撷要》,教育科学出版社1989年版;沈卫威:《回眸"学衡派":文化保守主义的现代命运》,人民文学出版社1999年版。
④ 段怀清:《梅光迪的人文思想与人文批评》,《浙江大学学报(人文社会科学版)》2000年第1期。
⑤ 黄兴涛:《论现代中国的文化保守主义者梅光迪》,《北京师范大学学报(社会科学)》1991年第4期。

人、群体特定的知识、权力和想象。① 本文将以梅光迪的"文化"概念为线索，讨论在儒学危机、文化危机和民族危机的三个背景下，其内涵的延续性、时代性和特殊性，论述梅光迪如何用"文化"来救国，及其文化思想解决文明论述与文化论述之间矛盾的可能性。

二、"祖宗"的危机

1890—1902 年，梅光迪受教于父亲梅藻，接受传统私塾教育，学习四书五经。② 在晚清内外交困的环境下，儒家经世致用的观念非常活跃。③ 梅藻深受经世实学的影响，④梅光迪从小生活在这样的环境中，更是强调经世致用。随着科举制度的废除和清廷覆灭，政统消失，道统也逐渐衰落，无所依附。在民族主义的影响下，知识分子找到实现自身价值的途径，即将拯救国家与个人的出路融为一体。⑤ 1910 年梅光迪准备赴美留学，他称留学生使用国人"救国赎命之资"，应肩负救国救民的责任。⑥ 1911 年，他获得留美资格，入威斯康星大学学习文学。⑦

当时的清政府鼓励留美学生学习实用科学，"限定留美学生必须'以十分之八习农、工、商、矿等科，以十分之二习理财师范诸学'"。⑧ 在这样的环境中，梅光迪从一开始就坚定地选择文科为专业。他坦言自己想成为用"文字

---

① 关于概念史，可参见孙江：《概念、概念史与中国语境》，《史学月刊》2012 年第 9 期；孙江：《概念史研究的中国转向》，《学术月刊》2018 年第 10 期。
② 段怀清：《梅光迪年谱简编》，《新文学史料》2007 年第 1 期。
③ 余英时：《清代学术思想史重要观念通释》，载氏著：《中国思想传统的现代诠释》，江苏人民出版社 2003 年版，第 190 页。
④ 梅藻：《梅先生尊翁教子》，载罗岗、陈春艳编：《梅光迪文录》，辽宁教育出版社 2001 年版，第 200 页。
⑤ 罗志田：《民族主义与近代中国思想》，台北东大图书公司 1998 年版，"序论"，第 12 页。
⑥ 1916 年，吴宓与丙辰级二十多位同学，均在清华留美预备学校高等科毕业，不过他因为体育科"不及格"和眼角膜炎，留校一年。留校期间，吴宓被聘在清华学校文案处工作，得以阅读许多秘密档案，了解到清华创办的历史、庚子赔款的历史。他感慨：由清华出身之留美学生中，有几人得知美国此义举半出于被动？谁知梁诚公使之智术与伟功哉？参见吴宓著，吴学昭整理：《吴宓自编年谱：1894—1925》，生活・读书・新知三联书店 1995 年版，第 149—150、151—152 页。吴宓的反应一定程度上代表了一些留学生不清楚留学所用之资的历史渊源。
⑦ 段怀清：《梅光迪年谱简编》，《新文学史料》2007 年第 1 期。
⑧ 林子勋：《中国留学教育史》，台北华冈出版有限公司 1976 年版，第 589 页。

改造社会者"。在他看来,"吾国革命,章太炎、汪精卫之功,实在孙、黄之上也"。可见梅光迪关心的不是"修辞缀句",而是要通过"载道"的"文"改变社会现状。① 他称"吾人生于今日之中国,学问之责独重",其一便是要洗尽国学二千年的谬说。②

关于国学的认识,梅光迪可能受到梅藻的影响。梅藻反对宋明理学与乾嘉考据之学中空疏的风气,认为"古称经生无用,正坐此弊耳",他提醒梅光迪不要成为"古人之奴隶",对待国学需要有"特别眼光魄力"。③ 在留学最初一两年,梅光迪思考的主要问题是如何复兴以孔子儒学为代表的"古学"。④ 梅光迪试图将原本合为一体的"政治"与"道统"分离,重新诠释"道统"。他称"古人立法之意,实有极深哲理在",应以"哲学眼光观之"。⑤ 可见,梅光迪试图用哲学来重新解释孔学。⑥ 哲学是一种形而上的解释世界的方式,能指导政治、经济等多方面的建设,这与传统经学治世的作用相似。或许正是基于对孔学"无所不有"的认识,梅光迪试图将孔学哲学化。

梅光迪批评汉宋儒学空疏无用。⑦ 他推崇颜元、李塨的学说,称他们"独得先圣精髓而与西人合"。⑧ 颜李学说最大的特点是推崇"用"。颜元强调学者要"体用兼全","体"就在"用"之中,⑨他认为孔、孟的学问是讲实用实行的,

---

① 梅光迪:《致胡适四十六通·第二十六函》,载中华梅氏文化研究会编:《梅光迪文存》,华中师范大学出版社2011年版,第527—528页。
② 梅光迪:《致胡适四十六通·第六函》,载中华梅氏文化研究会编:《梅光迪文存》,华中师范大学出版社2011年版,第504页。在赴美留学时,梅光迪还携带了经史子集各类书籍几十种。参见上书第521页。
③ 梅藻:《梅先生尊翁教子书》,载罗岗、陈春艳编:《梅光迪文录》,辽宁教育出版社2001年版,第188、200页。
④ 刘贵福:《梅光迪、胡适留美期间关于中国文化的讨论——以儒学、孔教和文学革命为中心》,《近代史研究》2011年第1期。
⑤ 梅光迪:《致胡适四十六通·第八函》,载中华梅氏文化研究会编:《梅光迪文存》,华中师范大学出版社2011年版,第506—507页。
⑥ 李兆奇:《时代与环境:梅光迪的人文主义研究》,暨南国际大学硕士学位论文,2015年,第21页。
⑦ 梅光迪:《致胡适四十六通·第十六函》,载中华梅氏文化研究会编:《梅光迪文存》,华中师范大学出版社2011年版,第518—521页。
⑧ 梅光迪:《致胡适四十六通·第五函》,载中华梅氏文化研究会编:《梅光迪文存》,华中师范大学出版社2011年版,第503页。
⑨ 余英时:《清代学术思想史重要观念通释》,载氏著:《中国思想传统的现代诠释》,江苏人民出版社2003年版,第194页。

是动态的,而程、朱则只讲求静坐和读书,是静态的,是无用的。① 梅光迪也强调儒学应当落实到"致用""实行"上,即"礼乐兵农政治经济",②他曾约胡适回国后开一"经学研究会","使学而即用,不仅以注解讲说了事"。③ 梅光迪认为要在实践中复兴古学,还强调要有批判精神。从这两点出发,他批评了局限于"汉宋儒者之范围"、缺少实行的国粹派。④

儒学也面临着西方文明带来的冲击。1917 年,梅光迪在《我们这一代的任务》一文中写道,在过去两千多年来,中国人的生活是简单而幸福的,因为"从不出错的祖先"(infallible ancestors)为他们在生活中可能遇到的所有问题都提供了答案。⑤ 此处所说的 infallible ancestors 其实就是儒家的"礼",它提供了一套人们从生到死都可以遵循的行为规范,⑥然而这种生活被"进化论"打破了,现代主义者们致力于用现代科学方法证明"祖先"是头脑简单、悲惨和可怕的,破除了人们对"祖先"的信仰。⑦ 梅光迪的言论揭示了在进化论的影响下,中国"时间"维度的变化,曾经"过去"能够为"现在"提供智慧和经验,因此太史公要通"古今之变"。当进化论进入历史时,"未来"这一崭新的时间维度出现了。在进化论和"文明史"观的影响下,中西文化从"体用"之分变为"新旧"之分。"新旧"被赋予了价值色彩,中国"文化"被视为"旧",西方"文明"被视为"新",两者是"野蛮"与"文明"的区别,是线性时间中落后与进步的区别。面对洞开的西方文明世界,人们感到"过去"的经验、智慧不能再应付新世界,转而向西方寻求"未来"的药方。

---

① 余英时:《清代思想史的一个新解释》,载氏著:《中国思想传统的现代诠释》,江苏人民出版社 2003 年版,第 169 页。
② 梅光迪:《致胡适四十六通·第十六函》,载中华梅氏文化研究会编:《梅光迪文存》,华中师范大学出版社 2011 年版,第 519 页。
③ 梅光迪:《致胡适四十六通·第十六函》,载中华梅氏文化研究会编:《梅光迪文存》,华中师范大学出版社 2011 年版,第 519 页。
④ 刘贵福:《梅光迪、胡适留美期间关于中国文化的讨论——以儒学、孔教和文学革命为中心》,《近代史研究》2011 年第 1 期。
⑤ 梅光迪:《The Task of Our Generation(我们这一代的任务)》,载中华梅氏文化研究会编:《梅光迪文存》,华中师范大学出版社 2011 年版,第 16 页。
⑥ 狄百瑞:《亚洲价值与人权:儒家社群主义的视角》,尹钛译,社会科学文献出版社 2012 年版,第 29 页。
⑦ 梅光迪:《The Task of Our Generation(我们这一代的任务)》,载中华梅氏文化研究会编:《梅光迪文存》,华中师范大学出版社 2011 年版,第 16 页。

梅光迪批评两种对待"新旧"的态度,一种是陶醉于未来的乌托邦,另一种是沉浸在过去的田园般的梦想中。在他看来,应该寻找"新旧"中"普遍性"的内容,即能够经得住时间考验、连接所有时代的永恒的精神。① 从这个角度来看,"新旧"并不矛盾,而是贯通的,只有这样,历史才能成为一种活生生的力量。

　　梅光迪这种用普遍性来对抗进化论的思维来源于他的老师——美国文学评论家、新人文主义者欧文·白璧德(Irving Babbitt)。白璧德认为"西方有柏拉图、亚里士多德,东方有释迦及孔子,皆最精于为人之正道,而其说又在在不谋而合"②,中西文化的本质相通,应当重新焕发这部分具有普遍性价值的文化来纠正西方近代文明的弊端。受此影响,梅光迪反对将法国大革命之后传播的启蒙思想等同于西方文明,他认为回到西方文明的源头——古希腊就会发现,"在所有地域和所有时代里,人类的本质都是一样的",中西文化中反映人性、完善人性的内容是相通的、一致的。中西文化之间应当是调和的而非对抗的。③

　　梅光迪反对将科学规律,尤其是进化论运用于人文领域。他曾批评胡适太"崇拜今世纪","以为人类一切文明皆是进化的",进化论的适用范围是有限的,仅适用于科学领域,在人文领域并不适用。④ 他承认传统文化中有落后的一面,但改革文化要秉持"适度"的原则,如果没有经过冷静评判,而是冲动行事,容易从对"过去"极端地模仿变为对"过去"极端地破坏,在这个过程中可能将传统中宝贵的文化——儒学破坏殆尽。⑤ 就新文化运动后思想界的发展来看,梅光迪的担忧是有预见性的。

---

① 梅光迪:《The Task of Our Generation(我们这一代的任务)》,载中华梅代文化研究会编:《梅光迪文存》,华中师范大学出版社2011年版,第18页。
② 白璧德:《白璧德中西人文教育谈》,胡先骕译,"吴宓附识",《学衡》1922年第3期。
③ 梅光迪:《The Task of Our Generation(我们这一代的任务)》,载中华梅氏文化研究会编:《梅光迪文存》,华中师范大学出版社2011年版,第18—19页。
④ 梅光迪:《致胡适四十六封信·第三十五函》,载中华梅氏文化研究会编:《梅光迪文存》,华中师范大学出版社2011年版,第541页。
⑤ 梅光迪:《The Task of Our Generation(我们这一代的任务)》,载中华梅氏文化研究会编:《梅光迪文存》,华中师范大学出版社2011年版,第16—17页。

如果说经世致用的思想提醒了梅光迪勿当"古人的奴隶",①那么新人文主义的思想资源便提醒了梅光迪,勿当近代西方文化的奴隶。② 梅光迪试图在新旧、中西之间,找到一条普遍性的,超越时间、地域的文化标准来化解儒学的危机。

三、中国文化的危机

1917年,胡适回国,任教于北京大学,并参加《新青年》的编辑工作,成为新文化阵营的领袖之一。梅光迪在大洋彼岸阅读《新青年》后,写信给胡适说"西洋文学之优者多矣,而足下必取最近世,必取其代表近世文明最堪太息之一方面",认为胡适随波逐流,无分别之眼光,称十年二十年后会有"有识之评论家痛加鉴别,另倡新文学"。③ 此时尚未毕业的梅光迪已经在哈佛"招兵买马","拟回国对胡适作一全盘之大战"。在这样的情况下,他与吴宓结识,共同约定保护圣贤思想。④ 1921年,已经任职于南京高等师范学校的梅光迪写信召唤吴宓。⑤ 临行前,白璧德叮嘱吴宓要将中国"传统之中令人钦敬的、智慧的部分从不明智的革新当中拯救出来"。⑥ 此时,梅光迪已经草定《学衡》的宗旨,约定撰述员若干人,吴宓归国后加入并承担重要工作。⑦ 1922年1月,《学衡》杂志出版,成为同人发表言论的平台。⑧

---

① 梅藻:《梅先生尊翁教子书》,载罗岗、陈春艳编:《梅光迪文录》,辽宁教育出版社2001年版,第200页。
② 梅光迪:"实则模仿西人与模仿古人,其所模仿者不同,其为奴隶则一也。"梅光迪:《评提倡新文化者》,《学衡》1922年第1期。
③ 梅光迪:《致胡适四十六通·第四十函》,载中华梅氏文化研究会编:《梅光迪文存》,华中师范大学出版社2011年版,第550页。
④ 吴宓著,吴学昭整理:《吴宓自编年谱:1894—1925》,生活·读书·新知三联书店1995年版,第177页。
⑤ 《吴宓致白璧德》(1921年5月24日),载吴学昭编:《吴宓书信集》,生活·读书·新知三联书店2011年版,第10页。
⑥ Wu Xuezhao,"The Birth of a Chinese Cultural Movement: Letters Between Babbitt and Wu Mi", *Humanitas,* Vol.17, No.1 & 2, 2004, p.12.
⑦ 吴宓著,吴学昭整理:《吴宓自编年谱:1894—1925》,生活·读书·新知三联书店1995年版,第227页。
⑧ 关于学衡派更详细的成员、创办刊物的经过,可参见沈卫威:《回眸"学衡派":文化保守主义的现代命运》,人民文学出版社1999年版,第7—62页。

学衡派有相似的文化观和对中国"文化危机"的担忧。学衡派成员、任教于西洋文学系的李思纯用"新旧思想之冲突"概括晚清以来中国的文化状况，认为此时是估定中国文化价值的关头，也是"中国文化之生死关头"。① 彼时有两种较为主流的文化救国的方式：一种是胡适等人面向西方现代文明，以此为标准，用"疑古"的方式研究历史文化，"再创文明"的路径；另一种则是"尊古"的路径。学衡派对此均不认可，任教于国立东南大学哲学系的汤用彤称"维新者以西人为祖师，守旧者借外族为护符，不知文化之研究，乃真理之讨论"，认为两种对待文化的态度"曰浅，曰隘。浅隘则是非颠倒，真理埋没。浅则论不探源，隘则敷陈多误"。② 两者均认为国粹与欧化相互冲突，"欧化盛则国粹亡"或"须先灭绝国粹，而后始可输入欧化"。在这种二元对立的思维的影响下，人们对待文化的态度往往是偏激的。③ 梅光迪称，按照这种偏激态度对待中国文化，"吾国文化，将退返于原人草昧时代，吾民族之厄，曷有逾于此者"。④ 学衡派认为新旧、中西文化并非二元对立，对待人事之学应当"分别研究，不能以新夺理"，"所谓新者，多系旧者改头换面，重出再见，常人以为新，识者不以为新也"。⑤

　　梅光迪将数十年来国人的改革分为三个层面，一是工商制造，二是政治法制，三是教育哲理文学美术。工商制造"推之万国，无甚差别者也。得其学理技巧，措之实用，而输进之能事以毕"，因此"国人于工商制造已尽得欧西之长"。政治法制源于历史民性，"非深入者不能窥其究竟"，且东西历史民性有差异，"适于彼者未必适于此，非仅恃模拟而已"。教育哲理文学美术"源于其历史民性者尤深且远，窃之益难，采之益宜慎"。在他看来，"国人言政治法制，垂二十年，而政治法制之不良自若。其言教育哲理文学美术，号为'新文化运动'者，甫一启齿，而弊端丛生，恶果立现"。⑥ 梅光迪将中西知识系统的差异由浅至深分为三层，越是深层的系统，受到西方文化的影响和成效

---

① 李思纯：《论文化》，《学衡》1923年第22期。
② 汤用彤：《评近人之文化研究》，《学衡》1922年第12期。
③ 吴宓：《论新文化运动》，《学衡》1922年第4期。
④ 梅光迪：《论今日吾国学术界之需要》，《学衡》1922年第4期。
⑤ 吴宓：《论新文化运动》，《学衡》1922年第4期。
⑥ 梅光迪：《评提倡新文化者》，《学衡》1922年第1期。

越少。①

要建设新文化,首先要明确中国有"孤行创造,不求外助"而形成的"灿烂伟大之文化",其中"必有可发扬光大,久远不可磨灭者在",应当尊重本国文化独特的历史民性,同时发扬其中永恒的、不朽的内容。② 在此基础上,梅光迪指出吸收西学有两个标准:一是"本体有正当之价值";二是适用于本国文化,与中国的"固有文化之精神"不矛盾,或是中国文化中缺乏的、能够取长补短的内容。③ 用这样的方法,中西文化能"互相发明,互相裨益"。④ 这种主张是学衡同人的共同想法,⑤也是"昌明国粹,融化新知"的内涵。

总的来说,梅光迪认为中国文化中有历史民性的一面,对此应当是谨慎的、尊重的。中国文化应该是"全种全国人民精神上之所结合",⑥应该以此为基础改造本国文化、吸收外国文化;中国文化中也蕴含普遍性的内容,能够帮助人们培养人格,帮助人完善内在品德。⑦ 这种反映"为人之道"的文化是中西皆同,或者说超越中西的。由此,他提出一种"中庸"的文化救国路径,即用兼具历史民性和普遍人性的儒学作为"新文化"的核心,通过研究、教学来"昌明国粹,融化新知",提高民众智识,从而建立兼具民族传统和发展物质文明的国家。梅光迪和吴宓等人在国立东南大学西洋文学系的工作就是他们拯救文化危机的重要方式,即通过教育,渐进地改革中国文化,培养出"通才"来改造社会。当1924 年西洋文学系面临裁撤时,梅光迪和吴宓都离开了国立东南大学。

四、在民族危机中召唤"祖宗"

1924 年,梅光迪赴哈佛大学任教。1936 年,在国难之际他辞去哈佛的教

---

① 李兆奇:《时代与环境:梅光迪的人文主义研究》,暨南国际大学硕士学位论文,2015 年,第 44 页。
② 梅光迪:《评提倡新文化者》,《学衡》1922 年第 1 期。
③ 梅光迪:《现今西洋人文主义》,《学衡》1922 年第 8 期。
④ 吴宓:《论新文化运动》,《学衡》1922 年第 4 期。
⑤ 汤用彤在《文化思想的冲突与调和》一文中,论证不同文化之间互相交流的过程,与梅光迪的想法相似。参见汤用彤:《文化思想的冲突与调和》,载汤一介、赵建永选编:《会通中印西》,东方出版社 2012 年版,第 11 页。
⑥ 汤用彤:《评近人之文化研究》,《学衡》1922 年第 12 期。
⑦ 梅光迪:《安诺德之文化论》,《学衡》1923 年第 14 期。

职来到国立浙江大学。1937年5月,梅光迪在演讲中对学生说:"国难以来,群力于科学与国防之训练,而略于精神上之培植。"① 同一年,梅光迪与张其昀、钱基博、郭斌龢、陈训慈、张荫麟等人合作创办《国命旬刊》,刊物旨在"根据我国固有之文化精神,以解释目前抗战之意义,对于我国民族过去之光荣与现在及将来之使命,当尽力阐发","使读者于四万万华胄之同胞,增其亲爱之心,于五千年历史之祖国,增其信仰之心,于千秋万祀而永存之我民族前途,增其无限希望之心"。②

在《国命旬刊》创刊号上,梅光迪发表《言论界之新使命》一文,批评过去的言论家不明白中华民族的本质,不尊重中国数千年积累的不可磨灭的荣光,反而用西方文化的标准来衡量本国文化,"如老吏断狱,遇国人如囚犯,惟恐不致之于罪","加上屡次战败,国人逐渐失去自信,陷入劣等民族心理"。③ 在梅光迪看来,以往对传统文化的批判是一种抛弃"过去"的做法,引起了"过去"与"现在"的断裂,导致抗战中缺少文化资源来振奋精神。于是,日本军阀用中国士兵的表现来推测中国民族精神,侮弄中国,最终导致国民的"恐日病"和无信心。鉴于此,他提出言论家的"新使命":明了过去,解释现在以勖进将来。④

战时,梅光迪发表的《爱国主义之今昔》《非常时期与历史教训》《言论界之新使命》《斥伪教育》等文章,⑤均在实践言论家的"新使命"。在这一系列文章中,梅光迪旨在重述"过去",证明"过去"的美德、经验可以化为"现在"抗战的精神源泉。⑥ 梅光迪反复言及"过去",一方面是抗战的实际需要,另一方面是基于对民族主义的理解,在此,他发现了"祖宗"的意义。

梅光迪从浪漫主义角度理解和分析民族主义。他追溯民族主义的历史,

---

① 《校闻:今日"学术广播"梅迪生先生讲"文学在教育上之位置"》,《国立浙江大学日刊》1937年5月27日第197期。
② 《校闻:梅光迪先生等发起刊行"国命旬刊"》,《国立浙江大学日刊》1937年9月24日第235期。
③ 梅光迪:《言论界之新使命》,《国命旬刊》1937年创刊号。
④ 梅光迪:《言论界之新使命》,《国命旬刊》1937年创刊号。
⑤ 分别发表在《国立浙江大学日刊》1936年11月19日第67期;《浙江省建设月刊》(国防建设专号)1936年第5期;《国命旬刊》1937年创刊号;《国命旬刊》1937年第4期。
⑥ 梅光迪:《言论界之新使命》,《国命旬刊》1937年创刊号。

指出民族精神是"近世产物,西洋古代亦无之"。① 法国在大革命中最早产生民族情绪。民族情绪中有诸多浪漫主义的特点。浪漫主义以人的独特性为贵,推之民族,则以本民族文化的独特、独立为贵。人们开始认为每个民族都有自身的固有文化,这种文化完全不受他国影响,最为珍贵。于是,各国学者纷纷寻找"各民族之祖先筚路蓝缕,以启山林之坚强朴诚之本质"。② 由于提倡文化的独立性和独特性,因此模仿他人、无创造能力就成为劣等民族的标志。从此,各国争相研求民族史、民族英雄、民族的特殊风俗习惯,以此证明本国文化乃独一无二、至高无上。这种浪漫主义的爱国情绪、民族思想也影响了其他欧洲国家。

曾经德国无国家思想,一心崇尚法国文化,以至于拿破仑率军入境,各小朝廷纷纷投表称臣,于是拿破仑轻易击败德军。受到民族思想影响后,德国学者不再视法国文化为高等文化,转而发掘本民族特色文化。在民族精神的影响下,德国最终击败拿破仑的无敌雄军,恢复了独立自由。③ 梅光迪以德国为例,说明民族文化在民族国家形成过程中的重要性。

梅光迪发现,在世界历史中,如意大利、希腊、波兰等曾被征服的民族,之所以能够重新恢复独立,是因为这些国家的文字没有被征服者消灭,因此国人能够继续传播本国历史文化,有志之士不忘民族荣光,以民族文化唤醒国人。④ 文化的作用至此,当国家文化被消灭时,必然会人无可振,无人可振。即使民族从血缘、地理上依然留存,在民族国家的生存规则中,也失去了独立性和存在意义。文化来自历史,孕育了民族的本质,而追溯民族文化的源头,必然要溯及"祖宗"是如何开创基业的。举凡世界民族国家,均在发现"祖宗"以创造民族本质精神,而中国却在抛弃"祖宗"。梅光迪问道:"如果一个人总要否定他自己的过去而且对自己已取得的成就毫无信心,那么未来的生活又能带给他怎样的意义和目标呢?"⑤

由此可见,梅光迪认为是全面批判传统文化、否定"过去"的做法导致战

---

① 梅光迪:《爱国主义之今昔》,《国立浙江大学日刊》1936年11月19日第67期。
② 梅光迪:《近代大一统思想之演变》,《国命旬刊》1938年第6期。
③ 梅光迪:《近代大一统思想之演变》,《国命旬刊》1938年第6期。
④ 梅光迪:《非常时期与历史教训》,《浙江省建设月刊》(国防建设专号)1936年第5期。
⑤ 梅光迪:《人文主义和现代中国》,载中华梅氏文化研究会编:《梅光迪文存》,华中师范大学出版社2011年版,第188页。

时国人精神不振、缺少民族自信力,这与民族主义的内在规律是相违背的。他提醒国人,"近代立国,在他国野心勃勃之环境中,舍自尊自信,同胞之人,互相勉慰互相策励外,无他竞存之道"。① 民族危机中的种种问题实为文化危机的后果。为了建立民族主义、应对民族危机,梅光迪形成了以"祖宗"为核心的民族主义叙述。

梅光迪将当下视为"子孙",将过去视为"祖宗"。"祖宗"可以成为从"家—天下"到"家—国"的枢纽。在传统时代,天下为一家之私产,父子关系可以扩大为君臣关系,在家子嗣一父,在国臣事一君,这就是"家天下",因而有"移孝作忠"一说。梅光迪认为,君臣之伦虽然被废除了,但是五伦的实质——"人情"没有消失。人情的本质是"爱家人",这种感情不随政体、时间、地域的改变而变化,是一种永恒的情感。古人能够在危机时刻表现忠勇,其实是将爱家人的情感同理到君王身上。既然如此,亦可以将这种人情同理至国家。梅光迪从欧洲国家主义的叙述中得到灵感,"爱国者,爱父母之邦也"(Patriotism, love Fatherland)。他将国家视为"祖宗丘墓所在,生于斯,长于斯,并为后代儿孙托居之所"。② 因此,爱父母就等于爱祖宗,等于爱祖宗所生活的区域,"盖凡一切祖宗所传使吾人今日得有无限物质与精神上之享受者,皆当守护之,宝重之"。③ "祖宗"成为个人与国家之间的媒介。

梅光迪所说的"祖先"是经过选择的。他将中国分为两面:一面是官僚主义、无知、贫穷、肮脏和盗贼,另一面是孔子、孟子、杜甫、韩愈、苏轼及曾国藩等。④ 如果说胡适笔下的"祖宗"代表了前一面,那么梅光迪笔下的"祖宗"就是后一面。他认为"祖宗"是文化精髓,因传承而不朽。中国人信仰"历史的不朽",相信"我们的祖先不论已如何久远,依然生存在别一世界里,随时能同我们接谈,并且随时能提醒我们他们过去的、光荣的、盼咐我们的事业和名言"。这类"祖先"代表了优秀的传统文化,以古典文学为载体,承载着"真正的民族性"。⑤ 当人们知道祖先曾经创造了"比现在更真的、更好的、更美的中

---

① 梅光迪:《爱国主义之今昔》,《国立浙江大学日刊》1936年11月19日第67期。
② 梅光迪:《爱国主义之今昔》,《国立浙江大学日刊》1936年11月19日第67期。
③ 梅光迪:《非常时期与历史教训》,《浙江省建设月刊》(国防建设专号)1936年第5期。
④ 梅光迪:《人文主义和现代中国》,载中华梅氏文化研究会编:《梅光迪文存》,华中师范大学出版社2011年版,第196页。
⑤ 梅光迪:《中国古典文学之重要》,《国立中央大学日刊》1932年第857期。

国社会",知晓这个美好的"过去"后,才能产生同一的情感,产生爱国情感。不同于顾颉刚认为历史中的圣贤文化与一般民众无关,无法指代一般民众,①梅光迪认为,后一种"祖宗""如果今天还活着的话,也能成为真正的现代人,因为他们拥有纯洁、高尚的品格,他们的观点明确而合理且迄今基本未变,他们是中国民族精神的最杰出的代表"。② 这些圣贤文化不仅能指导过去,还能指导现在,他们与"子孙"之间的联系没有断裂。

梅光迪试图以"祖宗—子孙"的延续来说明民族生命,进而勾连过去、现在和未来。他视民族为有机体,将"民族生命"分为"内体生命"和"精神生命",认为此时的中国人依然是孔子时代中国人的后裔,仍然以儒学为国家核心文化,这就保持了两种生命的延续与统一。文化的延续代表了民族生命的延续,也证明了中国抗击武力和文化侵略的能力。③ 梅光迪称:"使吾人过去,大多数皆'汉奸''贰臣',见敌辄逃,唯利是图之流,则中国民族,早已淘汰尽净,成为历史上之空名词矣。惟其特具奋斗力量与大无畏精神,故能战胜一切他族。至今犹为东方之主人翁。有好祖宗,乃有好子孙,更进而有子孙之好子孙,绵延不绝,以成无穷之历史,以成无穷之民族生命。"④"祖宗"的历史注定了"子孙"的未来,不断的胜利意味着民族生命的强劲。

"祖宗—子孙"的延续不仅构成了民族生命,也让个人有所皈依。"人有祖宗,而后有子孙,亦犹木之有根本,而后有枝叶。每一时代之人,皆系上承祖宗,下传子孙,其肩任之重何如乎"。每个人既是"子孙",也会成为"祖宗",于是,个人在"祖宗—子孙"的链条上得到了安置,并兼具"祖宗"和"子孙"的责任。爱国者要做的就是完成"祖宗"和"子孙"的责任,"爱国者,一面为报祖宗之恩,一面为继祖宗之志,不使祖宗遗业,忽由我身而坠,无以传之子孙"。⑤

梅光迪还试图给"祖宗—子孙"赋予形而上的精神属性。"祖宗—子孙"叙述中蕴含"孝"文化,梅光迪认为,"孝"文化可以被视为中国的"宗教"。他借卡莱尔之口表达了对"孝"的理解:"孝者,承前启后,个人刹那之生命,因此

---

① 顾颉刚:《圣贤文化与民众文化》,《城市民教月刊》1934年第3卷第3/4期。
② 梅光迪:《人文主义和现代中国》,载中华梅氏文化研究会编:《梅光迪文存》,华中师范大学出版社2011年版,第196页。
③ 梅光迪:《言论界之新使命》,《国命旬刊》1937年创刊号。
④ 梅光迪:《言论界之新使命》,《国命旬刊》1937年创刊号。
⑤ 梅光迪:《非常时期与历史教训》,《浙江省建设月刊》(国防建设专号)1936年第5期。

得附于天地之永久性。而人生之微妙玄奥,幽明相通,天人一贯,尤可于肃立招魂时觉之。先生最富于宗教心,以有形之宇宙为幻境,无形之天道为实际。又称有形之宇宙,为无形天道之具体化者。人生本原与意义之重可知,此其所以善解中国之孝道也。"①

战时,梅光迪笔下的"祖宗"是以儒学为核心的文化,这种文化有三个特征。一是反映人性的"普遍性",因此可以纵向在时间上连接起"过去"与"现在",过去的经验、智慧可以帮助抗战,并给"未来"——抗战胜利以希望。二是代表了民族性,"祖宗"产生自历史,反映民族特殊性,以"孔子"为中国文化上的"祖宗",以儒学为核心建立民族精神。三是能够落实到"用"的层面,梅光迪用"祖宗"作为个人和国家之间的媒介,用"祖宗—子孙"的关系连接起个人,组成国家,并将抗战动力转化为履行作为"子孙"和"祖宗"的责任,由此用"文化"推动抗战行动,转化为组织能力。由此可见,梅光迪是在用"祖宗"叙述建立以传统文化为核心的民族主义。

五、结语

晚清以来,在内忧外患的环境中,兴起了经世致用的风气,面对全新的"世界",中国学人不得不调整自身知识体系来适应新情况。在西方物质文明和进化论的冲击下,梅光迪一方面将"道统"哲学化,强调其"致用"的一面,另一方面发掘儒学中"普遍性"的一面来抵御"进化论"对人文领域的侵袭。在新文化运动中,梅光迪批评"尊古"和"疑古"两种对待文化的态度:前者盲目地要求保存国粹;后者面向西方文明,全面批判传统。梅光迪认为新旧、中西并非二元对立,而是可以相互融通的,要创造新文化,应当尊重中国的历史民性,同时昌明文化中永恒的、普遍性的内容,在此基础上吸收、借鉴西方文化。"新文化"应当兼具历史民性和普遍性的特征。到抗日战争时期,梅光迪认为民族危机是文化危机的结果。他延续20世纪20年代文化救国的思路,以儒学为民族文化,形成"祖宗"叙述,用"过去"的经验和智慧为"现在"提供思想资源,给人们以"未来"的希望。同时,梅光迪的"文化"超越了形而上、抽象的

---

① 梅光迪:《卡莱尔与中国》,《浙江大学文学院集刊》1941年第1辑。

范围,在"用"的层面发挥了作用。从这个角度来看,抗日战争中梅光迪的"文化"论述达到了他所期待的体用合一,融贯新旧、中西的效果。

近代以来,知识分子从"文明"或"文化"的角度思考国家发展,就形成了两种对"未来"的期待。两种思路均认为"文明"与"文化"是二分、对立的,因此文明论述与文化论述的矛盾始终存在。在梅光迪看来,二者并不矛盾,他通过发掘儒学中普遍性的"为人之道"融通了"文化"和文明",由此形成了独特的文化救国的路径和思想。或许这一特殊的"文化"概念,为解决文明论述和文化论述的矛盾提供了一种可能性。

《学衡》译载的《柏拉图对话集》的底本问题研究

虞 越[*]

一、引言

1922年1月,《学衡》杂志创刊发行,历时12年,总计出版79期。《学衡》第1期卷首依次是"学衡杂志简章""弁言"和两幅插画。封面的插画——孔子像和苏格拉底像对应了"弁言"里的"中西先哲"与"世宙名著"。

1922年的思想界,新旧文化交替,道德意识也随之转变,"中西先哲"不再是一个自明的概念,选择哪些人物作为"中西先哲"体现了学人、学派的文化理念。苏格拉底像点明了"学衡派"的"西学"渊源——古希腊。对古希腊的关切,几乎贯穿《学衡》杂志始终。以《柏拉图对话集》的翻译为例,自第3期开始,至第76期结束,《学衡》杂志译载了《柏拉图对话集》里的五篇,分别是《苏格拉底自辨篇》《克利陀篇》《斐都篇》《筵话篇》《斐德罗篇》。

对于研究"学衡派"思想和古希腊经典在华接受史而言,《学衡》译载的

---

[*] 虞越,南京大学历史学院暨学衡研究院博士研究生。

《柏拉图对话集》(下文简称"《学衡》译本")都具有重要意义。然而,围绕该译作,尚有诸多基本问题迄未得到澄清,个中尤以探明其翻译底本为关键。若不能确定具体的底本,细致的文本比对便无从措手,学衡同人翻译过程中的增删取舍也就无从发现,更遑论一窥翻译行为背后的旨趣。本文即试图通过梳理史料及文本比勘,考订《学衡》译本的底本版本。

二、《学衡》译本的底本辨析

关于《学衡》译本,目前学界仅有少数学者注意及之,其中研究最为深入者,当属刘津瑜。① 但刘津瑜亦未能确定《学衡》译本的底本究竟为何。

刘津瑜和其他研究者均将本杰明·乔伊特(Benjamin Jowett)翻译的 *The Dialogues of Plato* 视作《柏拉图对话集》的底本。② 依据有二。第一,《苏格拉底自辨篇》的"译序"里,景昌极明确提道:"爱依乔威德 Benjamin Jowett 之柏拉图语录英译本 *The Dialogues of Plato* 参以穆尔之别译(见 *Shelburne Essays* 卷六)译为华言,以饷国人。"③第二,吴宓所撰《西洋文学精要书目》推许乔伊特译本"为万不可不购之书"。④ 由于景昌极未言及具体版本信息,刘津瑜乃将目光投向《西洋文学精要书目》。吴宓提供的版本信息如下:"B. Jowett, *The Dialogues of Plato*, classic English translation. 5 vols. 1871; 1892, Oxford; MacMillan. (Also published by C. Scribner Co., New York.)"(B.乔伊特,《柏拉图对话集》,经典英译,5卷本,1871年;1892年,牛津;麦克米伦。[亦由 C.斯克里布纳公司在纽约出版。])⑤这似乎令刘津瑜确信,《学衡》译本的底本即为乔伊特译本的1871年版或1892年版。刘津瑜考虑到两个版本之间可能存在差异,将《学衡》译文和两个版本并置对照。她提

---

① Liu Jinyu, "Translating and Rewriting Western Classics in China(1920s – 1930s): The Case of the *Xueheng* Journal", in Almut-Barbara Renger and Fan Xin eds., *Receptions of Greek and Roman Antiquity in East Asia Antiquity in East Asia*, Leiden and Boston: Brill, 2018, pp.91–111.
② Yuan Ziqi, "Isms and the Refractions of World Literature in May Fourth China", Master's Dissertation, Columbus: The Ohio State University, 2015.
③ 柏拉图:《柏拉图语录之一:苏格拉底自辨篇(Apology)》,景昌极译,《学衡》1922年第3期。
④ 吴宓:《西洋文学精要书目(续)》,《学衡》1922年第7期。
⑤ 吴宓:《西洋文学精要书目(续)》,《学衡》1922年第7期。

到,就她对比的段落而言,两个版本的表述大体一致。刘津瑜的讨论止步于此,没有继续探究《学衡》译本的底本版本问题。可是,在没有其他证据的前提下,吴宓的《西洋文学精要书目》能否作为判断《学衡》译本底本版本的依据?在两个版本表述歧异的情况下,又应以哪一版为准?

若不能判定确切的底本,也就无法进行更细致的文本分析。前引《苏格拉底自辩篇》译序,景昌极已提及其译文的底本情况。在《克利陀篇》的"引"中,吴宓写有一段"按语",再次明确了底本信息:"宓按:读此篇者应先取读学衡第三期柏拉图语录之一《苏格拉底自辩篇》,盖前后衔接,而译文之来源亦于彼篇中详言之也。"[①]实际上,《克利陀篇》的"译文之来源"只可能是"乔威德Benjamin Jowett之柏拉图语录英译本"。穆尔的文集第六卷唯有一篇柏拉图对话的译文,即自辩篇,其余皆是专题论文。

首先考察乔伊特译《柏拉图对话集》的两个版本。根据封面和序言,可知1871年版4卷本为第一版,1892年版5卷本则是第三版。借助乔伊特传记,可以更明晰地获知该译本的出版信息:"First edition in 4 vols. 1871;second edition in 5 vols. 1875"(第一版,4卷本,1871年;第二版,5卷本,1875年)、"*The Dialogues of Plato* translated into English with analyses and introductions. 5 vols. Third edition, revised and corrected throughout, with marginal analyses and an index of subjects and proper names. Clarendon Press, 1892"(《柏拉图对话集》英译本,附分析与导言,共5卷。第三版,全面修订与校正,并附边注加以解析以及主题和专有名词索引。克拉伦登出版社,1892年)[②]。基于上述两点,不难发现,吴宓《西洋文学精要书目》所提供的版本信息有误。而且,吴宓似乎也不清楚1875年第二版的情况。

在英国发行的同时,乔伊特译本也被美国引进,其中有一家出版商正是吴宓特别提到的"C.斯克里布纳公司"。那么,在《西洋文学精要书目》里,吴宓为何要特别叙及美国的版本?这是否与他留美期间的阅读记忆有关?既往研究普遍忽略的这一线索,实为确定《学衡》译本底本的关键。

---

① 柏拉图:《柏拉图语录之二:克利陀篇(Crito)》,景昌极译,《学衡》1922年第6期。
② G. Faber, *Jowett: A Portrait with Background*, Cambridge, Massachusetts: Harvard University Press, 1958, p.433.

根据郭涛、陈莹《"吴宓赠书"与吴宓的西方古典学知识》一文,"吴宓在1956年将自己收藏的大部分外文书籍整体性捐赠给西南师范学院,现由西南大学图书馆以'吴宓赠书'专题收藏"。① 乔伊特译本正为吴宓旧藏之一,版本信息如下:"New York: Scribner Armstrong and Co., 1873"。② 这与《西洋文学精要书目》内容有重合之处。并且,"在 1873 年版乔伊特(Benjamin Jowett)译《柏拉图对话录》第一卷扉页,粘贴有郭斌和、景昌极译《柏拉图五大对话集》的广告插页,吴宓在此写下评论:'此书原登学衡杂志,各篇均经吴宓校注。其书名应曰语录,不应从今俗曰对话,时宓在欧洲,乃迳出版,不从宓定名,可憾也'"③。吴宓的题跋为确定底本提供了另一种可能性:《学衡》译本所根据的也许既不是英国发行的 1871 年版,也不是 1892 年版,而是美国发行的 1873 年版。事实果真如此吗?

1873 年版封面如是写道,"New York: Scribner, Armstrong, And Co., Successors to Charles Scribner And Co. 1873"(纽约:阿姆斯特朗·斯克里布纳公司,查尔斯·斯克里布纳公司的继任者,1873 年)。④ 这一出版信息表明,1873 年版由阿姆斯特朗·斯克里布纳公司出版,它是查尔斯·斯克里布纳公司的继承者,且接管了后者的出版业务。查尔斯·斯克里布纳公司也确曾于 1871 年出版乔伊特译本。这表明,吴宓在《西洋文学精要书目》里提供的美国版出版商信息("亦由 C. 斯克里布纳公司在纽约出版")是正确的;只不过,这一信息和他自己购藏的 1873 年版不一致。

那么,这三个版本之间的异同又如何呢? 比较英国发行的 1871 年版和美国发行的 1873 年版,可知两个版本内容完全一致。而在 1892 年版的扉页之后,乔伊特特别说明 1892 年版对前版改动很多,"The additions and alterations which have been made, both in the Introduction and the Text of

---

① 郭涛、陈莹:《"吴宓赠书"与吴宓的西方古典学知识》,《西南大学学报(社会科学版)》2023年第4期。关于"吴宓赠书",亦可参见黄菊:《从新发现的两则史料看"吴宓赠书"》,《现代中国文化与文学》2019年第2期。
② 郭涛、陈莹:《"吴宓赠书"与吴宓的西方古典学知识》,《西南大学学报(社会科学版)》2023年第4期。
③ 郭涛、陈莹:《"吴宓赠书"与吴宓的西方古典学知识》,《西南大学学报(社会科学版)》2023年第4期。
④ Plato, *The Dialogues of Plato*, Vol. 1, trans. Benjamin Jowett, New York: Scribner, Armstrong, And Co., Successors to Charles Scribner And Co., 1873.

this Edition, affect at least a third of the work"(对这一版的引言和正文做出的增补和修改,至少涉及了整个作品的三分之一)①。乔伊特于1893年去世,1892年版本也被视作乔伊特的"最后定稿"。至于美国版,应当是自英国版翻印而来。

上文梳理了乔伊特译本的版本情况,这也为寻找"学衡派"视野里的《柏拉图对话集》划定了范围。郭斌龢称翻译《柏拉图对话集》是吴宓的主张。②前述文献证据表明,在吴宓的视野里存在三个版本。译者景昌极没有具体说明版本,很可能是因为他并不清楚其他版本的信息,翻译底本系由主编吴宓提供,而吴宓选定的英译本极有可能就是他所藏的1873年版。但若要最终确定《学衡》译本的底本版本,则必须将《学衡》译本与1873年版、1892年版进行逐字逐句的文本比对。

三、《学衡》译本的底本之确定

首先取1873年版、1892年版乔伊特译本与景昌极译《斐都篇》《克利陀篇》比对(见表1)。

表1 《斐都篇》《克利陀篇》与1873年版、1892年版乔伊特译本对比

序号	文本
(1)	《斐都篇》,第3页:"曩者。身在其侧之异感。余今犹能忆之。虽在其侧。几妄死别之在迩。"③ 1873年版第一卷,第384页:"**I remember the strange feeling which came over me at being with him.** For I could hardly believe that I was present at the death of a friend…"④

---

① Plato, *The Dialogues of Plato*, Vol.1, trans. Benjamin Jowett, Third Edition, Oxford: The Clarendon Press, 1892.
② 郭斌龢:《序》,载柏拉图:《柏拉图五大对话集》,郭斌龢、景昌极译,国立编译馆1934年版,第1页。
③ 柏拉图:《柏拉图语录之三:斐都篇(Phaedo)》,景昌极译,《学衡》1922年第10期。表中景昌极译《斐都篇》引文均出自此版本。
④ Plato, *The Dialogues of Plato*, Vol. 1, trans. Benjamin Jowett, New York: Scribner, Armstrong, And Co., Successors to Charles Scribner And Co., 1873, p. 384. 表中1873年版引文均出自此版本。

续表

序号	文本
(1)	1892 年版第二卷,第 196 页:"**I had a singular feeling at being in his company.** For I could hardly believe that I was present at the death of a friend..."①
(2)	《斐都篇》,第 7 页:"苏格拉底答曰。**君好自为之。豁然贯通。为日不远矣。**窃意君之所疑。在凡事之为恶者。**有时而为善。而自杀之事何独不然。(如果安见其不有时而为善。)**又人既以就死为善。奈何不得自善其身。而必假手于他人焉耳。"
	1873 年版第一卷,第 387 页:"**But do your best,** replied Socrates,and the day may come when you will understand. I suppose that you wonder why, **as most things which are evil may be accidentally good, this is to be the only exception (for may not death, too, be better than life in some cases?),** and why, when a man is better dead, he is not permitted to be his own benefactor, but must wait for the hand of another."
	1892 年版第二卷,第 200 页:"**Do not lose heart,** replied Socrates,and the day may come when you will understand. I suppose that you wonder why, **when other things which are evil may be good at certain times and to certain persons, death is to be the only exception,** and why, when a man is better dead, he is not permitted to be his own benefactor, but must wait for the hand of another."
(3)	《斐都篇》,第 13 页:"抑君尝以其他感官与之相接欤。**(此非专就以上数者言。其他绝对之伟大、健康。与夫一切物德。或事物之本然。皆是也。)**岂斯数者之真。身之官未尝得而觉之。"
	1873 年版第一卷,第 392 页:"Or did you ever reach them with any other bodily sense? **(And I speak not of these alone, but of absolute greatness, and health, and strength, and of the essence or true nature of everything.)** Has the reality of them ever been perceived by you through the bodily organs?"
	1892 年版第二卷,第 204 页:"Or did you ever reach them with any other bodily sense? **—and I speak not of these alone, but of absolute greatness, and health, and strength, and of the essence or true nature of everything.** Has the reality of them ever been perceived by you through the bodily organs?"
(4)	《斐都篇》,第 22 页:"若然。今兹推论所至。足征生者来自死者。与死者来自生者无异。**诚若是。则死者之灵。必有来之处。斯说也。以余观之。已的然有征矣。**"
	1873 年版第一卷,第 399 页:"Then here is a new way in which we arrive at the inference that the living come from the dead, just as the dead come from the living; **and if this is true, then the souls of the dead must be in some place out of which they come again. And this, as I think, has been satisfactorily proved.**"
	1892 年版第二卷,第 212 页:"Then here is a new way by which we arrive at the conclusion that the living come from the dead, just as the dead come from the living; **and this, if true, affords a most certain proof that the souls of the dead exist in some place out of which they come again.**"

① Plato, *The Dialogues of Plato*, Vol. 2, trans. Benjamin Jowett, Third Edition, Oxford: The Clarendon Press, 1892, p.196. 表中 1892 年版引文均出自此版本。

续表

序号	文本
(5)	《斐都篇》,第23页:"曰。然。克比氏。**心实谓然。此宁虚语。余信实有再生之事。……**"
	1873年版第一卷,第399页:"Yes, he said, Cebes, **I entirely think so too; and we are not walking in a vain imagination**: but I am confident in the belief that there truly is such a thing as living again... "
	1892年版第二卷,第213页:"Yes, he said, Cebes, **it is and must be so, in my opinion and we have not been deluded in making these admissions** but I am confident that there truly is such a thing as living again... "
(6)	《克利陀篇》,第2页:"无何也。苏格拉底乎。**忧伤不寐。固余所不欲也。特又以子之安然睡梦为怪。未尝醒子者以此。冀子之免于烦恼耳。余素知子平日极能淡泊宁静。而未知子之处此艰辛。犹若是其和乐坦易也。**"①
	1873年版第一卷,第347页:"Why, indeed, Socrates, **I myself would rather not have all this sleeplessness and sorrow. But I have been wondering at your peaceful slumbers,** and that was the reason why I did not awaken you, **because I wanted you to be out of pain. I have always thought you happy in the calmness of your temperament**; but never did I see the like of **the easy, cheerful way** in which you bear this calamity. "
	1892年版第二卷,第143页:"**I should not have liked myself,** Socrates, **to be in such great trouble and unrest as you are—indeed I should not I have been watching with amazement your peaceful slumbers** and for that reason I did not awake you, **because I wished to minimize the pain. I have always thought you to be of a happy disposition**; but never did I see anything like **the easy, tranquil manner** in which you bear this calamity. "
(7)	《克利陀篇》,第4页:"克利陀乎。苟其能之。固所愿也。若然。**若辈将亦能加入以大善。无如揆之实际善与恶。均之非若辈所能加。智与愚均之非若辈所能成。若辈所行。尽事之偶然耳。**"
	1873年版第一卷,第349页:"I only wish, Crito, that they could; **for then they could also do the greatest good, and that would be well. But the truth is, that they can do neither good nor evil**: they can not make a man wise or make him foolish; and whatever they do is the result of chance. "
	1892年版第二卷,第145页:"I only wish it were so, Crito; **and that the many could do the greatest evil**; for then they would also be able to do the greatest good—and what a fine thing this would be! But in reality they can do neither; for they cannot make a man either wise or foolish; and whatever they do is the result of chance. "
(8)	《克利陀篇》,第6页:"克利陀乎。**利害无与己。非有诘朝就死之忧。乃遂惑于事变之来。而不知之耶。**"

---

① 柏拉图:《柏拉图语录之二:克利陀篇(Crito)》,景昌极译,《学衡》1922年第6期。表中景昌极译《克利陀篇》引文均出自此版本。

续表

序号	文本
（8）	1873 年版第一卷，第 351 页："Now you, Crito, are **a disinterested person who are not going to die tomorrow at least, there is no human probability of this,** and you are therefore not liable to be deceived by the circumstances in which you are placed."
	1892 年版第二卷，第 147 页："Now you, Crito, **are not going to die tomorrow—at least, there is no human probability of this—and therefore you are disinterested** and not liable to be deceived by the circumstances in which you are placed."

注：粗体为引者所加。

限于篇幅，上表选择了 8 处有代表性的差异。第（1）、（6）、（7）处是内容与关键信息的差异；第（2）处增加了括号注解；第（3）处是表述形式的差异（括号注解）；第（4）处是论证方式的差异；第（5）、（8）处是句式的差异。以上的比对表明，《克利陀篇》《斐都篇》的内容和表述形式与 1873 年版是高度一致的，和 1892 年版之间则存在显著差异。因此，就文本层面判断，景昌极译文的底本绝非 1892 年版，只可能是 1873 年版或 1871 年版（两者内容完全一致）。

《"吴宓赠书"与吴宓的西方古典学知识》一文还提供了一类重要信息："吴宓读书页边注释举要"，有三条涉及《苏格拉底自辨篇》和《斐都篇》，分别位于《苏格拉底自辨篇》"第 336 页下数第 13—15 行""第 336 页下数第 1—4 行"，以及《斐都篇》"第 412 页上数第 20—21 行"，吴宓所写页边注释分别是"舍生而取义者也""人之将死，其言也善""cf.（大学）心有所好恶，则不得其正；etc."。① 回到景昌极译文，将这几段的译文与原文以及吴宓批注进行比对发现，《苏格拉底自辨篇》以"人之将死，其言也善"②对应英语原文"for I am about to die, and that is the hour in which men are gifted with prophetic power"③。吴宓批注与景昌极译文若合符契。

综合上述证据，可以判明：景昌极翻译根据的底本应当是美国发行的 1873 年版乔伊特译本。而且，首倡翻译《柏拉图对话集》的吴宓，将自己的藏书借予景昌极。景昌极在书中读到了吴宓的批注，在语义相近的情况下，径

---

① 郭涛、陈莹：《"吴宓赠书"与吴宓的西方古典学知识》，《西南大学学报（社会科学版）》2023 年第 4 期。
② 柏拉图：《柏拉图语录之一：苏格拉底自辨篇（Apology）》，景昌极译，《学衡》1922 年第 3 期。
③ Plato, *The Dialogues of Plato*, Vol. 1, trans. Benjamin Jowett, New York: Scribner, Armstrong, And Co., Successors to Charles Scribner And Co., 1873, p. 336.

直以吴宓的注释对应英语原文。

景昌极的最后一篇译文《斐都篇》"下篇"刊登于《学衡》第20期(1923年8月),随后,景昌极赴东北大学任教。① 1923年9月,经沃姆介绍,郭斌龢结识吴宓。② 在此之后,《柏拉图对话集》的翻译事业也由郭斌龢接续。

郭斌龢没有直接说明《筵话篇》《斐德罗篇》的底本。在《柏拉图五大对话集》的"序"里,郭斌龢称:"是书之译,吴雨僧先生实主张之。译后又取各英文译本暨希腊文原文,详为之校,约为之注。"③根据郭斌龢的说法,似乎《学衡》译本(至少是他翻译的《筵话篇》《斐德罗篇》)参考了多个英语译本。然而,《学衡》译本参考了多个英语译本的说法仅此一见。且郭斌龢之说与吴宓的评论也不尽吻合。《斐德罗篇》末,吴宓附有"编者识",谓:"郭君治希腊文十余年。又留学美国哈佛大学与英国牛津大学。研究希腊拉丁文学。译时曾取希腊文原本与英文译本细为对照。"④换言之,通晓希腊文的郭斌龢参考了古希腊文原本,但不存在多个英文底本。因此,郭斌龢的说法可信度有待重新审视。⑤

在没有其他资料的情况下,为了尝试确定郭斌龢翻译的《筵话篇》《斐德罗篇》底本,不妨逐字逐句对比郭译与1873年版、1892年版的乔伊特译本(见表2),以检验文本之间的关联程度。

---

① 吴宓著,吴学昭整理:《吴宓自编年谱:1894—1925》,生活·读书·新知三联书店1998年版,第249页。
② 吴宓著,吴学昭整理:《吴宓自编年谱:1894—1925》,生活·读书·新知三联书店1998年版,第249—250页,以及吴宓:《吴宓日记 第2册(1917—1924)》,生活·读书·新知三联书店1998年版,第252—253页。
③ 郭斌龢:《序》,载柏拉图:《柏拉图五大对话集》,郭斌龢、景昌极译,国立编译馆1934年版,第1页。
④ 柏拉图:《柏拉图语录之五:斐德罗篇 续第六十九期》,郭斌龢译,《学衡》1932年第76期。
⑤ 早有研究者提到,郭斌龢的一些译文应当直接来源于乔伊特的英译本,而不是希腊文的《柏拉图对话集》。参见Chen Jingling, "An Acropolis in China: The Appropriation of Ancient Greek Tradition in Modern Chinese Literature", Doctoral Dissertation, Cambridge: Harvard University, 2016, pp.102-103. 陈婧裶的这篇博士学位论文不是关于"学衡派"的专题研究,也没有确定《学衡》译本的英文底本版本。若要最终确定郭斌龢在多大程度上"取希腊文原本与英文译本细为对照",则需要比对希腊文和英译本的《柏拉图对话集》了。值得注意的是,陈婧裶没有指明其参考的英译本的版本。陈婧裶将"as the Arcadians were dispersed into villages by the Lacedaemonians"(郭译:"如斯巴达人分阿克地人为数村然")和与其相对应的希腊文原文进行了比较,笔者对照了1873年版和1892年版的英译本,就这一句而言,1873年版和1892年版是一致的。这一句见于1873年版的第486页和1892年版的第562页。

表2 《筵话篇》《斐德罗篇》译文与1873年版、1892年版乔伊特译本比对

序号	文本
(1)	《筵话篇》,第2页:"余曰。何为其然也。阿稼生之去雅典久矣。(君其知否)至余之识苏格拉底而亲炙其言行。至今犹未迨三年也。曩余浪游世界。自以为有所事事。鄙夷哲人。独不屑与为伍。其不幸盖有似于今日之吾子。"①
	1873年版第一卷,第467—468页:"But how is that possible? I said. For Agathon has not been in Athens for many years, (are you aware of that?) and my acquaintance with Socrates, of whose every action and word I now make a daily study, is not as yet of three years' standing. I used to be running about the world, thinking that I was doing something, **and would have done anything rather than be a philosopher; I was almost as miserable as you are now.**"
	1892年版第一卷,第542页:"**Impossible**: I said. Are you ignorant that for many years Agathon has not resided at Athens; and not three have elapsed since I became acquainted with Socrates, and have my daily business to know all that he says and does. There was a time when I was running about the world, fancying myself to be well employed, **but I was really a most wretched being, no better than you are now. I thought that I ought to do anything rather than be a philosopher.**"
(2)	《筵话篇》,第3页:"于是格劳铿与余且行且论爱情之说。**适谓余将有以应君。**……君等自信治事甚勤。实则浪掷光阴。余实怜之。"
	1873年版第一卷,第468页:"And so we walked, and talked of the discourses on love; and therefore, as I said at first, **I am prepared with an answer,** ... and I pity you who are my companions, **because you always think that you are hard at work when really you are idling.**"
	1892年版第一卷,第542页:"And so we walked, and talked of the discourses on love; and therefore, as I said at first, **I am not ill-prepared to comply with your request,** ... and I pity you who are my companions, **because you think that you are doing something when in reality you are doing nothing.**"
(3)	《筵话篇》,第4页:"荷马不特点窜之。且颠倒之。亚格满能神勇人也。麦尼劳斯闒茸之士耳。亚氏酬神之宴。麦氏自至。**荷马伊里亚诗卷十七第五八八句荷马之述此。**非'君子之宴。小人不速而往'乎。"
	1873年版第一卷,第469页:"For, after picturing Agamemnon as the most valiant of men, he makes Menelaus, who is but a soft-hearted warrior, come of his own accord (1) to the sacrificial feast of Agamemnon, the worse to the better, **(1)Iliad, xvii. 588.**"
	1892年版第一卷,第543页:"For, after picturing Agamemnon as the most valiant of men, he makes Menelaus, who is but a faint hearted warrior, come unbidden (1) to the banquet of Agamemnon, who is feasting and offering sacrifices, not the better to the worse, but the worse to the better. **(1)Iliad ii. 408, and xvii. 588.**"

---

① 柏拉图:《柏拉图语录之四:筵话篇(Symposium)》,郭斌龢译,《学衡》1925年第43期。

续表

序号	文本
(4)	《筵话篇》,第5页:"阿稼生曰。敬如命。**不再往邀矣。余每设宴。皆委仆役经纪其事。当斯时也。仆役乃有似于吾侪之主人。随语其仆曰。吾素不亲细务。一切听之汝曹。汝曹可自视为东道主。殷勤款待。吾侪之愿也。**"
	1873年版第一卷,第470页:"Well, if you say that, **I will not interfere with him,** said Agathon. **My domestics, who on these occasions become my masters, shall entertain us as their guests.** 'Put on the table whatever you like,' he said to the servants, 'as usual when there is no one to give you orders, which I never do. Imagine that you are our hosts, and that I and the company are your guests; and treat us well, and then we shall commend you.'"
	1892年版第一卷,第545页:"Well, if you think so, **I will leave him,** said Agathon. **And then, turning to the servants,** he added, 'Let us have supper without waiting for him. **Serve up whatever you please, for there is no one to give you orders; hitherto I have never left you to yourselves.** But on this occasion imagine that you are our hosts, and that I and the company are your guests; treat us well, and then we shall commend you.'"
(5)	《斐德罗篇》,第1页:"适从凯法勒之子赖锡阿处来。将往郭外闲步也。余晨兴。即过赖锡阿晤久。友人阿科孟告余。宜作郊外游。谓可游目骋怀。远胜蹀踱庭中也。"①
	1873年版第一卷,第533页:"I am come from Lysias the son of Cephalus, and I am going to take a walk outside the wall, **for I have been with him ever since the early dawn, which is a long while,** and our common friend Acumenus advises me to **walk in the country**; he says that this is far more refreshing than walking in the courts."
	1892年版第一卷,第432页:"I have come from Lysias the son of Cephalus, and I am going to take a walk outside the wall, **for I have been sitting with him the whole morning;** and our common friend Acumenus tells me that it is much more refreshing to **walk in the open air than to be shut up in a cloister.**"
(6)	《斐德罗篇》,第2页:"余亦不汝离也。"
	1873年版第一卷,第534页:"I will not leave you."
	1892年版第一卷,第432页:"I will keep you company."
(7)	《斐德罗篇》,第3页:"斐德罗君乎。迟速终须一述。盍不早尽君言。"
	1873年版第一卷,第534页:"Therefore, Phaedrus, as he will soon speak in any case, begs him to speak at once."
	1892年版第一卷,第432页:"Therefore, Phaedrus, bid him do at once what he will soon do whether bidden or not."
(8)	《斐德罗篇》,第3页:"【苏】吾友乎。……【苏】请由此径往伊里塞河干。觅一幽地。然后坐谈。"
	1873年版第一卷,第534—535页:"*Soc.* Yes, my friend; ... *Soc.* Turn this way; let us go to the Ilissus, and sit down at some quiet spot."

---

① 柏拉图:《柏拉图语录之五:斐德罗篇(Phaedrus)》,郭斌龢译,《学衡》1929年第69期。

续表

序号	文本
(8)	1892年版第一卷,第433页:"*Soc.* Yes, my sweet one; ... *Soc.* Let us turn aside and go by the Ilissus; we will sit down at some quiet spot."
(9)	《斐德罗篇》,第5页:"**此非君所欲觅之榆树乎。**" 1873年版第一卷,第536页:"Is not this the plane-tree to which you were conducting us?" 1892年版第一卷,第434页:"Have we not reached the plane tree to which you were conducting us?"
(10)	《斐德罗篇》,第6页:"复次。爱者施恩不忘。稍遇横逆。**遂谓其责已尽。可告无愧。**" 1873年版第一卷,第537页:"Then again lovers remember how they have neglected their interests, for the sake of their loves; they consider the benefits which they have conferred on them; and when to these they add the troubles which they have endured, **they think that they have long ago paid all that is due to them.**" 1892年版第一卷,第435页:"Then again, lovers consider how by reason of their love they have neglected their own concerns and rendered service to others; and when to these benefits conferred they add on the troubles which they have endured, **they think that they have long ago made to the beloved a very ample return.**"

注:粗体为笔者所加。

上表选择了有代表性的10处差异。郭斌龢译文中的关键信息、表述方式(括号注解、注释)、句式等无不揭橥译文与1873版之间的一致性,而与1892年版迥然有别。至此,当可得出初步结论:郭斌龢译文的主要底本亦非1892年版,更可能是1873版。

景昌极翻译《柏拉图对话集》时,与吴宓同在南京,因此,景昌极有可能借阅了吴宓的藏书。迨及《筵话篇》见刊(上篇发表于1925年7月,下篇发表于1925年12月),郭斌龢已赴东北大学任教,[①]此时吴宓则身居北京。然则彼此间是否有人事交流和书籍流通?

《吴宓日记》提供了关键信息,其中明确记载,吴宓将藏书借于郭斌龢等人。1925年12月8日,吴宓听闻东北局势改变,表达了对自己藏书的担忧:"张作霖败逃,奉天全局改变。大乱之中,东北大学谅已解散。汪、柳、缪、景、郭、刘诸知友,均想已出奔。宓之心爱书籍,不知归于何处,定遭毁失。而所

---

① 沈卫威:《学衡派谱系:历史与叙事》,商务印书馆2024年版,第565页。

倚为志业根据地及一身之退步之东北大学今已消灭。可胜痛哉!"①1927年6月24日,郭斌龢赴北京参加留美考试,也带来了吴宓早先借予他的藏书:"三时半,同郭君至东车站。取郭君所带来宓之书籍二箱,以人力车运载至按院胡同寓宅。"②因此,郭斌龢翻译《筵话篇》时使用的英文底本很有可能仍旧是吴宓所藏1873年版。

翻译《斐德罗篇》的历史场景最难还原。《斐德罗篇》分为上、下两部分,分别刊载于《学衡》第69期与第76期。《学衡》杂志封面写的日期分别是1929年5月和1932年5月。然而,实际的出版日期和封面标注的日期并不相符。根据《吴宓日记》,《学衡》第69期编成于1930年7、8月:"是日发出《学衡》73、74期全稿,计七八两月中,共编成《学衡》六期(69—74)之稿,悉寄中华。"③这与《学衡》杂志的经营、出版状况有关。自1926年开始,《吴宓日记》里关于《学衡》难以存续的记录就日益繁多。《学衡》封面标注的日期与实际出版日期不符也不是孤例。④

疑点在于:《斐德罗篇》见刊之际,郭斌龢获得英文译本的途径是什么?郭斌龢与吴宓有更多交集往还吗?查考郭斌龢生平:1930年6月,从哈佛大学毕业;1930年7月—1930年12月,负笈牛津大学;1931年2月始回国任教。出洋之后,郭斌龢获得英译本的途径更加多元。目前尚未见有资料显示这段时期内他和吴宓之间依然维持着书籍的流通。因此,在新的史料进一步被发掘和披露之前,暂无法断言郭斌龢获得底本的确切途径。但就文本层面而论,《斐德罗篇》与1873年版乔伊特译本呈现出高度的一致性。

四、余论

综上,本文详细考订了《学衡》译本的底本问题。在《西洋文学精要书目》里,吴宓提供的版本信息存在错误,将1871年版四卷本误记为五卷。历史的

---

① 吴宓:《吴宓日记 第3册(1925—1927)》,生活·读书·新知三联书店1998年版,第106页。
② 吴宓:《吴宓日记 第3册(1925—1927)》,生活·读书·新知三联书店1998年版,第360—361页。
③ 吴宓:《吴宓日记 第5册(1930—1933)》,生活·读书·新知三联书店1998年版,第91页。
④ 参见吴宓:《吴宓日记 第4册(1928—1929)》,生活·读书·新知三联书店1998年版,第192页。

当事人始终没有意识到自己的倒错。多年后,吴宓追忆自己读四卷本《柏拉图对话集》的经历:"宓毕业后,仍极力多读书。本年暑假(宓久记得),炎暑中,在宿舍内,读完《柏拉图全集》'The Dialogues of Plato'(Ben. Jowett 英译本)四大册,三十七篇,均有笔记。"①查对《吴宓日记》,炎夏苦读柏拉图,确有其事。② 但需要注意的是,四大册《柏拉图全集》包含的对话篇数并不是 37 篇。1873 年版第一卷共收录对话 14 篇,第二卷 3 篇,第三卷 6 篇,第四卷 4 篇,合计 27 篇。"三十七篇"的说法可能是吴宓记忆疏漏,或笔误所致。由此可见,吴宓有关《柏拉图对话集》版本信息的记忆与表述存在舛误,研究者引述时尤需谨慎辨别。

郭斌龢的回忆同样偏离了事实。在《简要自传》(1982)里,郭斌龢提道:"1925 年春,我到奉天(沈阳)南关东北大学英文系任教,留此两年半中,从希腊原文译成中文有《柏拉图会饮篇》及《斐德罗斯篇》,均刊登于《学衡》杂志。"③郭斌龢的回忆涉及两个关键问题:第一,翻译《筵话篇》《斐德罗篇》的时间。第二,《筵话篇》《斐德罗篇》的底本。

关于《筵话篇》《斐德罗篇》的底本,先后出现了三种各不相同的说法。早期的两种说法虽均未明确指出《筵话篇》《斐德罗篇》的具体英语底本,但都坦言这两篇主要根据英译本译出。"从希腊原文译成中文"是来自几十年后的重新回溯,与前两种说法相去甚远,其可靠性也就值得怀疑了。就文本层面而言,《筵话篇》《斐德罗篇》与 1873 年版高度相似。陈婧裬也留意到,郭斌龢译文的一些段落应当直接来源于乔伊特的英译本,而不是古希腊原文。④ 因此,《简要自传》里关于《筵话篇》《斐德罗篇》底本的说法,恐怕不足采信。

若郭斌龢的回忆无误,则 1927 年 9 月(郭斌龢赴美)之前,《筵话篇》《斐德

---

① 吴宓著,吴学昭整理:《吴宓自编年谱:1894—1925》,生活·读书·新知三联书店 1998 年版,第 205 页。
② "自七月二日起,始复读书。所读为《柏拉图语录》Dialogues of Plato,至七月底,已读其过半。"吴宓:《吴宓日记 第 2 册(1917—1924)》,生活·读书·新知三联书店 1998 年版,第 176 页。
③ 郭斌龢:《郭斌龢简要自传》,载王寿兰编:《当代文学翻译百家谈》,北京大学出版社 1989 年版,第 699 页。
④ 参见 Chen Jingling, "An Acropolis in China: The Appropriation of Ancient Greek Tradition in Modern Chinese Literature", Doctoral Dissertation, Cambridge: Harvard University, 2016, pp. 102 - 103。

罗篇》业已译竣。然而，吴宓为何会将《斐德罗篇》搁置近三年之久，直至1930年才刊发呢？何况《学衡》彼时正面临稿源压力，这种处理方式着实令人费解。由于史料阙如，《斐德罗篇》的翻译时间尚无法确定，也难以判断郭斌龢的回忆是否准确。

至此，本文可以得出以下结论：第一，先行研究凭据的吴宓《西洋文学精要书目》，所提供的有关乔伊特英译本出版信息存在错误。第二，通过逐字逐句比对，本文指出，《学衡》译本的底本不是既有研究所认为的1892年版乔伊特英译本，景昌极所译《苏格拉底自辨篇》《克利陀篇》《斐都篇》的底本都应当是1873年版，且直接取自吴宓藏书。第三，关于《筵话篇》与《斐德罗篇》的底本问题，郭斌龢的表述前后矛盾，与吴宓的说法亦颇有出入。从文本层面考察，郭斌龢译文与1873年版高度一致，其底本很可能也是吴宓藏书中的该版本。至于郭斌龢翻译《斐德罗篇》的详情及郭译与古希腊文原文之间的关系，则有待进一步考察。

概念实践

"江湖"：一个前近代的"社会"近似概念[*]

李恭忠^{**}

1949年10月，梁漱溟在重庆出版《中国文化要义》一书，其中引述当时著名实业家卢作孚一段意味深长的话：

> 家庭生活是中国人第一重底社会生活；亲戚邻里朋友等关系是中国人第二重底社会生活。这两重社会生活，集中了中国人的要求，范围了中国人的活动，规定了其社会的道德条件和政治上的法律制度。……人每责备中国人只知有家庭，不知有社会；实则中国人除了家庭，没有社会。①

卢作孚说传统中国人"不知有社会""没有社会"，这种论述在20世纪前期的中国知识人中有一定的代表性。与此类似的说法，比如"只知有个人，不知有国家"，缺乏"公德"等等，从梁启超开始就是一个能够引起公共讨论的话题。

---

* 本文基本内容曾以《"江湖"：中国文化的另一个视窗——兼论"差序格局"的社会结构内涵》为题，刊载于《学术月刊》2011年第11期。此稿在先前基础上做了一定的修订增补。
** 李恭忠，南京大学历史学院暨学衡研究院教授。
① 梁漱溟：《中国文化要义》，重庆路明书店1949年版，第13页。

而在梁漱溟看来,卢作孚这番话可谓最为"言之深切善巧者"。

"社会"一词在古汉语中早已存在,不过其内涵与现代汉语中的"社会"概念差别很大。① 就此而言,梁漱溟引述卢作孚所言中国人"不知有社会""没有社会",确实在一定程度上表达了某种事实。由此可以引出一些值得探讨的问题:中国人原来所知的"社会"是一种什么样的存在?如果说前近代时期中国人缺乏现代意义上的"社会"概念,那么他们又如何体验、用什么概念来理解和表述那种类似于现代"社会"的人际空间?

解答这个问题,北宋名臣范仲淹留下的一句名言提供了可能的线索:"居庙堂之高则忧其民,处江湖之远则忧其君……先天下之忧而忧,后天下之乐而乐。"回到中国历史文化的情境,"江湖"这个术语具有丰富的内涵,可以作为一个与现代"社会"概念类似的前近代概念来理解和使用。那么,"江湖"究竟何指?作为一种社会互动空间的"江湖"有哪些特征?它具有什么样的文化形态及内涵?"江湖"与主流文化体系之间是什么关系?作为一个类似于现代"社会"的前近代概念,"江湖"对于理解传统中国社会结构能有什么帮助?本文即尝试对这些问题进行讨论。

一、"江湖"的三个维度:地理、文化与集体行为

历史文化情境中的"江湖",至少有三重不同的含义。

首先,"江湖"是对有形地理空间的客观描述,即相对于陆地而言的江河、湖泊。《史记·三王世家》记载,汉武帝封刘胥为广陵王,广陵在吴越之间,大致相当于近世以来的"江南",该区域内"三江、五湖有鱼盐之利,铜山之富,天下所仰"。汉武帝担心广陵王凭借这种经济优势招揽人心,形成与中央对抗的态势,所以告诫他"臣不作威,不作福",也就是"勿使行财币,厚赏赐,以立声誉,为四方所归也"。江南水乡的地理、生态和经济环境,导致该地民风不同于关中地区,与后者相比显得"精而轻",所以汉武帝又告诫广陵王:"江湖之间,其人轻心,扬州葆疆,三代之时,迫要使从中国俗服,不大及以政教,以

---

① 参见李恭忠:《Society 与"社会"的早期相遇:一项概念史的考察》,《近代史研究》2020 年第 3 期。

意御之而已。"①很明显,司马迁这里所说的"江湖",乃是指地理意义上的空间区域。

其次,"江湖"是对于主动或者被迫远离权力中心的边缘状态的自况,既包含着某种对自由的浪漫向往,也包含着权力竞逐未遂的失意和无奈,这在文人、士大夫群体当中形成了一种复调的(或者说具有内在分裂性的)精神传统,或许可以称之为"心中的江湖"。权力中心是一种清晰的存在,以都城、朝廷为具象的载体,可以概括地称之为"庙堂"。与此相对而言的"江湖",则是一种不甚清晰的存在,主要体现为地理空间和权力等级双重意义上的边缘感,即远离国都、职位低微,甚至地处陲蛮荒,政教未开。主动隐遁江湖,是为追寻自由;被动沦落江湖,则是一种无奈。《南史·隐逸列传》评论陶渊明等隐士,说他们"或遁迹江湖之上,或藏名岩石之下"②。这里的"江湖""岩石",都是与作为权力中心的"庙堂"相对而言的、主动选择的边缘状态,体现了一定的自由。与此相反的是被迫沦落江湖。《新唐书·五行志》记载:"天宝后,诗人多为忧苦流寓之思,及寄兴于江湖僧寺,而乐曲亦多以边地为名。"③《旧唐书·文苑列传》记载,李白一度有机会接近朝廷高层,却因为"尝沉醉殿上,引足令高力士脱靴,由是斥去。乃浪迹江湖,终日沉饮"④。类似地,白居易虽然一开始仕途顺畅,但也遭到了官场排斥,"流徙江湖四五年间"⑤。相比于范蠡和陶渊明的主动隐遁江湖,李白和白居易这类文人"浪迹""流徙"或"寄兴"于江湖,则是一种被迫远离权力中枢的边缘状态,多少体现了某种无奈。不论是主动隐遁江湖,还是被迫沦落江湖,都是传统文人、士大夫精神体验的一种意象表达,至今依然是文学研究的对象之一。⑥

最后,"江湖"是对疏离于政权体制之外,乃至与主流秩序分庭抗礼的生存环境和行为模式的笼统概括,往往与流动人口、商业贸易和各色行当,特别是下层流民及其"灰色"活动相连。范蠡"乘扁舟浮于江湖……治产积居……

---

① 《史记》卷60《三王世家第三十》。
② 《南史》卷75《列传第六十五·隐逸上》。
③ 《新唐书》卷35《志第二十五·五行二》。
④ 《旧唐书》卷190下《列传第一百四十·文苑下》。
⑤ 《旧唐书》卷166《列传第一百一十六·白居易》。
⑥ 参见陈平原:《千古文人侠客梦——武侠小说类型研究》,人民文学出版社1992年版。

十九年之中三致千金……故言富者皆称陶朱公"①。司马迁这里所说的"江湖",依然保留了有形地理空间的含义,同时也包含了在政权体制之外通过商业贸易寻求财富和自由的内涵。近世以降,近代以来,随着商品经济的发达和人口流动的频繁,"江湖"所涵括的内容愈加纷繁复杂,并且染上了神秘的、吉凶叵测的色彩。"走江湖""人在江湖""江湖行当""江湖骗子""江湖秘笈"等说法,即部分传达了这种"江湖"的内涵。作为中国历史上客观存在的社会文化事实,"江湖"已经成为现代历史学、社会学和民俗学研究的对象。当代学者基本上倾向于把"江湖"视为区别于主流社会文化的一种亚结构、亚文化来处理。②对于这种分析框架,有人表示异议,认为"江湖"并不只是底层游民的专属空间,而是从传统农本社会里增生出来的、非官非私的、尚未经法治规范的商业性公共空间。③也有观点认为,江湖就是前近代式(而不一定就是前近代时期)家族以外的人际空间,并不专为游民阶层和秘密结社所有,举凡普通百姓,乃至下层士大夫、知识分子,都或多或少要涉身江湖。④

作为传统文人、士大夫当中的一种精神意象的"江湖",以及作为一种人际空间的"江湖",一方面均与"庙堂"这一权力中枢隐然对立,另一方面都跟商品经济相连。对于作为文学意象的"江湖",本文暂且不予置论。接下来将从历史社会学的角度,对第三种含义的"江湖"展开讨论。

二、作为人际空间的"江湖"

作为人际空间的"江湖",简单地说就是由非熟人组成的混沌的交互空间。讨论"江湖"作为一种人际空间的特征及其与常规社会结构的关系,需要从传统乡土社区的熟人特征和"庙堂"所代表的传统皇权体制的结构性缺陷说起。

传统中国乡土社区的特征,正如费孝通所言,就是一种熟人社会:

---

① 《史记》卷129《货殖列传第六十九》。
② 王学泰:《游民文化与中国社会》,学苑出版社1999年版,第173—174页。
③ 胡小伟:《试论宋代的"江湖社会"》,载张其凡、范立舟编:《宋代历史文化研究(续编)》,人民出版社2003年版,第238—266页。
④ 李恭忠:《"江湖":底层群体的生存体验和社会构图——以姚大羔会簿为中心的考察》,《江苏社会科学》2010年第6期。

> 活动范围有地域上的限制,在区域间接触少,生活隔离,各自保持着孤立的社会圈子。乡土社会在地方性的限制下成了生于斯、死于斯的社会。常态的生活是终老于乡……在人和人的关系上也就发生了一种特色,每个孩子都是在人家眼中看着长大的,在孩子眼里周围的人也是从小就看惯的。这是一个"熟悉"的社会,没有陌生人的社会。①

费孝通描绘的是一种理想模型(ideal type),与具体时空当中的传统乡村免不了有些出入,不过这并不妨碍该模型对于分析传统乡村社会结构的参照意义。

循着费孝通指出的方向可以进一步发现,在对外相对封闭、内部相互熟悉的基础上,乡土社区构成了一种透明的、清晰的、恒定的人际空间。所谓透明,是因为社区成员从小到大一直在有限的地理空间内部交往,彼此的身份背景、知识技能、价值观念,甚至性格倾向和个人习惯,都一目了然,想藏也藏不住。所谓清晰,是指社区成员之间有着明确可循的互动规则。以父系血缘关系为纽带,以宗族、亲属制度为依托,形成了以父子、夫妻、兄弟、朋友为主轴的人伦关系,上下尊卑、亲疏远近和人情世故,都已经形成了确定的、清晰的模式。这套以宗亲制度、人伦关系为基础的互动规则,在费孝通看来,就是中国传统社会结构的"差序格局"特征的典型例证。② 社区成员一生下来就处于这套规则的熏陶和训育之中,及至掌握了这套规则,也就走向了社会化意义上的成年。所谓恒定,是指下一代人生活的环境与父辈相差无几,以往的经验就是有效的知识(因而老年人在人际格局中往往居于权威角色),社会行为的模式也没多少变化。社区成员之间的互动模式、人际互动产生的社会资本和"社会债务",可以在世代之间延续,相互之间的人情、信任、恩惠、债务,乃至敌意和仇怨,都可以从父辈传递给子辈甚至孙辈。

然而,乡土社区并不能承载所有人际行为,于是有了社区之外的人际空间。中国古代所谓传统"小农经济""自然经济",并不是与商业贸易纯然排斥的,而是包含了商品经济的成分。农民可以大部分时间都生活在村庄范围内,主要的人际行为都在村庄范围内展开,但物质和精神生活当中的一些必

---

① 费孝通:《乡土中国》,上海人民出版社2006年版,第7页。
② 费孝通:《乡土中国》,上海人民出版社2006年版,第23页。

需品(比如铁器、食盐)并非全都能在单个村庄范围内解决,一些剩余产品也需要在村庄以外进行交换。由此,各种跨村庄层面的社会互动空间应运而生,比如集镇、庙会、河渠、码头等等,而以市场最为重要。中古、近世特别是近代以来,商品经济总的来说趋于发达,市场的数量和规模也在扩展,形成了不同的层级。与乡土社区距离最近、与农民日常生活关系最密切的市场,就是定期集市。围绕这种定期集市,形成了美国学者施坚雅(William Skinner)所说的"基层市场圈"(Standard Marketing Area)。按照他提出的理想模型,这个市场圈方圆大约50平方公里,包含了大约1500户人家7000人口,他们生活在18个左右的村庄里,距离集镇不超过8公里;基层市场圈的最基本功能就是交易,同时也是集婚姻、结社、娱乐和宗教活动等于一体的复合社会圈。① 而像北宋汴梁、明清苏州这样的全国性、区域性中心城市,则处于市场体系的高端层次,其规模和影响范围更大,涵括的人际互动类型也更加复杂多样。

从职业和身份类别来看,这种跨社区层面的互动空间里的行为主体是多种多样的。所谓"三教九流"这一民间说法,体现了传统中国人的一种集体心态,即从帝王将相到乞丐盗贼,无论高低贵贱,都同处于一张恢恢大网的笼罩之下。从人口类型来看,流动人口是跨社区层面的互动空间里的主角。"三教九流""三百六十行",其活动空间多跨越了乡土社区的范围。加上无地可耕、天灾人祸等原因,流动人口中的一个特殊类别——背井离乡、无所归依的"流民"大量出现。特别是伴随着近代以来自然经济的逐步解体、工业化和城市化的逐步兴起,流民的规模变得更加庞大,给人随处可见的感觉,俨然成为一种常态现象。② 随着流动人口类别和规模的愈益扩大,跨社区层面互动空间里的行为主体变得愈益庞杂。

这种乡土社区以外的人际空间的自然成长,又面临着以"庙堂"为代表的传统皇权体制在公共治理方面的结构性缺陷。史学界一般认为,由秦至清的大一统王朝体制,与现代国家有一个根本的不同,即前者乃是一种家国同构、

---

① G. William Skinner, "Marketing and Social Structure in Rural China", *Journal of Asian Studies*, Vol. 24, No. 1 - 3, 1964 - 1965.
② 池子华:《中国流民史·近代卷》,安徽人民出版社2000年版,第20—31页。

"国"即为"家"之放大的权力-利益体系。① 在这种体系下,作为中央政府的朝廷由一个核心家族(即皇族)与权势集团(即百官)共同组成,可以用"庙堂"一词来代称;地方机构则由中央派出的官员(主要是经由科举考试产生的文官)掌领,主要对"上"而不是对地方负责,也可以视为"庙堂"的延伸。这套政权系统可谓"天网恢恢,疏而多漏"。直至皇权体制最为完善的明清时期,政府也只能下沉到州县一级。在州县层面,正式的官员只有寥寥数名,基层政权的实际运行,主要依靠一批并无法定"官人"身份,却专门为"官家"提供服务、依附权力而生存的幕友、胥吏群体。② 作为"亲民官",基层官员肩负着四项基本职责:钱谷、刑名、教化、劝农桑。③ 这些职责大体类似于当代的财政、司法、精神文明建设和推动经济发展。教化和劝农桑没有明确的考成要求,往往流于虚文,地方官员多不在意。刑名对于官员来说乃是"守株待兔",民不举官不究,甚或民已举而官亦不究。州县司法弊病百出,腐败丛生。④ 一般人对政府司法职能印象很差,如明清时期广泛流传的民间蒙学读物《增广贤文》收录的一句俗语所言,"八字衙门朝南开,有理无钱莫进来"。"庙堂"层面对此也很头疼,采取了许多严格的措施来防范、制裁州县官吏在司法过程中的种种违法犯罪现象,然而效果却很有限,以至于直到清末,关于革除地方官吏司法腐败的呼声依然不断。⑤ 各项职责当中,只有"钱谷"是刚性的任务,上级政府那里有量化的定额,并且与官员及其属下各色人等的实际利益密切相关。因此,基层政府工作的中心和重心,往往都放在"钱谷"上面,官员和"官家"依附群体的核心关注点,也是如何合法及不合法地向百姓收钱。⑥ 从政府职能的角度来看,"钱粮"主要体现自我维系功能,乃是为政府自身服务;"刑名"和"教化"分别诉诸法治和道德,一文一武,一张一弛,乃是政府为全体社会成员提供基本公共服务——秩序与安全——的主要途径。然而在皇权体制下,基层政府的职能重心在于政府以及权力依附群体的自我维系和自我服务,而不

---

① 李宗桂:《简析中国封建社会政治结构的基本特征》,《贵州社会科学》1988年第6期。
② 参见瞿同祖:《清代地方政府》,范忠信等译,法律出版社2003年版。
③ 李林:《清代的县官职掌与作用》,《辽宁大学学报(哲学社会科学版)》1986年第5期。
④ 柏桦:《明清州县官群体》,天津人民出版社2002年版,第247—254页。
⑤ 李凤鸣:《清代州县官吏的司法责任》,中国政法大学博士学位论文,2006年,第154页。
⑥ 魏光奇:《清代州县财政探析》,《首都师范大学学报(社会科学版)》2000年第6期、2001年第1期。

是向社会成员提供基本公共服务。

　　自然的成长过程、行为主体的流动性和复杂多样性,加上"庙堂"体系的结构性缺陷,使跨乡土社区层面的人际空间具有一种混沌的特征,概括地说,就是非熟人、非透明、乏规则。第一,与乡土社区的相互熟识特征不同,形形色色的行为主体相互交叉汇集,组成了一个陌生人的世界。交往主体来自不同的背景,怀揣各异的理念和目标,或者经常、或者偶尔走到一起。基层市场圈是这种陌生人世界的基本形态,所谓"九省通衢""八方汇聚",即描绘了这种非熟人环境之宏阔。这是一种开放的、流动的人际空间,与相对封闭、恒定的熟人社会适成对比。第二,交往主体彼此原本并不熟识,相互之间展现的只是一个有限的侧面,甚至有意制作"假面"示人,而将真实身份、真实意图隐藏起来。如同《增广贤文》收录的一句俗语所言,"逢人且说三分话,未可全抛一片心"。互动空间的范围愈大,就愈是令人难以捉摸,犹如深不可测的茫茫大海。特别是随着市场体系的发达,人与人之间的互动不必是直接的接触,而可以通过"物"的纽带发生间接的关联,这种关联更加复杂,也更加不透明。第三,在这种开放的、流动的交互空间里,虽然如同司马迁所言,"天下熙熙,皆为利来;天下攘攘,皆为利往",但是这种"利"位于何种层次及领域、具体为何、如何获得、如何处置,不同的人有着不同的理解,甚至是相互矛盾、相互冲突的理解。对于这种情形,与熟人社区相互匹配的那一套整齐的互动规则已然不足以应对。同时,政府、法律又显得苍白无力。在缺乏统一、清晰、制度化的基本规则以及维护这套基本规则的体制性力量的情况下,不同层次或/和不同主体的"利害"矛盾和冲突,很容易走向你死我活的竞争和对抗,最终只能诉诸最原始的手段——暴力。这样一种非熟人、非透明、乏规则的混沌交互空间,就是江湖。

　　作为一种极端的事例,明清时期的民间械斗习俗充分表明了江湖的混沌特征。械斗作为一种诉诸武力解决争端的行为模式,一般被认为是政教、文明相对落后状态下的产物。然而直至清代,械斗习俗依然普遍存在,华南闽(包括台湾)、粤两省尤为引人注目。[①] 问题背后的深层原因,即为"庙堂"体系本身在公共治理方面存在着的结构性缺陷。另外,18世纪以来直至晚清时期

---

① 徐晓望:《试论清代闽粤乡族械斗》,《学术研究》1989年第5期。

大型客家围屋在华南地区的广泛兴建,也从侧面反映了这种宏观治理结构的缺陷。伦理规则无法适用,既有的法律、道德也无济于事,社会冲突于是寻求最原始的暴力手段来解决,基层秩序则普遍寻求最基本的血缘关系纽带来维系。

回到本文开头梁漱溟引述卢作孚的那段话,卢氏所说的第一、二重社会生活,就是作为熟人网络的乡土社区(家族包含在内)。但他认为中国人除了熟人网络之外,就没有任何社会可言,这句话是不准确的。更确切地说,传统中国人没有结构清晰、秩序井然的现代社会,只有茫茫江湖;出了作为熟人网络的有限范围,就置身于陌生人组成的混沌的互动空间——江湖。

三、作为文化传统的"江湖"

"江湖"不仅仅是一种瞬时性的人际空间,在历史的变迁过程中,它还积淀为一种历时性的文化传统,超越了单一的时间和空间范围,可以跨越时空环境而传承、传播,并且反复得到"激活"。

江湖传统最广为人知的表述,就是"桃园结义""梁山聚义"的故事。《三国志》以"寝则同床,恩若兄弟"来描述刘备、关羽、张飞三人的密切关系,并提到关羽比张飞年长数岁,"飞兄事之"。① 但在《三国演义》第一回里,这则典故被演绎为一段浪漫的桃花盛开之际"桃园结义"的故事。同样,历史上的宋江集团,只是一批规模不大,流窜于今山东、江苏、河南、河北之间,一度与政府对抗,后来接受招安的反叛者。② 但在《水浒传》第七十回里,这则典故也被演绎为声势浩大的"梁山聚义"故事。当然,"桃园结义""梁山聚义"故事虽然借助通俗文艺作品广为人知,但它们表现的乃是以"义"为号召而结合这一抽象的行为模式,而非真实社会情境下的组织机制和结构形态。

从信息的完整性、系统性和实际运用情况而言,最能够反映江湖传统的文本载体,并不是《三国演义》《水浒传》这两部通俗小说,而是以手抄本并结合口头形式在天地会内部秘密流传的会簿。迄今所知版本最早的、完整的天地会会簿,是 1810 年广西地方官员在查办姚大羔结拜天地会案件时搜获的,

---

① 《三国志》卷 36《蜀书六·关张马黄赵传第六》。
② 周璧:《"淮南盗"析疑》,《中州学刊》1984 年第 5 期。

学术界一般称之为姚大羔本。① 此外,目前已知的天地会会簿还有多个版本,分别发现于中国的两广、云贵、香港以及爪哇、加拿大、澳大利亚等地。② 不同的版本之间在结构和内容上大同小异,一般包含如下内容:充满悲情色彩的起源和始祖传说,结会仪式以及所需使用的诗词、对答和道具,约束性和惩罚性的内部规章,用于成员之间相互识别、联络的切口、隐语、手势、暗号,此外还汇集了许多朗朗上口、在其他一些民间文献中也很常见的格言式诗句。这些内容非常具体、详细,构成了一套系统的"知识",对于在茫茫江湖中行走的人而言具有非常实际的应用价值。尤其值得注意的是,这套知识超越了单一的时间和空间范围,可以跨越时空环境传播。某人一旦拥有会簿(即获得这套知识),或者能够解释会簿内容(即掌握这套知识),即可用来自行结会,成立组织。最有代表性的是1933年广西贵县发现的一份会簿(学术界一般称之为贵县修志局本)。据罗尔纲回忆,收藏者说它是清同治三年(1864)贵县天地会首领黄鼎凤起事失败后埋藏在地窖里的,光绪二十四年(1898)贵县天地会响应郁林李立廷起事时曾经从地下取出使用,失败后又埋回地下。③ 贵县修志局本的例子,生动地表明了江湖文化传统跨时空的"生命力",具体的组织可以旋起旋落,但会簿所承载的文化传统,却可以反复得到"激活"。

江湖传统在组织形态上体现为虚拟血缘关系结构——义结金兰、结盟拜会。义结金兰是普通的、松散的结合,多为三两个原本陌生的人出于相互认可、倾慕之意,或者相互帮助之需,于是结拜为异姓兄弟。歃血盟誓、树党结会,则多为参与者众、更加紧密的结合,往往发展为秘密的组织,比如18世纪以后渐次出现、社会影响愈益广泛的天地会、哥老会、青帮等帮会组织。④ 普通的异姓结拜与组织严密的会党,两者在发育程度、组织规模和结构形态上差别较大,但二者之间具有发展性的联系,前者的流行为后者的出现提供了

---

① 中国人民大学清史研究所、中国第一历史档案馆编:《天地会》(一),中国人民大学出版社1980年版,第3—30页。
② 赫治清:《天地会起源研究》,社会科学文献出版社1996年版,第63—72页;蔡少卿:《论澳洲的华人秘密社会》,《江海学刊》2001年第1期;秦宝琦:《天地会〈会簿〉考》,《民俗研究》2009年第4期。
③ 罗尔纲:《天地会文献录后序》,《学术月刊》1987年第1期。
④ 关于歃血盟誓习俗的渊源及其在秘密会党中的影响和意义,参见孙江:《想象的血——异姓结拜与记忆共同体的创造》,载孙江主编:《事件·记忆·叙述》,浙江人民出版社2004年版,第190—213页。

社会文化土壤。正因为此,清代前期法令规定,凡是异姓人结拜兄弟者处以一百下鞭刑;如果结拜过程中有歃血盟誓情节,处罚更为严重;及至后来异姓结拜发展为立有名目的"结会树党",相应的惩处就更加严厉,最高可处以"斩立决"。[①] 尤为重要的是,二者的组织原理都是一致的,都模拟了作为熟人社会核心结构的家族血缘关系。一般的结义需要"序年齿",也就是根据年龄大小排列长幼尊卑之序。帮会内部的等级制度更加严格。天地会内部,大哥拥有生杀予夺之权,最下级的普通会众,只能听从各级首领使唤。哥老会、青帮的内部等级结构更加复杂,青帮还发展出 24 字的辈分,讲究"同参如兄弟,师徒如父子",试图用家族等级制度来规范不同成员之间的权利和义务。[②] 有句民间俗语称,"在家靠父母,出门靠朋友"。出了"家"的范围原本没有朋友,于是需要模仿"家"内模式建立朋友关系。也就是说,虽然出了家族和乡土社区的范围,但熟人范围的宗亲结构和人伦关系模型依然在起作用,而超越熟人圈子的结构模型却难以建立起来。

江湖传统在价值模式上体现为"义气"。所谓义气,是与拟制熟人圈相连的,其内涵体现为义与"忠"、义与"报"这两个维度,其特征则体现为等差有序和内外有别。

从内涵上说,义气首先与忠诚紧密相连。一旦结义或者结盟拜会,就必须忠于当初共同作出的承诺,忠于所加入的圈子,"钱财如粪土",利禄皆可抛,必要时连自己的生命都可以付出,即"生死以共"。如果不能保持忠诚,背叛结义兄弟或者组织,则要受到严厉的惩罚。例如,天地会誓词、诗文当中,"义"与"忠"屡屡相提并论:"兄弟须要忠心义气""忠心义气食天禄""有忠有义刀下过,无忠无义剑下亡""无忠无义不见面,有忠有义在眼前""忠心义气公侯位,泄漏天机剑下亡"。[③] 其次,义气与"报"紧密相连。所谓"报",就是恩惠与报答,即互惠互利,也可以理解为一种广义上的互助。结义、结会誓词中最常见的话就是"有福同享""有难同当""患难相扶"。天地会内部广泛流传的《洪门三十六誓》,有好几条都是关于成员之间相互帮助的要求,并且对于违反互助的各种情形规定了具体惩罚措施。互助体现为多种形式:既包括金

[①] 秦宝琦:《中国地下社会》第 2 卷《晚清秘密社会卷》,学苑出版社 2005 年版,第 792—808 页。
[②] 蔡少卿:《中国秘密社会》,浙江人民出版社 1989 年版,第 25、51—54、86—87 页。
[③] 蔡少卿:《中国近代会党史研究》,中华书局 1987 年版,第 410、415、425、426、427 页。

钱上的借贷、物质上的给予,也包括人力上的帮忙;既包括合法的方式,也包括不合法的方式,比如帮助兄弟与外人打架、掩护兄弟躲避官府缉拿。而且,其中一条誓言特别强调,这种互助范围不仅限于熟悉的人,也包括不认识的洪门成员之间:"入洪门之后,洪家兄弟,凡两京十三省过州府,四海之内皆兄弟也,到尔家中,须当以礼相接,如有不法之人不认兄弟者,一月日内死在七孔流血而亡,查出打七十二棍。"①显然,这种互助并非纯粹出于无私的情怀,也不是一个形而上的伦理范畴,而是一种实实在在的恩惠施予,带有获得报答的预期。因为"人在江湖",谁都难免遇到需要别人帮助的情形。类似地,哥老会、青帮的内部纪律,也都强调拟制熟人圈子内部应该相互帮助。

从特征上看,义气首先意味着等差有序。虽然标榜以义相交、兄弟平等,但实际上必须排列位次,不同的位次意味着不同的权利和义务、不同的恩惠和回报。其次,也更值得注意的是,义气意味着内外有别。兄弟之间、圈子内部讲"义气"的另一面,就是兄弟和圈子以外可以不讲义气,乃至根本无"义"可言。天地会虽然有一条纪律:"不得以洪家兄弟众多仗势欺人,更不得行凶称霸,须各安分守己,如有违背,死在万刀之下。"但这条纪律几成空文。因为《洪门三十六誓》还有如下规定:兄弟之间不得恃强凌弱、不可拐骗兄弟银钱物件、赌场中不得欺骗兄弟、兄弟货物不得强买争卖、不能抢劫兄弟财物。其中一条誓言尤其值得注意:

> 陆路打鹧鸪,须要先试其来历,未曾入洪门、并无牌号,乃是风仔,然[后]下手。如有不分,误打洪英,不可乱为。如有不依者,神明鉴察,即诛灭。②

所谓"打鹧鸪",即拦路抢劫,"洪英"即加入过洪门者,"风仔"即一般外人,均为帮会内部的隐语。这些条规等于说,对会外之人即可恃强凌弱、强买强卖、设计诈骗,随意夺财劫物。天地会会簿中大量记载的路上盘问、盘问包袱对答,手势、暗号、茶碗阵,以及后来逐渐发展出的一套江湖隐语、切口、行话,都旨在营造一种内外之别。基于这种内外有别的逻辑,兄弟之间是充满"义气"

---

① 萧一山:《近代秘密社会史料》第3卷,国立北平研究院1935年版,第11页。
② 萧一山:《近代秘密社会史料》第3卷,国立北平研究院1935年版,第6—7页。

的圈子,圈子以外则可以不讲"义气",甚至毫无底线。陌生人之间,一个个小圈子、小团体之间,由此充斥着欺骗、怀疑、敌视和对抗,乃至血腥的暴力。

江湖传统是不是一种与常态文化没有多少关联、为下层群体(尤其是底层游民)所独有的非常态(abnormal)亚文化?答案是否定的。

一方面,作为一种模拟血缘关系的行为模式,异姓结拜已经成为一种习俗,直至20世纪前期依然颇为普遍,不仅限于底层群体,在普通百姓和上层人物当中也很常见。与此习俗相关的书面文本,一般称为"金兰谱"或者"兰谱"。清末民初的一些兰谱至今依然留存于世,比如1899年袁世凯与荣华卿结拜兄弟的兰谱,在一张红纸上详细开列了袁世凯的籍贯、生年,曾祖父母、祖父母、嗣父母、本生父母的名讳,以及所有儿子的名字。[①] 20世纪二三十年代,身为"党国"领袖人物之一的蒋介石,仍然试图借助与李宗仁、冯玉祥、张学良等人结拜兄弟的方式,来收服地方实力派,确立自己和中央政府的政治权威。[②] 1928年2月,蒋介石与冯玉祥结拜换帖,拜帖上手书"安危共仗,甘苦同尝,海枯石烂,死生不渝"[③]。"义结金兰""换帖""拜把子"这些词语在汉语中的流行,也反映了此种行为并不为主流文化所否定,而是具有一定的普遍性。而歃血盟誓、树党立会,正是在异姓结拜这一普遍习俗基础之上发展而来的。

另一方面,从价值观念的角度来看,江湖传统中的"义气",与正统文化中的"义"有内在联系。首先,朋友之间结义、尚义,这符合儒家"五伦"框架的最后一个维度——"朋友有信",并未逸出主流社会伦理的范围。其次,"义气"与忠诚相连,后者正是主流政治伦理所表彰的内容。最后,"义气"所包含的超越性内涵,即为了维护"义"可以舍弃利益乃至生命,又与孔子所强调的"君子喻于义,小人喻于利"、孟子所推崇的"舍生取义"等个体人格精神颇为吻合。所以,从个体人格、社会伦理和政治伦理来看,江湖传统中的"义气",与正统文化的"义"是一脉相承的,具有一定的"正当性"。

因此,江湖传统并非与正统文化截然分明,而是深嵌于后者当中,构成了

---

① 佟鸿举编著:《民俗文书收藏趣谈》,百花文艺出版社2006年版,第70—71页。
② 刘维开:《蒋中正在军事方面的人际关系网络》,载汪朝光主编:《蒋介石的人际网络》,社会科学文献出版社2011年版,第72页。
③ 冯玉祥:《冯玉祥回忆录》,东方出版社2011年版,书前插图。

常态社会文化体系的组成要素之一,并且由于正统文化的内在生命力而具有长期的延续性。明了这一点,便能理解为何所谓"江湖气"直至当代依然难以根除。

四、"江湖"的社会理论意涵

(一)"江湖中国":一个统摄性的框架

中西学术界关于传统中国的认识,大体形成了三种意象:"帝制中国"(Imperial China)、"儒教中国"(Confucian China)、"乡土中国"(Rural China)。这些意象分别从政治制度、精英文化和基层社会三个侧面揭示了传统中国社会结构的特征,不过它们之间还显得较为分散,有机联系不够清晰。"江湖中国"正好可以作为一个统摄性的框架,将这些局部意象连为一个有机的整体,详见图1所示。

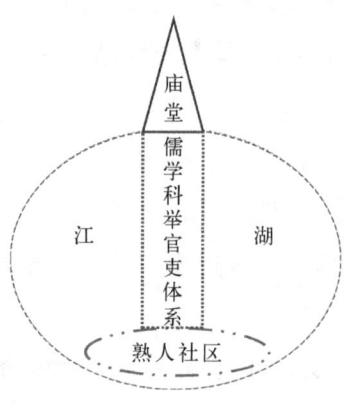

图1 "江湖中国"示意

"帝制中国"和"儒教中国"是相互联系的两个意象,都着眼于上层建筑的分析,重在揭示政治制度和精英文化的特征。"帝制中国"的具象代表就是"庙堂"。一般性的印象是:中国的君主专制制度历史悠久,在两千多年里逐渐发展起一套自上而下的严密的官吏体系,而儒学在其中居于突出地位。"儒教中国"的具象代表自然是儒家/儒学。马克斯·韦伯(Max Weber)认为:儒教是一种政治性的士人伦理,对于广大民众而言意义有限;儒教与专业化分工相互排斥,阻碍了现代资本主义的产生。① 美国学者列文森(Levenson)进一步阐述说,儒家以"内圣外王"为追求,与君主专制的官僚制度相互契合,其思想特质是"中庸",这一特质成就了中国传统社会的长期稳定,也限制了专业化和理性化的成长,造就了中国文化的"业余精神"或者说"非职业"特征。②

"乡土中国"的具象代表就是乡土社区。根据费孝通的经典阐述,"乡土中国"的内涵大致如下:(1)中国社会的基层是乡土性的;(2)乡土社会的基本构成单位是家族;(3)乡土社会是熟人社会;(4)皇权对于乡土社会而言是无为政治;(5)乡土社会是与法理社会相对而言的礼俗社会,是一种无讼的礼治秩序,是一种教化性的长老统治。③ 也就是说,"乡土中国"是一种自在的基层社会生活状态,与国家、法律和政治权力保持着相当的距离。

那么,"帝制中国""儒教中国""乡土中国""江湖中国"之间是什么关系?此处可以通过"庙堂"、儒学科举官吏体系、熟人社区与"江湖"的关系来加以形象说明。

如图1所示,"江湖"是一种弥散性的"灰色"空间,构成了传统中国社会结构的基质和底色,其特征是乏规则、不透明、一片混沌。在这种混沌的空间里,作为基层的熟人社区和作为上层的"庙堂",一者有着清晰、透明的熟人社会规则,可以将其表现为鲜艳的乡土之绿色,一者有着绵密的官僚制度,可以将其表现为尊贵的帝王之黄色。儒学科举官吏体系则居于上层和基层之间,起到上下连通的作用,但与"庙堂"的联系更密切,与熟人社区的联系更稀疏。最重要的是,不管是"庙堂"、儒学科举官吏体系还是熟人社区,尽管都有与外部区别开来的边界,但这种边界不足以维护它们的纯粹性,没法将它们与"江湖"隔离开来。熟人社区自不待言,"庙堂"表面上高高在上,极力构筑起森严的壁垒,试图与"江湖"完全隔离开来,然而汉高祖刘邦、明太祖朱元璋这样的历史事实却表明,"庙堂"往往起于混沌的"江湖",只是在确立了自身地位之后,为了提升自我形象,才努力与"江湖"划清界限,但江湖传统的烙印却无论

---

① 马克斯·韦伯:《儒教与道教》,洪天富译,江苏人民出版社1995年版,第260、275、277页。
② 列文森:《儒教中国及其现代命运》,郑大华、任菁译,中国社会科学出版社2000年版,第226、361、368页。
③ 费孝通:《乡土中国》,上海人民出版社2006年版,第5、7、8、31、45、52、56页。

如何也没法消除。由此,"帝制中国""儒教中国"和"乡土中国",事实上都可以纳入"江湖中国"的框架之中。

(二)"江湖中国"与"差序格局"

"江湖中国"这一框架,对于从理论上分析中国传统社会结构的特征具有特殊意义。

费孝通曾经以"差序格局"来描述中国传统社会结构的特征:"我们的格局……好象把一块石头丢在水面上所发生的一圈圈推出去的波纹";"在差序格局中,社会关系是逐渐从一个一个人推出去的,是私人联系的增加,社会范围是一根根私人联系所构成的网络"。① 经过几十年的沉淀、发展和引申,"差序格局"已经成为一个分析中国社会结构的经典概念。

费孝通在描述差序格局时,表达了一种递升的思路:"从己到家,由家到国,由国到天下,是一条通路……在这种社会结构里,从己到天下是一圈一圈推出去的。"② 不过,他的分析重点放在了这一纵向架构的高低两个端点上,即"家"和"国"。他援引传统宗族制度和人伦关系,结合对作为熟人社会的乡土社区的分析,表明"差序格局"这一理论概括在"家/社区"的层面完全适用;由于家国同构原理,因而在"国"的层面也基本适用。但在"家/社区"和"国"之间这一更为广阔的中间地带,也就是现代人所理解的一般社会层面,"差序格局"概念是否能够得到社会事实的确证? 对此,费孝通以及后来的学者都没有深究,他们只是沿袭传统儒学的思维框架,从"家"的层面直接推及"国"的层面,而没有去深入探究"家"与"国"之间如何过渡、如何从"家"推展到"国"这一问题。显然,能否找到"家"和"国"之间的一般社会层面的事实确证,就成了判断"差序格局"概念对于解释纵向社会结构而言是否有效的关键。

其实,费孝通早在1948年即已提到了一条值得注意的线索,那就是"帮权"。他在《乡土重建》一书的后记里说:"我觉得要了解中国传统的政治结构,应当注意四种不同权力间错综复杂的关系。这四种权力是皇权、绅权、帮权和民权。"③ 不过,费孝通没有对"帮权"作进一步的分析,因为他感到自己对

---

① 费孝通:《乡土中国》,上海人民出版社2006年版,第21、25页。
② 费孝通:《乡土中国》,上海人民出版社2006年版,第23页。
③ 费孝通:《乡土中国》,上海人民出版社2006年版,第231页。

这方面了解太少,但他依然"很希望有朋友能向这方面深入研究,那是要了解中国社会整个结构时所不能少的部分"①。可惜的是,他提出的这条原本有可能充实其"差序格局"概念的理论解释力的线索,却很少为后世社会学者重视。

结合前文讨论的内容可知,"江湖中国"这一框架,正好契合费孝通当年提出的"帮权"这一线索,补充了他对"家"和"国"之间的中间地带分析的不足。乡土社区之上的"江湖"空间的混沌性质,江湖文化对于熟人世界结构模型的援引,以及江湖"义气"的等差有序和内外有别,都为"差序格局"概念提供了家庭和社区之上的一般社会层面的事实证据,证明这一概念在微观的社会关系层面和宏观的社会结构层面都具有解释效力。换句话说,立足于"江湖中国"这一整体框架,对历史(尤其是边缘历史)事实进行深入探究,"差序格局"这一概念所具有的立体社会结构内涵,就能得到更好的理解。

(三) 从"庙堂—江湖"到"国家—社会"

回到范仲淹笔下的"庙堂"与"江湖",可以发现它们既是空间和权势关系上遥相对应的两极实在现象,也可以被视为逻辑上相互对立统一的两个抽象范畴。前近代中国的"庙堂—江湖"关系,颇可类比于现代的"国家"与"社会"之关系。不同的是,前近代的"庙堂—江湖"与"天下"范畴相连,而现代的"国家—社会"则与"世界"这一更大的范畴相连。现代的国家与社会,从理论上说二者之间是相互支持、相辅相成的关系。而庙堂与江湖的关系则有点微妙。江湖犹如浩渺之大海,庙堂只是其中最有势力、组织化程度最高的行为主体,它居高临下,对江湖中的其他行为主体以及江湖本身实施着单向的、有限的监管。在这种有限的单向监管下,江湖基本上呈现混沌状态,而且不时泛起针对庙堂的抗争言论和行动。清代天地会会簿中充斥的"反清"言辞,以及天地会持续的有组织叛乱行为,就是"江湖"与"庙堂"之间不和谐关系的见证。

19世纪中叶以后直至20世纪,"国家—社会"作为一种新型的抽象共同体,逐渐取代传统的"庙堂—江湖",同时将宗族/家族压缩为核心家庭,从而

---

① 费孝通:《乡土中国》,上海人民出版社2006年版,第234页。

改造普通人的交往和认同方式。这个过程主要是在从"天下"到"世界"的宏观历史变迁背景下,以移植西方模式为主,而不是在原有的"庙堂—江湖"基础上加以改造。市场体制的发育、社会组织的成长、国民意识的养成、法律制度的变革,都是其中的基本内容。最为关键的因素和动力机制,则是"庙堂"及其依附的儒学科举官吏体系朝向"国家治理体系"转变,详见图2所示。

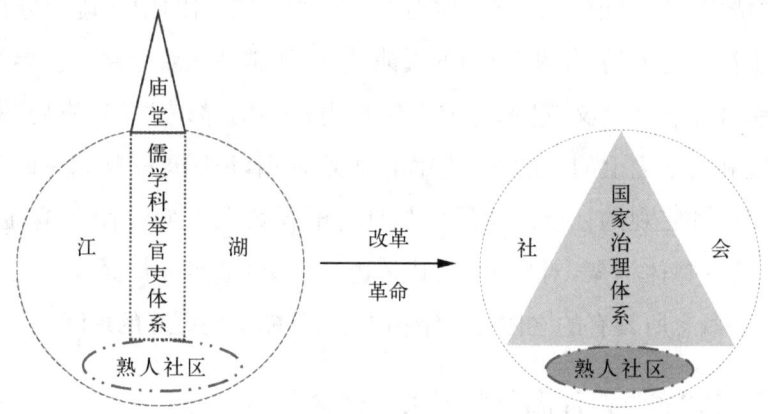

图 2　从"庙堂—江湖"到"国家—社会"

不过,尽管"国家—社会"二分的格局已经确立其主导地位,"庙堂"意识仍未完全消失,"江湖"的残余影响同样仍在。如前所述,直至20世纪40年代,费孝通采用"差序格局"来描述中国社会结构的基本特征。这反映出,对于观察和认识近现代中国的历史进程,乃至对于理解当代中国的社会文化变迁而言,传统的"江湖"概念仍然具有一定的探讨价值和启发意义。

"脑质"与"气质"
——晚清形塑国民思想的两个关键词*

闵心蕙**

戊戌政变后,日本乙未会在华创办的中文报纸《亚东时报》,就中国风气转移,大胆不拘倡言变法而颇具时代影响。《亚东时报》的发行时间虽然不长(1898年6月—1900年5月),但上承中日甲午战争的余绪,下启清末新政的先声,承载中西知识往还的许多新名词、新概念见诸报端。1899年该报第10号上的两篇本土来稿,不约而同地使用了"脑质"与"气质"之词,且伴有"改易脑质"和"变化气质"的论述。

《论支那士气民心之不同》:

> 学所不当学,以坏其坚强之脑质,反不如民之未尝学问。

> 故今日为支那计,首宜废科举、开小学、广报馆、隆教育,以变易国民气质为主义。[①]

---

* 本文系国家社科基金青年项目"中国传统政治文化中的尊严观念及其现代价值研究"(24CZZ003)的阶段性成果。
** 闵心蕙,东南大学人文学院讲师。
① 福建九幽一缕人:《论支那士气民心之不同》,《亚东时报》第10号,1899年7月2日。

《论海上各报之弊》：

> 说者谓众喙日咦，江河日下，国民气质，日即颓废。
>
> 夫中国号称变法，五十年矣，凡购船制械及开通商埠，推拓制造枪炮等局，日不暇给，而讲求宪法，修明学制，以改易士民脑质之本原，绝无所闻。①

引文中"脑质"与"气质"的表述颇为相似，但背后的知识脉络迥然不同。"气质"带有理学色彩，改变气质说由来已久，"脑质"则为格致新词，在晚清特殊的政治社会语境下，"脑质""气质"的新兴论述与形塑国民思想发生了有机联系。

清末"脑"的相关论述承袭了心脑之争的历史背景。汉代以后，随着医学典籍《黄帝内经》的正典化，心被视作五脏六腑之主，掌管人的思维和情感，"心者，生之本，神之处也"②，而脑则游弋于方术所倡养生和补给的语境中。出于尊经的传统，心逐渐凌驾于脑之上。艾尔曼指出明清之际的传教士如南怀仁（Ferdinand Verbiest）强调"脑"对于人体记忆和感知事物的重要性。③祝平一认为清初传教士虽认同"记忆在脑"，但其所信奉的"灵魂在心"与中国传统思想并无二致，心脑冲突不在医学，而在西学、西教背后的文化和政治脉络。④ 迟至19世纪下半叶，"脑"取代"心"真正成为主宰人思维的器官，它作为现代科学知识而非宗教附属品彻底动摇了中国医书既有的知识体系，合信（Benjamin Hobson）《全体新论》（1851）中传递出的生理学知识即以"脑"作为一身之主。心脑之争的复杂历程既体现在中医和西医的知识冲突与思想对

---

① 昆山徐友谅：《论海上各报之弊》，《亚东时报》第10号，1899年7月2日。
② 姚春鹏译注：《黄帝内经》，中华书局2010年版，第99页。
③ Benjamin Elman, *On Their Own Terms: Science in China, 1550–1900*, Cambridge: Harvard University Press, 2005, p.145.
④ 祝平一：《天主教与清代的心脑之争》，《汉学研究》第34卷第3期，2016年9月。利玛窦在《西国记法》（1595）中曾提及大脑和记忆的关系"记含有所，在脑囊，盖颅脑后，枕骨下，为记含之事"（朱维铮主编：《利玛窦中文著译集》，复旦大学出版社2001年版，第143—146页），但是否将其视作"脑主记忆"仍有争议。

抗之上,①也表现为近代国门打开之后,和"脑"相关的新名词层出不穷,挟西学而来、跨越不同知识背景的"脑"构成了形塑现代中国思想主体的新语言。②相较于心脑之争的历时发展,③本文更关心甲午之后"脑质"一词的语义突变。"脑"主身体的科学观念与社会进化思想联系密切,脑的发育从生理层面的自然选择过渡到衡量社会进步的重要指标,其大小不仅决定了人与动物的强弱,甚至关乎不同人种、性别、文化的等级差异,以及中西、古今的高下对比。④在开民智的晚清社会思潮中,改造脑筋常常成为言说的重点。20世纪之后"补脑"成为一种新的消费心理和商业文化。⑤

与"脑质"相比,"气质"的学术史脉络较为简明。杜正胜在描述中国传统极具特色的"人"的概念时,指出儒道两家的分殊,道家所追求的个体之"人"和自然之"天"的互动关系在于"气",通过"气"建立人身和心性的体系认知。⑥陈来认为从儒家人性论中发展出"气质"之说有其必然性,理学主张将"天命"与"气质"视作人性善恶的两个方面,气质的不善是人的恶品质的根源,因此理学强调士君子应当变化气质(气禀)。⑦尽管理学在有清一代的发展并无突出特点,但黄进兴敏锐地观察到清末道德意识的转向,尤以旧名词"理学"向新名词"伦理学"的递嬗最为显著,前者为宋明时期鼎盛的成圣之学,后者是

---

① 马伯英、高晞、洪中立:《中外医学文化交流史——中外医学跨文化传通》,文汇出版社1993年版,第485页。
② 陈建华:《从"心"到"脑"——现代中国思想主体的语言建构》,《二十一世纪》总第123期,2011年2月。
③ 徐瑞鸿:《由"心"到"脑"——从"脑"的语义脉络论晚清民初的文化转型》,《中国文学研究》(台湾)第39期,2015年1月。
④ 如清末"人种"这一抽象概念的描摹通常借由"脑"或"颅"的形状加以呈现,参见孙江:《布鲁门巴哈在东亚:"人分五种说"在东亚的传布即文本之比较》,载《亚洲概念史研究》第2卷,生活·读书·新知三联书店2014年版,第61—95页;孙江:《人种:西方人种概念的建构、传布与解构》,江苏人民出版社2023年版。
⑤ 张宁借黄楚九与艾罗补脑汁的案例,讨论"脑为一身之主"如何成为晚清以来的主流身体观,参见张宁:《脑为一身之主:从"艾罗补脑汁"看近代中国身体观的变化》,《"中研院"近代史研究所集刊》第74期,2011年12月。张仲民观察到艾罗补脑汁虚假的商业宣传和消费者真实的补脑心理之间的反差,补脑背后的政治象征与社会文化意义不同一般,参见张仲民:《补脑的政治学:"艾罗补脑汁"与晚清消费文化的建构》,《学术月刊》2011年第9期。
⑥ 杜正胜:《形体、精气与魂魄——中国传统对"人"认识的形成》,《新史学》(台湾)第2卷3期,1991年9月。
⑦ 陈来:《朱子哲学研究》,华东师范大学出版社2000年版,第200页。

西学标榜之下探究道德的新方式。① 在理学范畴之外，"气质"更转变为清末西方和日本观察甚至想象中国的一条域外径路，吴义雄曾考证早期的教会报纸对中华民族性格的讨论。② 受文明进化论的驱动，晚清中国的本土士人对国民气质和国民性展开了猛烈的批判。

上述学术史梳理印证了传统语境中"气质"和"脑质"语义的不对等。变化气质源来有自，是宋明理学人性论和道德修养论的经典命题，学以变化气质关乎"心"的体认以及士君子的修身之道，历来为理学大儒所推崇。变易脑质则较难溯源，位于"心"之下的"脑"在传统语境中居从属地位，"脑质"作为新名词在晚清的兴起和现代解剖学知识与社会进化思想的传布有关。尽管"气质"和"脑质"有各自不同的学术史背景，但两者在清末具体的政治社会语境中产生了频繁的互动。从《亚东时报》的引文中不难察觉，"气质"和"脑质"均为形塑晚清国民思想的潜在标准，但两者间复杂的语义纠葛似有待进一步考辨。本文试图在梳理"脑质""气质"各自语义发展的基础上，揆诸晚清集中出现的变易脑质与变化气质说，思考"脑质""气质"与"国民"概念之间的密切联系。

一、脑质：可视的格致名词

（一）中土无名的"义译"

19世纪下半叶，西方医学知识的输入极大提升了"脑"的重要性。英国传教士合信与南海陈修堂共同撰写的《全体新论》被视作现代医学和身体观念的奠基之作。③ 这本小书收录了大量的人体解剖图，形象地阐明"脑"是主宰人体知觉和动作的器官，"心"的地位则逐渐下降，与其他五脏六腑并列。④

---

① 黄进兴：《从理学到伦理学：清末民初道德意识的转化》，允晨文化2013年版，前言。
② 吴义雄：《商人、传教士与西方"中国学"的转变》，《中山大学学报（社会科学版）》2005年第6期。
③ 学界对《全体新论》关注较多，参见苏精：《合信〈全体新论〉的生产与初期传播》，载复旦大学历史学系、复旦大学中外现代化进程研究中心编：《药品、疾病与社会》，上海古籍出版社2018年版，第93—116页。
④ "凡人有脏腑之司，各适其用，以互相济而养身形，又有交接传胎成孕之具，以司传其种类，而更有主宰觉悟动作之司，以应外事者，即脑是也。"合信、陈修堂，『全体新论』，京都：勝村治右衛門，1857年，16页。

《全体新论》出现了许多与脑相关的新名词,如"脑气筋""大脑""小脑"等,其中一例是对"脑质"内在构成的描摹:"盖承脑之驱使,分派众脑气筋之本也。西国医士,剖开脊骨考验,见胞膜三层,膜内有清水,环护脊髓,髓质与脑质同类,比手足骨内之髓,大相径庭,亦谓之髓者,盖中土无名,不得不沿其旧耳。"①尽管(脊)髓质、脑质与骨髓各有所指,但因缺失新的汉语译词,只得沿用旧名。清末医学大家张山雷曾疏证:"合信氏谓脊中髓质,与脑质同者,是也。若以其质而言,本不可同谓之骨髓。然吾国人向来心理,意谓脑固藏在骨中,则亦因而同名为髓。原不问其体用之有何区别,此诚是中古生理学之粗率,无可为讳。"②由此可见,早期医学著作的翻译普遍面临"中土无名"的困难,在对应汉语译词缺位的情况下,类似"脑质"的构词法逐渐为传教士采用。③

较西方传教士的汉译更早,日本江户时代的兰学家在翻译西学著述时喜造汉字新词。"脑质"一词可追溯到大槻玄泽所编《重订解体新书》(1826),该书是对其师杉田玄白所译《解体新书》(1774)的修订。④《解体新书》中虽未出现"脑质"一词,但明确表达了脑主意识的观点——"头之所藏者,脑及意识也"⑤。大槻玄泽在此基础上增补了多卷"翻译新定名义解",与正文互参,其中"脊髓"的释义与后来合信所撰《全体新论》有相通之处:"上连脑髓、下抵尾骶,其质同脑,俱造灵液。"⑥大槻玄泽对"脑"及构成"脑"的新名词的细致梳理也多流露出江户末期造新词、创私语的一些特点。

---

① 合信,陈修堂,『全体新论』,京都:勝村治右衛門,1857年,19页。
② 嘉定张寿颐山雷:《英医合信氏全体新论疏证》,载程良骏、姜黎平主编:《张山雷研究集成》,中医古籍出版社2015年版,第220页。
③ 卢公明所编《英华萃林韵府》将"softening of brain"译作"脑质变软",见 Justus Dolittle, *Vocabulary and Hand-Book of the Chinese Language*, Foochow: Rozario, Marcal and Company, 1872, p.47.
④ 《解体新书》被视作日本第一部真正的兰学译著,在系统介绍西方医学、解剖学知识的同时,第一次有意识地实践了书面语的异质翻译,原书为 Johann Adam Kulmus, *Anatomische Tabellen*, Danzig, 1725,参见沈国威:《近代中日词汇交流研究:汉字新词的创制、容受与共享》,中华书局2010年版,第69—98页。
⑤ キュルムス著,杉田玄白訳,『解體新書』,室町(東武):須原屋市兵衛,1774年,2页。
⑥ キュルムス著,杉田玄白訳,大槻玄沢重訂,『重訂解體新書』,日本橋通(江都):須原屋茂兵衛,1826年,21页。

脑［直译］，"泄列勃留模"（罗），"协卢僧合卢泄能"（并兰），按：汉所谓脑也。

皷樣，"拔斯多㝹古低业"（兰），按木皮樣质之义也，一名"歹蜡物泄鹿弗斯当疾机协乙铎"（兰），此浅藤紫彩之义，盖因其色名也。

髓樣，一名白质，"灭卢机㝹古低业微的泄鹿弗斯当疾机协乙铎"，按合二名而译之，则骨髓樣，白质也。①

"皷樣"（灰质）与"髓樣"（白质）虽佶屈聱牙，但实为两个单音节词的复合，被大槻玄泽归入"义译"的范畴，即在没有现成词源的情况下创造新词，虽无名可充，却有义可取。沈国威曾指出早期兰学家的这类"义译"是将外语词分解为可以理解的意义单位。② 江户末期以语素为单位的兰学译著，较传教士的汉译西书时代更早，直接影响了此后"脑质"一词的跨文化传播。

（二）脑质大小与人种竞逐

19世纪70年代后，无论是转译西书的中文文献，抑或在华发行的西文报纸，都热衷于讨论脑的大小及其构成，比较男女脑质的异同。作为人的核心器官，"脑"的可视形象不仅见于近代医学和解剖学的专书，更延展到形形色色的大众报刊中。《上海差报》曾刊文将男女颅骨的差异与人种的开化程度做比较，凸显"争竞生存"（in the struggle for existence）的进化思想。③ 当时的科学实验也试图证明动物的大脑质量和其容量并无绝对关系，但是"为了争竞生存，一方的微弱优势通常可以弥补另一方的极大差异"。④ 上述格致文章在以科学方法证明脑质发育的同时，尤为强调以竞争促进化的思想。

那么，同时期的西文报刊如何描述中国人的大脑呢？1894年，中日甲午战

---

① 引号内是拉丁语或荷兰语原词发音的汉字转写，参见キュルムス著，杉田玄白訳，大槻玄沢重訂，『重訂解体新書』，日本橋通（江都）：須原屋茂兵衛，1826年，8—10頁。
② 对应于现在的"语素对译法"，王力称之为摹借法。荷兰语/德语原本也具有以语素构词的特征，参见沈国威：《近代中日词汇交流研究：汉字新词的创制、容受与共享》，中华书局2010年版，第86页。
③ "The Size of the Brain, the Phonograph and the Brain", *The Shanghai Courier*, 1878.12.14, p.3.
④ "Animal Size and Brain Power", *The North-China Daily News(1864 - 1951)*, 1898.9.7.

争前夕,一篇名为 Observations on a Chinese Brain(《对中国大脑的观察》)的文章出现在伦敦神经科学学会的权威杂志 Brain(《脑》)上,《字林西报》第一时间报道了相关内容,取名为《中国佬的大脑》。① 文章指出,中国人脑的重量约为1182 克,较一般成年男性的平均值少了 176 克,大脑与小脑之比(5∶1)也远低于正常人的比例(8.5∶1),这证明了中国人天性中感性的特质,如重视家庭、孝亲忠君、传宗接代等。但是,中国人在智力上并不落后,其脑质的复杂程度与正常人相当,此处"脑质"是"brain substance"的汉译,即以语素为单位的复合构词。"在所有思维域的发展中,是什么赋予了欧洲如此突出的优势? 回答这个问题需要不少篇幅,但毋庸置疑的是,欧洲人大脑的思维域是那些喜欢家庭与社会生活之人的八倍。"②文末的设问揭示了作者对"中国佬"的鄙夷。在中西脑质的对比中,被贴上理性标签的欧洲人种的优越性呼之欲出,人种的等级之分也经由"科学的"脑质实验加以证实。在以进化为公例的时代,中西文明的悬殊远大于脑质的差别,时论借脑质的高下引出人种的优劣。

笔者注意到 19 世纪末 20 世纪初,中文文献里频繁出现的"剖脑""测脑""验脑"等格致新词大多源自对西文报刊的译述。③ 其中,转译自纽约《格致报》的《考论脑质》(1897)一文最有代表性,同年《知新报》《利济学堂报》也有转载,文末附图一张,按脑容量的大小依次展示了解剖学视野下的象脑、人脑、羊脑与山鼠脑。该文抛出了一个无法完全用生理学知识解释的问题:人脑并非最大,但人之聪慧却胜于万物,其中缘由何在? 作者认为"专以脑分愚智,亦不然矣","聪明半出于教化,非尽由乎脑也。奥大利洲未归英属之前,人皆蛮野,既归英化之后,人渐智矣,可知半由教化,半由生成也"。④ 该文剖析了生理学层面"脑"的局限性,指出先天之脑质与后天之教化共同决定了人种的开化程度,和"野蛮"相对的"教化"逐渐与现代意义的"文明"概念相通,

---

① "A Chinaman's Brain", *The North-China Daily News*(1864 – 1951),1894.7.20, p.3. 内容概述可参考"Anatomy of a Chinaman's Brain", *Public Opinion*, 1894.7.27。
② "A Chinaman's Brain", *The North-China Daily News*(1864 – 1951),1894.7.20, p.3.
③ 如《剖脑疗疮(译〈横滨日日报〉)》,《时务报》第 38 期,光绪二十三年八月十一日(1897 年 9 月 7 日);《测脑可辨智愚》,《知新报》第 107 期,光绪二十五年十一月初一日(1899 年 12 月 3 日);《醵庐杂录:剖验脑质》,《选报》第 20 期,光绪二十八年五月廿一(1902 年 6 月 26 日)。
④ 《考论脑质(附图)》,《知新报》第 21 期,光绪二十三年五月十一(1897 年 6 月 10 日);《考论脑质》,《利济学堂报》第 13 期,1897 年 7 月。

溢出现代医学知识范畴的"脑",成为区分不同人种文明与野蛮的科学标准。

(三) 昌明脑学与进种改良

1893年日本东京某书院完成了解剖日本人大脑的实验,并得出结论,"日人与西人脑质或同或异,虽尚未穷究,若就其所验者观之,则丝毫无异也"①。日本试图通过解剖学实验和生理学公例,科学地论证其在性别与人种上并不逊色于西人。中日甲午战争之后,跻身文明行列的日本成为中国效仿的对象。国内进种改良、智脑开张的呼声日趋高涨,成为当时中国试图融入世界秩序的一种努力。笼罩在进化思想之下的脑质发育关系着一国一民的进步,"脑"逐渐从主宰人身体的生理器官演变为特定政治社会语境下智民强种的利器,承载了对国家兴亡的思考。

严复观察到进化风潮之下脑质的渐趋发达,"且自脑学大明,莫不知形神相资,志气相动,有最胜之精神,而后有最胜之智略。是以君子小人,劳心劳力之事,均非体气强健者不为功"②。严复认为在脑学昌明的时代,体气强健是"鼓民力"之本,也是强种之必备。他旋即援引欧洲男女进种改良之成功以激励中国变法富强,"至于近世,则欧罗化〔巴〕国,尤鳃鳃然以人种日下为忧,操练形骸,不遗余力。饮食养生之事,医学所详,日以精审,此其事不仅施之男子已也,乃至妇女亦莫不然。盖母健而后儿肥,培其先天而种乃进也"③。梁启超的《论中国之将强》(1896)则感慨:"彼夫印度之不昌,限于种也,凡黑色红色棕色之种人,其血管中之微生物,与其脑之角度,皆视白人相去悬绝。惟黄之与白,殆不甚远,故白人所能为之事,黄人无不能者。日本之规肖西法,其明效也。日本之种,本出于我国,而谓彼之所长必我之所短,无是道也。"④他试图从"脑"的科学视角论证黄、白二种在生理学层面相去不远,同文同种之日本在效仿西法后政教发达、日趋文明。此时,维新人士昌明脑学的诉求背后,是对西方人种的异质想象和国人将强的理想期待。

---

① 《醵庐杂录:剖验脑质》,《选报》第20期,光绪二十八年五月廿一(1902年6月26日)。
② 严复:《原强(修订稿)》,载王栻主编:《严复集》第1册诗文上,中华书局1986年版,第27—28页。
③ 严复:《原强(修订稿)》,载王栻主编:《严复集》第1册诗文上,中华书局1986年版,第28页。
④ 梁启超:《论中国之将强》,载《饮冰室合集·文集》之二,中华书局1989年版,第13页。

但是,康有为、梁启超等关于"保种保教"①、"进种改良"②、"通教合种"③的大胆倡言引来了反对者不遗余力的批评,保守大儒叶德辉便曾诘问"合种通教"说:

> 鄙人以为康梁之谬,尤在于合种通教诸说。梁所著《〈孟子〉界说》,有进种改良之语;《〈春秋〉界说》,九论世界之迁变,隐援耶稣创世记之词,反复推衍。此等异端邪说实有害于风俗人心,苟非博观彼教新旧之书,几不知康梁用心之所在。近日三五少年逞其狂谈,悍然蔑视名教而不顾,推原祸始即在《界说》诸条。第界说亦有所因,乃至变本加厉。西人言全体学者,喜格致脑气筋之理。彼言脑气筋之灵之细,惟黄、白二种相同,其余棕、黑、红种皆所不及。其论性之善恶,又有本于父母之性之说。彼言种之善者灵者,不可与恶者蠢者合,译者衍为进种改良,已失其本旨,康梁乃倡为合种保种之说,几若数千百万中国之赤子,无一可以留种者,岂非瘈犬狂吠乎?④

叶德辉直指康、梁用心险恶,已然沦为西国之仆役,其弟子易鼎更蔑视名教,狂言妄语。"进种改良"的译法更是背离本意,曲解了西方生理学意义的全体(身体)观念。双方在保种保教的问题上,均坚持己见,誓不退让。⑤尽管如叶德辉这样的保守大儒反对被过度演绎的进种改良说与合种通教论,但是经由脑的生理差异去推演人种的优劣与高下在本土语境中已较为普遍,上述引文亦从侧面反映出"脑"主身体观念的流行。⑥

---

① 康有为于1897年成立"保国会",以"保国、保种、保教"为宗旨。
② 时任湖南时务学堂中文总教习的梁启超在《读〈孟子〉界说》(1898)一文里,援引康有为三世说讨论人性从恶至善的次第发展,他将"进种改良"视作实现太平世的方式之一,载《梁启超全集》第1册,北京出版社1999年版,第160页。
③ 时务学堂学生易鼎发出了"通教""合种"的大胆倡言,参见易鼎:《中国宜以弱为强说》,《湘报》第20号,1898年4月。
④ 叶德辉:《叫吏部与俞恪士观察书》,载沈云龙编:《中国近代史料丛刊》第65辑《翼教丛编》,台湾文海出版社1969年版,第443—444页。
⑤ 王汎森将此称作意图(intention)和手段(means)的分殊,参见王汎森:《古史辨运动的兴起:一个思想史的分析》,允晨文化1987年版,第146页。
⑥ 《全体新论》对"脑气筋"一词的翻译,基本主导了此后关于"脑"的生理认知,"凡人百体之能运动及有觉悟者,是皆脑气筋所为,而脑为主使也",谭嗣同的遗作《仁学》沿袭了"人之脑气筋通五官百骸为一身"之说,参见湖南浏阳谭嗣同:《仁学》,《亚东时报》第5期,1899年1月。

随着脑学的昌明,"脑"取代"心"成为一身之主,知觉在脑不在心。①"脑质"这一解剖学的汉译新词逐渐转为区分人种高下的进化术语,可视的格致名词被进一步抽象为接纳西学新知、汲取西国文明的容器。

二、气质:理学旧词的焕新

1892年,《申报》出现了杂糅西方科学新知与传统理学知识的"气质"论述:

> 有天地即有万物,有万物即有万物之体,万物之体,非凝即流,非流即凝,此其本然之质也。凝者,使之流旋,使之复凝,流者,使之凝旋,使之复流,此变化气质之功也。中国以变化气质施之于人,为身心之学,盖以人为万物之灵,故理学家尝悉心致力之至物质之变化。②

文中先后出现了两次"变化气质",含义不尽相同:前者是格致学意义的西学新词,指自然现象中的气体;③后者特指人的气禀变化,可归于"学以变化气质"的理学范畴。作者有意把"气质"的两重面向穿插在同一篇文章里,试图调和传统理学与现代科学间的关系。

(一)"学以变化气质"的延续

理学关于"气质"的论述是理解清末变化气质说的基础,张载认为"为学大益,在自(能)[求]变化气质,不尔[皆为人之弊],卒无所发明,不得见圣人之奥。故学者先须变化气质"④,这是后世所引"学以变化气质"的源出。士君

---

① 黄遵宪曾言"知觉不在心而在脑",参见《师服(伏)堂未刊日记》,载汤志钧:《戊戌变法人物传稿(增订本)》上册,卷五黄遵宪,中华书局1961年版,第423页。
② 《物体凝流二质论》,《申报》1892年4月24日。
③ 如郭嵩焘在日记中曾与友人罗丰禄谈及西洋化学中的"气质":"西洋言天下万物皆合诸质团结而成。其一成之原质,惟有六十二种,而略分三质:一曰实质,如诸金之属;二曰流质,如磺强水之属;三曰气质,如养气、炭气之属。"郭嵩焘著,钟叔河等整理:《伦敦与巴黎日记》,岳麓社1984年版,第400页。
④ 张载:《张载集》,中华书局1978年版,第274页。

子通过后天之学变化气质,以寻求内圣外王之道。① 理学有关"学"的论述通常被视作一种"内化"的过程,通过"学"意识到身为人的内在道德的指引力量。②

理学在有清一代的发展总体起伏不大。③ 晚清和"气质"相关的部分言论仍然遵循理学的义理,是对既有道德规范的卫护和个人修身之道的坚守。读书明理、变化气质之说未绝,如理学的坚定守护者曾国藩致书其子:"人之气质,由于天生,本难改变,惟读书可变化气质。古之精相法,并言读书可以变换骨相,欲求变化之法,总须先立坚卓之志。"④《申报》早期的文章亦强调"识时务者,莫若两利而并重之,盖中国文章诗赋策略,所以使人究心经籍,必读书明理,变化气质,始能就范,此根本之学"。⑤

晚清维新人士中喜谈变化气质的是康有为,他在荀子人性论的基础上,吸取理学关于气质、义理的讨论,提出了变化气质说,转化儒学传统。《长兴学记》(1891)记载"有性无学,则人与禽兽相等……同是物也,人能学则贵"。康有为受到荀子人兽之分的启发,强调以"学"为贵,并以"志道、据德、依仁、游艺"为四学纲,"主静出倪、养心不动、变化气质、检摄威仪",延续理学既有之含义。⑥ 他在《爱恶篇》里对气质之性的论述较早期儒家有所辩明,试图以"学"和"圣人贵学"来区分气质的善恶。但是,清末之"学"有较为明显的经世色彩,理学修身和理学经世的分野体现了理学的内在分化,无论是强调经世致用的洋务派,抑或昌明政教的理学大儒,甚至以理学为名而旨在变法的维新士人,"学"的主体、方式和内容都较过往有所改易,"气质"也在西学的影响

---

① 朱熹在二程的观点上生发出"天命之性"和"气质之性"的差别,试图完善儒家的人性论叙述:"天命之性,本未尝偏。但气质所禀,却有偏处,气有昏明厚薄之不同","或问:若是气质不善,可以变否? 曰:须是变化而反之"。个人的气质(禀)是可以变化的,这取决于"学"的程度。
② 包弼德:《历史上的理学》,王昌伟译,浙江大学出版社 2010 年版,第 138 页。
③ 钱穆认为"清学之脉络節节之易寻者在汉学考据,而不在宋学义理",钱穆:《〈清儒学案〉序》,载氏著:《中国学术思想史论丛》(八),东大图书公司 1980 年版,第 369 页。
④ 《同治元年四月二十四日谕纪泽纪鸿》,载《曾国藩全集(修订版)》第 21 册,岳麓书社 2012 年版,第 19 页。
⑤ 《中西学宜并重》,《申报》1875 年 12 月 27 日;《论为人贵有一诚字》,《申报》1887 年 9 月 18 日。
⑥ 康有为:《长兴学记》,载姜义华、张荣华编校:《康有为全集》第 1 集,中国人民大学出版社 2007 年版,第 343—344 页。

下生发出全新的现代气息。

(二) 现代气质的萌生

早期英华字典对气质的翻译,侧重中西语境中个人的生理构造与性情禀赋。卫三畏《英华韵府历阶》(1844)以"气质、品质"对译"Temperament",强调内在的人格特质。① 马礼逊《五车韵府》(1865)的解释最为全面,准确把握到了"气质"的几层内涵:第一,与"气海""气高""气力"等传统中医用语有关,"气积为质"(an aggregation of Kh'e)和"气质"(the constituent parts of a human being)可用来描摹人的生理构成,并衍生出"气质之禀",形容人所受之天赋。第二,作为理学的基本概念,与"气—理""气—心""气—形"等抽象名词相关。第三,"气"和"质"均为构成物体的基本元素。②

19世纪末20世纪初,受现代国民概念兴起的影响,"气质"的语义内涵呈现出由私到公的新特点。曾致力于推动西学新知翻译出版的广学会在华影响极大,其成员华立熙(G. W. Walsche)在《中西教会报》上的译文《续变化气质以兴国运说》对"气质"的描摹较有代表性:"民者,积无数之气质而成者也",即从个人气质推及群体气质,"于此可知一国之兴衰,在乎人民之志向,人民之志向在乎气质之善恶,苟能个人变化其气质,则兴民即在于是,惟不易形容其理"。③ 此处关于"国家—人民—气质"的叙述遵循了由大到小、自上而下的逻辑,但显然"人民之志向"和"个人之气质"改变了理学所强调的立志与变化气质的初始语境,原有的主体"士君子"被"民"所替代,变化气质的目的不再是内圣外王,而是兴民以兴国运。作者在下文以"治国之法"和"通商之道"为例,指出新政的现实诉求与现代社会的商业往来在于变化民的气质。华立熙的译文俨然改变了"气质"的传统语义,重塑了现代民族国家兴起之初国家和个人的紧密关系。

甲午战争之后,汉语语境中的"气质"一词受日本影响较大。1896年12

---

① Samuel Williams, *An English and Chinese Vocabulary in the Court Dialect*, Macao: Printed at the office of the Chinese Repository, 1844, p.290.
② Robert Morrison, *Wu Che Yun Fu: A Dictionary of the Chinese Language*, Vol. 1, Shanghai: London Mission Press, 1865, pp.499-500.
③ 汇丰银行蔼多士:《续变化气质以兴国运说》,广学会华立熙译,《中西教会报》第7卷第73期,1901年7月。

月,日人涩江保翻译出版了美国传教士明恩溥(Arthur Smith) *National Character*(《中国人的性格》)一书,日文名为《支那人气质》。作为东京博文馆所出"战史及战争物"丛书(1894—1897)的单行本,该书虽不是严格意义的战史或战时读物,却是甲午战后的特殊产物。① 涩江保以"气质"对译"character":

> 史密斯为传教,在留支那,二十二年间,尽力观察国民之气质,其观察之详密,无大过者,为吾人所信不疑也。
>
> 史密斯之《支那人气质》,往往以东洋人之通习为支那人气质,因东风西俗之异,取吾人目中并非稀奇之事物喋喋称奇之类,吾人并非没有不满之处,然其要者,描述于彼国社会及家庭之光面、暗面,透其真相,不失之简,不过于繁,似以此书为最。是乃生译述此书之所以然者。②

涩江保认为:该书在观察并记录中国国民气质方面翔实缜密,颇为可信,西方人喋喋称道的"支那人气质"在日本人看来其实稀松平常;尽管明恩溥对中国国民气质的描摹不乏来自西方的想象,但他对中国国民与社会家庭的观察又能洞见真相,删繁就简。涩江保既没有选择翻译中国本土的汉文书籍,也没有择取日本历来有关中国世态的作品,而是以美国传教士对中国的观察为最。这种选择透露出了一种矛盾,即19世纪末对中国国民气质的描摹,是经由西方和日本透镜所传递出的他者想象,"气质"的主体悄然置换为以"国民"为单位的集合单数,其内涵也更接近于现代国民的性格与品质。1903年,经日语转译而来的《支那人之气质》中译本由作新社发行,译者在弁言中以不容置疑的紧迫口吻,强调此书不可不译、不可不知、不可不图,"不可不考此气质之所以致此;不可不谋此气质之所以改良、所以成全;不可不以此气质之当戒、当法,润浸于己,配布于人,鼓动乎风俗,推挽乎国政"。③ 译者借明恩溥等

---

① 李冬木:《涩江保译〈支那人气质〉与鲁迅》(上),《关西外国语大学研究论集》第67号,1998年2月。
② アーサー・エチ・スミス著,渋江保訳,『支那人気質』,東京:博文館,1896年,1頁,转引自李冬木:《涩江保译〈支那人气质〉与鲁迅》(上),《关西外国语大学研究论集》第67号,1998年2月。
③ 译者不详:《支那人气质》,作新社1903年版,第2页。

他者之口,反省国人气质改良与风俗、国政之革新。

"气质"一词源来有自,理学传统中的气质之性尤为注重士君子主动向学、变易气禀的外在努力。19世纪末西学知识的传播使得"气质"逐渐具备格致的新内涵,甲午战后,"气质"的语义由私转向公,逐渐由内化于理学的传统名词演变为外发于现代社会的新术语,成为西方和日本观察描摹近代中国国民思想的新名词。

三、《亚东时报》所见变易脑质与变化气质

上文对19世纪以来"脑质""气质"二词的语义变化做了基本梳理,但"变易脑质"和"变化气质"之间的语义纠葛仍有待进一步探讨。尽管两者在"变"的外在构词和形塑现代国民的目标上有相通之处,但是"脑质""气质"的使用语境和词义内涵仍有一定的差异。其中,"变易脑质"带有昌明脑学和进种改良的文明诉求,而"变化气质"则是对"学以变化气质"这一理学传统的反思和转化,进而流露出对现代国民气质的想象。将"脑质""气质"相提并论则集中出现在19世纪末日本报人山根立庵所办《亚东时报》上。①

(一) 批判国民现状

清末对"变易脑质"与"变化气质"的讨论毫不留情地以批判国民现状为目的,并通过一系列中西、古今之对比建构出理想国民和旧有愚民间的对立,形成一种负面的、反向的叙述。

《变易国民脑质》一文不仅揭示了近代以来主导人思维认知的是"脑",也主张通过变法革新国民气质。戊戌之后本土士人呼吁改变脑质、灌输新学的

---

① 在宗方小太郎、白岩龙平、河本矶平等依托于大东汽船会社的乙未会成员的邀请下,日本报人山根立庵于1898年4月奔波抵沪,筹备《亚东时报》。《亚东时报》的全貌,可参见戴海斌:《〈亚东时报〉研究三题》,《史林》2017年第1期;戴海斌:《山根立庵、乙未会与〈亚东时报〉》,《复旦学报(社会科学版)》2017年第3期。笔者经梳理发现,《亚东时报》关于"脑质"与"气质"的讨论集中出现在1899年下半年刊载的一系列文章中:第10号《论海上各报之弊》《论支那士气民心之不同》,第11号《支那今日党派说略》,第12号《六月初四上谕书后》,第13号《变易国民脑质》(钱塘李世基),第14号《讻言说》(黄元直),第15号《论支那严治会匪之非》,第17号《砭新论》,第18号《日人实心保华论》《论民权》。

诉求日渐增多。该文讽刺那些号称改革者"徒尔张皇外貌,不先从国民脑质中,涤其千百年之积浊,影以新世界之规模",国民脑质里的旧俗亟待根除。①但是,缘何中国国民脑质便积累了千百年的积浊呢?"脑质"一词的内涵与使用发生了根本性转变,其背后是进化观念笼罩下对中国现状和既往历史的否定。中国的落后与国民脑质的朽败不无关系,如"犯上作乱之脑质"②,"无他,民智不开,脑质朽败"③,在彻底否定国民现状的基础上,"脑质"这一舶来自西方的新名词摇身一变成为解释中国积弱的源头,也为当时西方奴役并瓜分中国提供了言论上的支持:"今西人之持瓜分支那之议者,动曰:彼民也。其质愚,其力弱,其势涣,可以惟吾所欲为而无所忌。"④

同时代对"气质"的描摹同样含有对现状的否定和对士民的批判。在清末教育改革中,新式学堂章程和理学倡导的"学以变化气质"有相通之处,通过外在的"学",如启蒙幼学、灌输新知,来纠正负面的、嚣张的气质。如《江南储材学堂章程》认为"各生皆属少年,气质未化约,有三种,曰纨绔气(世家子弟),曰寒酸气(寒士子弟),曰市井气(商贾子弟),尤当痛自洗伐,潜移默化,此后学与年进,尤宜戒除名士气、学究气、江湖气,人苦不自知慎,勿河汉斯言也"⑤。《奏设武备学堂折》指出"中国学堂所教,多系俊秀幼童及各营兵勇,文理既昧,气质亦粗"⑥,地方少年气质浮嚣,应当化约气质之痼疾,于潜移默化中精进所学。另一种对"气质"的否定是与现代理想国民互参:"说者谓众喙曰唲,江河日下,国民气质,日即颓废。"⑦此处"国民"既泛指庶民,亦影射下文所言报馆诸人,戊戌政变时托清流之私攻击维新志士的湘中旧党,被作者贬为守旧愚民。"气质"的颓废同样带有对国民现状的讽刺和对旧有愚民的批判,以理学喜言之"气质"攻击那些尊奉义理和修身之道的保守士人,无疑是在西方现代国民"气质"的衬托下对中国现状的负面评价。

---

① 钱塘李世基:《变易国民脑质》,《亚东时报》第13号,1899年8月15日。
② 洞冥居士:《论支那严治会匪之非》,《亚东时报》第15号,1899年9月14日。
③ 黄元直:《讹言说》,《亚东时报》第14号,1899年8月30日。
④ 福建九幽一缕人:《论支那士气民心之不同》,《亚东时报》第10号,1899年7月2日。
⑤ 《江南储材学堂章程》,《时务报》第41期,1897年10月6日。
⑥ 《鄂督张奏设武备学堂折》,《时务报》第28期,1897年5月31日。
⑦ 昆山徐友谅:《论海上各报之弊》,《亚东时报》第10号,1899年7月2日。

(二)"养士"与"向学"

《亚东时报》主编山根立庵在《养士论》中指出"支那局事,支那人宜自为之,支那人欲自为之,宜以养士为先"①,以襄助变法为目的之"养士"带有革除旧弊的需求。晚清脑质变易的前提是士民优先。它借鉴并转化了既往理学对士君子的道德要求,注重士民的道德言行,区分士民和庶民脑质的异同,如李世基认为革新支那政俗之弊"要非从士民之脑质,首先变易不可",随即胪列士民脑质受病的个中根源,分析廓清脑质的多种方法,试图将西学新知纳入士民抽象的脑质中。② 与之相比,变化气质论却带有西学冲击之下的反理学倾向,具体表现为对普通国民的道德要求。《亚东时报》讨论士气民心之不同,"故今日为支那计,首宜废科举、开小学、广报馆、隆教育,以变易国民气质为主义"③,将变化气质的主体转化为普通国民,强调废除科举、昌明西学、广开报馆等维新之道。

随着变易脑质与气质的言论渐趋流行,时人将变的途径寄托在了"学"之上。学能改良脑质,也能变化气质,但是,士"学所不当学,以坏其坚强之脑质,反不如民之未尝学问"④,沉浸于奇技淫巧的士君子尚且不如那些无视新学的庶民,究其原因,则由于"脑质"易败坏。"脑"指向生理层面主导人思维感知的身体器官,成为区分后天学与不学、国人强与不强的一个重要指标,士君子的脑质败坏并非由于其先天之弱小,而在于后天所学之不当。变化气质的讨论也和"学"密切相关。"夫当世之读书子弟,皆不能变化气质,上希圣贤,其才情之浅陋、学问之荒疏,与不读书者无以异,且有反不如不读书者之熟悉人情,谙练世故"⑤,"或又谓今之读书未必能变化气质,即士子寻章摘句,学称有成,而于居心行事,渺不关涉"⑥,《申报》的两段引文既表达了对士君子不学的不满,亦指出读书无用、多学无益,若不能变化气质则不如不学,这与理学中的"以文害道"有相似之处。

---

① 深山虎太郎(山根立庵):《养士论》,《亚东时报》第15号,1899年9月14日。
② 钱塘李世基:《变易国民脑质》,《亚东时报》第13号,1899年8月15日。
③ 福建九幽一缕人:《论支那士气民心之不同》,《亚东时报》第10号,1899年7月2日。
④ 福建九幽一缕人:《论支那士气民心之不同》,《亚东时报》第10号,1899年7月2日。
⑤《论官场子弟不读书之弊》,《申报》1889年7月4日。
⑥《论租界宜广设义塾以弭小流氓之患》,《申报》1896年8月19日。

此后,传统意义的士君子之学渐趋落寞,变化脑质和气质背后的现代功用愈发重要,其所内含的道德意识的现代转向,体现在20世纪初经由脑质变易改良道德心的论述中:

> 西方以格致之法,研求医学,而割症之术尤奇。然近日更有进步者,则以能治脑病,而改良其道德心也。……然则脑之形式,大有关系于智慧,而脑骨受病,在初生之小儿,医之尤易,自斯学发明后,将来愚鲁之人,皆可改正其脑骨,而变成颖特,则世界人类一切之苦难,从此免矣。①

文章讲述了美国一少年脑骨痊愈后根除从前一切顽劣之气的故事。作者在感慨现代解剖术神奇的同时,指出比脑病治愈更为进步的是道德心的改良,愚鲁之人亦可变得聪颖智慧。现代医学的道德功用被进一步凸显,它对文明发展和世界进步的裨益极大。反之,脑质受病不只是生理层面的缺陷,而带有被救治、被改良的道德需求。

四、结语

20世纪初,一套冠以科学之名的养脑方法从日本舶来,一篇名为《说脑》的文章详细列举了改良脑质的十种方法,每一种都和科学用脑息息相关,文中充斥着对儒学传统的质疑,反对以心作为身体之主,如"不言脑而言心,是未明心与脑之生理学","知觉运动之政局如此,则子思、孟子、朱子之说,岂复可信乎?"但是,该文对"脑"这一类可视的西学知识的修辞常常包裹在儒学的抽象外衣之下,"养脑"之法和理学中的"养心""养气"等做工夫之道不乏相似之处:"故使用身体为养脑之重要主义,最善之法,无论大人小儿,均宜每日费一分工夫于使用身体,费一分工夫于锻炼善心,而后费一分工夫于增进科学,如此用脑,比于仅用脑于一种科学者,少生疾病。"②

尽管新名词"脑质"的语义内涵借鉴了理学的外在框架,但它重构了以脑

---

① 《智能丛话:治脑功用》,《万国公报》第193期,1905年2月。
② 该文以日本小林义直所译《生理养生论》为蓝本并附以他说,引文出自《说脑下篇》,《江苏》(东京)第2期,1903年2月27日。

为核心的国民叙述基底。变易脑质说的流行既体现了晚清身体观念的变化，也反映了新旧交替时代造"民"的超前理想。在描述"民"这样的抽象概念时，"脑"成为可视的依托对象。清末出现了一系列与"脑"相关的新词，如"脑人""国脑""公脑"等。被称为东方卢梭的中江兆民说"日本仅有口人、手人，而脑人盖寡"①，以讽刺国民脑质不开。戊戌后客居日本的梁启超发表了不少和"脑"相关的言论，如借"脑质"形容个人思想的突变："自居东以来，广搜日本书而读之，若行山阴道上，应接不暇，脑质为之改易。"②再如《清议报》登文"且豪杰之公脑，即国民之公脑也，国民有公脑，则千百亿万人如一人，千百亿万人如一人，天下事未有不济者也"③，超出个人之上的"公脑"无疑代表了塑造整体式国民的初衷。在《清议报》发行一百册祝辞中，梁启超直言"凡欲造成一种新国民者，不可不将其国古来谬误之理想，摧陷廓清，以变其脑质"④。《新民说》开篇所强调的"淬厉其固有、采补其本无"便因袭了这一论述，脑质的变化溢出了生理学的范畴，带有塑造现代国民的政治意涵。

晚清以国民为导向的"变化气质"说的兴起，可视作对理学传统的批驳与转化。受西方影响、以培育普遍国民气质为最终目的的变化气质说一度脱离了理学的旧有语境。梁启超在《新民说·释新民之义》里曾明确提出"先哲之立教也，不外因材而笃与变化气质之两途，斯即吾淬厉所固有、采补所本无之说也"⑤，其中"因材而笃""变化气质"的语义内涵从"固有"转向"本无"，兼具过渡时代通过西学变化国民气质的崭新色彩。⑥

综上，本文梳理了"脑质"与"气质"在晚清汉语语境中的知识谱系和语义脉络，戊戌政变失败后，"变易脑质"与"变化气质"论的集中兴起，不妨视为过渡时代形塑国民思想的潜在尝试与对现代国家的理想期待。随着身体观念的改易和进化思想的传入，传统意义上被认为是次要的、从属的"脑"和流变

---

① 《谭丛:脑人》，《大陆（上海）》1902 年第 2 期。
② 梁启超：《夏威夷游记》，载《饮冰室合集·专集》之二二，中华书局 1989 年版，第 186 页。
③ 梁启超：《豪杰之公脑》，载《饮冰室合集·专集》之二，中华书局 1989 年版，第 34 页。
④ 梁启超：《清议报一百册祝辞并论报馆之责任及本馆之经历》，载《饮冰室合集·文集》之六，中华书局 1989 年版，第 50—51 页。
⑤ 梁启超：《新民说·释新民之义》，《新民丛报》第 1 号，1902 年 2 月。
⑥ 梁启勋在描述国民心理学发端时，同样征引其兄所言"若'因材而笃''变化气质'之两大主义，即所谓发挥本能、矫正缺点"，梁启勋：《国民心理与教育之关系》，《新民丛报》第 25 号，1903 年 1 月。

的、偶然的"气",在晚清意外地焕发了生机,构成了现代国民不可或缺的一部分。这也是以往学界在探讨新旧转辙过程中诸如"国民"等基础概念时容易忽视的面向。在这一层面上,"脑质"与"气质"可视作观察近代"国民"概念时衍生出的新名词。①

---

① 概念的衍生化(derivatization)指在具体历史语境中,由基础概念衍生出的诸多具有中国本土色彩的"下位概念",参见孙江:《概念史研究的中国转向》,《学术月刊》2018年第10期。

"干部是什么"?
——基于先锋队理论的视角*

谢 任**

一、引言

1931年8月27日,中共中央在一份关于干部问题的决议中,批评陈独秀以来的领导者"从来没有真正的注意干部问题,而且对于干部问题在他们的观念上认识上以及工作方式上都是极端模糊与错误的",甚至称他们"不懂得干部是什么"。① 即使考虑到中国共产党当时的处境和行文风格,批评此前党的领导者在建党十年之间"不懂得干部是什么",仍是一件令人惊异的事。那么,对于1931年及此前的中共而言,"干部"究竟是什么呢?

---

* 本文系国家社科基金青年项目"日本馆藏涉中共沦陷区工作的史料整理与研究"(23CDJ027)和南京大学人工智能交叉研究计划专项课题"人工智能技术驱动下海外中共党史资料(1921—1949)整理与数据库建设"的阶段性成果。
** 谢任,南京大学马克思主义学院准聘副教授。
① 《中共中央关于干部问题的决议》(1931年8月27日),载中共中央文献研究室、中央档案馆编:《建党以来重要文献选编(一九二一——一九四九)》第8册,中央文献出版社2011年版,第532页。着重号为原文所有。值得注意的是,在目前可见的中共中央文件中,这是最早的一份专门就干部问题做出的决议。

近十余年来,伴随着概念史研究的兴起①,学界开始注意到"干部"这一颇具特色的概念。然而,目前对"干部"概念的历史梳理仍较多停留在词语层面上——尽管也涉及制度与实践问题②;对"干部"内涵的辨析则偏于静态,且没有触及更核心的内容——"先锋队"属性。③ 实际上,上述1931年的决议就指出,干部是"巩固党的全部工作的中心主力",因而要成为"先锋队的先锋队"。④ 先锋队理论是列宁主义政党的根基所在,对中共的发展至关重要。不注重先锋队理论的视角,对"干部"的理解难免会有所偏失。

鉴于此,本文将从先锋队理论的视角出发,围绕"干部是什么"这一问题,重新梳理"干部"概念的历史渊源与核心内涵,并通过将其与"官僚"概念比较,进一步深化对干部概念的理解。需要说明的是,本文大体以1931年为时间下限。至于干部在此后中国革命、建设和改革过程中所担当的具体角色,干部制度的形成与演变等问题,既非一篇短文所能详论,且就其根本而言,实未脱离1931年中共对"干部是什么"这一问题的理解。

二、渊源:俄国的而非日本的

德国概念史家科泽勒克认为,并非所有词语都能成为概念史研究的对象,只有满足时间化、政治化、民主化、意识形态化等标准的社会-政治概念方能纳入考察的视野;孙江则进一步提出,中国的概念史研究要基于中国情境,研究对象的选定要以标准化、通俗化、政治化、衍生化为依据。⑤ 相应地,要追溯一个概念的渊源,词语层面固然必要,更重要的则是语义和语用层面的源流与演进。

就词语层面而言,作为新名词的"干部"的导入与接受过程,笔者已另文

---

① 参见孙江:《概念、概念史与中国情境》,《史学月刊》2012年第9期;李里峰:《概念史研究在中国:回顾与展望》,《福建论坛(人文社会科学版)》2012年第5期。
② 谢任:《"干部":一个新名词进入中共革命语境的历史》,《党史研究与教学》2023年第5期。
③ 熊成帅:《中国共产党"干部"概念的多重内涵》,《深圳社会科学》2023年第4期。
④ 《中共中央关于干部问题的决议》(1931年8月),载中共中央文献研究室、中央档案馆编:《建党以来重要文献选编(一九二一——一九四九)》第8册,中央文献出版社2011年版,第532页。
⑤ 参见孙江:《概念史研究的中国转向》,《学术月刊》2018年第10期。

专论。本文对此仅稍作说明,而将重点放在语义和语用层面。简言之,"干部"概念可以追溯到法国大革命之后的法文cadre,其原义为框架、边框,大革命后喻指在军队中发挥骨干作用的军官和士官。19世纪中后期,特别是日本德川幕府末期到明治初年,日本通过向法军学习开始走上军事近代化之路。在此过程中,日文"幹部"(かんぶ)逐渐与cadre形成对译关系,并于19世纪末进入中国,其义同样指军队中的军官和士官。在这一意义上,作为新名词的"干部"的确来自日本。

但是,词形的形成与流通并不等同于词义的稳固与接受。考察清末民初"干部"的语义和用法,可以发现,"干部"在用于军队以外的其他团体或群体时,并不像军事领域那样指称各级组织的领导者和骨干分子,而是专指最高领导层——这反映了时人对孰为团体或群体骨干的认识与理解。换言之,"干部"在军事组织和非军事组织中所指对象的不同,实际上是观念层面的问题。在军事近代化的进程中,自法国大革命以来便形成的各级军官和基层士官为军事组织骨干的观念逐渐强化,并经日本导入中国;而在非军事领域,长期存在的观念则是中央/高层为主干部分、地方/中下层为次要部分。在清末民初的政党组织中,此种观念通过"干部"这一新名词而延续。

改变这种过渡样态的是来自俄国的列宁主义建党理论。① 19世纪中叶,马克思借用cadre指称军队骨干的比喻义,以之指称无产阶级的骨干分子。与cadre在军事组织中的语义相对应,此时无产阶级的cadre并不特指某一层级的领导者和骨干分子。伴随着国际共产主义运动的推进,此种语义进入俄国(cadres的俄文写法为кадры)。20世纪初,尤其是以列宁1901—1902年撰写的《怎么办?》为标志,列宁主义的建党理论逐渐成熟。列宁认为,在无产阶级革命中,工人组织多多益善,革命家组织则不同。"在专制制度的国家里,我们愈减少这种组织的成员的数量,减少到只包括那些以革命活动为职业并且在同政治警察作斗争的艺术方面受过专业训练的人,这种组织也就会愈难被'捕捉'。"列宁同时强调,职业革命家及其组织数量不多,并"把最秘密的职

---

① 从19世纪到苏联解体前,俄国名称发生过几次变化,分别为1917年二月革命之前的俄罗斯帝国(简称"沙俄")、二月革命到十月革命的俄罗斯共和国、十月革命到1922年的"俄罗斯苏维埃联邦社会主义共和国"(简称"苏俄"),以及1922—1991年的"苏维埃社会主义共和国联盟"(简称"苏联")。

能集中起来,这决不会削弱而只会扩大其他许许多多组织的活动范围和内容,这些组织既然要把广大群众包括在内,就应当是一些形式尽量不固定、秘密性尽量少的组织,如工会、工人自学小组、秘密书刊阅读小组,以及其他一切居民阶层中的社会主义小组和民主主义小组等等。这样的小组、工会和团体必须遍布各地,履行各种不同的职能"。① 也就是说,处于秘密状态的列宁主义政党的骨干成员既与工人组织有所分别,也能够领导工人阶级革命。在此脉络下,干部的重要性便凸显出来。用列宁的话说:"训练无产阶级的干部学会进攻的战斗行动就是绝对必要的。"②1917年的二月革命尤其是十月革命以后,伴随着布尔什维克党成为国家政权的领导力量,列宁这种对职业革命家的强调转化为对各类各级组织中骨干人员的重视。1920年2月,列宁在给俄共各级组织的信中写道:"我们的当前任务,就是要最迅速、最有效和最切实地帮助这些年轻的党员成长,把他们培养成建设共产主义的干部,使他们最有觉悟,能够胜任最重要的职务,并且同群众即同大多数工人和不剥削他人劳动的农民保持最密切的联系。"③在此,列宁既强调了干部的思想觉悟和办事能力,还要求干部与群众保持密切联系,而这正是干部与官僚之间的本质区别。

  中共建立之初,并不理解列宁主义政党赋予干部的理论意义和现实使命。1922年中共二大制定的第一部党章,首次在中共中央文献中使用了"干部"概念,但此时的"干部"既不专指居于高层的领导群体,也不泛指各级组织的骨干人员,而是特指支部一级的领导者及其组成的领导机关。此种语义和用法并未持续太久,1923年它被从党章中删去,1926年以后更是难觅踪迹。与此同时,诞生于俄国(此时已定名为"苏联")的列宁主义建党学说则开始渗入中共革命的实践之中,从而改造着"干部"概念的语义和用法。④

---

① 列宁:《怎么办?我们运动中的迫切问题》(1901年秋—1902年2月),载《列宁全集》第6卷,人民出版社2013年版,第118—120页。
② 列宁:《俄国革命和无产阶级的任务》(1906年3月),载《列宁全集》第12卷,人民出版社2017年版,第197页。
③ 列宁:《就党代表大会的筹备工作给俄共各级组织的信》(1920年2月),载《列宁全集》第38卷,人民出版社2017年版,第161页。
④ 详见谢任:《"干部":一个新名词进入中共革命语境的历史》,《党史研究与教学》2023年第5期。

此一改造过程,与大革命的展开和中共的组织建设相同步。北伐之前,尤其是1925年1月中共四大之前,中共党员总数不足千人,被称为"宣传小团体",即主要从事理论研究与宣传,而不能"进到鼓动广大的工农阶级和一般的革命群众的工作"。① 对此,共产国际深表不满。1924年12月,身在上海的维经斯基在一封信中写道,"为了更好地在中国北方和满洲开展工作,两周前我们成立了党中央北方局",而在北方局中,"从东方劳动者共产主义大学归来的同志几乎都担任负责工作,工作完成得很不错"。② 东方劳动者共产主义大学是苏俄/苏联专门培养革命骨干的学校。通过将苏俄/苏联训练的革命骨干安置在领导位置上,来自苏俄/苏联的革命理念逐步进入中共的组织体系中。③ 基于此,中共四大提出:"大会以为在现在的时候,组织问题为吾党生存和发展之一个最重要的问题。"④此后,伴随着五卅运动的展开和北伐战争的推进,中共在工人运动、农民运动等方面的工作日益繁重,党员人数也迅速增加。1925年1月时,中共仅有994名党员,同年9月便骤增到3164人。到1927年4月中共五大之时,已达57 967人。⑤

繁重的革命任务、膨胀的组织规模以及骤增的党员人数,使本就存在的人才短缺问题日益严重。1925年1月,苏联顾问加伦和中共中央决定"将得力干部派往最强大的工会和有发展前途的企业,并且已经指示干部要同基层工人取得更密切、更直接的联系",接下来,还将"采取措施提高工会干部的数量与质量"。⑥ 同年7月,共产国际执行委员会在给中共中央的信中再次提及

---

① 《对于组织问题之议决案》(1925年1月),载中央档案馆编:《中共中央文件选集》第1册(1921—1925),中共中央党校出版社1989年版,第379页。
② 《维经斯基给拉斯科尔尼科夫的信》(1924年12月19日),载《联共(布)、共产国际与中国国民革命运动:1920—1925》,中共党史研究室第一研究部译,北京图书馆出版社1997年版,第562页。
③ 孙会修:《旅莫支部归国干部与大革命期间中共组织制度的改造》,《中共党史研究》2015年第5期。
④ 《对于组织问题之议决案》(1925年1月),载中央档案馆编:《中共中央文件选集》第1册(1921—1925),中共中央党校出版社1989年版,第379页。
⑤ 中共中央组织部等编:《中国共产党组织史资料》第1卷,中共党史出版社2000年版,第39页。
⑥ 乌拉尔斯基(加伦的化名):《加伦的汇报〈华南工人运动中的共产党人〉》(摘自加伦1925年1月9日报告附录),载中共中央党史研究室第一研究部编:《共产国际、联共(布)与中国革命文献资料选辑:1917—1925》,北京图书馆出版社1997年版,第634—635页。

干部问题：

> 中央执行委员会应于最短时期内开展对地方党委最强有力的指导。为此，中央执行委员会应该抓紧选出专做党务工作的干部同志，最好从工人中的党员招收。特别重要的是，要使地方党委，省、县、区、乡党委感觉到、了解到并且实际上担负起本区全部党务安排的工作，担负起同当地各工农中心保持联系的工作。①

在此，共产国际不仅强调了干部对强化中共中央领导地位的作用，还对干部提出了三个方面的要求：第一，干部的出身，即"最好从工人中的党员招收"；第二，干部之于各级党组织的责任与义务，即要让他们"担负起本区全部党务安排的工作"；第三，干部与群众的关系，即要让他们"担负起同当地各工农中心保持联系的工作"。如上所述，后二者是列宁早在20世纪初就对干部提出的要求，这些要求在大革命中复经共产国际进入中国，塑造着中共的干部理念。至于干部出身问题，在共产主义运动本就以阶级斗争为根本的前提下，实际也是不可避免的。十月革命后，列宁对工人阶级夺取政权后的工作提出三个要求，其第三点就是"工人阶级必须增加本阶级出身的管理人员，开办学校，在全国范围内培养工作干部"。② 这种对干部出身的强调，直接影响到大革命失败后中共的组织建设。

事实上，大革命对干部概念的再造并未完成。大革命失败后，伴随着中共的布尔什维克化，即全面学习苏联经验，③自列宁以来关于干部问题的实践总结与理论思考才更为深入地导入中共，进而重塑中共对干部的认知与理解。本文开篇引述的1931年决议，在批评此前领导人的同时，实际也是在强调，他们此时已懂得了（至少自认为已懂得）干部是什么：

---

① 《共产国际执行委员会给中国共产党中央委员会的信》（1925年7月6日），载中共中央党史研究室第一研究部编：《共产国际、联共（布）与中国革命文献资料选辑：1917—1925》，北京图书馆出版社1997年版，第741页。
② 列宁：《关于经济建设问题的发言》（1920年3月29日），载《列宁全集》第38卷，人民出版社2017年版，第313—314页。
③ 王建华：《民主集中制中国化的早期实践》，《中国社会科学》2023年第4期。

[此前]不懂得干部是什么？不了解干部是执行正确的阶级路线，实现党的决定，扩大党的政治影响，夺取群众团结于党的周围，巩固党的全部工作的中心主力。干部要建立在先进的无产阶级的基础上，要在广大的劳苦群众中去求得。要在群众日常斗争中涌现出来的干部才能真正组织群众、宣传群众、领导群众斗争，而成为先锋队的先锋队。①

这段论述足以表明，中共已较为深入地理解了"干部"：首先，干部是"党的全部工作的中心主力"，关系到革命事业的成败；其次，马克思列宁主义的政党是无产阶级政党，这就对干部的选拔和任用标准提出了明确的要求；最后，干部与群众的关系受到高度重视。所有这些，就其渊源而言都应上溯到列宁的先锋队理论。

三、内涵："先锋队的先锋队"

列宁主义政党以"先锋队"规定自身的性质，作为"先锋队的先锋队"，"干部"的内涵也随之确立。大体而言，"干部"的内涵可以从干部与党组织之间的关系、不同干部之间的关系，以及干部与群众之间的关系三个方面加以解析，它们分别对应着干部的军事性、层次性与群众性。

（一）军事性

无论在西方还是东方，"先锋队"本来均为军事术语。② 作为先锋队的列宁主义政党，固然不能等同于军队，但具备某种程度的军事属性，则是不能否认的事实，干部则是这一具有军事属性的组织的骨干——相当于军队中的军官和士官。③ 对此，列宁早有论断。1900 年，列宁提出，俄国社会民主党是

---

① 《中共中央关于干部问题的决议》（1931 年 8 月 27 日），载中共中央文献研究室、中央档案馆编：《建党以来重要文献选编（一九二一——一九四九）》第 8 册，中央文献出版社 2011 年版，第 532 页。
② 沃尔夫冈·弗里茨·豪格主编：《马克思主义历史考证大辞典》第 1 卷，俞可平等编译，商务印书馆 2018 年版，第 690 页。
③ 就此而言，"干部"与 cadre 一词的对译关系牢不可破。

"争取政治自由的先进战士"。① 而在 1905 年的俄国革命中,列宁进一步指出:"当前的革命时机要求党发挥它作为争取自由的先进战士的作用,发挥它作为武装起义反对专制制度的先锋队的作用。"② 同年,列宁在另一篇文章中更为明确地论述了社会民主党的军事属性:

> 革命时代对于社会民主党,就如同战争时期对于军队一样。必须扩大我们军队的干部队伍,把军队从平时的编制改为战时的编制,动员预备军和后备军,召回休假的官兵,建立新的辅助军团、辅助支队和勤务部队。……直截了当地说:必须大力扩大党的和靠近党的各种组织,以便多少能跟得上百倍增长的人民革命力量的洪流。③

既然"革命时代对于社会民主党,就如同战争时期对于军队一样",那么社会民主党就要参照军队模式进行组织建设。在此脉络中,列宁对分散的小组习气的反对、对严肃的组织纪律的重视、对"成立统一的因而也是集中制的党"④的强调,也就都顺理成章了。

值得注意的是,意指"干部"的俄文 кадры 可以追溯到法文 cadre,而 cadre 则在法国大革命以后即指称军队中的军官和士官。从 1893 年开始,法国逐步开始将原来的募兵制改为近代意义上的征兵制,即全民兵役制——这是世界近代史上的首次。征兵制为法军数量的增加提供了制度保障,⑤而要让大量新兵最大限度地发挥战力,就需要具有军事指挥和实战才能的军官及基层士官。亨廷顿认为:"18 世纪军队中'军事'方面最重要的部分是那些应

---

① 列宁:《我们运动的迫切任务》(1900 年 11 月初),载《列宁全集》第 4 卷,人民出版社 2013 年版,第 334 页。
② 列宁:《关于俄国社会民主工党第三次代表大会的通知》(1905 年 5 月 14 日〔27 日〕),载《列宁全集》第 10 卷,人民出版社 2017 年版,第 203 页。
③ 列宁:《新的任务和新的力量》(1905 年 2 月 23 日〔3 月 8 日〕),载《列宁全集》第 9 卷,人民出版社 2017 年版,第 285 页。
④ 列宁:《我们的当前任务》(不早于 1899 年 10 月),载《列宁全集》第 4 卷,人民出版社 2013 年版,第 167 页。
⑤ John R. Elting, *Swords Around A Throne: Napoleon's Grande Armée*, London: Da Capo Press, 1997, p.27.

募士兵,而现代军队中'军事'方面最重要的部分则是军官。"①军官作用的强化,正是从法国大革命开始的。勒庞在分析法国大革命的军队无往不胜的原因时,就将其归结于"一个全新的军官集体"。②列宁称俄国社会民主党为"先锋队",又以表示军官和基层士官的 cadres/кадры 指称党的骨干成员,其用意都在强调党及其干部的军事属性。

这种对革命政党及其干部的军事属性的规定,通过共产国际而传导到其他共产党中。《第三国际的加入条件》第 12 条明确规定:"凡属于国际共产党的党,必须建筑于德莫克乃西的中央集权的原则之上。在现在内乱激烈的时候,共产党唯靠极集中的组织,铁的纪律(即采用军队的纪律)和全体战士一致给中央机关以广大的权力,过余的信任,使得执行一种不可抗辩的威权,才能成就他的职务。"③

中共对此早已了解。在 1922 年中共二大通过的《关于"工会运动与共产党"的议决案》中,就有这样的表述:"如战争一样,军队中有一个先锋,所有这大量的军队都跟着这个先锋前进。共产党也可说是一个人的头脑,全体工人便是人的身体。所以共产党无论在那种劳动运动中,他都要是'先锋'和'头脑',决不可不注意任何工会活动,并要能适当的诚实的和勇敢的率领工会运动。"④需要强调的是,将共产党与军队相比拟并不仅是文学意义上的叙述策略,而是具有实际的效力。中共二大同时通过的《关于共产党的组织章程决议案》就强调,中共"应当是无产阶级中最有革命精神的大群众组织起来为无产阶级之利益而奋斗的政党,为无产阶级做革命运动的急先锋";相应地,"个个党员都要在行动上受党中军队式的训练"。⑤伴随着大革命的兴起,相当于军官和基层士官的"干部"重新进入中共革命语境,更会受到"军队式的训练",进而成为"先锋队的先锋队"。

---

① 塞缪尔·亨廷顿:《军人与国家:军政关系的理论与政治》,李晟译,中国政法大学出版社 2017 年版,第 33—35 页。
② 勒庞:《法国大革命》,青闻译,天津社会科学院出版社 2016 年版,第 122 页。
③ 《第三国际的加入条件》,载中共中央文献研究室、中央档案馆编:《建党以来重要文献选编(一九二一——一九四九)》第 1 册,中央文献出版社 2011 年版,第 144 页。
④ 《关于"工会运动与共产党"的议决案》(1922 年 7 月),载中央档案馆编:《中共中央文件选集》第 1 册(1921—1925),中共中央党校出版社 1989 年版,第 80—81 页。
⑤ 《关于共产党的组织章程决议案》(1922 年 7 月),载中央档案馆编:《中共中央文件选集》第 1 册(1921—1925),中共中央党校出版社 1989 年版,第 90—92 页。

概言之,列宁主义政党的"先锋队"性质以及由此规定的军事属性与其说是比喻性的,不如说是如实陈述。作为党的骨干的"干部",与军队中的军官和士官一样,既要遵守纪律、服从指挥,也要奋战在前、带领整支队伍走向胜利。在相当程度上,军事性不仅是列宁主义政党及其干部的内在属性,也直接锁定了干部与党组织的深层联系。因为,干部不是个人主义的英雄,而是党组织的一员。

(二) 层次性

如果说"先锋队"的军事属性锁定了干部与党组织之间的关系,那么"先锋队"的层次性则在限定干部范围的同时,也为干部制度的形成奠定了基础。

历史地看,尽管马克思和恩格斯指出了无产阶级和无产阶级政党的先进性,但在目前所见的文献中,还未发现他们已有党是"无产阶级的先进部队"的完整论述。① 而在列宁那里,伴随着革命实践的展开,先锋队理论逐渐成形。1897年,列宁在论述无产阶级的阶级独立性时强调:"只有无产阶级,才能成为争取政治自由与民主制度的先进战士。"②而在1902年发表的名篇《怎么办?》中,列宁进一步指出:俄国革命运动的当前任务,"是比其他任何一个国家的无产阶级的一切当前任务都更革命的任务。实现这个任务,即摧毁这个不仅是欧洲的同时也是(我们现在可以这样说)亚洲的反动势力的最强大的堡垒,就会使俄国无产阶级成为国际革命无产阶级的先锋队"。③ 值得注意的是,在同一篇文章中,列宁不仅十多次使用"先锋队"概念,而且还提出:

> 现在,只有把真正全民的揭露工作组织起来的党,才能成为革命力量的先锋队。"全民的"这个词含有很丰富的内容。绝大多数非工人阶级出身的揭露者(而为了要做先锋队,就应当吸引别的阶级),都是清醒的政治家和冷静的实干者。……我们要想在旁人眼里表现为这样一种

---

① 钟哲铭:《马克思主义关于党的"先进性"和"先锋队"的理论》,《政治学研究》2005年第3期。
② 列宁:《俄国社会民主党人的任务》(1897年底),载《列宁全集》第2卷,人民出版社2013年版,第438页。
③ 列宁:《怎么办? 我们运动中的迫切问题》(1901年秋—1902年2月),载《列宁全集》第6卷,人民出版社2013年版,第26—27页。

力量,就要不断地大力提高我们的自觉性、首创精神和毅力;而要做到这一点,只是给后卫队的理论和实践挂上一块"先锋队"的招牌是不够的。①

至此,列宁关于先锋队层次性的论述已较为明晰:在整个共产主义运动中,无产阶级处于先锋队地位;而在无产阶级中,俄国的无产阶级又处于先锋队地位;进一步说,在俄国的无产阶级中,"作为有组织的无产阶级"②的社会民主党处于先锋队地位。如此层层推进,将作为党的骨干的"干部"称为"先锋队的先锋队",并不令人意外。

既然"先锋队"可以分出不同层次,其自觉性、首创精神和毅力等方面各有不同,那么不同层次的"先锋队"所承担的职能也就各不相同。按照这一逻辑推演,同样是干部,也会存在不同的层次。苏联干部制度的形成与发展,即为显例。早在1919年俄共(布)八大上,党管干部原则和干部任命制原则便已确立;1920年代以后,从中央到地方各级各类组织中的官职等级名录制度逐步细化,进而"渗透到社会中所有最小的基层单位中"。③ 于是,干部概念的所指对象开始泛化。结果,不仅执政党和政府机关中的各类工作人员成为干部,而且并不具备干部身份的基层组织工作者也被称为干部。甚至,在各级党政部门之外的其他经济、社会、群众组织中,其担负领导工作乃至一般事务工作的人员也被称为"干部"。最终,几乎所有担负一定领导职能或公务职能的人都被称为干部。

问题是,先锋队的层次性,是向上推进而非向下兼容的。"先锋队"的起点是共产主义运动中发挥"先锋"作用的无产阶级,进而具体到有组织的无产阶级政党,以及作为这个党的骨干的"干部"。除此以外的其他个体和群体,本不在先锋队之列,更不在作为"先锋队的先锋队"的干部之列。

---

① 列宁:《怎么办? 我们运动中的迫切问题》(1901年秋—1902年2月),载《列宁全集》第6卷,人民出版社2013年版,第85—86页。
② 列宁:《专制制度和无产阶级》(1904年12月22日〔1905年1月4日〕),载《列宁全集》第9卷,人民出版社2017年版,第114页。
③ 冯佩成:《苏联干部制度的历史变迁》,《江西师范大学学报(哲学社会科学版)》2013年第5期。

（三）群众性

战场上，军队的先锋不能不顾中军和后卫而一往无前；同样地，革命运动中，包括干部在内所有层次的先锋队也都不能脱离群众而存在。用列宁的话说："只是自称为'先锋队'，自称为先进部队是不够的，还要做得使其余一切部队都能看到并且不能不承认我们是走在前面。"①

在俄国的革命理论与实践中，如何处理好党及其干部与群众的关系，是长期争论的焦点。1900年，列宁在《我们运动的迫切任务》一文中强调："俄国社会民主党所应该实现的任务：把社会主义思想和政治自觉性灌输到无产阶级群众中去，组织一个和自发工人运动有紧密联系的革命政党。"②列宁这种对"灌输"的强调，被反对者批评为"轻视自发因素"，"轻视平凡的日常斗争进程而偏重宣传光辉的完备的思想"。③ 为此，列宁多次回应。在1904年发表的《进一步，退两步》中，列宁批评了那些反对者"把有组织的分子和无组织的分子，接受领导的分子和不接受领导的分子，先进的分子和不可救药的落后分子——因为还可救药的落后分子是能够加入组织的——混淆在党内"的错误，指出"这样的混淆才真正是危险的"。④ 当然，区分二者并非要将他们截然分离，列宁强调，"我们是阶级的党，因此，几乎整个阶级（而在战争时期，在国内战争年代，甚至是整个阶级）都应当在我们党的领导下行动，都应当尽量紧密地靠近我们党"；反过来，先锋队必须加强与群众的联系，以提高其水平，完成"我们的巨大任务"。⑤

在此问题上，中共与列宁保持一致。1922年中共二大指出：党"应当是无产阶级中最有革命精神的大群众组织起来为无产阶级之利益而奋斗的政

---

① 列宁：《怎么办？我们运动中的迫切问题》（1901年秋—1902年2月），载《列宁全集》第6卷，人民出版社2013年版，第80页。
② 列宁：《我们运动的迫切任务》（1900年11月初），载《列宁全集》第4卷，人民出版社2013年版，第335页。
③ 列宁：《怎么办？我们运动中的迫切问题》（1901年秋—1902年2月），载《列宁全集》第6卷，人民出版社2013年版，第80—81页。
④ 列宁：《进一步，退两步》（1904年2—5月），载《列宁全集》第8卷，人民出版社2017年版，第252页。
⑤ 列宁：《进一步，退两步》（1904年2—5月），载《列宁全集》第8卷，人民出版社2017年版，第254页。

党,为无产阶级做革命运动的急先锋'……我们既然是为无产群众奋斗的政党,我们便要'到群众中去'要组成一个大的'群众党'"。而要成为一个"大的群众党",最重要的两条纪律就是:"(一)党的一切运动都必须深入到广大的群众里面去。(二)党的内部必须有适应于革命的组织与谏训〔训练〕。"①大革命时期,中共多次强调:"必须我们的党变成真正群众政党的组织,才能巩固我们对于工人阶级斗争的指导地位,对于这民族革命的领袖的指导地位。"②大革命失败后,中共以南昌起义为标志走上了武装反抗的道路,而在反思南昌起义失败的原因时,中共中央提出要"下极大的决心,重造我们的党——在思想上组织上澈底肃清小资产阶级的机会主义,造成真正群众的,革命的,阶级的,布尔塞维克的党,然后才能担负起现时所负的重大使命"。③可以说,保持与群众的联系是中共长期不变的要求,毛泽东总结提炼出的"群众路线",至今仍在指导着全体党员,尤其是党的干部。

总之,先锋队的军事性、层次性和群众性,从根本上规定了干部与党组织之间的关系、不同干部之间的关系,以及干部与群众之间的关系,并由此确立了干部概念的核心内涵,进而在理论和实践两个层面上衍生出与干部相关的各项组织安排。举凡党管干部的原则、上下级干部的关系,以及干部"从群众中来,到群众中去"的工作方法等等,莫不如是。

四、异同:与"官僚"的联系和区别

一个概念的形成与演变既有其独立生长的脉络,也始终处在与其他概念的共生和互动之中。概念史研究不仅关注单一概念的渊源与内涵,而且要探讨与该概念相近乃至相反的概念和概念丛。具体到"干部"概念上,除了前文已经提及的"先锋队""群众"等概念,"官僚"及其衍生的"官僚化""官僚主义"等概念同样值得注意。

---

① 《关于共产党的组织章程议决案》(1922年7月),载中央档案馆编:《中共中央文件选集》第1册(1921—1925),中共中央党校出版社1989年版,第90页。
② 《宣传问题议决案》(1925年10月),载中央档案馆编:《中共中央文件选集》第1册(1921—1925),中共中央党校出版社1989年版,第478页。
③ 《中央通告第十三号——为叶贺失败事件》(1927年10月24日),载中央档案馆编:《中共中央文件选集》第3册(1927),中共中央党校出版社1989年版,第405页。

这是因为，无论在理论上还是在实践中，干部与官僚都存在着紧密关联又互相矛盾的关系：一方面，在共产主义运动的脉络中，官僚是革命的对象，而干部则是取得革命胜利的"决定的因素"；另一方面，在革命与建设的过程中，干部所担负的职能不可避免地与官僚有所重合，甚至干部群体中的官僚主义问题亦屡见不鲜。对于此种关系，理解官僚概念的两副"面孔"至关重要。官僚的第一张"面孔"是理性而睿智的，在马克斯·韦伯那里，官僚的制度化——科层制——高效地担负着社会管理的职能，甚至成为社会进步与现代化的标志；①官僚的第二张"面孔"则是狰狞而可恶的，它是专制主义的象征，是一个阶级压迫另一个阶级的统治工具——尤其是在马克思以来的共产主义运动中，这张"面孔"十分醒目。

马克思对官僚的描述与批判集中体现在他对法国的分析中。1848年欧洲革命失败后，路易·波拿巴取得了政权，并建立了第二帝国，号称"拿破仑三世"。在《路易·波拿巴的雾月十八日》中，马克思写道，"庞大的官僚机构和军事机构"，即"50万人的官吏大军和50万人的军队"，"俨如密网一般缠住法国社会全身并阻塞其一切毛孔的可怕的寄生机体，是在专制君主时代，在封建制度崩溃时期产生的，同时这个寄生机体又加速了封建制度的崩溃"。在此过程中，官僚逐渐取得独立地位，直到拿破仑三世统治时期，官僚终于从"统治阶级的工具"发展为"不再需要道义上的权威，便可以合法存在"。② 对无产阶级而言，官僚机构与军队、政治警察一起构成了中央集权政府进行压迫所凭借的力量，因此必须予以消除。1870年，拿破仑三世在普法战争中的失败不仅使法兰西第二帝国迅速崩溃，而且也带来了巴黎的又一次革命。1871年3月28日，以选举形式产生的代表无产阶级利益的巴黎公社正式成立。为防止国家和国家机关由社会公仆变为社会主人，公社采取了两个办法：一是把所有行政、司法和国民教育的职位都交给普选产生的人员，并且可以随时撤换；二是对所有公职人员都只付给与工人同样的工资。③ 对此，马克

---

① 马克斯·韦伯：《经济与社会》，阎克文译，上海人民出版社2019年版，第397页。
② 马克思：《路易·波拿巴的雾月十八日》，中共中央马克思恩格斯列宁斯大林著作编译局编译，人民出版社2018年版，第107页。
③ 马克思：《法兰西内战》，中共中央马克思恩格斯列宁斯大林著作编译局编译，人民出版社2018年版，第59—60页。

思深表赞同,他提出:"法国革命的下一次尝试不应该像以前那样把官僚军事机器从一些人的手里转到另一些人的手里,而应该把它打碎,这正是大陆上任何一次真正的人民革命的先决条件。"①

如果说马克思还只是将官僚作为革命的对象,而没有真正遭遇到作为革命者的干部与作为被革命者的官僚的关系问题,那么到了列宁那里,情况就更加复杂了。一方面,列宁直接继承了马克思在《路易·波拿巴的雾月十八日》中的论断,将官僚视为国家机器的重要一环,因而主张必须摧毁;②另一方面,伴随着革命形势的变化与革命组织的扩张,干部的官僚化问题也开始出现:

> 我们政治组织和工会组织内的公职人员是受到了资本主义环境的腐蚀(确切些说,有被腐蚀的趋势),是有变为官僚的趋势,也就是说,是有变为脱离群众、凌驾于群众之上、享有特权的人物的趋势。这就是官僚制的实质。在资本家被剥夺以前,在资产阶级被推翻以前,甚至无产阶级的公职人员也免不了在一定程度上"官僚化"。③

这段话出自列宁在1917年八九月间写就的名篇《国家与革命》。当此之时,俄国刚刚结束资产阶级临时政府与彼得格勒工兵代表苏维埃两个政权并存的局面,资产阶级临时政府占据优势地位,布尔什维克党则转入地下。困境之中的列宁在继续其理论思考的同时,对革命一方的状况做出了审慎而准确的判断。十月革命后,这一判断愈发彰显其先见之明。列宁强调,"苏维埃政权产生的不是那种为了建立资本和官僚机构的稳固统治而在议会里唇枪舌战、炫耀辞令的代表",而是"能同剥削者进行无情斗争的被剥削者和被压迫者的代表机构"。④ 但在事实上,列宁不得不承认,"现在有一种使苏维埃成员变为'议会议员'或变为官僚的小资产阶级趋势"。而要"消除苏维埃组织

---

① 《马克思致路德维希·库格曼》(1871年4月12日),载《马克思恩格斯选集》第4卷,人民出版社2012年版,第493页。
② 列宁:《国家与革命》,载《列宁全集》第31卷,人民出版社2017年版,第25—26页。
③ 列宁:《国家与革命》,载《列宁全集》第31卷,人民出版社2017年版,第111页。
④ 列宁:《在全俄铁路员工非常代表大会上关于人民委员会工作的报告》(1918年1月13日〔26日〕),载《列宁全集》第33卷,人民出版社2017年版,第309—310页。

的官僚主义弊病",就必须加强"苏维埃同'人民'之间,即同被剥削劳动者之间的联系的牢固性,以及这种联系的灵活性和伸缩性"。① 可以说,列宁在俄国革命的过程中就已发现了干部官僚化的问题,并通过否定其阶级统治职能、弱化其社会管理职能的方式,探索应对之策。② 只是,由于这一问题过于复杂,也由于列宁过早离世,以致干部官僚化问题非但没有解决,反而有愈加严重之势。③

作为共产主义运动的一环,中共革命也遇到马克思和列宁都已注意的问题。建党之初,中共就认定官僚乃是阶级压迫的剥削者,必须打倒。④ 但在建党之初的几年间,中共并未真正遇到干部的官僚化问题。直到1927年四五月间的中共五大上,中共中央才较为明确地意识到干部存在"官僚化之危险"。会议提出:"工人领袖官僚化之危险,是目前的严重问题,其原因广大的工人群众缺乏健全的组织和充分的训练,工会干部人材太少,我们党的发展赶不上工人运动的发展,以致工会多为少数领袖包办,脱离群众的监督或党的指导,而趋于官僚化。"为了应对这一危险,中共中央要求切实实行"工会民主化",即依靠民主形式的会议推进工会工作。⑤ 这一通过加强干部与群众联系以应对官僚化的论述,与上文列宁的主张若合符节,均是在否定干部阶级统治职能的同时,弱化其社会管理职能,强化其与群众之间的联系。

大革命失败后,中共对官僚的认识与主张没有发生根本的变化,但伴随着根据地的建立和各项管理事务的增多,防范干部官僚化成为更加紧迫的任务。1928年中共六大通过的《苏维埃政权的组织问题决议案》就写道:"苏维埃政权从其成立的第一天起,就应号召广大的劳动群众起来反对苏维埃政府

---

① 列宁:《苏维埃政权的当前任务》,载《列宁全集》第34卷,人民出版社2017年版,第184—185页。
② 田猛:《列宁反对官僚主义的思想与实践研究》,陕西师范大学博士学位论文,2011年。
③ 刘伟:《列宁和斯大林时期的苏联官制研究》,吉林大学博士学位论文,2009年;唐静、李鹏:《苏共执政时期的官僚特权演变及其历史启示》,《华东师范大学学报(哲学社会科学版)》2014年第4期。
④ 《中国共产党第一个决议》(1921年7月),载中央档案馆编:《中共中央文件选集》第1册(1921—1925),中共中央党校出版社1989年版,第8页。
⑤ 《职工运动议决案》(1927年5月),载中央档案馆编:《中共中央文件选集》第3册(1927),中共中央党校出版社1989年版,第80页。

中办事人员可能作出的各种流弊，如官僚主义，办事迟钝和滥权等事。"① 这一状态既存在于党组织的领导机关中，也发生于职工运动等群众运动中，已经形成很大的障碍。② 毋庸讳言，官僚主义问题很难根除，革命战争年代的形势则更加复杂。到 1930 年下半年，土地革命战争的发展促成了诸多根据地的创建和红军的发展，中共领导的"农民组织已有数百万人，青年组织有 160 万人，互济会有 86 万人，赤卫队队员在百万人以上，赤色工会也有 10 万多会员"③，干部数量随之剧增。相应地，中共关于反对干部官僚化的指示也愈加频繁。

　　值得注意的是，尽管中共在大革命时期就对干部官僚化保持警惕，但大革命时期与土地革命时期的形势毕竟不同，所以两个时期的侧重点有着明显的差异。在前一时期，中共仅在一般意义上谈及干部的官僚化，并未将其视为特别突出的问题；在后一时期，包括干部问题在内的组织建设问题便超出技术的层面，成为关系到革命成败和党的存亡的重大问题。1927 年的八七会议专门通过了一项《党的组织问题议决案》，该决议案对从中央到支部各级组织的改造做出了较为全面的规定。④ 同年 10 月，中共中央甚至提出"重造我们的党——在思想上组织上澈底肃清小资产阶级的机会主义，造成真正群众的，革命的，阶级的，布尔塞维克的党，然后才能担负起现时所负的重大使命"。⑤ 所谓"重造我们的党"，最直接的就是审查乃至更换各级组织的领导者，而各级干部的标准亦较为明确，即"锻炼提拔出各级党部工农分子的干部"。⑥ 这种对阶级出身的强调与前文列宁的主张相呼应，有其理论的脉络，

---

① 《苏维埃政权的组织问题决议案》(1928 年 7 月 10 日)，载中央档案馆编：《中共中央文件选集》第 4 册(1928)，中共中央党校出版社 1989 年版，第 405 页。
② 《政治议决案》(1928 年 7 月 9 日)，载中央档案馆编：《中共中央文件选集》第 4 册(1928)，中共中央党校出版社 1989 年版，第 317 页。
③ 中共中央组织部等编：《中国共产党组织史资料》第 2 卷(上)，中共党史出版社 2000 年版，第 10 页。
④ 《党的组织问题议决案》(1927 年 8 月)，载中央档案馆编：《中共中央文件选集》第 3 册(1927)，中共中央党校出版社 1989 年版，第 302 页。
⑤ 《中央通告第十三号——为叶贺失败事件》(1927 年 10 月 24 日)，载中央档案馆编：《中共中央文件选集》第 3 册(1927)，中共中央党校出版社 1989 年版，第 405 页。
⑥ 《中央通告第十五号——关于全国军阀混战局面和党的暴动政策》(1927 年 11 月 1 日)，载中央档案馆编：《中共中央文件选集》第 3 册(1927)，中共中央党校出版社 1989 年版，第 439—440 页。着重号为原文所有。

同时也反映在革命实践中。

1929年7月14日,中共中央在给鄂东北特委的指示信中专门谈到组织问题,其第一条就是要"肃清官僚化的形式主义"。指示信强调:"自机关负责人以至每个党员都要特别注意于群众化。……若只注意空机关的建设,完全与群众生活隔绝,空费人力与财力,反而易于引起敌人的注意,这是一种官僚式的形式主义。"①然而,干部的官僚化不会因文件的发布而绝迹。1930年7月20日,中国共产党全国组织会议认为,中共的各级组织正遭受敌人的积极进攻,"党若不严重注意,将要危害党的组织,危害中国革命"。因此,会议要求:"肃清指导机关的一切官僚腐化分子,广大的发展群众组织,在群众中吸收最觉悟的积极分子入党,坚决改正一切带封建性的党的组织形式,根据党的组织原则建立党的支部。"②简言之,干部的群众化是革命胜利的前提,官僚化则将危害中国革命。

可见,尽管在社会管理的层面上,干部与官僚多有重合之处,但这并非共产主义运动和中共革命的重点所在。自马克思以来,在阶级斗争的理论与现实中,官僚始终立于剥削者和压迫者一方,是革命的对象;干部则是革命政党的骨干,是"先锋队的先锋队",因而天然地具有反官僚的属性。至于革命过程中难以避免的干部官僚化问题,则在考验干部的同时,也在革命的话语中强化着干部与官僚的区别。

五、结语

以上,本文围绕1931年中共中央提出的"干部是什么"这一问题,尝试在共产主义运动的历史脉络和列宁主义先锋队学说的理论脉络中,考察"干部"概念对1930年代初的中共和中国革命的意义,以及此种意义是如何被理解和接受的。

就历史渊源而言,"干部"概念的词形来自日本,但其作为"党的全部工作

---

① 《中央给鄂东北特委的指示信》(1929年7月14日),载中央档案馆编:《中共中央文件选集》第5册(1929),中共中央党校出版社1989年版,第373页。
② 《目前政治形势与党的组织任务》(1930年7月20日),载中央档案馆编:《中共中央文件选集》第6册(1930),中共中央党校出版社1989年版,第192—195页。

的中心主力"和"先锋队的先锋队"的含义则与日本无关,而是共产主义运动与先锋队理论在中国革命中的回响。因此,尽管干部概念的内涵可以作诸多角度、诸多层面的理解,但就其核心内涵而言,仍不能脱离先锋队一语。干部与党组织的关系中所体现的军事性,干部之间的关系中所体现的层次性,以及干部与群众的关系中所体现的群众性,都是列宁的先锋队理论中或显或隐地规定了的内容。正是这些在先锋队理论中已经规定的内容,使得干部在与官僚的关系中,既有所重合,又能保持界限——毋宁说,正是在防范官僚化的过程中,干部的意义得以凸显,干部与群众的关系也得以强化。

  不过,诚如中共中央在1931年指出的那样,包括部分领导者在内的早期中共党员,并非一开始就理解和接受干部概念的上述含义。1922年《中国共产党章程》中昙花一现的"干部",正是当时的党员未能理解先锋队意义上的"干部"的直观反映。到大革命时期,在共产国际和革命实践的双重影响下,中共逐渐理解了各类各级组织中骨干人员的重要性,并以"干部人才"命名之。这是中共开始理解和接受先锋队意义上的"干部"的开始,但还处在较为初步的层面。直到土地革命时期,伴随着革命形势的变化和中共自身的布尔什维克化,中共对干部概念的理解愈加趋近于共产主义运动和列宁先锋队理论对干部的界定。1931年中共中央专门发出"关于干部问题的决议",明确提出干部是"党的全部工作的中心主力",是"先锋队的先锋队",可谓是此种理解基本稳固的标志。当然,这并不是说中共对干部问题的理解与应对已完美无缺,更不是说革命会仅仅因为中共对干部的理解较为深入便必然走向胜利。事实上,一旦路线错误,干部的积极作用便难以发挥,甚至起到相反的效果。以王明为代表的"左"倾教条主义错误所带来的危害即是例证。遵义会议以后,特别是中共六届六中全会以后,伴随着错误路线的纠正,中共的干部政策趋于成熟,中共革命由此走上迅速发展的道路。

"青年"概念的创出与发生
——基于共产主义视角的考察(1921—1927)

葛银丽*

一、引言

1939年适逢五四运动二十周年纪念,毛泽东多次称赞中国青年在民族解放和革命斗争中发挥过的重要作用。5月4日,毛泽东在延安举行的纪念会上表示:"'五四'以来,中国青年们起了什么作用呢? 起了某种先锋队的作用,这是全国除开顽固分子以外,一切的人都承认的。什么叫做先锋队的作用? 就是带头作用,就是站在革命队伍的前头。"① 5月30日,他又在模范青年的表彰会上指出:"参加五四运动的青年,是真正的模范青年,因为他们反对卖国政府,在五四运动中流了血,参加了那样的斗争。"② 毛泽东在1939年底写就的《中国革命和中国共产党》一文中再次重申:"数十年来,中国已出现

---

* 葛银丽,北京大学历史学系博雅博士后。
① 毛泽东:《青年运动的方向(1939年5月4日)》,载《毛泽东选集》第2卷,人民出版社1991年版,第561—569页。
② 毛泽东:《永久奋斗(1939年5月30日)》,载《毛泽东文集》第2卷,人民出版社1993年版,第189—195页。

了一个很大的知识分子群和青年学生群";"他们在现阶段的中国革命中常常起着先锋的和桥梁的作用"。① 毛泽东认为,大多数的知识分子与青年学生可以被归入小资产阶级范畴:一方面,帝国主义、封建主义和大资产阶级的压迫使得这一群体极富革命性,最早在中国接受和传播马列主义思想;另一方面,知识分子与青年学生具有主观主义和个人主义的倾向,因而部分对革命采取消极态度,少数甚而转变为敌人。及至中华人民共和国成立之后,毛泽东高度重视发挥青年在社会主义建设中的作用。1957年,毛泽东在莫斯科大学大礼堂勉励三千多名中国留学生和实习生:"世界是你们的,也是我们的,但是归根结底是你们的。你们青年人朝气蓬勃,正在兴旺时期,好像早晨八九点钟的太阳。希望寄托在你们身上。"②从五四运动的亲历者到党和国家的领导人,毛泽东深刻认识到青年在中国革命历程中扮演的重要角色。

对青年群体的重视与晚清以来的民族忧患意识息息相关。两次鸦片战争以降,清朝面临日益严重的内忧外患,李鸿章不禁发出"三千年未有之大变局"的慨叹。特别是在甲午战争以后,列强环伺、亡国灭种的危机深深触痛了近代中国的有识之士。1900年,针对日本对中国的"老大帝国"这一蔑称,流亡东瀛的梁启超撰写《少年中国说》一文,予以回应:"任公曰:造成今日之老大中国者,则中国老朽之冤业也。制出将来之少年中国者,则中国少年之责任也。彼老朽者何足道,彼与此世界作别之日不远矣,而我少年乃新来而与世界为缘。"③梁启超以人之老少隐喻国之强弱,大呼"少年强,则中国强",将国家的强盛寄托于新生的少年,拯救意大利于危亡的玛志尼(Giuseppe Mazzini)即为榜样。1903年,梁启超在《敬告留学生诸君》中,将留学生视作"最敬最爱之中国将来主人翁",勉励他们在专心求学之外,为国家社会立政

---

① 毛泽东:《中国革命和中国共产党(1939年12月)》,载《毛泽东选集》第2卷,人民出版社1991年版,第621—656页。
② 中共中央文献研究室编:《毛泽东年谱(1949—1976)》第3卷,中央文献出版社2013年版,第248页。
③ 梁启超:《少年中国说》,载《饮冰室合集》文集第2册,中华书局2015年版,第395页。参见梅家玲:《发现少年,想象中国——梁启超〈少年中国说〉的现代性、启蒙论述与国族想象》,台北《汉学研究》第19卷第1期;王康:《梁启超流亡日本与"少年中国"意象的生成》,《史学月刊》2021年第7期;查屏球:《涛声彻耳逾激昂——海外体验与梁启超的〈少年中国说〉》,《读书》2019年第7期;横山宏章『清末中国の青年群像』、三省堂、1986年;等等。

治和道德之基础。①

1915年,《青年杂志》在上海创刊。陈独秀在创刊号上发表《敬告青年》一文,用"细胞之于人身"作比喻,高唱青年之于社会的决定性作用:"青年之于社会,犹新鲜活泼细胞之在人身。新陈代谢,陈腐朽败者无时不在天然淘汰之途,与新鲜活泼者以空间之位置及时间之生命。人身遵新陈代谢之道则健康,陈腐朽败之细胞充塞人身则人身死;社会遵新陈代谢之道则隆盛,陈腐朽败之分子充塞社会则社会亡。"②在此基础上,陈独秀进一步明确了青年应当具备的六项标准,勉励他们攫取新知、改造自我——自主的而非奴隶的、进步的而非保守的、进取的而非退隐的、世界的而非锁国的、实利的而非虚文的、科学的而非想象的。1916年,《青年杂志》更名为《新青年》,李大钊发表《青春》一文,指出中华民族"复活更生之关键"在于青年是否自觉:"然而吾族青年所当信誓旦旦,以昭示于世者,不在龈龈辩证白首中国之不死,乃在汲汲孕育青春中国之再生。吾族今后之能否立足于世界,不在白首中国之苟延残喘,而在青春中国之投胎复活。"③在其看来,青年无疑构成了衡量一个民族是否具有生命力的要素。④

梁启超、陈独秀和李大钊的文字表述虽有不同,但其观点基本一致,即将中国的未来冀望于青年。他们刻画了朝气蓬勃的"少年/青年"形象,与日暮西山的"老年"形成鲜明对比。值得注意的是,"青年"与"老年"的区别不在于生理年龄,而集中于思想性格。陈独秀认为新旧青年之间存在绝对的鸿沟,但同时也督促青年警觉:"慎勿以年龄在青年时代,遂妄自以为取得青年之资格也。"⑤陈独秀劝诫青年勿存"做官发财享幸福"的心理,而应追求强健体魄与高尚精神。1919年,五四运动爆发后,青年学生群体逐步崭露头角,一批具有初步共产主义思想的知识分子,为取得十月革命胜利的苏维埃俄国所吸引,逐渐走上建党建团的无产阶级革命道路。

---

① 中国之新民:《敬告留学生诸君》,《新民丛报》1902年第15号。
② 陈独秀:《敬告青年》,《青年杂志》1915年第1卷第1期。
③ 李大钊:《青春》,《新青年》1916年第2卷第1号。
④ 参见陈映芳:《"青年"与中国的社会变迁》,社会科学文献出版社2007年版;石川祯浩:《中国近代历史的表与里》,袁广泉译,北京大学出版社2015年版;李里峰:《能动的唯物史观:李大钊"青春"意象与历史观念之再探》,《福建论坛(人文社会科学版)》2021年第11期。
⑤ 陈独秀:《新青年》,《新青年》1916年第2卷第1号。

1921年前后,苏俄方面颇为重视中国青年的作用,专门分析了学生群体扮演的角色,将其定性为"革命的小资产阶级"和"无产阶级的萌芽"。1919年,针对留法中国学生抗议巴黎和会的相关活动,苏联外交人民委员会委员沃兹涅先斯基虽然表达了支持和同情的立场,评价却相当谨慎,将中国青年称作"进步却极端的资产阶级"①。1920年,苏俄和远东共和国的报纸频繁报道了中国学生对北洋政府和安福俱乐部的抗议活动。起初,这些媒体为中国青年冠以革命之高帽,但不久后批判之声渐起,对中国青年是否具有革命性持保留意见。在苏俄方面看来,学生大多出身于商贾或官宦之家,青年运动始终限于狭窄的小圈子之内,背后更不乏美国出于自身利益的鼓动,因而不能算作纯粹的革命。特别是,青年学生思想深处的资产阶级心理,使其无法团结广大人民群众。② 1921年,共产国际远东书记处书记舒米亚茨基从张太雷处,得到了有关武汉、天津等地青年团活动的相关资料,他在分析后指出:当下的中国青年与1905年革命前后的俄国青年类似,二者的革命事业与民族解放纠缠混合,容易被"小资产阶级式"的"自由、平等、博爱"话语吸引。但是,中国青年也发挥了积极作用:在政治层面,学生群体通过接连不断的抗议活动,推动了亲日当局安福派的下台,遏制了日本在远东地区的势力扩张;在思想层面,学生群体对马列主义经典文献的翻译工作助益良多,促进了共产主义思想在中国的初步传播。③ 苏俄和共产国际的有关人士也不得不承认中国青年的重要力量:"在当前这个过渡时期,在中国无产阶级开始实现自己的阶级任务并仍然处于组织阶段的时刻,他们的重要性是巨大的。"④

苏俄与共产国际对中国青年的看法,可能参照了十月革命前俄国大学生运动的演变。俄国青年学生大致分为两个群体:一为20—25岁的大学生(студент,对应英文 student),"被认为智识上的成人",经常参与社会生活;一为20岁以下的中学生(ученик,对应英文 pupil),多着重于自我教育。⑤ 19世

---

① Вознесенский А. Н. Китай и мирная конференция//Известия, 27 февраля 1919.
② Характер китайской революции//Дальне-восточная Республика, 14 июля 1920.
③ Шумяцкий Б. З. Коммунистический Интернационал на Дальнем Востоке//*Народы Дальнего Востока*, №1, 1921.
④ Юношеское революционное движение Китая (Обзор отчетов о работе)// Бюллетень Дальне-восточного секретариата Коминтерна, №6, 1921.
⑤ 格林:《俄国青年之运动》,《共产党》1921年第4号。

纪末至20世纪初的俄国大学生与中国的五四青年在心理、阶层等诸多方面存在不少相似之处。19世纪下半叶起,由于社会体制的改革和资本主义的发展,俄国大学生的数量持续增长,社会成分也逐渐呈现出平民化的趋势。① 大学生群体曾是帝俄晚期左翼激进群体的重要力量,广泛参与政治抗议与思想启蒙活动。但在1905年革命以后,成规模的学生运动已然沉寂。② 一方面,1905年革命以后,俄国政府采取了物质援助与警察监控等多种手段,不少俄国大学生转而倾向于立宪思想。另一方面,俄国大学生具有哈姆雷特式纠结矛盾的特点,长于思考、拙于行动,以俄国作家屠格涅夫在《父与子》中描述的平民大学生巴扎罗夫形象最为典型。③ 大学生群体在政治派别的归属上也趋于多样,列宁认为这一现象反映了"整个社会的阶级利益的发展和政治派别划分的发展"④。由此,不难理解苏俄与共产国际始终以小资产阶级视角看待中国青年学生,试图将之引导至无产阶级的群众路线。

青年这一知识分子笔下偏于抽象的社会文化概念,在共产主义的革命实践中逐渐被阶级化、标准化。比较大革命时期中俄两国共青团的历版章程,既能发现文本在结构与内容上高度相似,也能看到其中的明显差异。⑤ 其一,阶级属性。1922年,团一大确立"中国社会主义青年团为中国青年无产阶级的组织,即为完全无产阶级而奋斗的组织"⑥。因此,工人、农民、士兵等都成为中国青年运动的一部分,在1922年团一大通过的章程中,将中央执行委员会分为书记、经济和宣传三部,经济部负责改良青年工农的经济状况,团三大更是规定农工入团的候补期为一个月,学生则为两个月。其二,年龄标准。俄国共青团团员的年龄标准是14—23岁,而1922年团一大规定的团员年龄

---

① Щетинина Г. И. Студенчество и революционное движение в России, последняя четверть XIX в. Москва: Наука, 1987.
② Иванов А. Е. Студенческая корпорация России конца XIX - начала XX века: опыт культурной и политической самоорганизации. Москва: Новый хронограф, 2004.
③ Samuel D. Kassow, *Student, Professors, and the State in Tsarist Russia*, Berkeley: University of California Press, 1989.
④ 列宁:《革命青年的任务(1903年9月)》,载《列宁全集》第7卷,人民出版社2013年版,第322—335页。
⑤ 《中国社会主义青年团章程》,《先驱》1922年第8号; Устав Российского Коммунистического Союза Молодежи. Москва, 1920。
⑥ 《中国社会主义青年团纲领》,《先驱》1922年第8号。

范围是15—28岁,1925年团三大修改为14—25岁。其三,组织建设。俄国共青团明确了民主集中制的组织原则,从中央到基层形成了省—区—支部的严密管理体系,也明确了共青团与苏联其他政治、教育、军事组织的关系。至于中国共青团则经历了逐步规范、精细的过程,团一大没有提到"民主集中制"的相关表述,以"小团体"指称"支部",组织层级规定也相对宽松。团二大则在组织、纪律两章内增加不少,规定更为精细,如对于区级支部执行委员会的规定等。

因此,在充分认识到中国青年运动之于中国革命重要意义的基础上,本文注意到20世纪20年代前后中苏语境关于青年运动的不同认识。本文将在前人研究的基础上,思考苏联与共产国际在早期如何影响中国青年运动,而中国青年又是如何将马列主义和苏联的青年体制运用于革命实践的。

二、研究回顾

有关中国青年运动的先行研究,大抵集中于中文学界,特别是在团中央相关组织机构的支持下推进展开。1957年起,中国新民主主义青年团(同年改名为中国共产主义青年团)中央委员会办公厅组织编印了《中国青年运动历史资料》,至1961年共出版十册,并于1980年底由共青团中央办公厅组织重印。1988—1989年,《中国青年运动历史资料》第11—12册由共青团中央青运史研究室和中央档案馆合作编辑,并由中共党史资料出版社出版。[1] 此后,《中国青年运动历史资料》改由共青团中央青运史工作指导委员会、中国青少年研究中心和中央档案馆利用部共同编辑,并由中国青年出版社分别于1996年和2002年出版了第13册和第14—19册。[2] 共19册的《中国青年运动历史资料》汇集了1915年至1949年9月的相关史料。此外,1979年,中央

---

[1] 共青团中央青运史研究室、中央档案馆编:《中国青年运动历史资料》第11—12册,中共党史资料出版社1988—1989年版。
[2] 共青团中央青运史工作指导委员会、中国青少年研究中心、中央档案馆利用部编:《中国青年运动历史资料》第13册,中国青年出版社1996年版;共青团中央青运史工作指导委员会、中国青少年研究中心、中央档案馆利用部编:《中国青年运动历史资料》第14—19册,中国青年出版社2002年版。

团校青年团工作教研室出版了《中国青年运动历史文件选编》;①1988年,共青团中央青运史研究室和中央档案馆合作出版了《中共中央青年运动文件选编:1921年7月—1949年9月》。② 可以说,这些史料集大致囊括了有关中国青年运动的中文档案和史料文献。

1982年,中央团校青运研究室编辑出版《中国新民主主义革命时期青年运动简史》;1984年,共青团中央青运史研究室编辑出版《中国青年运动史》。以上两本著作,取材于中央团校历届青运史教学讲义,按照中国共产党历史的发展进程,将中国青年运动划分为五个阶段:中国共产党创建时期(1919年5月—1923年12月)、第一次国内革命战争时期(1924年1月—1927年7月)、第二次国内革命战争时期(1927年8月—1937年7月)、抗日战争时期(1937年7月—1945年8月)和解放战争时期(1945年8月—1949年10月),由此确立了中国青年运动史研究的基本叙述框架。③

值得一提的是,1985年,共青团中央青运史研究室、中国社会科学院现代史研究室共同编辑出版《青年共产国际与中国青年运动》史料集,收录了从1919年5月29日《共产国际执行委员会致全世界无产阶级青年组织,号召参加共产国际》和1919年11月20—26日青年共产国际第一次代表大会的《致各国青年工人书》《青年共产国际国际纲领》《青年共产国际章程》,到1943年6月1日《青年共产国际执行委员会扩大书记处关于解散青年共产国际的决定》各类相关文件约150份,其中1919—1927年的相关文件64份。这些材料大都译自苏共中央马列主义研究院中央党务档案馆首批公布的文件,以期推进"青年共产国际与中国青年运动的研究"。④

得益于相关史料的整理工作,关于中国青年运动的研究成果也不断出现。1989年,张静如等学者主编的《中国青年运动词典》,收录了戊戌变法至

---

① 中央团校青年团工作教研室编:《中国青年运动历史文件选编》,内部教材,1979年。
② 共青团中央青运史研究室、中央档案馆编:《中共中央青年运动文件选编:1921年7月—1949年9月》,中国青年出版社1988年版。
③ 中央团校青运史研究室编印:《中国新民主主义革命时期青年运动简史》,1982年;共青团中央青运史研究室编:《中国青年运动史》,中国青年运动出版社1984年版。
④ 共青团中央青运史研究室、中国社会科学院现代史研究室编:《青年共产国际与中国青年运动》,中国青年出版社1985年版。

20世纪80年代中期的相关词条1056条。① 1990年,郑洸等学者和李相久等学者分别主编的《中国青年运动六十年(1919—1979)》和《当代中国青年运动史》,分别描绘了1919—1979年和1949—1990年中国青年在社会主义建设事业中担当的角色。② 1999年,李玉琦出版的《中国青年运动主题曲:二十世纪中国共青团的历程》,介绍了中国共青团的发展历史。③ 2012年,共青团中央青运史档案馆编辑的《历史的轨迹:中国共产主义青年团90年》,梳理了1922年以来的共青团历史。④ 2014年,胡献忠等学者出版《青年运动与中国梦》一书,分析了中国青年在不同时代所肩负的责任;⑤2019年,五四运动百年纪念前后,胡献忠等学者根据多年史料积累和研究心得出版的《中国青年运动纪事长编》第一卷(上、下册),采用编年体系统整理了1919—1949年有关中国青年运动的档案、年谱、日记、文集等史料,成为了解中国青年运动特别是中国共青团发展史的重要文献。⑥ 不久之后,胡献忠又出版《中国青年运动一百年》一书,着力勾勒出中国青年的百年奋斗历程。⑦

通过爬梳可以看到,中文学界关于中国青年运动的研究,在各自领域已经积累了相当丰硕的成果。

三、中俄关系

长期以来,中苏关系史是国内外学界广泛关注的议题,积累了相当丰硕的成果。在俄语学界,苏联政治文献出版社于1957—1967年编辑发行的24卷本《苏联对外政策文件集》,以及东方文献出版社于1959年出版的《中苏关系文件集(1917—1957年)》,收录了大量与中国相关的原始资料,是为中苏关

---

① 张静如、王京生、郝瑞庭、王炳林主编:《中国青年运动词典》,河北人民出版社1989年版。
② 郑洸主编,罗成全副主编:《中国青年运动六十年(1919—1979)》,中国青年出版社1990年版;李相久、李英、郭丽娟、梁占武编著:《当代中国青年运动史》,吉林文史出版社1990年版。
③ 李玉琦:《中国青年运动主题曲:二十世纪中国共青团的历程》,文津出版社1999年版。
④ 共青团中央青运史档案馆编:《历史的轨迹:中国共产主义青年团90年》,重庆出版社2012年版。
⑤ 胡献忠等:《青年运动与中国梦》,中国青年出版社2014年版。
⑥ 胡献忠主编:《中国青年运动纪事长编》第1卷(1919—1949),中国青年出版社2019年版。
⑦ 胡献忠:《中国青年运动一百年》,江苏人民出版社2022年版。

系史研究的必引文献。① 20世纪50—60年代，苏联学者茹科夫分析了1870—1945年苏联与帝国主义列强在远东的势力消涨；贾丕才结合自身的外交经验在宏观上概述了中苏关系；佩尔希茨详加考察了远东共和国与中国的外交活动；米亚斯尼科夫（В. С. Мясников）致力于中俄边界问题，主持了"17世纪到20世纪俄中相互关系"项目，编辑出版了多卷本史料集。② 特别是《苏联对外政策史（1917—1980）》（上、下卷）一书被译成中文后，加深了国内学者对这段历史的把握和理解。③

20世纪90年代初，随着国际格局发生重大变化，一些俄文档案陆续开放。1994年，由俄罗斯科学院远东研究所、俄罗斯现代历史文献保管与研究中心和德国柏林自由大学东亚研究会合作编辑的《联共（布）、共产国际与中国（1920—1943）》大型史料集正式出版，在俄文学界也涌现了一批采用新材料、新方法、新视角的研究。例如，卢贾宁关注民国时期中、俄、蒙三国政治上的三角关系，亚历山大·潘佐夫出版了有关20世纪20年代中苏关系的著作，阿列克谢耶夫仔细考察了20世纪20年代苏联情报机关在华的活动，娜塔莉娅·玛玛耶娃详察了苏联共产国际与中国国民党之间的微妙关系，等等。④

在中文学界，相关史料的整理工作也在持续推进。1983—1986年，中国

---

① Документы внешней политики СССР. Москва: Госполитиздат, 1959; Советско-китайские отношения. 1917 - 1957 гг. Сборник документов. Москва: Издательство Восточной литературы, 1959.

② Жуков Е. М. Международные отношения на Дальнем Востоке (1870 - 1945 гг.). Москва: Госполитиздат, 1951; Капица М. С. Советско-китайские отношения. Москва: Госполитиздат, 1958; Персиц М. А. Дальневосточная Республика и Китай: роль ДВР в борьбе Советской власти за дружбу с Китаем в 1920 - 1922 гг. Москва: Издательство Восточной литературы, 1962.

③ 安·安·葛罗米柯、鲍·尼·波诺马廖夫主编：《苏联对外政策史（1917—1980）》，韩正文、沈芜清等译，中国人民大学出版社1988年版。

④ Лузянин С. Г. «Треугольник» Россия - Монголия - Китай в 1911 - 1945 гг. - долговременный исторический фактор современного климата в восточной Азии. Монголия: Актуальные вопросы национальной безопасности, 1999; Панцов А. В. Тайная история советско-китайских отношений: большевики и китайская революция 1919 - 1927. Москва: ИД Муравей-Гайд, 2001; Алексеев М. Советская военная разведка в Китае и хроника «китайской смуты» (1922 - 1929). Москва: Кучково поле, 2010; Мамаева Н. Коминтерн и Гоминьдан. 1919 - 1929. Москва: Российская политическая энциклопедия (РОССПЭН), 1999.

人民大学科学社会主义系编译出版了五卷本的《国际共产主义运动文献史料选编》，涵盖了马克思主义诞生至中华人民共和国成立期间的俄、德、英、法和塞尔维亚文相关史料，其中第5卷收录的部分文献涉及中国共产党和共产国际初、中期的相关活动。① 1992年，薛衔天、李玉贞等人共同编辑出版了《中苏国家关系史资料汇编(1917—1924)》，收录了不少中、俄文资料。② 1996年起，中共中央党史研究室第一研究部着手对新近出版的俄文史料集《联共(布)、共产国际与中国(1920—1943)》开展翻译工作，并将此前在各类图书、报刊上发表的中文资料汇集为《共产国际、联共(布)与中国革命文献资料选辑(1917—1949)》，共同组成21卷本的"共产国际、联共(布)与中国革命档案资料丛书"，分别于1997年由北京图书馆出版社(6卷)、2010年由中央文献出版社(6卷)和2012年由中共党史出版社(9卷)出版发行。2019年，中共党史出版社将这套资料集修订完善，合为三辑出版，即《联共(布)、共产国际与中国国民革命运动(1920—1927)》(第1—6卷)、《联共(布)、共产国际与中国苏维埃运动(1927—1937)》(第7—17卷)和《联共(布)、共产国际与抗日战争时期的中国共产党(1937—1943)》(第18—21卷)。③

  以上这些史料集为中文学界接触一手档案提供了极大便利，有关中苏关系的通史类著作不断出现。例如，1988年，向青出版的《共产国际和中国革命关系史稿》、杨云若和杨奎松出版的《共产国际与中国革命》以及孙武霞编著的《共产国际和中国革命关系史纲》，都是较早研究共产国际与中国革命之关系的论著。④ 20世纪90年代以后，林军、田保国、薛衔天和金东吉等学者的研究，清晰地梳理了中苏关系的发展脉络，黄修荣、姚金果、何云庵、李玉贞等

---

① 中国人民大学科学社会主义系编：《国际共产主义运动文献史料选编》第5卷，中国人民大学出版社1986年版。
② 薛衔天等编：《中苏国家关系史资料汇编(1917—1924)》，中国社会科学出版社1993年版。
③ 中共中央党史研究室第一研究部编：《联共(布)、共产国际与中国国民革命运动(1920—1927)》(共6册)，中共党史出版社2020年版；《联共(布)、共产国际与中国苏维埃运动(1927—1937)》(共11册)，中共党史出版社2020年版；《联共(布)、共产国际与抗日战争时期的中国共产党(1937—1943)》(共6册)，中共党史出版社2020年版。
④ 向青：《共产国际和中国革命关系的历史概述》，广东人民出版社1983年版；向青：《共产国际和中国革命关系论文集》，上海人民出版社1985年版；向青：《共产国际和中国革命关系史稿》，北京大学出版社1988年版；杨云若、杨奎松：《共产国际与中国革命》，上海人民出版社1988年版；孙武霞编著：《共产国际和中国革命关系史纲》，河南人民出版社1988年版；等等。

都系统探讨了共产国际与中国革命之间的互动关系。① 特别是沈志华等学者在 2007 年出版的《中苏关系史纲：1917—1991 年中苏关系若干问题再探讨》一书中，论述了 1917—1991 年的中苏关系史，并先后于 2011 年和 2015 年两度再版。② 中国台湾学者也有一些值得借鉴的研究。例如，王聿均关于中苏外交序幕之展开的探讨，蒋永敬对鲍罗廷于武汉国民党政权之影响的考证，金神保对 1917—1927 年苏联与国共两党之关系的梳理，以及余敏玲对中国共产党宣传苏联经验的研究，等等。③

此外，其他国家有不少研究成果可供参考。在美国，戴维·达林专注于苏联与中、日、韩等远东国家关系史的研究，艾伦·怀廷在其著作《苏维埃对华的政策（1917—1924）》中指出，苏联的对华政策有革命与外交两条线索，二者时而独立进行，时而汇合前进。④ 马士（H. B. Morse）和宓亨利（H. F. MacNair）共同写作的《远东国际关系史》业已被译为中文。⑤ 不少欧美学者对苏联的对华外交持否定态度，认为布尔什维克的革命外交下不过是"切实的利己主义"。⑥ 德国学者郭恒钰系统考察了 1924—1927 年共产国际指导国

---

① 林军：《中苏外交关系（1917—1927）》，黑龙江人民出版社 1993 年版；田保国：《民国时期中苏关系（1917—1949）》，济南出版社 1999 年版；薛衔天、金东吉：《民国时期中苏关系史（1917—1949）》，中共党史出版社 2009 年版；黄修荣：《苏联、共产国际与中国革命的关系新探》，中共党史出版社 1995 年版；李玉贞：《联共、共产国际与中国（1920—1925）》第 1 卷，东大图书公司 1997 年版；姚金果：《共产国际、联共（布）与中国大革命》，福建人民出版社 2002 年版；何云庵：《苏俄、共产国际与中国革命（1919—1923）》，社会科学文献出版社 2009 年版；黄修荣、黄黎：《共产国际联共（布）视角下的中国革命》，河北教育出版社 2020 年版；等等。
② 沈志华主编：《中苏关系史纲：1917—1991 年中苏关系若干问题再探讨》，社会科学文献出版社 2011 年版。
③ 余敏玲：《国共两党与共产国际关系之俄国资料介绍，1920—1940 年代》，《汉学通讯研究》第 17 期，第 152—159 页；余敏玲：《形塑"新人"：中共宣传与苏联经验》，台湾"中研院"近史所，2015 年。
④ David J. Dallin, *Soviet Russia and the Far East*, London: Hollis & Carter, 1949; Allen S. Whiting, *Soviet Policies in China: 1917–1924*, Stanford: Stanford University Press, 1968.
⑤ 马士、宓亨利：《远东国际关系史》，姚曾廙等译，上海书店出版社 1998 年版。
⑥ Peter S. H. Tang, *Russian and Soviet Policy in Manchuria and Outer Mongolia, 1911–1931*, Durham, N. C.: Duke University Press, 1959; Sow-Theng Leong, *Sino-Soviet Diplomatic Relations, 1917–1926*, Honolulu: University Press of Hawaii and the Research Corporation of the University of Hawaii, 1976; Bruce A. Elleman, *Diplomacy and Deception: The Secret History of Sino-Soviet Diplomatic Relations, 1917–1927*, Armonk, New York: M. E. Sharpe, 1997.

共两党的历史过程。① 日本学者山内昭人专注于研究20世纪20年代初期的日苏关系,亦不免涉及中国。② 这些学者充分利用了本国收藏的外交档案,但其政治立场和观点则应予以谨慎对待。

四、共产国际

然而,关于20世纪20年代前后共产国际与中国青年运动之关系的研究,还相对有限。根据笔者目前所见,此类研究大致表现于以下四个方面。

其一,围绕参加十月革命和共产国际成立初期活动的中国亲历者的研究。1919年3月2日,共产国际第一次代表大会在莫斯科克里姆林宫召开,列宁致开幕词:"同志们!我们的会议具有伟大的世界历史意义。它证明关于资产阶级民主的一切幻想都已破灭。因为不仅在俄国,而且在欧洲最发达的资本主义国家,例如德国,国内战争都已经成为事实。"③ 来自欧、亚、美洲20多个国家的51名代表与会,旅俄华工联合会成员刘泽荣(又名刘绍周)和张永奎以"中国社会主义工人党"名义出席。特别是刘泽荣,不仅在大会上进行简短发言,而且在会后受到列宁接见,还于1920年和另一位中国代表安龙鹤继续参加了共产国际第二次代表大会。关于十月革命前后的在俄华人,苏联学者乌斯季诺夫(В. М. Устинов)较早探究了1918—1920年苏俄的华人共产主义组织;诺沃格鲁茨基和杜纳耶夫斯基则通过实地走访,广泛搜集中国志愿兵参加十月革命的文献资料,编成《中国战士同志:"十月革命"里的中国志愿兵》一书,其中提到了旅俄华工联合会及其机关报《大同报》的存在。④ 卡尔图诺娃(А. Н. Картунова)的研究侧重于俄共(布)华人分部的成员,考

---

① 郭恒钰:《共产国际与中国革命:1924—1927年中国共产党和国民党统一战线》,李逵六译,生活・读书・新知三联书店1985年版。
② 山内昭人「初期コミンテルンとシベリア・極東」『史淵』144巻、2007年、35-76頁。
③ 《共产国际第一次代表大会会议记录(1919年3月2—6日)》,载戴隆斌主编:《国际共产主义运动历史文献》第29卷,中央编译出版社2012年版,第15页。
④ Новогрудский Г. С. Дунаевский А. М. Товарищи китайские бойцы. Москва: Воениздат, 1959; Китайские добровольцы в боях за Советскую власть (1918 - 1922 гг.). Москва: Издательство восточной литературы, 1961; Г. 诺沃格鲁茨基、А. 杜纳耶夫斯基:《中国战士同志:"十月革命"里的中国志愿兵》,纪家俊、韵逸译,人民出版社2019年版。

察了他们与中国共产党早期组织的联系。① 关于这一领域,中国学者中研究起步较早、用力较深的当数李玉贞。她不仅详细考证了共产国际一大、二大中国代表的身份及其相关活动,而且与薛衔天一道考察了中华旅俄联合会、旅俄华工联合会等华人共产党组织的形成和演变过程。② 薛衔天对于旅俄华工联合会机关刊物《大同报》进行了深入研究,认为这份报纸是中国人在域外创办的宣传马列主义的最早刊物之一。此外,李永昌的专著《旅俄华工与十月革命》勾勒了华工群体从赴俄谋生,到投身革命,再到成立共产党组织的全过程。③ 林军探究了旅俄华工联合会的发展历程及其主要活动。④ 刘以顺概述了张永奎参加共产国际一大的相关经历。⑤ 王易、肖甡等学者的论著,结合档案史料和先行研究,对刘泽荣的生平经历进行了细致研究,称其为"中国与共产国际交往的开启者"。⑥

其二,围绕苏俄和共产国际早期来华代表的研究。1920年4月,维经斯基(Г. Н. Войтинский)一行来到中国,结识了李大钊、陈独秀等走向马克思主义的知识分子,推动了共产主义运动在中国的蓬勃发展。长期以来,学界的目光集中于维经斯基本人。然而,随着相关外文档案的陆续公布,柏烈伟(С. А. Полевой)、波波夫(М. Г. Попов)和霍多洛夫(А. Е. Ходоров)等苏俄密使逐渐受到关注。波波夫之侄刘克甫在著作《莫里埃路:波波夫上校的

---

① А. Н. 卡尔图诺娃:《关于俄共(布)华人分部代表与中共组织的联系问题》,郭兴仁译,载中国社会科学院近代研究所、《国外中国近代史研究》编辑部编:《国外中国近代史研究》第16辑,中国社会科学出版社1990年版,第160—165页。
② 李玉贞:《关于参加共产国际第一、二次代表大会的中国代表》,《历史研究》1979年第6期;李玉贞:《十月革命前后的旅俄华人组织及其活动》,《吉林大学社会科学学报》1981年第5期;薛衔天、李玉贞:《旅俄华人共产党组织及其在华建党问题》,《近代史研究》1989年第5期。
③ 李永昌:《旅俄华工与十月革命》,河北教育出版社1988年版。
④ 林军:《全俄华侨组织——旅俄华工联合会研究》,《北方论丛》1994年第1期。
⑤ 刘以顺:《参加"共产国际一大"的两个中国人》,《党史研究资料》1986年第6期;刘以顺:《参加共产国际一大的张永奎情况简介》,《革命史资料》1986年第4期。
⑥ 《列宁在刘泽荣证书上加的批示》,《档案工作》1984年第4期;徐世强:《刘泽荣:最早活跃在共产国际舞台上的中国代表》,《广东党史》2010年第3期;王易编著:《刘泽荣事迹选编》,中国华侨出版社2014年版;肖甡:《刘泽荣:中国与共产国际交往的开启者》,《北京党史》2015年第6期;孟欣:《旅俄华侨刘泽荣归国后的贡献管窥》,《黑河学院学报》2022年第13卷第6期。

秘密使命》中,详述了波波夫的生平经历。① 尼基福罗夫(Н. Никифоров)、希萨蒂诺夫(А. Хисамтдинов)等学者分别对布尔特曼(Н. Г. Буртман)②、伊文(А. А. Ивин)③和柏烈伟④等苏俄密使的生平及其在华活动进行了详细研究。近年来,俄罗斯学界出现了一批新的研究成果,马拉哈诺娃、萨兰等人进一步挖掘了波波夫、伊文等人的生平,考察了苏俄密使在协调维经斯基与李大钊的接触及其在华组织情报收集工作中发挥的重要作用。这些成果暂时未被译为中文。⑤ 旅英中国学者李丹阳、刘建一充分利用英文档案,对霍多洛夫在上海成立中俄通信社、波波夫在华发表的文件《来自一名俄国无产者的呼吁》《上海俄文生活报》与布尔什维克早期在华活动的联系等问题进行了详细考证。⑥ 此外,他们还注意到苏俄派往中国的朝鲜使者,尝试勾连远东各国社会主义者之间的联系。⑦ 日本学者石川祯浩补充了来自日方的档案资料,进而对苏俄密使的在华活动提出某些猜想与判断。⑧ 中国学者徐万民、肖甡、散木等人,以中文史料为基础,辨析苏俄密使的身份及其在华活动;⑨特别是李玉贞,她通过对俄文档案的深入挖掘,破解了共产国际与中国早期交往

---

① Крюков М. Улица Мольера, 29 — Секретная Миссия Полковника Полова. Москова, 2000.
② 库季科:《布尔特曼——革命家、国际主义者》,《国外中共党史研究动态》1990 年第 3 期。
③ Хисамтдинов А. Верный друг китайского народа Сергей Полевой//Проблемы Дальнего Востока. 2006. №1.
④ Никифоров Н. Алексеевич Иванов (Ивин)//Народы Азии и Африки. 1965. № 4.
⑤ Мараханова С. И. М. Г. Попов(1884 – 1930), офицер, востоковед, педагог//Восточный архив. 2019. №1(39); Саран А. Ю. Российские востоковеды в орловском контексте: в помощь учителю. Орел: Орлик: Воробьев А. В., 2005.
⑥ 李丹阳、刘建一:《〈上海俄文生活报〉与布尔什维克早期在华活动》,《近代史研究》2003 第 2 期;李丹阳、刘建一:《英伦航稿——早期来华的苏俄重要的密使考》,《中共党史研究》1998 年第 5 期;李丹阳、刘建一:《早期来华的苏俄重要使者——波波夫》,《档案与史学》2002 年第 6 期;李丹阳:《苏俄在华发表的第一个文件——关于文本内容与发表背景的研究》,《历史研究》2003 年第 4 期;李丹阳、刘建一:《霍·多洛夫与苏俄在华最早设立的电讯社》,《民国档案》2001 年第 3 期;李丹阳、刘建一:《"中俄通信社"与"华俄通信社"异同之考辨》,载中共"一大"会址纪念馆、上海革命历史博物馆筹备处编:《上海革命史资料与研究》第 13 辑,上海古籍出版社 2013 年版,第 290—308 页;等等。
⑦ 李丹阳:《朝鲜人"巴克京春"来华组党述论》,《近代史研究》1992 年第 4 期;王建宏:《韩人社会党与中共成立关系考辨》,《当代韩国》2019 年第 2 期。
⑧ 石川祯浩:《中国共产党成立史》,袁广泉、瞿艳丹译,香港中文大学出版社 2021 年版。
⑨ 徐万民:《伊文与伊凤阁辨》,《中共党史研究》1993 年第 5 期;肖甡:《俄共党员柏烈伟在中共建党时的一些活动》,《北京党史》2002 年第 1 期;散木:《柏烈伟:一个曾参与过中共建党活动的俄国人》,《党史博览》2009 年第 10 期。

过程中的一些谜团。①

其三,围绕苏俄和共产国际影响中国共产党成立的研究。俄文档案汇编《联共(布)、共产国际与中国(1920—1943)》在中国翻译出版后,其中有关维经斯基、威廉斯基-西比利亚科夫(В. Д. Виленский-Сибиряков)等人在1920年向共产国际提交的报告,由于包含大量涉及中国共产党早期组织的信息,引起了学界的热烈讨论。例如,维经斯基参与创建的上海革命委员会(又译"革命局"),可以称作中国革命在1920年之际的"领导中心"。但是,关于这一机构的性质问题,学者们各持己见。于此,中国学者黄爱军已经进行了相对清晰的梳理。② 再如,日本学者石川祯浩通过爬梳中英文献指出,维经斯基带至中国的美国文献,是推动马列主义在华传播的重要文本。③ 但是,石川祯浩对于维经斯基报告的分析,在"南陈北李,相约建党"是否确有其事、报告中的"全国学生大会"究竟为何等问题上引起了不少中国学者的商榷。④ 还有,1920年前后,苏俄和共产国际在远东地区创立了多个涉足对华工作的相关机构,但这些机构彼此之间缺乏配合,甚至相互干扰,造成了相对复杂的混乱局面。关于这一问题,中国学者孙艳玲、张玉菡等人的研究,系统梳理了这些机构的组织活动和实际工作;日本学者山内昭人关于日本共产主义者的考察,也有助于从侧面理解苏俄驻华机构的运转情况。⑤ 需要指出的是,中国共产

---

① 李玉贞:《孙中山与共产国际》,台湾"中研院"近史所1996年版,第56—60页;李玉贞:《中国共产党成立前夜的苏俄密使》,《百年潮》2001年第7期。
② 黄爱军:《俄共(布)在华革命委员会研究评析》,《苏区研究》2023年第3期。
③ 石川祯浩:《魏金斯基与马列主义在中国的初期传播渠道》,《湖北大学学报(哲学社会科学版)》1997年第4期;石川祯浩:《中国共产党成立史》,袁广泉、瞿艳丹译,香港中文大学出版社2021年版。
④ 黄爱军:《"南陈北李,相约建党"确有其事——与石川祯浩先生商榷》,《太原理工大学学报(社会科学版)》2019年第37卷第4期;李永春:《关于1920年"社会主义青年团"成立的几个问题》,《世纪桥》2009年第3期;李永春、张海燕:《"改造联合"与"社会主义青年团"不是同一个组织——与石川祯浩商榷》,《中共党史研究》2008年第5期;吴二华:《谁更早考证出了"渊泉"不是李大钊?——兼与石川祯浩先生商榷》,《党史研究与教学》2006年第6期;金立人:《就中共创建史若干问题答石川祯浩》,《上海党史与党建》2005年第4期。
⑤ 孙艳玲:《中共创建时期苏俄及共产国际对华工作的有关机构》,载中国共产党创建史研究中心编:《中共创建史研究》第5辑,上海人民出版社2021年版,第103—111页;山内昭人「初期コミンテルンとシベリア・極東」『史淵』144卷、2007年、35-76頁;张玉菡:《从组织推动到亮相共产国际舞台——苏俄、共产国际远东工作与中国共产党的创建》,《上海师范大学学报(哲学社会科学版)》2021年第50卷第2期。

党早期活动的亲历者留下了大量关于中国共产党成立的回忆文字。这些文献具有极高的史料价值,但其中提到的"共产国际"可能并非某个特定机构的指称,而是囊括了几乎所有与苏俄有联系的俄国使者。因此,在使用这些回忆类文献的过程中,应当进行仔细辨别。

其四,围绕中国共产党人在苏俄(联)和共产国际的相关活动研究。随着中苏之间交通路线的恢复,不少倾心于共产主义的青年知识分子主动奔赴苏俄,张太雷和俞秀松就是其中的重要代表。1921年3月23日,张太雷被任命为共产国际远东处中国科书记。1921年3月,上海青年团选举俞秀松为代表,赴俄参加青年共产国际第二次代表大会。此外,上海外国语学社派遣的第一批赴俄留学生还有刘少奇、陈为人等人。1921年6—7月,张太雷、俞秀松共同参加了共产国际第三次代表大会;此后,他们还与陈为人组成中国代表团,参加了青年共产国际第二次代表大会。按照共产国际的规定,"每个国家只能有一个组织作为共产国际的成员",但在当时,"中国五共产党"齐现莫斯科,所谓"正统之争"由此而来,且迄今仍是学界关注的焦点。[①] 对此,石川祯浩、叶孟魁、赵晓春等中日学者仔细考察了共产国际三大的中国代表身份,阐述了张太雷等人在共产国际舞台上发挥的重要作用。而在中国共产党成立之后,关于莫斯科中山大学和东方大学的中国留学生,孙会修运用丰富的俄文档案和中文文献,进行了细致而深入的研究。

梳理相关先行研究可以发现,有关共产国际与中国革命之间的关系问题,仍有很多值得深入探讨的空间。首先,由于语言的限制,俄国学者很少关注到中文史料,中国学者亦难接触到俄文档案。其次,相关研究大多集中于1918—1920年,特别是1920年《苏俄第一次对华宣言》发表前后,对1921年中国共产党成立之后较少涉及。再次,相关研究侧重于讨论苏俄(联)之于中

[①] 石川祯浩:《中国近代历史的表与里》,袁广泉译,北京大学出版社2015年版;叶孟魁、赵晓春:《出席共产国际三大的中国代表团人员考》,《中共党史研究》2015年第11期;王龙腾、蔡文杰:《共产国际三大上中国代表资格之争及其意义——兼论张太雷在中国共产党创建史上的贡献》,《中共创建史研究》2019年;陈旭楠、唐闻晓:《共产国际三大执委会中的"张凯"并非张太雷——与任牧商榷》,《广东党史与文献研究》2023年第1期;任牧:《共产国际执委会的中国籍委员"张凯"是谁?——兼谈张太雷在青年共产国际二大当选执委一说》,《党的文献》2022年第3期;李曙新:《青年共产国际"二大"的中国与会者考辨》,《河北青年管理干部学院学报》2014年第26卷第1期。

国革命的重要影响,较少关注到中国革命之于共产国际的意义所在。最后,相关研究聚焦于个别重点人物或某些组织机构,"青年"尚未以"青年运动"的整体面貌出现。

五、结语

苏联与共产国际是影响中国青年运动的重要因素。1919年3月,共产国际在莫斯科成立,成为联合世界各国共产党人的组织机构。1919年11月20—26日,青年共产国际第一次代表大会在柏林秘密举行,来自14个国家的29名代表出席。会议通过了《致各国青年工人书》,制定了青年共产国际的章程和纲领。此后,作为共产国际的一个支部,青年共产国际成为团结各国青年运动的组织机构。

在五四运动中,中国知识分子逐渐为苏维埃俄罗斯所吸引,共产主义的足音在中国大地上悄然兴起。[①]《苏俄第一次对华宣言》的公开发表,在中国国内掀起友俄高潮。1920年4月,俄共(布)海参崴(今译符拉迪沃斯托克)分局外国处派遣维经斯基等人来华。在华期间,他结识了李大钊、陈独秀等初步具有共产主义思想的知识分子,推动了共产主义运动在中国的发展。[②]维经斯基的工作重心之一在于学生群体,他不仅借助学生传播苏维埃的情况,还将学生群体组织起来建立统一的社会主义青年团。在他的影响下,1920年末,上海、武汉、广州等地成立了社会主义青年团的早期组织。

在整个20世纪20年代,共产国际的工作在青年学生和知识分子中最富成效。学生兼具了"革命的小资产阶级"和"无产阶级的萌芽"的双重性质。这一论断相当代表苏联方面的普遍看法,也在较长一段时间内影响了共产国际对中国青年运动的指导方针与路线。共产国际最为关心的问题是,如何将小资产阶级性质的中国学生运动发展为无产阶级的群众运动。

随着苏联与共产国际的影响,中国的革命青年也开始以马列主义视角反思五四以来的青年运动,尝试学习和模仿苏联共青团。苏俄(联)和共产国际

[①] 孙江:《五四时期中日知识界的往还》,《中国社会科学》2021年第8期。
[②] 中共中央党史研究室:《中国共产党历史》第1卷上册,中共党史出版社2011年版,第58—63页。

的指导与建议,通过书信材料、国际会议等各种方式,传递给了心向革命的中国青年。例如,青年共产国际驻远东书记处书记达林(А.С. Далин)批判中国的青年运动过于分散与狭隘。青年共产国际曾于1923年致函表示中国青年团的革命工作局限于学生群体中,因而具有组织薄弱、纪律不振、学院主义等弱点,今后应当将工作基础转移至农工青年。① 在中国革命者与达林等共产国际代表的共同努力下,中国社会主义青年团以俄为师,逐步走向体制化、系统化。

---

① 《致中国、日本、朝鲜、蒙古青年书》,载共青团中央青运史研究室、中国社会科学院现代史研究室编:《青年共产国际与中国青年运动》,中国青年出版社1985年版,第83—87页;《少年国际给中国社会主义青年团书》,载中国新民主主义青年团中央委员会办公厅编印:《中国青年运动历史资料1915—1924》,1957年,第242—245页。

1928—1931年《暂行反革命治罪法》在江苏的司法实践

张安康*

一、引言

20世纪20年代,在不同政治力量的大力宣导下,"革命"被建构为一种强势政治文化,"反革命"则被建构为一种最大之"恶"和最恶之"罪"。[①] 1927年3月,武汉国民政府公布《反革命罪条例》[②],"反革命"成为一项刑事罪名。南京国民政府成立后沿用这一罪名,在1928年初颁布《暂行反革命治罪法》[③],直至1931年1月以《危害民国紧急治罪法》替代之。[④] "反革命"本身属于革命话语的一部分,执掌政权的国民党以其作为罪名而制定的《暂行反革命治罪法》,在制度上有何独特之处? 在司法实践中情形如何? 其法理目标是否

---

* 张安康,南京大学历史学院博士研究生。
① 参见王奇生:《"革命"与"反革命":一九二〇年代中国三大政党的党际互动》,《历史研究》2004年第5期。
② 《中华民国国民政府令〈反革命罪条例〉》(1927年3月30日),《中华民国国民政府公报》第1号,1927年3月。
③ 《中华民国国民政府令第73号》(1928年3月9日),《国民政府公报》第39期,1928年3月。
④ 见《国民政府公报》第688号,1931年2月3日。

能够实现？对此,学界目前还缺乏深入讨论。①

江苏是南京国民政府的核心统治区域,相较于其他地区,《暂行反革命治罪法》在该地得到了普遍的施行,因此该地区"反革命"案件的审理情况在全国范围内具有一定典型意义。笔者搜集到江苏司法机关制作的88例"反革命"案件判决卷宗,其中60件来自公报②,余下28件来自江苏省档案馆馆藏档案。上述判决书多数为一审判决书。本文以江苏为中心,兼及其他地区,以这批判决卷宗为基础,分析"反革命罪"的司法实践情况,以期推进对上述问题的深入探讨。

二、"反革命罪"的制度设计

1927年4月,以蒋介石为代表的国民党右派发动了针对共产党的血腥的"清党"运动,然而这场运动因为逮捕、杀人毫无法律依据,造成社会的惊恐不安。③ 这并不符合国民党在占据江浙以后希图构建稳定的社会秩序的目标,因此这场运动仅持续不到半年便停止,国民党转而通过法律手段打击共产党。1928年2月29日,国民党中执会通过了司法部拟定的《反革命治罪暂行条例》,并将之更名为《暂行反革命治罪法》。④ 同年3月,南京国民政府公布施行此项条例。⑤ 与同为革命话语转换而来的土豪劣绅罪⑥相似,"反革命罪"也具有构成要件模糊、追溯既往的特点。

---

① 王奇生的论文《北伐时期的地缘、法律与革命——"反革命罪"在中国的缘起》(《近代史研究》2010年第1期),揭示了"反革命罪"的缘起和内在逻辑。具体到"反革命罪"的司法实践,路子靖的论文《1930年代中央苏区反革命罪的审判——以〈红色中华〉的案件为中心》(《史学月刊》2014年第8期),总结了1930年代中央苏区反革命罪的审判特质。历史学以外,改革开放初期法学学者曾就反革命罪是否应被更改而进行了激烈的讨论,详情参见侯国云、李然:《关于更改反革命罪名的风波——建国以来法学界重大事件研究(十六)》,《法学》1998年第9期。
② 这些判决书中有29件刊载于《江苏特种刑事公报》,22件公布在《江苏省政府公报》上,9件来自《江苏高等法院公报》。
③ 杨奎松:《国民党的"联共"与"反共"》上册,广西师范大学出版社2016年版,第305页。
④ "中国国民党中央执行委员会函国民政府为暂行反革命治罪法请公布",1928年3月2日,台北"国史馆"藏国民政府档案,001-012032-00033-004。
⑤ 全文见《国民政府公报》第39期,1928年3月。本文所引该条例,皆来于此,不再赘注。
⑥ 关于南京国民政府时期的土豪劣绅罪及其司法实践情况,笔者另有专文讨论。

（一）构成要件模糊。《暂行反革命治罪法》规定了以下行为构成"反革命罪"：(1)意图颠覆国民党及国民政府或破坏三民主义而起暴动、与外国缔结不平等条约；(2)"利用外力或外资勾结军队而图破坏国民革命"；(3)以"反革命"为目的破坏交通设施、引导敌人及为其收集重要情报、"制造收藏贩运军用品"、组织团体或集会及接济"反革命者"；(4)"宣传与三民主义不相容之主义及不利于国民革命之主张"。这些行为主观性强、含义模糊。1930年，浙江省政府主席张静江向国民政府呈交《修订〈反革命治罪法〉的意见书》，指出该项条例在适用共产党案件时难以辨明。例如，该条例第二条规定："意图颠覆中国国民党及国民政府或破坏三民主义而起暴动者，依左列各款分别处断：甲、首魁，死刑……"所谓"首魁"难以判别，因中国共产党组织规定："县委受成于省委，省委受成于中委，中委受成于第三国际。"又如，"以军需品或款项接济反革命罪"，似指"反革命"团体以外之人赞助该团体，但是对于共产党案件却不适用，因共产党员须交纳党费，此种行为是否触犯此罪，不无疑问，且"军需品"内涵不清。再如，第六条规定："宣传与三民主义不相容之主义及不利于国民革命之主张……"共产党习用口号有宣传与行动两种，宣传口号可以转瞬变为行动口号，或视具体情形而仅提宣传口号，无论就文字还是法理而言，均与该条所定宗旨不合。①

（二）追溯既往。普通刑事罪名并不追溯既往，民初的《暂行新刑律》和1928年颁布的《中华民国刑法》对此均有明确规定。②《暂行反革命治罪法》作为特别法，并不受此约束。该条例第十三条明确规定："其犯罪在本法公布以前未经确定审判者，亦依本法处断。"1929年底，最高法院进一步解释："凡犯罪在该法公布前，无论何时所犯，如公布时未经确定审判，依该法第十三条之规定，均应据该法处断。"③

不同于普通罪名实行四级三审制，国民政府对于"反革命罪"设计了特殊的二级二审制度。1927年8月，南京国民政府颁布《特种刑事临时法庭组织

---

① "浙江省政府主席张人杰呈国民政府为送修订反革命治罪法意见书祈转发参考"，1930年10月1日，台北"国史馆"藏国民政府档案，001-012032-00033-014。
② 黄源盛纂辑：《晚清民国刑法史料辑注》上册，元照出版有限公司2010年版，第367页；《国民政府公报》第43期，1928年3月。
③ 《司法院快邮代电：院字第194号》(1929年12月23日)，《司法公报》第53号，1930年1月11日。

条例》,规定设立地方、中央两级特种刑事临时法庭,分别负责"反革命"案件的一审和二审。值得注意的是,此种法庭并没有设立检察官,只有庭长一名,审判员、书记员若干。①

为了加强对"反革命"案件的监督,国民政府规定各省及特别市党部、政府认为地方特种刑事临时法庭判决违法时得提起非常上诉,中央党部或国民政府认为中央特种刑事临时法庭判决违法时得令复审,死刑须经国民政府核准方可执行。② 此后,鉴于特种刑事临时法庭制度效果不彰,1928年11月,国民政府正式宣布取消这项制度,"反革命"案件由各高等法院依照通常程序受理第一审。③

不过,依照普通制度,难以有效惩治"反革命"人员。④ 有鉴于此,国民政府又制定了专门的陪审和反省制度。1929年8月,国民政府颁布施行《反革命案件陪审暂行法》,其中规定"反革命"案件适用陪审制,陪审员共六名,由高等法院所在地国民党党员充任,法院本陪审员之答复做出判决。⑤ 12月,国民政府又公布施行《反省院条例》,其中规定在高等法院所在地设立反省院,院长由高等法院院长兼任,以下五类"反革命"人员送入反省院:(1) 被判无期徒刑已服刑超过十年及被判有期徒刑服刑超过一半确实悔悟者;(2) 服刑期满但仍有"反革命"之虞者;(3) 被判一年以下有期徒刑者;(4) 依《共产党人自首法》规定移送者;(5) 经国民党中央党部决议送交反省院者。以六个月为一个反省期,期满后经过反省院评判委员会认定应继续反省者,应再受反省处分,但总共不得超过五年。⑥

三、"反革命"案件的告发和受理

那么,《暂行反革命治罪法》在司法实践中具体情形如何?上述88例

---

① 《国民政府令:特种刑事临时法庭组织条例》(1927年8月20日),《国民政府公报》宁字第12号,1927年9月30日。
② 《中华民国国民政府令:特种刑事临时法庭诉讼程序暂行条例》(1928年6月11日),《国民政府公报》第66期,1928年6月。
③ 《国民政府训令第132号》(1928年11月27日),《国民政府公报》第30号,1928年11月29日。
④ 《司法部训令:训字第231号》(1929年5月20日),《司法公报》第21号,1929年6月1日。
⑤ 参见《国民政府公报》第247号,1929年8月20日。
⑥ 参见《国民政府公报》第337号,1929年12月5日。

"反革命"案件中有59例涉及"组织、加入反革命团体或集会（共产党）"，28例涉及"在反革命暴动中执行重要事务或附和随行罪"，13例涉及"宣传与三民主义不相容之主义及不利于国民革命之主张罪"，这些案件多源于政治立场的对立。

因此，"反革命"案件的举发者多为公权部门。刊载于《江苏特种刑事公报》和《江苏省政府公报》的49件判决书清楚写明了举发信息，其中37件是由公权机关举发。如1928年1月，苏州市公安局在失业工人王金元家中搜获"反革命"传单，遂将其解送法庭。3月13日，江苏特种刑事地方临时法庭判定王犯"宣传与三民主义不相容之主义罪"，因其并未发出传单，属于未遂，减刑一等，处以有期徒刑4个月。① 同月，宜兴县政府探悉曾经参加宜兴暴动的史宜宾秘密逃回老家，派警察搜查未获，怀疑其弟史寒冰有"党同关系"，将其送交法庭。4月20日，江苏特种刑事地方临时法庭认为被告犯罪嫌疑不足，判其无罪。②

余下有10例是由个人举发，③其中6例系公职人员举发。例如，1928年4月，南京小营军官团学员李殿魁等向公安局举报何绍咸、何云梯有"反革命"嫌疑。9月，法庭作出判决，何绍咸"加入反革命团体"，处以有期徒刑11个月又29天，何云梯"宣传与三民主义不相容之主义，及不利于国民革命之主张"，处以有期徒刑1年。④ 同年10月，国民党江苏省党部常委高方、刘炳晨告发莫斯科中山大学学生汪泽巍有"共产嫌疑"。因证据不足，汪氏被判无罪释放。⑤ 公职人员举发"反革命"人员，有时也是基于私怨。国民政府在控制江浦县后，委任黎名华为该县承审员，该县律师张伯蓟、商人毛仲蕃因案件败诉对黎生恨。1927年8月，孙传芳军队攻下江浦县，张、毛趁机控告黎为国民革命军侦探，导致黎被逮捕。此后孙军败退，黎被释放，他在1927年12月向

---

① 《江苏省特种刑事地方临时法庭判决书1928年特字第1号》（1928年3月13日），《江苏特种刑事公报》创刊号，1928年5月，"判决书"。
② 《江苏省特种刑事地方临时法庭判决书1928年特字第20号》（1928年4月20日），《江苏特种刑事公报》创刊号，1928年5月，"判决书"。
③ 此外还有2例案件是地方民团举发。
④ 《特刑地方法庭判决案三则：特字第202号（本年9月29日）》，《江苏省政府公报》第56期，1928年10月22日。
⑤ 《江苏省特种刑事地方临时法庭判决书1928年特字第2号》（1928年3月26日），《江苏特种刑事公报》创刊号，1928年5月，"判决书"。

江苏高等法院控告张、毛二人犯有"反革命罪"。①

其余4例则是平民基于仇怨告发。1927年7月，铜山县国民党党员李世才为国民革命军做向导，其兄弟三人因此被该县乡董吴凌虚绑交直鲁军执法处，李世才、李世栋被杀，李世梁交钱后被释放。1928年6月，李世梁控告吴凌虚犯有"反革命罪"，法庭一审判决吴犯有"在反革命暴动中附和随行罪"、同谋杀人罪，处以有期徒刑15年。② 1927年阴历八月，沭阳商会会长王莲溪等向直鲁军建议搜抢本市富户耿萱年以筹措军费。1928年，耿举报王莲溪等有"反革命"行为。法庭一审判决王莲溪等六人犯有"在反革命暴动中附和随行罪"，各处有期徒刑9年。③

"反革命"案件中，在身份明确的被告之中，农民、读书人、工人居多，这在一定程度上反映了清党前后共产党的组织构成。

无论是公权部门还是个人，往往在没有证据的前提下，捕风捉影，随意怀疑、检举甚至逮捕当事人。

部分当事人因为个人物品便被怀疑加入共产党。1927年12月，南通县政府在该县张謇中学学生费学华书桌抽屉内搜出张世九寄给他的一封书信，以及一张写有通信暗号的废纸。该县政府因此将费学华送交法院审理。费学华供述称与张世九是同学，通信暗号是写着玩的。法院认为书信内容并无不当之处，而且通信暗号写在废纸之上，抽屉也未上锁，费学华所言属实，因此判他无罪。④ 1928年3月，湖南人陈海藩来到南京找工作，南京市公安局从他身上搜出一张与陈雨亭（同乡）的合照和英文亲友通信名单，因此怀疑他是共产党员，将其送交法庭审理。法院认为不能单凭这两点就确定陈海藩加入了共产党，所以判他无罪。⑤

---

① "呈为诬陷通敌违反革命行为恳请严拿究办以伸冤而清奸宄事"，1927年12月7日，江苏省档案馆藏江苏高等法院档案，1047-014-1471-0074。
② 《特刑地方法庭判决书一束：特字第221号》，《江苏省政府公报》第59期，1928年11月12日。
③ 《特种刑事地方法庭判决书六件：特字第251号》，《江苏省政府公报》第62期，1928年12月3日。
④ 《江苏省特种刑事地方临时法庭判决书1928年特字第10号》（1928年4月3日），《江苏特种刑事公报》创刊号，1928年5月，"判决书"。
⑤ 《江苏省特种刑事地方临时法庭判决书1928年特字第11号》（1928年4月4日），《江苏特种刑事公报》创刊号，1928年5月，"判决书"。

此外，公权机关往往根据口头报告便逮捕当事人。1927年9月，莫斯科中山大学学生吴天憾、傅学文回到南京。军事委员会接到一份报告，其中声称吴、傅二人可能是共产党员，于是该会密函公安局将二人捉拿。法院审理时发现这份报告"得自口头"，因此判处二人无罪。① 无独有偶，同年10月，国民党江苏省党部常委高方、刘炳晨致函南京市公安局，声称根据可信报告，汪泽巍有"共产嫌疑"，公安局随即将汪拘拿。法院审理时发现所谓报告并无任何证据，且高、刘二人也不到庭作证，因此判决汪泽巍无罪。②

有时甚至发生任意抓人的情况。1927年5月，国民党上海市党部干事周阿庆遇到昔日同事陈愚汉，不问缘由便将陈关押在党部，陈随后逃走。不久后周阿庆再次碰见陈愚汉，便又捉住陈，将他送交公安局。法庭审理时，周阿庆坦承两次都非有意捉陈愚汉，也没有证据能够表明陈是共产党员，法庭因此下令将陈释放。③ 这种随意检举、逮捕当事人的情况之所以会发生，与"反革命罪"构成要件模糊有关。

四、"反革命"案件的审理

"反革命"案件在被检察官提起公诉后，接下来便进入庭审环节，依照规定，法官在审理时须凭证据认定事实。④ 在当时法学家眼中，证据分为人证和物证。人证存在一定缺点，其与物证互异时，当舍人证而依物证。⑤ 然而，由于"反革命罪"本身构成要件模糊，法官在审理相关案件时过于注重人证。在前述88例案件中，有接近半数（42例）是法官仅凭人证而判被告有罪的，这种判决结果的客观性难免让人心存疑窦。

"人证"可能是被告的自供。例如，1928年初，如皋县徐名友因涉嫌"反革

---

① 《江苏省特种刑事地方临时法庭判决书1928年特字第6号》（1928年3月），《江苏特种刑事公报》创刊号，1928年5月，"判决书"。
② 《江苏省特种刑事地方临时法庭判决书1928年特字第2号》（1928年3月26日），《江苏特种刑事公报》创刊号，1928年5月，"判决书"。
③ 《江苏省特种刑事地方临时法庭判决书1928年特字第27号》（1928年4月27日），《江苏特种刑事公报》创刊号，1928年5月，"判决书"。
④ 《刑事诉讼条例》第305条（《政府公报》第2074号，1921年12月3日）、《刑事诉讼法》第282条（《国民政府公报》第78期，1928年7月）对此有明文规定。
⑤ 康焕栋、俞钟骆：《刑事诉讼法论》，上海法学编译社1931年版，第231页。

命罪",被该县政府解送至江苏省特种刑事地方临时法庭。徐名友在法庭上拒不承认,但是他在原县供称现在国民党很腐败,自己因而加入共产党,并任交通员。法官据此判定其犯有"宣传与三民主义不相容之主义及不利于国民革命之主张""组织反革命团体"等罪,处以有期徒刑8年。① 又如,1928年3月,张国运举报同学萧超五有"反革命嫌疑",萧被南京市公安局解送至法院。萧超五供述曾在1927年4月在武汉参加讨伐蒋介石的大会,法院据此判他犯"参加反革命集会罪",处以有期徒刑3个月。②

不过由于种种原因,自供本身的效力存疑。一是供词容易造假。1929年3月,无锡县公安局特务员范忠滕抓获"共党嫌疑犯"王祖荫。③ 县政府在简单讯问王祖荫后,将其转送江苏高等法院。范忠滕的报告中说王祖荫在他面前承认加入共产党,检察官据此对本案提起公诉。法官审理时发现,王祖荫在被带至公安局后即否认加入共产党,而且范忠滕也证明王没有承认是共产党员,自己也没有问过他相关问题。因此,法官最后判定王无罪。④ 前述范忠滕的报告,有可能是保卫团侦探陆福根一手伪造,因为王祖荫在县政府供述与陆福根有仇,因此陆就说自己是"共党"。⑤

二是可能存在刑讯逼供的情况。虽然民国法律禁止刑讯逼供⑥,但这一传统取证手段在近代并未消失。1929年8月,如皋县朱香甫因为"共党嫌疑"被该县公安局拘拿。⑦ 朱在公安局供述于1928年9月在石阳春介绍下加入共产党,并帮助石向邹三等人敲诈钱财。他随后在江苏高等法院否认前述供词,并称公安局用刑逼供。法官据此认为他在公安局的供词不能

---

① 《徐名友反革命罪 判处徒刑八年 褫夺公权十年》,《江苏省政府公报》第63期,1928年12月10日。
② 《江苏省特种刑事地方临时法庭判决书 1928年特字第16号》(1928年4月),《江苏特种刑事公报》创刊号,1928年5月,"判决书"。
③ 《共党嫌疑犯庭讯记》,《锡报》1929年3月14日。
④ 《江苏高等法院刑事判决 1929年高字第265号》(1929年10月9日),《江苏高等法院公报》第10期,1929年10月。
⑤ 《共党嫌疑犯庭讯记》,《锡报》1929年3月14日。
⑥ 见《刑事诉讼条例》第303条(《政府公报》第2074号,1921年12月3日)、《刑事诉讼法》第280条(《国民政府公报》第78期,1928年7月)。
⑦ 《地方通信:如皋》,《申报》1929年8月18日。

作为证据,并且邹三等人证明朱为"良民",因此判定朱无罪。① 无独有偶,1930年泰兴县鲁明甫因为"共党嫌疑"被村民严子贞拿获送交区公所。鲁在区公所供述于本年加入共产党,不过他在法庭上声称该公所"刑讯迫供"。② 正是由于以上原因,被告在法院审理时屡屡否认最初供词,这样的案件共有20起。

除被告自供以外,"人证"还可能是目击者的证词。1928年7月,南通教员袁锡龄因为涉嫌在该县平民学校宣传不利于国民革命之主张,被联防区区部抓获。该校学生黄成侯、单六侯证实,被告曾说过"打倒资本家、打倒田主"等,法官因此判处袁有期徒刑两年零六个月。③

但是这种证词的有效性也会受到证人立场的影响。有人可能出于私怨诬陷他人。1927年底,江北人朱根宝因为涉嫌参加"反革命"集会被武进县公安局逮捕。朱供述本县总工会常委陈树德是"共党",法庭传陈质询,朱支吾其词,又说"不是这个姓陈的"。法庭经过调查后认为,朱曾经在总工会当茶房,后被陈树德辞退,朱因此说陈为"共党",陈树德最后被无罪释放。④ 也有人可能出于派别斗争栽赃他人。铜山县国民党党部委员刘彝九等控告该县田汇泉为土豪劣绅,田汇泉之兄田厚林因此告发刘彝九替敌军招兵。田厚林所列举之证人,皆曾为田汇泉作证,法官认为"不免有党同伐异之嫌",加上也有证人为被告作证,因此,法官判决刘彝九无罪。⑤

除此之外,证人记忆的偏差也不可避免地影响证词的有效性。1928年4月,国民党铜山县党部部分党员举报称,该县乡董陈凯曾在1927年7月31日带领保卫团围攻国民党铜山县第四区党部。江苏高等法院法官在初审时直接根据陈兴汉、朱洪燦、秦庆元的供词,认定上述举报内容属实,判定陈凯犯

---

① 《江苏高等法院刑事判决1929年高字第273号》(1929年10月15日),《江苏高等法院公报》第10期,1929年10月。
② "江苏高等法院刑事判决书——鲁明甫",1931年1月29日,江苏省档案馆藏江苏高等法院档案,1047-045-0241-0059。
③ 《特刑地方法庭判决书一束:特字第231号》,《江苏省政府公报》第59期。
④ 《江苏省特种刑事地方临时法庭判决书1928年特字第13号》(1928年4月10日),《江苏特种刑事公报》创刊号,1928年5月,"判决书"。
⑤ "江苏高等法院刑事判决1930年高字第27号",1930年2月26日,江苏省档案馆藏民国档案汇集,1054-1930-002-3298-0052。

有"在反革命暴动中附和随行罪",处以有期徒刑 2 年。① 陈凯不服,提起上诉。最高法院认为,原审无非是以陈兴汉等三人证词作为证据,但是秦庆元、陈兴汉并未亲眼看见陈凯带领保卫团围攻区党部,而现场唯一证人朱洪燦先是供述陈凯带着团丁翻墙进入党部,后来又言词支吾,否认之前证词。此外,该县党员为何距离案发半年以后才告发? 原审对于上述关键点并未调查清楚,该案于是被发回重审。② 江苏高等法院法官经过分析发现,三位证人的证词并不能证明陈凯带领团兵捕杀党员,而且告发人在时隔半年以后才联名指控,足见被告所称因开罪县长而被诬陷,不无可信之处,因此判决陈凯无罪释放。③

由于以上原因,"反革命"案件往往存在判罚较轻的倾向。这在当事人涉嫌"罪名"较多的"加入反革命团体或集会(共产党)"(55 例)、"在反革命暴动中附和随行"(17 例)、"宣传与三民主义不相容之主义及不利于国民革命之主张"(13 例)等三类案件中体现得尤为明显。由于《暂行反革命治罪法》规定对于"加入反革命团体或集会(共产党)"案件只能处以一年以下有期徒刑或拘役,因此对于这类"犯人"难以起到"严惩"作用。而在其他二类案件中,被告也常常被从轻判罚。17 例涉及"在反革命暴动中附和随行"的案件,有 15 例被告被判有罪,其中有 11 例从轻判决。13 例涉及"宣传与三民主义不相容之主义及不利于国民革命之主张"的案件,有 8 例被告一审刑期明确,其中有 7 例从轻判决,④有 2 例是因被告犯罪未遂而减刑。丹徒失业工人王金元一审被认定携带"反革命"传单,因传单尚未发出,减处有期徒刑 4 个月。⑤ 南洋医科大学教员江圣达一审被认定编印的讲义中有"反动"内容,因讲义尚未脱

---

① "江苏高等法院刑事判决 1930 年高字第 138 号",1929 年 7 月 12 日,江苏省档案馆藏民国档案汇集,1054-1930-002-3255-0006。
② "最高法院刑事判决 1929 年上字第 1185 号",1929 年 11 月 4 日,江苏省档案馆藏民国档案汇集,1054-1930-002-3255-0034。
③ "江苏高等法院刑事判决 1930 年高字第 45 号",1930 年 3 月 22 日,江苏省档案馆藏民国档案汇集,1054-1930-002-3255-0024。
④ 其中王金元、王龙海一案,前者被判 4 个月有期徒刑,后者被判无罪。参见《江苏省特种刑事地方临时法庭判决书 1928 年特字第 1 号》(1928 年 3 月 13 日),《江苏特种刑事公报》创刊号,1928 年 5 月,"判决书"。本文将该案计入轻判案件。
⑤ 《江苏省特种刑事地方临时法庭判决书 1928 年特字第 1 号》(1928 年 3 月 13 日),《江苏特种刑事公报》创刊号,1928 年 5 月,"判决书"。

稿,减处有期徒刑 6 个月。①

五、结语

"反革命"属于 20 世纪革命话语的有机组成部分,具有一定的任意性和专断性,南京国民政府以之作为罪名创造的法律制度具有构成要件模糊、追溯既往等特点。实践当中,反革命案件多由公权部门举发,多缘于政治立场的对立,举发者往往在没有证据的前提下随意怀疑、举报甚至逮捕当事人。被告来源广泛,涉及农民、工人、读书人等多个阶层。法院在审理此类案件时,往往仅凭人证裁决,影响了判决结果的客观性,相关案件的判罚也存在从轻的倾向。《暂行反革命治罪法》的法理目标在司法实践中难以实现。

这些情况反映了国民党因将"革命"话语转换为实体条例而面临的困境,暴露了其假革命的政权性质。"革命"话语被转换为实体条例时,其实际效果高度依赖于施行主体本身的性质。国民党自 1927 年分共清党以后,已经不再是真正意义上的革命党。这种背景下,国民党滥用"革命"话语,本就名实不符,自相矛盾,自然难以实现其初始目标。与之形成对比的是,中国共产党在 1930 年代,针对反革命罪构成要件模糊的先天缺陷,实行罪刑法定与刑事类推相结合的司法原则,在审判方面,实行依法裁判与重视群众意见相结合的原则,在苏区摸索出一套灵活的、符合实际的反革命罪的审判制度,取得了积极效果,②显示了其革命政权的性质。国共两党将"革命"话语付诸法律途径时产生的不同效果,为两党相对立的政权性质提供了鲜明注脚。

---

① "江苏高等法院刑事判决 1930 年高字第 110 号",1930 年 6 月 11 日,江苏省档案馆藏江苏高等法院档案,1047 - 012 - 1049 - 0013。
② 参见路子靖:《1930 年代中央苏区反革命罪的审判——以〈红色中华〉的案件为中心》,《史学月刊》2014 年第 8 期。

重塑水域:1930年代太湖造园规划及其历史演进[*]

黎心竹[**]

太湖横跨江苏、浙江两省,风景佳胜,秀美壮丽,历来是地方士人造园赏景的重要场域。近代以来,太湖一带的古典园林面临由私人园景向公共开放性园林的现代转向。[①] 20世纪30年代前后,伴随着江南民族工商业的快速发展、造园学学科与"国立公园"概念的引介,太湖一带私人、公共造园现象繁盛,农矿部一度出台"国立太湖公园"规划,成为近代中国筹建规划国家公园的先声。近代中国的公园兼具公共旅游娱乐空间属性与现代政治文化意涵,其出现与演变不但是西方文明介入的结果,还是极具中国地域特色现代性的表征。[②] 目前,有关近代中国公园现代性的研究成果丰硕,既有研究注意到了

---

[*] 本文系江苏省社科基金青年项目"民国时期太湖水上社会治理研究"(21LSC005)的阶段性成果。
[**] 黎心竹,东南大学马克思主义学院副教授、南京大学学衡研究院兼职研究员。
[①] 黄茂如:《无锡近代园林分析》,载《黄茂如风景园林文集》,同济大学出版社2018年版,第10页。
[②] 参见陈蕴茜:《作为现代性象征的中山公园》,载陶东风、周宪主编:《文化研究》第10辑,社会科学文献出版社2010年版,第140—162页;陈蕴茜:《空间重组与孙中山崇拜——以民国时期中山公园为中心的考察》,《史林》2006年第1期;陈蕴茜:《论清末民国旅游娱乐空间的变化——以公园为中心的考察》,《史林》2004年第5期。

园林空间由私向公的转型,大体聚焦城市空间中公园建设与公共空间拓展,① 有意无意地将公园默认为陆地公共空间的营造与延伸,相对忽视了城郊、乡村中的园林建设。但就太湖一带造园规划而言,作为自然空间的水域恰恰贯穿了太湖造园从古典至近代转型的关键时刻。

爬梳太湖造园规划在近代的演变,既能透视造园规划转型中的现代性意涵,也能探究地方政府如何以公园规划尝试重塑复杂多变的太湖水域。国立太湖公园规划的落地不仅仰赖经济社会的发展,更依靠地方水域治理的成效。目前,有关太湖水域社会研究,一是关注太湖水域社会之实,侧重梳理江南水域社会变迁的内在结构,② 二是关注太湖水域社会之名,特别梳理了地方文人诗词中江南水域社会所蕴含的地方集体记忆。③ 循着这一思路,梳理"筹设国立太湖公园"④为代表的太湖近代造园规划与实践,不但可以呈现古典园林向公共园林的现代转向,还可以分析其在何种程度上反映了政府重塑太湖水域的方向与限度。

本文拟梳理近代以来民国政府围绕太湖湖域开展的造园规划,结合太湖水域治理的基本情况,探究太湖造园规划的文化肌理与实践限度,并以此透视近代以后民国政府、知识分子对太湖"水域"的认识及其历史影响。

一、1930年代前后太湖造园情况

太湖地处江、浙两省交界,湖滨横跨江苏宜兴、武进、无锡、吴县、吴江以

---

① 参见熊月之:《晚清上海私园开放与公共空间的拓展》,《学术月刊》1998年第8期;李德英:《城市公共空间与社会生活——以近代城市公园为例》,载刘海岩主编:《城市史研究》第19—20辑,天津社会科学院出版社2000年版,第127—153页。近几年,有学者从"森林"等公园建造的独特元素维度探究近代中国公园的发展演变(左承颖:《"森林"进入城市:民国时期森林公园筹设研究》,《近代史研究》2022年第3期),但其观察对象仍然是城市空间中的公园。
② 相关研究可参见赵世瑜:《新江南史:从离散社会到整合社会——以洞庭东山为中心》,《清华大学学报(哲学社会科学版)》2021年第2期;赵世瑜:《猛将还乡:洞庭东山的新江南史》,社会科学文献出版社2022年版。
③ 佐藤仁史:《被吟咏的地方记忆:从〈南汇县竹枝词〉看清末民初江南的水域社会》,《区域史研究》2022年第2期。
④ 《筹设国立太湖公园》,《锡报》1930年3月22日。

及浙江长兴、吴兴七个县区,水域面积约三万六千顷。① 太湖湖域面积广阔,风景优美,尤其鼋头渚如半岛入湖中,"水浪触石,天趣横生"②,山水结合使其景色野趣十足。鼋头渚所在的无锡,地处南京与上海之间,濒临太湖这一江浙水运中心,③从水路上"可通浙省",在陆地交通上又有"铁路通轨",水陆交通便利,往来游人如织。在太湖湖滨七个县区中,只有无锡"商业交通两项,事业发达已极"。④ 南京国民政府成立后,政府要员、乡绅商人更加频繁地往返于南京、上海与无锡之间,无锡进一步成为南京、上海的城市后花园。近代无锡繁盛的民族工商业与便捷的水陆交通使无锡成为南北荟萃交集之地,太湖一带的园林营造也以无锡造园最为兴盛。

  无锡造园传统悠久,存有梁溪居、寄畅园等古典园林。进入近代以后,带有公共事业性质的公园在无锡逐渐兴起,除1905年建造的无锡城市公园及乡村公园天上市公园外,余下不少集中在离无锡城较远的太湖湖滨一带。无锡太湖湖滨的园林建造以荣德生造梅园为起始。1912年,梅园主人荣德生在太湖湖滨无锡开原乡以数百金购地,而后清理多余草木,依据自然山形结构"叠石、筑道、凿池、浚泉,营精舍,砌石坛,以构亭其上"。此后,梅园成为无锡胜景之一,"工未毕而游者已联翩至"。⑤ 据1919年出版的《无锡指南》统计,无锡共有名胜古迹53处,除14处古迹外,余下名胜景观分布于惠山的共有27处,分布于太湖湖滨的共有12处。⑥ 及至1921年,《无锡指南》将市内外名胜古迹进一步搜集为79处,分布在惠山、太湖、城中与乡间四地,其中大部分风景名胜集聚在惠山、太湖,又有五里湖、东大池、横山、梅园等20个重要名胜环绕太湖湖滨。⑦ 1920年代前后,太湖湖滨已逐渐兴起私人园林营造。两版《无锡指南》在介绍锡城名胜情况时都将1910年代后荣德生建造的梅园、杨翰西建造的万顷堂等私人园林列举其中,其原因在于湖滨不少私人园林实际上也对赴锡游人开放,带有公共游览的性质。可见,除古典遗迹与历史名

---

① 陈植:《国立太湖公园计划书》,《无锡县政公报》1930年第32/33期。
② 杨锡类:《鼋头渚纪游》,《广益杂志》1920年第24期。
③ 马祖铭:《太湖人家》,载华永根主编:《太湖文化》第2辑,古吴轩出版社2015年版,第37页。
④ 《无锡开辟商埠之动议》,《锡报》1922年9月6日。
⑤ 蒋启藩:《游开原乡记》,《学生》1917年第5期。
⑥ 刘书勋等编:《无锡指南》,锡城印刷公司1919年版,第2—22页。
⑦ "名胜条",载顾鸣冈等编:《无锡指南》,锡城印刷公司1921年版,第21—26页。

胜外,沿湖而建的私人园林已经成为太湖湖滨景色的一部分。

明清时期,无锡造园主要盛行于惠山山林周边。① 近代以后,无锡士绅转而投向太湖湖滨风景营造。1910年代至1930年代,伴随着国民旅游活动的兴起,先有荣德生所建梅园,后有杨翰西于管社山建万顷堂,并在鼋头渚建横云山庄,无锡绅商在太湖湖滨造园成为风尚。20余年间,先后有10余座私人园林矗立于太湖沿岸,"横山、独山间一带湖山,次第相地,点缀园林,不数年间,业已星罗棋布,蔚为大观,盖已俨然形成一名区矣"。② 此时,太湖湖滨一带代表性园林除梅园外,还包括横云山庄、子宽别墅、蠡园、太湖别墅、陈家花园、郑园、锦园、小蓬莱山馆、渔庄等,其信息大致如表1所示:

表1 太湖湖滨私人造园一览

序号	园名	建造年代	园主
1	梅园	1912年起	荣德生
2	杨园	1915年,重建	杨翰西
3	万顷堂	1915年	杨翰西
4	横云山庄	1918年	杨翰西
5	子宽别墅	1921年	陈子宽
6	蠡园	1927年	王禹卿
7	太湖别墅	1927年	王心如
8	陈家花园(若圃)	1928年	陈仲言
9	郑园	未知	郑明山
10	锦园	1929年	荣宗敬
11	小蓬莱山馆	1930年	荣鄂生
12	渔庄	1930年	陈梅芳
13	茹经堂	1935年	傅志章等

注:相关数据参见黄茂如:《无锡近代园林概况表》,载《黄茂如风景园林文集》,同济大学出版社2018年版,第23—24页;朱蓉、王文姬:《太湖鼋头渚近代园林研究》,东南大学出版社2016年版,第20页。

---

① 徐诚东、徐辉强:《无锡旅情》,江苏凤凰文艺出版社2021年版,第5页。
② 陈植:《造园学概论》,中国建筑工业出版社2009年版,第34页。

在无锡园林中，明代古典园林寄畅园是假山假水，近代以后营造的太湖湖滨的私人园林偏好利用太湖的水景水源，如横云山庄是真山真水，蠡园是假山真水。① 实际上，无锡造园之风由惠山转至太湖，其原因恰恰在于惠山的景色缺少"汪洋浩瀚之胜"。② 近代以后，无锡士绅的风景营造审美趣味开始由富有历史意涵的名山古迹转向城郊山水兼具的自然风光。此后，太湖的水光山色由此进入近代无锡乡绅造园的脉络。

太湖湖滨园林以园林营造的设计、做工精巧取胜。梅园的风景布局规整，"应堂者堂，应亭者亭，应山者山，应池者池，无不尽妙"，园内亭、山、池等营造俱佳。③ 1927年，王禹卿在青祈村人虞循真始建"青祈八景"的基础上始建蠡园，④ 蠡园占地面积大，以其营造"无不穷其工巧"闻名，"欲驾梅园、富渚而上之，盖欲以为无锡园林之冠"。⑤ 渔庄则由王禹卿妻弟陈梅芳所建，又被称为"赛蠡园"，其"亭榭楼阁，自有胜处"。⑥ 在时人看来，梅园几乎可称是此后太湖湖滨园林修筑的样本，不仅园中布置精美，园林建造精巧，梅园所处湖山更使其风景之美由"天然风景所衬托而成"，亦有"梅园之胜不在梅园，在于园外之湖山"的说法。⑦ 自然风光是观赏城郊园林的重要尺度，如何合理利用太湖的自然山水风光更是评价湖滨园林营造的重要标准。其时，与横云山庄等园林相比，梅园以清幽取胜，"万树梅花，数拳怪石，清幽独辟，不事铅华"，但因太湖"可远视而不可近游"被认为略逊于横云山庄。在地理位置上，杨翰西所建横云山庄更贴近太湖，因而其园林布景更能使游人将太湖的"真山真水尽收眼底"，兼具了惠山的雄丽与梅园的清幽。⑧ 这一时期的梅园、横云山庄、蠡园等都被认为是近代园林营造与真山真水结合的典范。⑨

陶朱阁、蠡园的建造表明，无锡既是"模山范水"的模范县，也是以实业工

---

① 夏业柱：《最美的园林》，合肥工业大学出版社2012年版，第63页。
② 《点缀湖山之新消息》，《锡报》1926年10月16日。
③ 朱杰：《无锡梅园游记》，《弘毅日志汇刊》1920年第1期。
④ 许毅人：《蠡园小驻记》，《旅行杂志》1936年第11期。
⑤ 贺天健：《蠡园详记》，《申报》1929年9月6日。
⑥ 赫森：《峭寒里的无锡》，《旅行杂志》1935年第2期。
⑦ 贺天健：《梅园评记》，《申报》1922年12月2日。
⑧ 《点缀湖山之新消息》，《锡报》1926年10月16日。
⑨ 朱蓉、王文姬：《太湖鼋头渚近代园林研究》，东南大学出版社2016年版，第60页。

厂为模范的模范县。① 无锡繁盛的工商业既推动了当地乡绅以实业家的身份投身湖滨风景营造，也促使他们将更多精力注入太湖周边的乡村社会基础设施建设。梅园营造除便于游人观赏太湖景观外，还使开原乡乡民受益，"以为一乡之社会计，而社会实受其福"，②因梅园直接或间接受益的乡民较多，其中特别是"经营旅馆事务，迥非一般图利者可比耳"。③ 梅园建成后，因地处乡村，交通不便。为便于锡人往来游览，地方乡绅还出资建设无锡市区至太湖湖滨一带的交通道路。1914年，荣德生、蒋遇春等人出资修筑无锡第一条近代意义上的乡村公路，既便捷了梅园交通，也使其成为无锡城区由西门出城至荣巷、大徐巷的交通要道。④

二、从"太湖森林公园"到"国立太湖公园"

晚清至民国年间，建公园逐渐成为各地市政工作的重要内容。⑤ 无锡太湖湖滨私园营造风尚的兴起实际上也受到了荣德生等实业家对无锡城市发展规划的影响。惠山与锡山宜居，五里湖与太湖则"形胜"。由此，荣德生提倡开发"太湖风景区"，并认为湖滨应形成与无锡城内"喧闹繁杂"互补的"世外之桃源"，以服务于社会进化后人们恢复"身心之疲劳"的需要，以五里湖、太湖的风景幽雅，无锡商务之繁盛，进而体现"中国国运之日进"。因此，荣德生除鼓励在湖滨建造山庄别墅以游览风景外，还认为应将第三次内国博览会放在五里湖与太湖湖滨举办。⑥ 在地方乡绅与知识分子的视野里，公园作为现代城市文明的象征，其内在实则包括了城市公园与城郊公园的建造。

有别于城市公园的"森林公园""天然公园""国家公园"等新概念也正是在此时逐渐进入知识分子的视野。起初，知识分子对城郊公园的体认主要来

---

① 张慧剑：《太湖一角》，《新上海》1934年第1卷第8期。
② 蒋启藩：《游开原乡记》，《学生》1917年第5期。
③ 许毅人：《蠡园小驻记》，《旅行杂志》1936年第11期。
④ 《开原乡马路延长》，《新闻报》1915年3月25日。
⑤ 陈蕴茜：《论清末民国旅游娱乐空间的变化——以公园为中心的考察》，《史林》2004年第5期。
⑥ 荣德生：《无锡之将来》，载无锡市史志办公室编、陈文源主编：《荣德生文论存稿类选》，古吴轩出版社2015年版，第329—330页。

自对欧美及日本地区"森林公园""天然公园"及"国家公园"的观察。《巴拿马万国博览会指南》曾载圣路易斯市"占地虽广",但城市及城市周边多为森林公园。① 这些城郊公园因其合理利用了广阔的自然土地空间与富有野趣的自然景观,专供国民游览,而备受赞誉。② 时人眼中的美国黄石公园就因占地广阔且"山水清雅景色绝佳",而被称为"世界公园之冠"。③ 1920 年代至 1930 年代,造园学说在童玉民、陈植等人的推动下逐渐引入,学理上对"森林公园"的概念界定日渐明晰。④ 森林公园被视为以森林为内容特征的公园形式。⑤ 位于城市近郊的森林公园属于都市公园系统,位于"野外休养地"且占地面积较大的森林公园则与国立公园同属天然公园。⑥ 此时,公园被进一步划分为以城郊公园为主的都市公园与以野外自然景观为主的天然公园,国家对自然景观的营造更是被视作观察一国国民性的重要指征。⑦

童玉民、陈植等造园学家在专业领域颇有研究,其中也有相当一部分人在国民政府林政部门任职。造园学家有关自然造园与国家文明存有内在联系的认识进一步影响了国民政府对公园建设的判断,源自郊野的自然公园与都市公园系统同样成为公园营造的重要内容。同时,随着市政建设的不断推进,城市中生活的国民面临着传统生活方式的现代转型。不但城内城郊急需营造公共空间,更偏远一些的乡村郊野也迫切需要能够减缓现代生活疲乏的公共场所。大面积的"森林公园"能营造树木繁盛、空气清新的天然空间,其建设能辅助调节现代都市气候,使得市民在工作之余有娱乐场所,有益于市民的体魄健康,提升其审美观念,贴合了国民日常生活现代化的需要。⑧ "自然""野趣"作为风景营造的重要元素由此进入以郊野公园为代表的公共空间营造。

受造园知识传播与现代城市建设不断推进的双重影响,1920 年代末国民

---

① 廖卓庵编:《巴拿马万国博览会指南》,司徒南达、程天固译,中西日报馆 1915 年印,第 2 页。
② 哲生:《美国的国家公园》,《东方杂志》1929 年第 26 卷第 19 期。
③ 《黄石公园之趣事》,《游戏杂志》1915 年第 13 期。
④ 左承颖:《"森林"进入城市:民国时期森林公园筹设研究》,《近代史研究》2022 年第 3 期。
⑤ 陈植:《都市与公园论》,商务印书馆 1930 年版,第 5 页。
⑥ 陈植:《造园学概论》,商务印书馆 1935 年版,第 121 页。
⑦ 童玉民:《文明生活与造园(续前)》,《中华农学会报》1922 年第 3 卷第 6 期。
⑧ 顾在埏:《对于首都森林公园之我见》,《道路月刊》1932 年第 36 卷第 2 期。

政府林政部门开始关注如何开辟与利用乡村一带的郊野空间。1925年,实业部会议通过江苏省实业厅关于各省区筹设森林公园的提议。① 1928年,江苏省农政会议通过了省农矿厅提出的关于兴办太湖森林公园的决议案。② 该决议案特别提及江苏特殊的政治地位与林业发展、森林公园筹建间的密切关系。同年6月12日,经省府委员会议通过,筹设省属森林公园进入"苏省府十七年度施政大纲"。③ 由于江苏是"国都所在之地","山林兴废,关乎中外之观瞻",江苏省农矿厅将森林公园建设视为省林业行政计划中重要一环。④ 此举意味着无锡太湖的风景营造从仅受荣德生等实业家关注,开始转向由国民政府主导并倡建。其后,江苏省农政会议将太湖诸山与茅山、宝华山、云台山、幕府山、燕子矶等共同纳入首都森林公园建设的范畴。⑤ 具体而言,是在太湖"东西洞庭两山,设置森林公园之案"。⑥ 1929年9月,农矿部林政会议第二次大会议召开,⑦建设太湖森林公园被陈雪尘纳入第54号提案并讨论通过。⑧

森林公园筹设属林政工作的主要内容之一,早期主要受到的是林政部门的关注。早在1924年,江苏省就已经在"推广林业计划"中将省内划分为六大林区,其中太湖区就涵盖了"太湖各山"及无锡、吴县与宜兴境内诸山。⑨ 1929年,国民政府将"勘定太湖森林公园地址"设为10月至12月的行动计划之一,归属林政工作事项。⑩ 国民政府先计划在太湖设造林场,又计划于金陵造林场、太湖造林场中"山川秀丽之处,筹设省有森林公园"。⑪ 林场的建造与

---

① 《实业会议决议各案》,《时事新报(上海)》1925年3月9日。
② 江苏省政府农矿厅:《确定苏省林业行业行政具体政策及计划案》,载江苏省农政会议秘书处编校:《江苏省农政会议汇编》,江苏省农矿厅1929年版,第195页。
③ 《苏省府十七年度施政大纲》,《民国日报》1928年6月14日。
④ 江苏省政府农矿厅:《确定苏省林业行业行政具体政策及计划案》,载江苏省农政会议秘书处编校:《江苏省农政会议汇编》,江苏省农矿厅1929年版,第193页。
⑤ 江苏省农政会议秘书处编校:《江苏省农政会议汇编》,江苏省农矿厅1929年版,第28页。
⑥ 陈植:《国立太湖公园》,《旅行杂志》1931年第5卷第1期。
⑦ 《林务会议议案一览表》,载农矿部设计委员会特种会议秘书处编印:《农矿部林政会议汇编》,1929年,第23页。
⑧ 《林政会议第二次大会议事日程》,载农矿部设计委员会特种会议秘书处编印:《农矿部林政会议汇编》,1929年,第39页。
⑨ 寒秋:《苏省推广林业计划》,《晨报》1924年3月18日。
⑩ 《农部最近三月行政计划》,《益世报(北京)》1929年11月22日。
⑪ 杨文洵等编:《中国地理新志》第三编《长江流域和浙江流域》,中华书局1940年版,第56页。

森林公园的建造并行不悖,太湖森林公园的筹建自然受到其在全国林业发展中的特殊位置影响,太湖不仅属中央林区,①还属江苏省内第一林区。②

在太湖森林公园筹建受林政部门关注后不久,因宁杭公路建成通车,江浙两省开始从地方政府层面留意太湖公园建设的必要性。1929年11月2日,时任江苏省政府主席钮永建乘坐汽车经宁杭公路赴杭,"车抵江浙交界处"时,钮永建于太湖一带下车视察,因湖边公路宛转于青山之间"颇加称赏"。③钮永建抵杭后,与时任浙江省政府主席张静江商讨江浙合营"创立一规模宏大之江浙大公园"④,形容在江浙交界处的十余里"左山右湖"宛如"人间仙境"⑤。宁杭公路建成通车后,不仅苏浙两地交通更加便捷,太湖风景也因公路修筑而更添风采,时人形容"青山凝碧,湖边复有公路蜿蜒,远挹峦光,近掬湖色,白云风帆,点点如画"⑥。随后,浙江省也提出要在太湖湖滨建设湖滨花园,⑦并计划派建设厅人员前往湖州一带"相度地势,详细报告"⑧。富有自然特点的太湖山林、水域使得在太湖湖滨营建江浙公园成为苏浙两地的共识,其范围大概位于"苏浙交界距长兴三十里",建成后可以与"京杭公路营业互相提携"。⑨

太湖风光秀美之处恰恰位于江浙两省之间,其自然风景跨越行政地理边界,成为国民政府从国家层面筹备森林公园的重要地理因素。及至1929年11月21日,农矿部派遣林政司司长刘运筹、陈雪尘以及设计委员会委员陈植前往东西洞庭两山勘查"平地、水、山与树木"的分布情况,以此确定太湖森林公园的选址,并计划在附近其他乡村风景秀美之处设立公园。⑩此时,浙江已视太湖开发为刻不容缓的事宜,国民政府则在江浙两省考虑的基础上"扩而

---

① 《开发全国实业简易计划》,载《香港永安有限公司廿五周年纪念录》,香港天星印务局1933年版,第96页。
② 杨文洵等编:《中国地理新志》第三编《长江流域和浙江流域》,中华书局1940年版,第56页。
③ 《钮永建视察宁杭路》,《申报》1929年11月7日。
④ 周骥:《太湖滨将建大公园》,《新闻报》1929年12月4日。
⑤ 《钮永建视察宁杭路》,《申报》1929年11月7日。
⑥ 周骥:《太湖滨将建大公园》,《新闻报》1929年12月4日。
⑦ 《筹设国立太湖公园》,《锡报》1930年3月22日。
⑧ 周骥:《太湖滨将建大公园》,《新闻报》1929年12月4日。
⑨ 《江浙公园计划大体已定》,《时事新报(上海)》1929年12月5日。
⑩ 《西太湖将有森林公园》,《时报》1929年11月21日。

充之",试图以两省交界风景优美之处"宏国营之规模",以国营森林公园的规模层次彰显湖光山色。① 如陈雪尘在提案中提及,在太湖一带建设森林公园,原因在于此处是"建设森林公园以作国家公园"的"最适宜之地点"。在国民政府林政部门看来,太湖森林公园营建后不仅便于南京与上海两地居民前往避暑,而且"增进地方风景""增益人民之收入",适合划为风景林区。②

国民政府在筹备太湖森林公园时就有着营造国家风景林区的考量。不过,其考量仍然是从林政工作角度出发,强调地方风景的增进与人民收入的增加,并未关注太湖风景呈现在国家层面的景观意义。但是,当刘运筹、陈雪尘与陈植等人前往太湖湖滨勘探选址时,看到的情景却使他们产生了新的判断。陈植认为,太湖的地形形貌以"水乡为多",水域是太湖风景的核心。从风景结构上看,太湖湖滨诸山、公路以及林地间均充斥着以水域为主体的自然元素,森林与山地只是其中点缀,与学理定义的"仅以森林为形成因子之森林公园"不同,但和当时各个国家普遍推行的"国立公园"相似。由此,无论是江浙联合提及的"太湖湖滨公园",还是林政方面所提的"太湖森林公园",都仅考虑了太湖风景在城市规划与林政建设上的不同侧面,割裂了其景观的整体性。太湖风景结构与地理位置的特殊性决定了太湖诸山与水域的整体性既非"零碎之湖滨公园"所能涵盖,也超出了森林公园能囊括的范围。于是,为"发扬太湖之整个风景计",③陈植建议扩充原定太湖森林公园的范围,并冠以"国立太湖公园"之称,④以"国家经营之国立公园"完整呈现太湖山水交融的瑰丽风景。⑤

陈植的建议一方面源自他对"水域"这一元素在太湖风景结构中所处位置的审美判断,另一方面则源自其对"National Park"一词的理解。在陈植看来,国立公园意在"永久保存一定区域内之风景",其选址本就集中于"未经人工破坏之天然风景地",以此保存原始的自然风景,并非以城市娱乐为目的。⑥

---

① 陈植:《国立太湖公园》,《旅行杂志》1931年第5卷第1期。
② 陈雪尘:《第五十四号 请建设太湖森林公园案》,载农矿部设计委员会特种会议秘书处编印:《农矿部林政会议汇编》,1929年,第161页。
③ 陈植:《国立太湖公园计划书》,《无锡县政公报》1930年第32/33期。
④ 陈植:《造园学概论》,商务印书馆1935年版,第189页。
⑤ 陈植:《国立太湖公园计划书》,《无锡县政公报》1930年第32/33期。
⑥ 陈植:《国立太湖公园》,《旅行杂志》1931年第5卷第1期。

事实上，在离城市相对偏远的风景秀丽场所始建公园，本就源自欧美各国及日本对国家公园选址的空间判断。当交通通达时，山水秀美且能展露一国风光的郊野空间就成为营造国家公园的重要场所。时人在评价美国国家公园时认为国家公园就是"利用边陲荒僻的地方开辟的"，修建国家公园无非就是"修筑几条道路，横贯那数十百里的崇山峻壑"。① 因此，营造国立太湖公园的首要任务也是"修建环湖大道"。②

总体而言，国民政府时期造园学家、国民政府工作人员对太湖公园营建的关注，呈现了从林政工作、区域性风景观赏再到国家自然风光赏析的转变。其中，国民政府林政部门将太湖森林公园建设视为林业工作中的重要内容，服务于江苏省内林区建设。宁杭公路通车后，地方政府则更重视作为城市后花园的太湖，不仅关注太湖周边的山林，更关注以水为中心的太湖湖滨公园建设。其间，水域成为促成这一转变的关键自然要素，宁杭公路、太湖山林融合于太湖水域之间，也使其风景受到具有林学背景的国民政府要员关注，促成了由"太湖森林公园""太湖湖滨公园"向"国立太湖公园"规划的转变，也使得有关太湖的风景规划不但是地方城市市政与国家林政建设的关键一环，还成为呈现国家自然风光、提振国民风貌的重要方案。进一步而言，正是太湖居于江浙两省的地域特殊性，使其具备风景上与政治上超越西湖的重要意义。太湖不仅风景秀丽不亚于西湖，其范围之大之广也远超西湖，③其雄奇更是远在西湖之上。④ 正是在这个意义上，太湖风景也由此开始了其从自然遗存到记忆载体的转换。

三、造园中的"森林""水域"及其公共性展演

促使国民政府从筹建"太湖森林公园"转为筹建"国立太湖公园"的关键人物是造园学家陈植。陈植曾在日本学习造园学学科知识，其撰写的《造园

---

① 拭：《美国的"国家公园"》，《政治学刊》1929年第1期。
② 《太湖公园先自环湖大道建起》，《益世报（天津）》1930年8月12日。
③ 《林政会议第五次大会议事记录》（9月7日，农矿部会议厅），载农矿部设计委员会特种会议秘书处编印：《农矿部林政会议汇编》，1929年，第243页。
④ 《利用湖匪垦湖》，《益世报（天津）》1930年6月4日。

学概论》与童玉民的《文明生活与造园》《造庭园艺》共同将造园学引入近代中国。造园是"土地经营术"(Landscape Architecture)中的分支,"土地经营术"也可被称为"风景装饰术",旨在使国土的空间规划与使用"达到最便利的最经济的最美的地步",满足土地的实用功能与土地之美,并以此彰显现代文明国家的国土布局特征。① 造园学并不仅限于公园或私人庭园风景营造,还包括了以运动游戏为目的的狩猎园、运动场,以装饰为目的的都市公园、都市装景,以实用为目的的防风林、果树园,以学术为目的的校园、动物园等。公园、庭园等造园以美为主要目的,侧重于观赏性与自然风景的留存,区别于强调装饰作用的都市公园与强调实用效益的防风林,更不同于校园营建。②

陈植在童玉民对"土地经营术"的理解上进一步将"造园学视为是关于"土地之美的处置"的系统学问,并将其技法称为"造园术"。③ 不过,陈植并未完全将造园学视为由日本传入的学问。他强调"造园"一词源自明末吴江计成所著《园冶》一书。日本即便在援用"造园"为正式科学名称后,也仍尊《园冶》为"世界造园学最古名著"。④ 甚至在陈植看来,中国的造园源自黄帝时期,实则是日本造园学学科的源头,只因"国势中落。学术衰退"才导致原本发源最早的古典造园技法"阒然无闻"。⑤《园冶》一书在中国国力衰微时的境遇强化了知识分子对这一问题的认识。《园冶》一度在国内绝迹,1931年前后由董康、朱启钤从日本获取《园冶》残本后方才重新面世。⑥

将造园复兴与国势复兴视为密切关联的整体,成为当时造园学家的普遍共识。1928年,中华造园学会成立,属林学学会之一。⑦ 造园学会邀集农学、林学学者,自建立时就以"以图国粹之复兴,及学术之介绍"为目标。⑧ 清代虽然可以被视为传统中国造园"竭力发挥"之时代,但这并不是陈植或童玉民笔

---

① 童玉民:《造庭园艺》,商务印书馆1981年版,第155页。
② 童玉民:《文明生活与造园》,《中国农学会报》1922年第3卷第5期。
③ 陈植:《造园学概论》,商务印书馆1935年版,第1页。
④ 陈植:《园冶注释序》,载计成著、陈植注释:《园冶注释》,中国建筑工业出版社1988年版,第4页。
⑤ 陈植:《中国造园史略》,《新农通讯》1930年第1卷第4期。
⑥ 陈植:《园冶注释序》,载计成著、陈植注释:《园冶注释》,中国建筑工业出版社1988年版,第1页。
⑦ 陈植:《十五年来中国之林业》,中华学艺社1933年版,第10页。
⑧ 陈植:《造园学概论》,商务印书馆1935年版,第1页。

下现代意义上的造园学,二者仍然有差距。其他同时代的造园学家也抱有同样观点,传统中国的造园受专制政治思想影响,多为"一己之私",而"鲜有顾及公众之幸福",①这构成了传统造园与近代造园的最大不同。因此,历代园林营造仅仅是造园学在学理和学术上的传统资源,而非造园学的全部知识。

将造园视为"国粹"予以复兴,侧重的是其在审美上的文化渊源,营造的仍是具有西方现代性意义的公共空间。概言之,陈植与童玉民所引介的造园重视增进公共空间的经济与实用效益,改善人民的娱乐生活与审美趣味,并以此构建"文明国家"。造园是增强国民经济、提升国民文明素养的实用之学,在引入中国时,其对文明国民塑造、国民性培养与国民经济发展的公共性意涵就得到特别强调。在城市化影响下,现代都市市民的工作生活主要集中在城市内,鲜少涉及郊野,"对于天然界的动植物多所不知"。② 对自然公园而言,其建设有助于都市市民了解自然知识,提升国民素质。再者说,"野外休养地"的出现是为了调节市民过于机械的都市生活,"以资休养"。③ 也正是在对比的视角下,时人将欧美造园趋势的演进视为文明先进的象征,其时欧美的公园已从都市公园逐渐发展至"天然公园、森林保养所"建设与"史迹、天然纪念物"的保存,而"吾国诚瞠乎其后矣"。④

按造园规模大小,公园实际上被分为四类:一是国立公园、大游览地,二是省立公园、县立或市立公园等各大都市、省市造园,三是乡村立公园、寺院等乡村造园,四是私人庭院。⑤ 造园规模与公园的自然元素呈现有着较为紧密的关系,国立、省立等大型公园建造规模本身宏大,对野外自然风光的整体性有较高要求,国立公园因而被陈植等人归于"天然公园"序列。进一步而言,自然风景的开发不单营造了具有自然风光特点的国家公园,也是为了以恢复荒废林野、提振林业的方式来发展国民经济。⑥ 在这个意义上,都市外拥有大片风景的田园、山林更加成为理想的大型国有、省立公园营造之地。越

---

① 范肖岩:《造园法》,商务印书馆1934年版,第11页。
② 周锡麒:《公园与都市生活》,《青年之友》1921年第1期。
③ 陈植:《国立太湖公园计划书》,《无锡县政公报》1930年第32/33期。
④ 孟晖:《建造园林事业之未来观》,《申报》1933年12月12日。
⑤ 童玉民:《文明生活与造园(续前)》,《中华农学会报》1922年第3卷第6期。
⑥ 《关于林政决策之决议案》,载农矿部设计委员会特种会议秘书处编印:《农矿部林政会议汇编》,1929年,第45页。

是国库空虚之时,越是要整合地方政府、交通机构及企业家联合协作建设国立公园以发展地方事业,增进地方经济。① 故而,也有人将造园称为在"农村破产、产业落后"的中国与造林同样重要的一项事业。②

拥有大片自然景观的风景地被视为公园营造的重要资源。济南曾筹备改建趵突泉、千佛山等名景胜地,③山东省建设厅更是计划进一步借千佛山的自然地形地势,将其改建为天然公园,④甚至尝试造林修路,筹建森林公园,⑤并栽植刺槐等树35 100百株。⑥ 此举与山东省的造林运动并行,⑦意味着千佛山森林公园中的森林草木既构成了国民公共游览的观景自然要素,同时也是国民政府借以推动造林运动的重要承载,其景观兼具审美与实用价值,表现出鲜明的"公"的价值取向。也正在这个意义上,造园学对野外自然空间的重视旨在将其重塑为用于公众游览的公共空间,以呈现自然要素、历史遗迹为造园审美趣味,并将其开拓为增加国民经济效益的重要来源。公园作为国家文明发达与国民性发展的表征,不但成为追赶欧美现代文明的重要途径,还与传统园林将自然风景划归私人领域相悖。陈植、童玉民所引介的造园学科在无论审美趣味还是实用性的考量上,均突出了与"私"对应的"公"的面向。

实际上,在造园学的视域下,其所造之园既有公园也有庭园,既服务于私人营造,也服务于国家公共性造园工程。但是,公园本身带有强烈的政治色彩,代表着现代意义上的公共空间,是一套自成体系的现代性语义系统。⑧ 作为在中国营建公园的重要技法,造园术不可避免受其影响。有人甚至认为,私人庭园营造也不能限于过去中国不计"工技之巧、工事之繁"等封建色彩过于浓厚、"气度偏狭"、"不足以公诸大众"的营造模式。⑨ 这类对古典私人造园

---

① 陈植:《国立太湖公园》,《旅行杂志》1931年第5卷第1期。
② 陈诗网:《造林与造园》,《广西农林专刊》1935年第2期。
③ 《建设新济南》,《益世报(天津)》1930年11月28日。
④ 《繁荣千佛山,拟建成一天然公园》,《中央日报》1932年8月2日。
⑤ 《鲁建厅积极进行整理济附近名胜山林》,《京报》1934年10月24日。
⑥ 《森林公园年来设置情形》,《华北新闻(济南)》1936年4月8日。
⑦ 《建设厅将开始春季造林运动》,《华北新闻(济南)》1935年2月13日。
⑧ 陈蕴茜:《作为现代性象征的中山公园》,载陶东风、周宪主编:《文化研究》第10辑,社会科学文献出版社2010年版,第140页。
⑨ 庄国熙:《庭园设计之讨论》,《时事新报(上海)》1934年2月26日。

的价值判断体现了"公"的价值理念的普遍影响,代表了"公"的大众在某种意义上成为超越前现代社会的现代价值标识,即便在私人造园中也要彰显"气度大方"的审美公共性,营造技法过于华丽精巧反而使得私人造园陷于封建。在这个意义上,私家园林与公园营造的审美趣味都共同体现了彰显"公"的价值特质。

值得进一步追问的是,在公园与私园的园林营造中,被大众所普遍接受并视为现代象征的"公"的价值特质何以体现?时人认为,"清风明月,乃万人共有之财产",既非"官员产业"也不是"私有财产",由此方可构成文明的象征。① 自然风景的公共性表现在其风景营造是否创造了足够公众观赏的公共空间上,国立公园建设就是为了永久保存一定区域自然风景"以备公众之享用"。② 通过满足公众观赏自然风光的审美需求,国立公园建设无疑彰显了"公"的价值特质。这一价值特质则源自自然风景整体性,森林、水域等自然要素充沛的整体景观被视为"代表一国风景之价值"。国立公园中的自然风景不但呈现"公"的价值特点,更具有国家象征的重要意涵,对这些自然风景的审美则以"国民的兴味"为重要的审美趣味区隔,自然风景留存及其对国民审美趣味的影响使国立公园同时具备在景观自然与景观审美上的双重公共性,其"公"的价值意蕴也进一步扩张到国家风景呈现与国民性塑造上。具体而言,原始国土布局、自然风景的保存只构成国立公园建设的第一步,原始的自然的风景保存是为了"风景之启发",更应有助于"以资国民教化上,及学术上之臂助"。③ 在日常的造园实践中,自然风景的留存与开发被视为国家经济建设与国民性塑造的必要途径。造园是为了在经济上实现救国,日本就是建造天然公园以求富国之道的例子,由于避暑地、温泉等天然公园众多,日本"每年可以吸引不少外国游客,就是单单把在中国的欧美人每年到日本去避暑的一项算起来已经可观了"。④

自然风景的保存及其在审美趣味上的多重现代意涵,使自然风景本身成为造园借以呈现"公"的现代价值载体。只有"闲草野花凡自然发生者"属于

---

① 傲霜庵:《论国立公园》,《盛京时报》1938年4月22日。
② 陈植:《造园学概论》,商务印书馆1935年版,第121页。
③ 陈植:《造园学概论》,商务印书馆1935年版,第122页。
④ 李阿毛:《造园救国》,《晶报》1936年6月15日。

万人所有,而非政府或私人独有,才能被称为国家文明的象征。① 因此,即便是在私人庭园营造中,造园学也要求做到兼具"自然风致"。②

除自然风景的保存及开发外,历史上受到文人欢迎的名胜景观也被纳入国立公园建设的范畴中。由于中国风景名胜较多,有必要对"胜地及天然物"加以保护且使其"复显",进而使市民萌生对乡土和祖先的尊崇,以体现"善良优美国民性"。③ 由此,亦可见造园本身中西交融的复杂性。除强调自然景观的多重公共性面向外,风景名胜上所承载的历史记忆也是唤起民众国家认同的重要象征来源,公共园林营造保留"胜地及天然物"的意义就在于要将胜地胜景作为历史记忆的载体,使传统中国的历史文化意涵融入中国的国民性塑造。在这个意义上,一方面,遍布于乡土的古典遗迹进入公共园林景观营造中,造园通过营造现代的公共空间唤起民众的历史记忆,进而将其对历史或乡土传统的记忆认同融入国民性塑造的现代维度中。另一方面,造园又强调对传统乡村或落后边缘地带的现代改造,以此改造落后封建中国落后封闭的国民性,促使民众弃私而趋公。1930年代,钮永建在上海县发起的造园运动就以"改良乡村野客"为目的,积极提倡造园救国。④

现代意义上的造园虽是对传统乡土中国的改造,但也并不完全与历史传统相背离,其内在蕴含着传统与现代的隐秘联系。这也影响到了国立太湖公园选址、规划与筹建。太湖西山一带遍布"一线天,林屋洞,缥缈峰",又盛产"杨梅桃果之属",实在是"市外桃源"。选择太湖作为建设国立公园的场域,除因太湖具有跨越省域的特殊性外,还与西山"山林幽密,名胜古迹甚多"有关。⑤ 为此,筹建国立公园前,国民政府还要求武进无锡、吴县、吴江等沿湖各县政府准备县志送交农矿部。⑥ 在具体建设时,由于受国民政府中央经费紧张所限,国立太湖公园尽管冠以"国立"之名,但在建设上"造林筑路等各种事业",均由中央与地方合作出资,其中国民政府出资二十万元以上,并计划在

---

① 傲霜庵:《论国立公园》,《盛京时报》1938年4月22日。
② 范肖岩:《造园法》,商务印书馆1934年版,第1页。
③ 《文化与都市(续)》,《大公报(天津)》1929年2月23日。
④ 《上海县造园运动》,《时事新报(上海)》1933年5月13日。
⑤ 《国立公园之进行》,《友声旅行月刊》1930年第3卷第2期。
⑥ 《农矿部积极计划太湖公园》,《新无锡》1929年12月22日。

无锡太湖湖滨一带建设"国立太湖公园管理局"。①

在具体的营造实践中,"森林""水域"尽管都是营造国立太湖公园的自然元素,但对"森林""水域"的强调分属不同的造园理路。森林代表了现代意义上的实用主义和自然主义,受到西方造园及造林运动的影响,时人认为,"公园之最足使人留恋者,则惟森林美",因此需要在太湖诸山中遍植"各种暖带树木",以"调和色彩"为第一要义。② 森林美总是和实用的林业经济结合在一起,二者共同构成了国立太湖公园规划的重要内容。农矿部的计划就是沿着湖岸设计公园场地布置,务使步道周围都种满树木。③ 不过,农矿部筹划在湖岸种树除了有使太湖一带"树木滋茂,渐复旧观"的空间规划考量,④实际还包括了造林以"增加农业生产"的经济因素。⑤

但是,如果仅营造突出太湖西山森林的森林公园,并不能囊括水域为太湖一带的整体景观。太湖湖面周长五百里,共三万六千顷,⑥其自然美就体现在广袤的湖面中"岛屿之参差似海,湖水之澄碧胜江",以湖面水域为中心完美融合了"山""港""岩""石"等几类自然要素,风景"气势之雄伟,风光之明媚"远超西湖,"国人艳羡久矣"。⑦ 陈植等林学家将"水域"视为突出国立公园自然风光整体性的重要风景元素,使得太湖一带的公共园林规划因"水域"这一自然风景元素而出现由"森林公园"向"国立公园"规划定位的转向。

对自然风景的关注,本身就内在地蕴含着景观价值公共性的呈现。在现代造园理念里,公园又需要被彰显为"被艺术征服的自然"⑧,其中既要有人为形塑的艺术审美元素,也需要展现未经雕饰的自然风光,后者居于前者的统摄之下。呈现自然与征服自然本身就存在着内在张力。各省政府在保护名胜古迹时,就要求湖山风景等自然风光"非必要时,不得任意变更,致损其本

---

① 陈植:《造园学概论》,商务印书馆1935年版,第207页。
② 柳雯:《农矿部筹设太湖公园》,《上海报》1930年5月5日。
③ "Taihu Lake as New National Park Nanking's Proposal to Create Playground for Nation", *The Shanghai Times*, March 22, 1930.
④ 陈植:《国立太湖公园计划书》,《无锡县政公报》1930年第32/33期。
⑤ 《苏省府十七年度施政大纲》,《民国日报》1928年6月14日。
⑥ 《农矿部筹设国立太湖公园之急进》,《民报(无锡)》1930年4月27日。
⑦ 陈植:《国立太湖公园》,《旅行杂志》1931年第5卷第1期。
⑧ 童玉民:《造庭园艺》,商务印书馆1931年版,第155页。

来面目"。① 正因如此,在具体的营造设计中,水域被用于呈现自然景观的公共性,环湖大道的修筑成为国立太湖公园建设的"首要工程"。②

在陈植引入的国立公园建设视角下,"水域"的公共性展演实际上有着四重现代意涵:一是在风景艺术审美上系统性的国家自然风光赏析,关系"国际之观瞻",涉及国家形象的建构;二是整体系统的国家自然风光对现代国家国民塑造的文明教化作用,关系"国民之享乐",③名胜古迹的保留与空间营造也催生了国民对乡土社会、现代国家的情感认同;三是自然风景的经济实用价值,即发展现代旅游业、林业来提振国民经济;四是考虑通过筹设国立太湖公园、修筑环湖大道以消弭太湖匪患,④将太湖变为"江南之文化建设生产之中心",促成现代社会治理的目的,⑤及至抗日战争胜利后,在太湖一带建设国家公园还被纳入"建设大上海五十年计划"。⑥

四、公共游览与太湖"水域"景观营造的多维实践

水域景观的呈现不但因公共性展演而带有多重的现代意涵,对水域的关注实际上蕴含着传统中国造园的自然美学。陈植所主导设计的国立太湖公园规划,其中既有西方城市规划、建筑理论的影响,也有传统园林营造的基本知识。在古代中国,山水画的构图被运用到传统文人造园规划里,⑦使得自然水流与山石自成一体,让游者"身处园中,不知其为园"。⑧ 陈植将中国造园视为日本造园学的发端,其重要判断就源自中国"造园之史极古"且历代均有造园胜景,尤其以苏、杭等南方一带更显自然景致与历史胜迹结合。⑨ "自然美"

---

① 陈植:《造园学概论》,商务印书馆1935年版,第213页。
② 陈植:《我国风景建设论》,《扫荡报(昆明)》1943年12月11日。
③ 陈植:《国立太湖公园》,《旅行杂志》1931年第5卷第1期。
④ 张其昀:《本国地理》,钟山书局1932年版,第108页。
⑤ 《苏人向当局要求苏州设普通市》,《国民导报》1937年6月3日。
⑥ 《建设大上海计划正由专家研讨中》,《申报》1946年12月25日。
⑦ 李春青主编,方锡球本卷主编:《中国文艺思想通史》第6卷《明代文艺思想史》,北京师范大学出版社2024年版,第1444页。
⑧ 钟惺撰,张国光点校:《隐秀轩文》,岳麓书社1988年版,第179页。
⑨ 陈植:《中国造园史略》,《新农通讯》1930年第1卷第4期。

更是中国传统造园术"驰誉海内外"的标志性特征。①

　　国立公园与地方乡绅私人造园的选址在对"真山真水"的选择上不谋而合，之所以将国立第一公园选址定在太湖，也是因为西山的森林与太湖的水域构成了"真山真水别有境地"的"洞庭西山"。② 值得注意的是，国立太湖公园的关注重点虽然从山林转向水域，但在造园的规划实践中，沿湖的林业营造是国立太湖公园建设的必经之路。造林更偏向于实用的经济价值，水域则是山水风景整体性呈现中必不可少的关键自然要素。正因如此，国民政府农矿部在其拟定的"辟园工程"计划中，建议将国立太湖公园建设分五期在五年内完成，提议先设"太湖公园管理处"，在风景的营造上尝试就苏州、无锡、吴江、吴兴等各地湖滨一带加以整理，首先解决环绕水域的风景营造，再集中精力整理太湖诸山。③ 这也构成了公共造园与无锡乡绅的私人造园最大的不同。

　　1930年代，无锡乡绅的私人造园更多强调湖光山色的自然风光，不但侧重将湖域作为实际开展公共游览活动的重要场域，更在风景营造中将水面与山林作为对造园同等重要的自然元素同时予以形塑，园林的规划以是否能看见水面以及水面在园林中的景观呈现为重。杨翰西在建万顷堂时，"万顷"一名本就源自太湖三万六千顷水域，④时人游览后盛赞登万顷堂而见太湖"水天一色尽包罗"。⑤ 而后，杨翰西方才在万顷堂基础上扩建植果试验场，并建议无锡警方予以保护，避免周边乡民随意攀折及偷窃果实。⑥

　　进一步而言，在私人造园中，无锡地方乡绅对太湖湖景的取舍有其知识渊源。在古代文人视野里，水域始终是太湖风光游览的核心。唐白居易曾有诗称赞太湖"水天向晚碧沉沉，树影霞光重叠深。浸月冷波千顷练"，又云"十只画船何处宿，洞庭山脚太湖心"。及至明清，又有文徵明《太湖》一诗称赞太湖美景，"岛屿纵横一镜中，湿银盘紫浸芙蓉。天远洪涛翻日月，春寒泽国隐鱼龙"。有关太湖的诗词歌赋表明，无论是在客观的景观空间结构还是在主观的审美观察里，知识分子观察太湖风景的视域始终围绕水域展开，水域实

---

① 陈植：《筑山考》，《东方杂志》1944年第40卷第17号。
② 《国立公园之进行》，《友声旅行月刊》1930年第3卷第2期。
③ 《筹设国立太湖公园》，《锡报》1930年3月22日。
④ 施锡麒：《万顷堂游记》，《无锡县立第二高等小学校杂志》1918年第1期。
⑤ 吴家宝：《万顷堂》，《江苏省立第二女子师范学校校友会汇刊》1922年第15期。
⑥ 《筹办植果试验场》，《新无锡》1918年3月6日。

际上构成了太湖山水的中心要素。由此,杨翰西重建万顷堂与其所处的赏景佳位有关。万顷堂建成开放游览后,也被游人誉为"有管领湖山之雅",登万顷堂可见"有山跌坐横亘洪波间,状若巨鼋之拍浮水面而微抗其首者,则充山之鼋头渚也。奇局特张,幽景复绝"。[①] 不仅万顷堂造园如此,渔庄的营造也旨在借用太湖万顷水域的烟波、水汽等特点营造山水盛景。时人登渔庄感慨太湖湖山在望,湖面"烟波缥缈,汽艇帆船,出没其间,煞是好看"。[②] 类似对太湖山水关系的描写与历代文人对太湖山水的风景观察并无二致。

  杨翰西等人代表了无锡太湖私人园林以水域景观为中心的风景营造逻辑,造林实际上是太湖水域风景呈现后进行的下一步工作。诚然,这一区别也与国立太湖公园将太湖视为整体风景,尝试实施更为宏大的空间规划有关。由于国立太湖公园规划所涉面积较广,无论是沿湖造林还是优先修建环湖大道,都可以尽快先解决国立太湖公园营造的实用效益问题。陈植意图效仿日本、加拿大等国,强调利用自然风景开发国立公园后带来的旅游效益。[③] 事实上,其时中国的经济社会环境决定了国立太湖公园的建设在落地时,首先必须考虑的是现时的实用效益,修筑环湖大道并沿湖滨造林因此构成建设国立太湖公园的首要工作。[④] 为使国立太湖公园的建设更快落地,辟园工程所需的一百五十万经费由中央及江浙两省政府分担,[⑤]陈植甚至建议要与地方实业家合作共同发展"太湖公园事业"。[⑥] 但即便如此,无论是国民政府还是江浙地方政府,都未能支持这一国立公园规划的落地,不但国立太湖公园有关"森林"与"水域"公共性展演的宏伟规划并未落地,国民政府先沿湖风景而后湖中诸山风景的营造规划甚至未迈出一步。

  但是,太湖一带的公共游览却从未中断。无锡地方的现代城市规划较早地将无锡沿湖滨一带纳入现代市政建设中的休闲风景区,使得地方实业家营造的湖滨私人园林以另一种空间样态实现了太湖水域风景的公共性展演。

---

① 杨楚孙:《鼋头渚花神庙记(上)》,《新无锡》1921年3月17日。
② 白浪:《无锡山川纪游》,《青年界》1937年第1期。
③ 陈植:《国立太湖公园》,《旅行杂志》1931年第5卷第1期。
④ 参见《太湖公园先自环湖大道建起》,《益世报(天津)》,1930年8月12日;《农矿部筹设国立太湖公园之急进》,《民报(无锡)》1930年4月27日。
⑤ 《筹设国立太湖公园》,《锡报》1930年3月22日。
⑥ 陈植:《国立太湖公园》,《旅行杂志》1931年第5卷第1期。

1929年，无锡市政就筹划以地方乡绅杨翰西营造的万顷堂（见图1）为中心，将太湖湖滨一带划为现代意义上的风景区以供公共游览，并把地方乡绅私人营造的"避暑（寒）庄、（别邸）游泳场、新村、避风港、渔业场、游船、纪念物、花圃"等均包含在内。① 为此，无锡市政筹划"拆城筑路"，建设"从梅园至管社山，从管社山至万顷堂"的通湖大道，并在万顷堂旁湖滨筑湖堤，以便抵达湖中的小箕山，有利于游人游览赏景。② 与国立太湖公园关于太湖景观营造规划不同，在无锡市政的现代城市规划中，自然风景的公共性需要依托私人园林的公共游览实现。

图1 民国时期的太湖万顷堂
（资料来源：《太湖万顷堂》，《无锡市政》1930年第6期）

私家园林不是公共旅游娱乐空间，③但无锡太湖一带的私人园林承担了公共旅游的功能，形构了公与私交融的现代公共空间。太湖湖滨的私人园林如梅园、横云山庄、太湖别墅、蠡园、渔庄等尽管属私人营造，但在此时却带有鲜明的公共特性。购买门票成为市民参观游览私人园林的重要渠道。近代无锡实业家、乡绅们开发的众多私人园林中，蠡园、渔庄两园的游览就均需大洋5分的门票。④ 1912年梅园始建后，太湖湖滨的私人园林不断增加，至1930年代初现规模。尽管国立太湖公园规划难以从国家层面切实落地，但环

---

① 《发刊词》，《无锡市政》1929年第1期。
② 《无锡拆城筑路，半月内即开始》，《时事新报》1929年11月16日。
③ 陈蕴茜：《论清末民国旅游娱乐空间的变化——以公园为中心的考察》，《史林》2004年第5期。
④ 白浪：《无锡山川纪游》，《青年界》1937年第1期。

湖旅游的一些基础设施建设等基本已靠地方实业家与乡绅初步实现。早在1922年，梅园中已开设百货商店、照相馆、餐馆、电话室等。① 太湖饭店还单设酒菜间供游客用餐，"布置一切都很精致"。② 相对集中且初具规模的私人园林，接踵而至的市民游客，促使太湖初步形成事实上的现代旅游风景区。由于前往游览的游客"极为繁多"，为确保警力充足以应对地方治安事件，无锡地方甚至还在青祈村设置了由警局直辖的分驻所。③

作为供都市人民"身心修养"的公共空间，④太湖地处偏远，非交通便利难以抵达。在这个意义上，作为公共空间的太湖，其公共游览的实践空间实际上依靠苏、锡地方政府与地方乡绅的合力构筑。太湖水路交通十分发达，但与南京不通，这也为其时首都市民前往游览带来不便，修筑环湖大道成为建设国立太湖公园的首要任务。1937年2月，以苏锡路为代表的环湖大道建成，时人称"江南大动脉"贯通。⑤ 已建成的环湖大道途经无锡、苏州、吴江等地，全长130千米。⑥ 实际上，按照陈植的计划，环湖大道并非仅苏锡段，还包括了太湖所涉及的江浙其他地区，"全长约八百余里"，以使"汽车绕游全湖为时十一小时"。⑦ 环湖大道是国立太湖公园建设的重要工程，甚至有"环湖大道完成则太湖公园之建筑工程完成过半"的说法。⑧ 但就修筑情况看，最终完成的环湖大道主要集中在江苏域内，贯通苏、锡，可见环湖大道并未完全修建完成。除环湖大道筹建外，太湖周边重要道路的修建更多由地方实业家、乡绅群体推进。1934年，荣德生以亲友馈赠的寿仪建成了贯通五里湖南北交通的宝界桥。⑨ 宝界桥接湖山路，跨五里湖，"横亘如虹之饮于湖"，自成一道风景，鼋头渚、蠡园与梅园等风景名胜场所此后连成一片，游人行旅往来均依赖宝界桥。⑩

---

① 李亚民：《梅园游记》，《道路月刊》1922年第3期。
② 郎哉：《无锡游记》，《同舟》1934年第10期。
③ 《滨湖风景区设直辖分驻所》，《人报》1946年12月2日。
④ 周锡麒：《公园与都市生活》，《青年之友》1921年第1期。
⑤ 《环湖大道全部完成，苏锡公路今日通车》，《新无锡》1937年2月1日。
⑥ 《环湖大道》，《新无锡》1930年11月24日。
⑦ 陈植：《造园学概论》，商务印书馆1935年版，第207页。
⑧ 陈植：《造园学概论》，商务印书馆1935年版，第207页。
⑨ 《无锡市交通志》编纂委员会编：《无锡市交通志》，上海人民出版社1990年版，第159页。
⑩ 钱基博：《汤上将军修复宝界桥记》，《大锡报》1946年7月9日。

进一步而言，上海、南京等地周边城市市民游览太湖，需要仰赖火车、人力车、船舶等公共交通工具。外地市民抵太湖湖滨游览有水、陆两条线路，"自上海可搭京沪车至苏州下车，自南京可搭京沪车在无锡下车"。① 抵达苏、锡火车站后，游人再自行前往太湖。1920年至1930年代，从无锡火车站至梅园、万顷堂等地，来回车资需银元1.2至1.3元。② 相较陆路，水路是游览太湖更便利的交通方式。水路抵太湖可选择锡湖班（无锡与湖州间）、西山班（西洞庭山与苏州间）、东山班（东洞庭山与苏州间）及上海班。③ 太湖水运交通游览十分发达，时人陆路抵达无锡后，集体出行更会雇用汽船或帆船，由水路"向太湖进发"④，游览鼋头渚的分散游人也多选择"买棹于万顷堂，每人往返小洋四角"⑤（见图2）。

图2 从万顷堂望太湖

（资料来源：《无锡万顷堂望太湖，《国闻画报》1928年第37期）

　　太湖繁忙的水运交通与水域游览需求催生了现代旅游产业。一些船只开始兼营精品灯船、船菜等兼具赏景、餐饮的旅游服务，如"苹香"号灯船和吴培昌等人的小型灯船，"新祥云"号游艇以及"普渡"号游艇等。部分游艇的经营方式甚至采取公开发售客票而非私人包船游览的经营方式来开设"梅园

---

① 陈植：《造园学概论》，商务印书馆1935年版，第207页。
② 参见白浪：《无锡山川纪游》，《青年界》1937年第1期；佩公：《梅园鼋头渚游记》，《申报》1922年4月25日。
③ 陈植：《国立太湖公园》，《旅行杂志》1931年第5卷第1期。
④ 陈廷奎：《蠡园游记》，《乡村改造》1935年第12/13期。
⑤ 郑璧成：《戊辰游记》，《新世界》1934年第40期。

班""太湖游览班"等游湖航线,①同时开辟上海至无锡的"太湖一日游""蠡园水上夜游"等项目。②此外,太湖水系上的个体户游艇还在旅游淡季兼营"借款和小客线替班"等出租业务。至新中国成立前夕,太湖各类营业游艇多达六十余艘。③

太湖这一公共游览空间因水域而开阔,也因水域而富有情感价值。鼋头渚之所以吸引游人,时人认为不在于形似"鼋头",更在于其所处水域所传达出的"神韵",游人望向鼋头渚时"那一片浩浩荡荡的白水,给人理想,给人远景,给人希望"。④正是在这个意义上,公共游览更要发挥自然风景的"启发"作用。地方学校常常会在学生即将毕业之际、欢送教师离职之际、长假之时组织师生游览太湖。⑤无锡县立高等小学三年级师生共计32人就曾共同前往万顷堂,过梅园,赏太湖。⑥前往太湖游览的多为学生、政府官员、文艺工作者及地方实业家、乡绅。

有关太湖的游记表明,因工作、聚会集中前往太湖游览的商会、公会、俱乐部⑦以及青年师生团体并不少见,大部分居住并参观游览了陈园等沿湖私人园林,或泛舟游览太湖,或登万顷堂眺望鼋头渚。各类人群的参观重点在于游览"这里是山光,那里是水光,山光接水光"⑧的湖光山色,并借此参观太湖湖滨项王庙等历史文化名胜,⑨感叹"高人逸士之遗风",忆往追昔。⑩太湖水域还构成了政府要员、商界名人与无锡地方知识分子的社交空间。1928

---

① 杨荣林口述,朱觉祥整理:《我经营"苹香"号灯船(画舫)的回忆》,载中国人民政治协商会议江苏省无锡市委员会文史资料研究委员会编印:《无锡文史资料》第13辑,1986年,第109页。
② 朱觉祥:《太湖游艇》,载中国人民政治协商会议江苏省无锡市委员会文史资料研究委员会编印:《无锡文史资料》第10辑,1986年,第109页。
③ 朱觉祥:《太湖游艇》,载中国人民政治协商会议江苏省无锡市委员会文史资料研究委员会编印:《无锡文史资料》第10辑,1986年,第106—109页。
④ 夏宁:《重游鼋头渚》,《旅行杂志》1949年第23卷第5期。
⑤ 参见《同济学友暑期游览太湖》,《锡报》1931年8月30日;《欢送丁校长组织游览太湖团》,《新北夏》1935年第60期;《查家桥民众夜校来城经济游览》,《无锡民报》1935年7月4日。
⑥ 施锡麒:《万顷堂记》,《无锡县立第二高等小学校杂志》1918年第1期。
⑦ 参见《双十节之商团远足梅园万顷堂》,《新无锡》1925年10月7日;《各团体欢宴励志社社员》,《无锡报》1931年3月23日。
⑧ 知真:《从梅园到万顷堂》,《无锡新报星期增刊》1924年3月30日。
⑨ 烟桥:《梅园万顷堂游览记》,《小说日报》1923年6月2日。
⑩ 锡类:《游万顷堂记》,《无锡日报》1918年7月2日。

年,王正廷、赵晋卿、冯少山等人与《锡报》记者冯天农游无锡公园,①先至万顷堂而后至梅园,于湖域间往返无事时为《锡报》题字。② 丰富多元的公共游览促成了有关太湖水域自然风景的二次创作,除《南社》等刊物常见刊载游览太湖的诗词外,③《渔家女》《遥远的爱》《八千里路云和月》等影片均取景自滨湖一带,太湖水域风景开始进入现代传媒。④

在这一公共游览空间中,不少游人透过太湖水域的种种自然景观,反思现代都市生活,其中多见都市休闲之意。《大路》剧组拍摄时,剧组工作人员在太湖陈园住了十天,抵达太湖时"看见了那么许多的天和水,真好像是出了木栅的野马,拼命地向平坦无际的空间驰骋狂叫",因都市生活而困于内心的尘垢也被清洗。⑤ 省立第三师范学生集体前往梅园、万顷堂游览,深觉"精神抖擞、活泼气象"⑥。身处郊野的旅游休闲活动除了使青年人产生休闲之感,还使部分青年知识分子产生抨击现实社会、畅想避世之意。有游记称其时"有司者执着于名利之场""毁名失誉而不为稍惜",为名山名水不容,更无法享受与游客同样悠闲的旅程,相较之下二者何为更优可见一斑。⑦ 借自然景观以避世,这与部分传统士人游历山水、遍访名胜时的心境一脉相承。

从时间上看,太湖沿岸的私人造园早于无锡市政部门、国民政府农矿部门等对太湖风景的规划。1930年代,伴随着从森林公园到国立太湖公园规划的成熟,太湖沿岸的私人造园也进入了发展的高峰时期。正是在地方实业家与地方市政的合力下,前往太湖的交通基础设施逐渐完善,而沿岸的游览基础设施则大多依靠私人造园完成。尽管国立太湖公园规划并未完全落地,但其力图实现的公共游览空间却在荣德生、杨翰西等人开放梅园、万顷堂的空间实践中逐渐成形。概言之,私人园林的开放铸就了基于私人园林的公共游览空间,进而形成了围绕太湖水域的社交与情感空间。总体而言,这一公共游览空间中的"水域"既包含了无锡地方实业家、乡绅群体对太湖水域风景的

---

① 张镜叔摄:《外交部长王正廷游无锡公园》,《新嘉坡画报》1929年第51期。
② 《遍游万顷堂与梅园》,《锡报》1928年6月18日。
③ 如《自金焦还重泛梁溪谒项王庙登万顷堂观太湖作》,《南社》1919年第21期。
④ 思游:《忆游鼋头渚》,《艺文杂志》1944年第3期。
⑤ 孙瑜:《无锡杂感》,《青青电影》1934年第9期。
⑥ 《师范生远足万顷堂》,《无锡新报》1922年11月21日。
⑦ 施锡麒:《万顷堂游记》,《无锡县立第二高等小学校杂志》1918年第1期。

传统认知,私人园林营造对自然元素取舍的"有意为之",也因延绵不断的公共游览成为南京、上海等地市民的情感寄托之所,体现了现代都市休闲与传统士人寄情山水的双重情感影响,构成了多元复杂的公共游览实践之场。

五、余论

早在陈植等林学家关注太湖风景前,荣德生、杨翰西等无锡地方实业家就已经开始在太湖沿岸营造私人园林,并提议建设"太湖风景区",建议将太湖风景建设纳入无锡市政规划。与此同时,"森林公园""国立公园"等学理概念开始受到有林学家身份的市政人员关注。与荣德生等地方实业家的关注不同,陈雪尘、陈植等人从国家林政工作出发,对太湖一带风景的关注由重视作为单一自然要素的森林,开始逐渐转向对兼具"真山真水"的系统性自然风光的山水景观的整体衡量。从筹设"森林公园"到"国立太湖公园"的转变中,"水域"成为衡量太湖风景整体性的重要自然要素,并以其横跨江浙两省而使太湖具有建设国立公园的重要特征。进一步而言,国立太湖公园规划关注呈现"森林""水域"等自然要素的公共性特点,以自然风光为"公"的价值载体,以"公"的价值取向为造园导向并追求实用经济效益,铸就了"水域"这一自然要素在审美与实用上的多重现代意涵。

有学者指出,近代中国公园的发展是透视近代中国中西文化融合的窗口。[①] 国立太湖公园规划深受近代林学、造园知识传入的影响,将造园规模与公园类别紧密结合,以自然要素的呈现作为衡量国立、省立公园建设的标准,强调公园提振林业与国民经济的实用效益。虽然重视水域对自然风光整体性呈现的作用,但将太湖造林视为造园的必经之路。与此同时,无锡的私人园林营造开始由城中园林转向城郊、乡村园林,园林审美趣味由"假山假水"转向"真山真水",将"水域"视为太湖风景与开展公共游览活动的中心,区别于国立太湖公园规划置造林、修路先于造园本身的营造逻辑。其中,除西方造园知识的传入影响了知识分子对城郊公园、乡村公园营造的关注外,也有

---

① 陈蕴茜:《日常生活中殖民主义与民族主义的冲突——以中国近代公园为中心的考察》,《南京大学学报(哲学·人文科学·社会科学)》2005年第5期。

传统中国的造园知识关于"郊园多野趣"判断的影响。① 在园林营造上,"自然美"是中国传统造园术"驰誉海内外"的标识性特征,②传统园林营造的山水关系强调"水随山转,山因水活"③,时人更将合理利用太湖的自然山水风光视为评价湖滨园林营造的重要标准。因此,国立太湖公园的规划既源自对"森林"等自然资源经济实用效益的关注,受造园学秉持的"自然主义"美学的影响,更受中国传统园林认知和自然观念的影响。现代的公共价值特质与传统造园中的自然观念相融合,构成了公共园林与私人造园对自然风景的双重重视,体现了中西思想文化在近代中国的融合发展。

在这个意义上,国立太湖公园规划既是近代中国规划筹建国家公园的先声,也使天然湖泊水域作为关键的自然要素进入国家公园营造,成为文明国家建设的重要指征。但是,陈植为"发扬太湖之整个风景计"的国立太湖公园规划并未得到落实,国立太湖公园规划迟迟未能落地,游客游览太湖山水实际上围绕着太湖沿岸无锡地方士绅的私人园林群展开。自1910年代梅园建成并开放后,前往梅园的游客络绎不绝。有关私园开放的研究表明,地方城市社会的特殊性影响了私人园林的空间特性,张园正是因上海城市中西文化混合并存的特征而成为休闲、社会活动与政治活动的重合空间。④ 太湖风景营造同样如此,无锡繁盛的工商业催生了一批地方实业家与新式乡绅群体,也影响了作为实践空间的"太湖风景区"的形成。进一步而言,太湖公共游览空间实际上是由地方实业家、乡绅群体与地方政府共同构筑的。在1920年代至1940年代有关太湖的游览记忆里,大量游客在梅园、万顷堂等私人园林场域中赏玩太湖山水景色。正是在这个意义上,尽管国立太湖公园规划、地方市政规划均为太湖"水域"注入了审美与实用的公共性,使其景观在空间规划意义上极具现代意蕴,但在公共游览的实践空间中,"水域"的公共性恰恰是在私人园林空间中体现的,这也使得水域空间的现代性既有代表现代的"公"的价值取向,也有代表"私"的历史渊源。

太湖水域是地方名流、政府要员与青年师生的赏景之所,也是湖匪集聚

---

① 陈从周:《说园》,同济大学出版社2007年版,第7页。
② 陈植:《筑山考》,《东方杂志》1944年第40卷第17号。
③ 陈从周:《说园》,同济大学出版社2007年版,第1页。
④ 熊月之:《晚清上海私园开放与公共空间的拓展》,《学术月刊》1998年第8期。

的危险地带。有关太湖山水风光的描写仍然是知识分子、政府要员的私人游览体验,太湖水域并未完全成为现代意义上的公共游览空间。但即便如此,国立太湖公园规划仍使自然水域的景观营造富有现代性意涵,而太湖沿岸集聚的私人园林群与周边市民普遍前往游览的氛围形成了事实上的"太湖风景区",铸就了现代意义上的公共游览空间,这一错位恰恰体现了水域景观现代性形塑的多重复杂,自然水域与公共风景区的结合也由此开启。

东瀛新论

明治初期日本知识人的
社会主义观[*]

郑雪君[**]

"社会主义",英文曰"socialism",法文称"socialisme",日文为"社会主義"。1832年,作为"individualisme"(个人主义)的反义词,"socialisme"首次运用于法文语境中。四年后,"socialism"在英语世界逐渐流行开来。[①] 今人习以为常的"社会主义"直接译自明治日本的"社会主義"。[②] 从西到东,从日本到中国,在漫长的跨语境、跨文化的传播与实践中,"社会主义"概念本身经历着不断的变化与发展。作为中西沟通的桥梁,明治日本关于社会主义的认知无疑是十分关键的,其形成不仅反映了明治日本特定的知识环境与社会生态,更奠定了社会主义进入东亚世界的基调。基于此,本文尝试回到"社会主义"进入近代日本的原点,通过对三个代表性文本的解读呈现明治初期日本

---

[*] 本文系教育部人文社会科学青年基金项目"《平民新闻》与中国早期社会主义思想的关系研究"(24YJC7036)、中央高校基本科研业务费专项资金资助(30924010409)的阶段性成果。

[**] 郑雪君,南京理工大学马克思主义学院讲师。

[①] Peter Lamb and James C. Docherty, *Historical Dictionary of Socialism*, 2nd ed., Lanham, Maryland: Scarecrow Press, 2006, p.1.

[②] "社会主义"一词在中国最早出现在1896年的《时务报》第12册里,直接译自日文。详见陈力卫:《词源(二则)》,载孙江、刘建辉主编:《亚洲概念史研究》第1卷,商务印书馆2018年版,第199页。

知识人的社会主义观,同时关注这一认知的形成过程,以期更好地理解此后社会主义在日本乃至东亚的发展。

一、"ソシアリスメ"(社会主义)

1870年,加藤弘之在《真政大意》中介绍了两个经济学流派:"コムミュニスメ"(共产主义)和"ソシアリスメ"。一般认为,这是社会主义进入日本的开始。①

加藤弘之(1836—1916),出石藩(今兵库县丰冈市)藩士之子,师从佐久间象山②、大木仲益③学习兰学,曾任蕃书调所助教并研究德国学,因学问精进成为幕臣。在此期间对"天赋人权说"产生了兴趣,并逐渐认识到西方文明的本质不在"武备"而在"政体"。他的专著《邻草》是日本国内最早介绍欧美立宪思想的著作。明治维新后出仕新政府,历任大学大丞、文部大丞、外务大丞等职,相继撰写了《立宪政体略》《真政大意》《国体新论》三部著作,系统地阐发了自己的立宪理论。④ 加藤对社会主义的议论,正是在这一思想脉络中展开的。

根据加藤的看法,国之政事包括"治法"与"治术",二者缺一不可。"治法",即以宪法为代表的一系列法律制度,是治国的基础;1868年出版的《立宪政体略》对此已有相当的论述。"治术",即"治安之术",指施行的具体政策;关于这一点的阐述构成了《真政大意》的主要内容。⑤ 在《真政大意》中,加藤的论述始终围绕着一个关键概念展开——"不羁之情与权利"。加藤接续启蒙思想家的讨论,认为人天生具有各种各样的情感,其中对"不羁自立"的渴望最为炽烈。"不羁自立",不受他人干涉、自立于世,即后来对译英语"freedom"或"liberty"的"自由"。⑥ 心向往之,故尽可能避免或摆脱各种束

---

① 详见田中惣五郎『資料日本社会運動史・第一巻』東西出版社、1947年、63頁。
② 佐久间象山(1811—1864),日本江户幕府末期思想家、兵法家,以主张公武合体和开国论而著名。
③ 大木仲益(1824—1886),又名坪井为春,日本江户幕府末期—明治时代著名的医学家。
④ 加藤弘之后期转向社会进化论,否定此前推崇的天赋人权说。
⑤ 详见加藤弘之『真政大意・上巻』山城屋佐兵衛、1870年、1—3頁。另,加藤在书中使用"宪法"一词指代广义上的法律。
⑥ 《真政大意》中凡指自由权利时均采"不羁"之说,而"自由"一语仅出现一次,尚未脱离"任意放荡"的传统语境。关于明治初期"自由"的译介,详见王晓雨「近代日中における翻訳事業と思想受容—『自由』を実例として」『関西大学東西学術研究所』第48号、2005年、176—181頁。

缚,努力达到一种自在不拘的状态,获致幸福。"不羁自立之情"是人的天性,与之相应,人天然地拥有"不羁自立之权利",这是一种自然权利。"凡为人者,无贵贱、上下、贫富、贤愚之别,决无受他人束缚拘制之理。"人生而平等,每个人都平等地享有不受他人干预的权利,此即"不羁自立之权利";人生而平等,每个人的"不羁自立之权利"都应当被尊重,每个人都需要履行不干涉他人自由的义务。由此引出关于人与人之间的权利与义务、政府与臣民之间的权利与义务的讨论。① 就"不羁之情与权利"而言,如果人与人之间是互相尊重、互不干涉的交往,那么政府与臣民之间就是保护与被保护的关系。这就涉及政府的职责问题。

"治国之本意,……安民以外无它。"②要达到"安民"之目的,第一急务在于颁布法律,保护臣民的生命、权利和私有财产。那么,政府的职责应否止步于此呢?对此,加藤认为大致有三种看法。第一种看法认为政府的职责仅仅是保护臣民的生命、权利和私有财产不受他人侵犯,除此之外别无其他责任。与此相反,第二种看法主张政府的职责应当扩展至臣民生活的方方面面。在加藤看来,第一种看法虽为臣民提供了"安生之基础",却没有授予"安生之术",故臣民的幸福无从谈起,国家的治安亦难以维系;第二种看法"安民之心切"可以理解,但是它极大地限制了臣民的权利,最终会陷入"虐民"之境地。此二者均有失偏颇,最合适的做法即第三种看法,应当是对二者的中和:在保护臣民生命、权利和私有财产的基础上,通过教化、抚育等手段劝导臣民,使其拥有"安生之术",从而获得幸福。不同于第二种,最末者所强调的是有限度甚至是最低限度的干预,即只有在臣民依靠自身力量无法实现的领域,并且在前述臣民生命、权利、私有财产得到保障的情况下,政府才能实施干预。因此,加藤在论述中不断强调"保护"和"劝导"是有先后顺序的,"劝导"以"保护"为前提,"保护"是治国的第一要务。③

以上关于政府职责的讨论,仍然是以"不羁之情与权利"为核心展开的。只有"不羁之情与权利"得到保护,臣民才能在平等的基础上展开相互竞争,发展百工技艺。与日俱增的社会分工有利于人的自由,从而使臣民幸福、国

---

① 详见加藤弘之『真政大意・上卷』山城屋佐兵衞、1870年、8—12頁。
② 加藤弘之『真政大意・上卷』山城屋佐兵衞、1870年、5頁。
③ 详见加藤弘之『真政大意・下卷』山城屋佐兵衞、1870年、1—5頁。

家富强。至于竞争可能造成的失序问题,加藤认为,在法律的保护与政府的劝导下,竞争能够在不干涉他人权利、不违背风俗的前提下有序地展开。正因为如此,哪怕是愚昧懒惰之人,也能够且应该通过后天的努力,为自己争取幸福。在这一基础上,加藤展开了对"均贫富"制度的讨论。①

他认为,在均贫富制度下,愚昧懒惰之人往往满足于现状,放弃后天的努力,长此以往,人人都将停滞不前,最终造成国家贫困、风俗败坏。这显然是一种"非仁政"的制度。历史上的井田制、均田制即是如此,而在西方也有类似的制度:

> 在欧洲历史上,希腊强盛时期施行过类似的制度[此处指均贫富制度——引者],后来又出现了两个经济学流派,名"コムミュニスメ"和"ソシアリスメ",这两个学派的主张虽然不尽相同,实则大同小异,都主张从衣食住开始,日常生活中的每件事应当力求一致。②

作为音译词的"コムミュニスメ"和"ソシアリスメ",是"共产主义"和"社会主义"抵达日本后的首个身份。社会主义和共产主义主张不一,但本质上皆为均贫富。一方面,加藤在社会主义、共产主义与历史上的井田制、均田制之间建立联系,从发展的视角来凸显二者的不合理性;另一方面,他将二者的主张归结为强制性的"结果平等","保护"不足,"劝导"太过,从"机会平等"的视角强调二者对权利的束缚、对治安的危害。③

尽管《真政大意》关于社会主义/共产主义的介绍仅寥寥数语,却提示了二者初入日本的历史语境。在启蒙思想的脉络中,社会主义与共产主义象征着一种古老的均贫富思想,它表现为一种强制性的平等制度,从根本上束缚了"不羁之情与权利"的发展。

二、"社会説"(社会主义)

1870年,"社会主义"以"ソシアリスメ"的译词形式,作为启蒙思想者的

---

① 详见加藤弘之『真政大意・下卷』山城屋佐兵衛、1870年、13—15頁。
② 加藤弘之『真政大意・下卷』山城屋佐兵衛、1870年、15頁。
③ 详见加藤弘之『真政大意・下卷』山城屋佐兵衛、1870年、15—16頁。

批判对象首次进入日本。两年后,英国古典主义自由思想家密尔(John S. Mill,1806—1873)《论自由》(On Liberty)一书的日译本《自由之理》出版,书中同样可见对社会主义的消极态度。① 不过当时这些文字并未引起过多的关注。如果说明治一〇年代以前(1868—1877)是明治政府大力推行改革、向近代民族国家迈进的十年,那么明治一〇年代(1878—1887)便是改革逐渐深入、矛盾逐渐凸显的十年。伴随自由民权运动的发展,日本的有识之士开始越来越多地关注社会主义在西方甚至在日本的发展,而在绍介社会主义思想方面,作为西方文化传播者的传教士们贡献颇多,本节所关注的美国传教士勒尼德即是其一。一般认为,勒尼德是在日本学校讲授社会主义的第一人。

勒尼德(D. W. Learned,1848—1943),美国康涅狄格州人,1873年从耶鲁学院(Yale College)毕业后,先在密苏里州塞耶学院(Thayer College)教授希腊语,两年后辞去教职,以美国公理会差会②传教士身份前往日本。1875年11月底抵达日本,自1876年4月起协助新岛襄办理同志社事务。③ 1919年起担任同志社英学校校长,1928年离任后返回美国。在长达53年的同志社生涯中,勒尼德承担过神学史、教会史、教理史、数学、物理学、天文学、希腊语、拉丁语、经济学、政治学等十余门课程的教学。④ 正是通过他在经济学课堂上的讲授,社会主义思想在日本的传播范围进一步扩大。

勒尼德的经济学课程始于1878年。其时日本国内没有专门的经济学教材,授课之初直接以英国古典经济学家福塞特(Henry Fawcett,1833—1884)的《政治经济学手册》(Manual of Political Economy)为教材。1879年,他开始着手编写教材,并在长达25年的教学实践中不断修改。需要说明的是,勒尼德的经济学课程是以英文讲授的,因此讲义或是由他本人所写的英文本,

---

① 译者中村正直将"socialist"译作"ソーシアリスト",详见弥尔『自由之理』中村敬太郎訳,木平谦一郎,1872年;田中惣五郎『資料日本社会運動史・第一巻』東西出版社,1947年、69頁。
② 美国公理会差会(American Board of Commissioners for Foreign Missions),简称美部会,是第一个美国基督教海外传教机构。
③ 新岛襄(1843—1890),明治前期著名教育家、宗教家,同志社英学校(今同志社大学的前身)创立者。同志社英学校于1875年11月29日创办,真正作为学校开始运作则是在1876年9月18日。详见ラーネッド『回想録』学校法人同志社、1983年、19頁。
④ 关于勒尼德的生平,详见住谷悦治『ラーネッド博士伝—人と思想』未来社、1973年。另,关于勒尼德赴日前的经历,详见大越哲仁「ラーネッドとセイヤー・カレッジ」『新島研究』2008年第99号、56—81頁。

或是由其他人翻译的日文本。据住谷悦治所考，勒尼德的经济学讲义至少有八个不尽相同的版本。目前所见最早的版本是1879年由伊藤时雄①翻译、在《七一杂报》上连载的《经济学略说》，不过该版讲义未涉及社会主义相关内容。② 明确提及社会主义的是1887年出版的《经济新论》，③即1882年宫川经辉④着手翻译的版本。⑤ 以下根据该书中的内容考察勒尼德的社会主义观。

《经济新论》共四卷十九章，关于社会主义的讨论出现在第十七章"进步与贫困"。章如其名，此章讨论的是经济发展过程中出现的问题。对此，勒尼德介绍道，"今有两种改革案，提出废弃竞争，以实现更公平的财产分配"，即所谓"共产党"与"社会党"。⑥ 从广义上来说，"社会党"应当是那些"为劳动者着想，希望对社会施以一大改革之人士"，不过就当下而言，这个概念的适用范围似乎过于宽泛。他将现有的"社会党"分为三类：第一类是"破坏主义"的，即"虚无党"，它认为现存的政府和制度是有缺陷的、不公正的，故必须全部废弃，并且相信混乱之后将自然而然地出现一种良善的组织。勒尼德以为这是一种"不道德"的理论，无须进一步分析。第二类是"共产党"的，它主张废除各国的中央政府，同时在各村庄和城市成立"共产的社会"。第三类是狭义的"社会党"，它与第二类正好相反，主张扩充各级政府的权力。⑦

在第247款"共产党"、第248款"社会说"中，勒尼德分别对共产主义和社会主义进行了详细的介绍，且似乎有意识地对二者加以区分，但在后文第270款"论共产党之主张"中，他关于"共产党"的言说又与前文所界定的"社会党"十分相似。⑧ 按照勒尼德的观点，在社会主义制度下，社会的改革是通过将一切财产、土地以及生产上的监督委任给政府这一过程来实现的。然而，上述

---

① 伊藤时雄（1857—1927），即横井时雄，明治—大正时期基督教牧师、教育家、政治家。
② 详见住谷悦治『ラーネッド博士伝—人と思想』、未来社、1973年、431—433頁。
③ ラルネット『経済新論』宮川経輝訳、任天書屋、1887年。
④ 宫川经辉（1857—1936），日本牧师、教育者，日本组合基督教会指导者。
⑤ 由此推论，勒尼德讲授社会主义的时间早于1882年。有学者认为勒尼德最初讲授社会主义的时间应当在1879年左右，详见住谷悦治「明治時期における社会主義の説述」『ラーネッド博士伝—人と思想』、未来社、1973年、260—265頁；田中惣五郎『社会主義』渡来記：住谷悦治の所論を読みて」『資料日本社会運動史・第一巻』、東西出版社、1947年、95—102頁。
⑥ 在具体的使用中，"社会党"与"社会说"既有"社会主义"（socialism）之意，又有"社会主义者"（socialist）之意。此处的"社会党"当作"社会主义"解。
⑦ ラルネット『経済新論』宮川経輝訳、任天書屋、1887年、636—637頁。
⑧ 详见ラルネット『経済新論』宮川経輝訳、任天書屋、1887年、714—715頁。

过程不仅需要耗费大量的人力、物力、财力,还要求政府具有强大的社会动员能力,甚至需要采取一些压制的手段以确保对社会各事业的监督。① 共产主义制度的原则大体如此,但极端的共产主义(即第 247 款中所论述的"共产党")主张:废除中央政府,只保留地方(町村)政府,在地方层面成立共产社会;一切财产归社会所有,平均分配。勒尼德认为这一极端做法存在不少弊端:第一,平均分配的方式将使人丧失勤劳的精神,从而产生消极怠惰的不良后果;第二,对一切社会事业的监督和指挥以及对财富分配的需要,势必导致专制政府的诞生;第三,哪怕在一个有志之士组成的小团体中,这种制度实行起来也是相当困难的。② 基于上述问题的存在,"以富者为对象的革命与战斗的尝试,无法改善世界的状况。因此,要提高劳动者的地位,必须采用其他各种改良方法"③。勒尼德认为,单凭经济学是无法做到这一点的,还需要发挥宗教与道德的力量。具体而言,雇主应当以仁爱与智慧之心来对待劳动者,劳动者自身也应当培养"忠实、熟练、节俭、省欲"等品质来提高自己的地位,积累财富,养育妻儿。然而,"欲得十分之改良法,必以正当之经济学与真实之博爱主义为依据,而此等只存在于真正之基督教中"。④

　　同加藤弘之一样,勒尼德对社会主义/共产主义的消极态度是显而易见的,不过二氏的观点仍然存在诸多差异。第一,对社会主义/共产主义的认识不同。在加藤相对有限的论述中,社会主义与共产主义并无二致,本质上都是均贫富。对"不羁之情与权利"的束缚,是加藤反对的一个重要原因。在勒尼德看来,社会主义和共产主义之间同样不存在本质性的差别,不过他对财富平均分配的质疑只针对极端的"共产党"。在论述"社会党"的具体主张时,他并未提及财富的平均分配问题,只提到给予一般劳动者充分的工作与报酬。⑤ 就此而言,勒尼德似乎不认为社会主义必然主张财富的平均分配,而是以政府对财富的集中管控与公平分配为社会主义/共产主义的主要特点。第二,对社会问题的认识不同。加藤认为,只要"不羁之情与权利"得到充分的

---

① 详见ラルネット『経済新論』宮川経輝訳、任天書屋、1887 年、635—641 頁。
② 详见ラルネット『経済新論』宮川経輝訳、任天書屋、1887 年、630—635 頁。
③ ラルネット『経済新論』宮川経輝訳、任天書屋、1887 年、642 頁。
④ ラルネット『経済新論』宮川経輝訳、任天書屋、1887 年、643 頁。
⑤ ラルネット『経済新論』宮川経輝訳、任天書屋、1887 年、635 頁。

保护和引导，每个人都能获致相应的幸福。在立宪体制下，这是完全可以实现的。加藤对未来抱有十分乐观的态度，他相信社会是不断向前发展的，体现了启蒙思想家典型的进步观。在这一理想体制下，社会是不断进步的，因而不存在所谓的问题，更无解决问题之必要。相比之下，勒尼德对资本主义社会的发展无疑有着更加深入的体验与认识。他毕业于耶鲁大学的那年（1873）恰逢世界经济危机的爆发，生产缩减，企业倒闭，失业人口剧增。他肯定大工业机器时代的便利与繁荣，同时清醒地认识到经济发展背后的代价：贫富差距悬殊；劳动者地位低下，缺乏向上流动的机会；劳动者工资水平低；劳动者的命运完全掌握在雇主手中。① 问题既已存在，便有必要解决问题。"社会党"和"共产党"正是作为社会改革方案出现在他的讲义中，他对二者的否定只是对方案之可行性的否定，而不是对改革之必要性的否定。换言之，改革势在必行，关键在于如何改革。第三，对改革方案的认识不同。如前所述，加藤是日本国内宣传欧美宪政思想的第一人。虽然他在不久后转向社会进化论，但早期的宪政三部曲一直是日本的立宪理论资源，为二战后日本顺利实现立宪转型奠定了重要的理论和思想基础。如果说立宪体制是加藤为明治初期的日本提供的改革方案，那么勒尼德的讲义则是从经济学的角度解读国家富强之道。在这个意义上，他是作为一名社会科学者来讲授经济学、讲授社会主义/共产主义的。根据日本经济学者饭田鼎的考察，勒尼德的经济学思想兼具英国古典经济学派的自由放任主义和美国的实用主义精神。② 需要注意的是，勒尼德并不认为经济发展必然带来社会的进步，反而可能会招致一系列问题。这些问题的解决需要凭借宗教和道德的力量，确切地说，就是他所信仰的基督教，因为只有真正的基督教才具有"正当之经济学"与"真实之博爱主义"，是完美的改良之策。

勒尼德对基督教的推崇显然与他的宗教信仰有关——他首先是一名传教士，他的经济学思想中也不时体现着宗教的人道主义关怀。在他看来，基

---

① ラルネット『経済新論』宮川経輝訳、任天書屋、1887 年、580 頁。关于勒尼德对资本主义社会的看法，详见住谷悦治「『経済新論』における資本主義社会観」『ラーネッド博士伝——人と思想』未来社、1973 年、229—232 頁。
② 详见飯田鼎「明治 10 年代の日本における経済学研究の一断面：住谷悦治『ラーネッド博士伝：人と思想』を読んで」『三田学会雑誌』第 69 巻第 2—3 号、1976 年、69—85 頁。

督教不仅仅是一种精神层面的宗教信仰，更是一种能够解决社会问题的方案。在这个意义上，基督教与社会主义、共产主义作为改革方案的性质是一致的，社会主义与基督教以一种奇特的方式发生了交汇。

三、"マルクス"（马克思）

在勒尼德讲授"社会党"的前后，他曾经的学生——小崎弘道也关注到了欧洲社会主义运动的发展，并尤其注意考察这一现象的社会根源。小崎弘道（1856—1938），思想家、神学家、牧师，日本组合基督教会会长。出身于熊本藩士之家，1871年进入熊本洋学校学习，就读期间受洗成为基督徒，是著名的熊本基督徒团契成员之一。后转学进入同志社，与前述新岛襄、勒尼德等人交往甚密。1879年6月从同志社毕业后，在东京开始自己的牧师生涯，同时在神学校从事教学与翻译工作。1880年3月，与植村正久①、井深梶之助②等人创立东京基督教青年会。10月，青年会机关杂志《六合杂志》正式创刊。1881年4月，小崎弘道在《六合杂志》第七号上发表文章《论近世社会党的原因》，③首次将马克思介绍至日本。④

小崎一文可分为三个部分，首先是对"近世社会党"的界定与介绍："所谓社会党，即主张社会说之人。其说之第一主义为废止社会上各人之所有权，由全社会共有之。"根据上下文，"社会说"与"社会党"分别对应"socialism"与"socialist"。废除所有权、由社会共享是"社会说"的主要特点，据此有人认为社会党的出现与宗教教义有着密切的关系，小崎撰文的直接目的便是要驳斥这一观点，为基督教正名。他指出，古往今来存在三种类型的"社会说"。第一类是宗教共同体式的，由宗教家或哲学家召集志同道合的人组成一个共同体，共产共有、与世隔绝，希望以此净化自身、获致幸福，如占印度佛教僧侣、

---

① 植村正久（1858—1925），日本明治—大正时期思想家、基督教牧师、神学家。
② 井深梶之助（1854—1940），日本牧师、基督教会指导者，曾任明治学院第二任总理、日本基督教青年会同盟委员长。
③ 小崎弘道「近世社会党の原因を論ず」『六合雑誌』第7号、1881年4月20日、105—112頁。如无特别注明，本小节引文均来自该文。
④ 木村毅「明治前半期に於けるマルクス認識の過程」明治文化研究会編『明治文化研究論叢』一元社、1934年、42頁。

中世纪基督教牧师的集体生活。第二类是不满于社会现状的学者仁人们所描绘的理想社会,如柏拉图(Plato,约前427—前347)的《理想国》、托马斯·莫尔(St. Thomas More,1478—1535)的《乌托邦》(*Utopia*)。有意思的是,依今人看法,圣西门(Henri de Saint-Simon,1760—1825)、傅立叶(Joseph Fourier,1768—1830)、欧文(Robert Owen,1771—1858)等人同为空想社会主义者,而小崎却将圣西门与傅立叶归于第二类,将欧文划入第一类。如此看来,是否付诸实践是区分前两者的重要指标。"近世社会党"属第三类,他们

> 借口改善社会现状,实则出于自己的不满,即为了一己之利,其主张废除土地、资本等各人所有权,缩小贫富贵贱之别,以让所有人共享幸福。而且其党徒多属底层劳役之人,由此可以推知其性质。

近世社会党与第二类看似相同,在精神与目的上却存在本质差异。前者出于一己私欲,后者旨在改良社会;前者以底层成员居多,后者以学者仁人为主。文中简要梳理了"万国党",即第一国际的发展史,着重介绍了马克思(Karl Marx,1818—1883)和拉萨尔(Ferdinand Lassalle,1825—1864)这两位"德国社会党首领"的生平,还提到了以巴枯宁(Mikhail Bakunin,1814—1876)为代表的"过激"主义。他强调,不论是马克思的主张,还是1868年第一国际布鲁塞尔大会书记长杜邦(Eugène Dupont,1831—1881)的发言,其核心归根结底都是"破坏主义"。在这方面,法国的共产党、俄国的虚无党与德国的社会党并无二致。近世社会党与宗教共同体式的"社会说"更是相去甚远,后者源于成员间共同的信仰,与宗教关系甚密,然而第一国际在根本上却是反宗教的,它所强调的平等也异于基督教的平等——后者所说的"上帝面前人人平等"是指灵魂上的平等,而非现世的平等,故不可误认宗教教义为"近世社会党"的起源。

那么,"近世社会党"究竟源自何处?这是第二部分的主要内容。小崎断言:"社会说乃社会的病症,其原因深藏于人的性理之中。即,不平与不满足,正是其本质。这种不平与不满足从何而来?曰:源于该国宗教的衰败。"人天然地拥有欲望,渴求肉体、财产、知识、权力、荣誉和宗教等。在这些形形色色

的愿望中,"宗教最重,余皆属之"。缺少了宗教,人就无法获得满足与安心,遑论整全的幸福。就此而言,宗教是一种欲求,更是对无限制的欲求的制约。缺少了宗教的制约,人们将渐失道义之心,进而陷入对其他事物的追求中无法自拔,如同吸食鸦片一般,愈陷愈深,最终或自暴自弃,或放纵暴戾,完全丧失道义之心。以德国为例,自16世纪宗教改革以来,宗教盛极一时,然而此后的神学家们却纠缠于教义中的琐碎细节,致使宗派之争愈演愈烈,最终失却了基督教的精神。此外,政府的干预、流于形式的宗教活动,在在加快了教会的衰颓之势。宗教既已无法抚慰人心,人们自然转向其他途径以寻求内心的慰藉,如财产、知识、权力、名誉等,却"愈得之愈觉不足",陷入无止境的追求,最终人心错乱,一变而为"社会党",为"万国党",为"激烈之政党"。宗教的衰败在德尤著,故"社会党"于此地的发展最为迅猛;法、俄亦复如此。因此,要遏制"社会党"的发展,最要之策是重振宗教。欧美学者对此已有所认识,政界人士如德意志宰相俾斯麦(Otto von Bismarck, 1815—1898)也主张弘扬基督教以巩固政体。

在文章的最后一部分,小崎将目光转向东洋。他表示,东洋诸国之所以没有"社会党",是因为人民尚未觉醒,知识尚未普及,缺乏相应的能力。不过目前在日本已出现了一些端倪,比如国会请愿者中就有不少人拥护"过激主义"。为避免"社会党"坐大成势,必须发扬真正的宗教,以抚慰人心。否则,"立宪之政体不可兴,社会之安宁不可保,真正之文明不可期"。

以上是小崎一文的主要内容。文章的前半部分主要参考了吴尔玺的《共产主义与社会主义的历史和理论》。① 吴尔玺(T. D. Woolsey, 1801—1889),美国政治经济学者,曾任耶鲁学院校长,是前述勒尼德的经济学启蒙老师。② 上述著作为吴尔玺晚年所出,反响一般,几乎不见于他的生平文字,不过在明治日本社会主义绍介史上却具有重要意义。吴尔玺一书凡八章,系

---

① T. D. Woolsey, *Communism and Socialism in Their History and Theory*, New York: Charles Scribner's Sons, 1880.
② 住谷悦治『ラーネッド博士伝——人と思想』未来社、1973 年、223 頁。作为一名学者,吴尔玺的研究范围颇广,涉及古典希腊、历史学、政治学等诸多学科,在国际法方面造诣尤深。吴尔玺的《国际法导论》(*Introduction to the Study of International Law*)曾多次再版,清末丁韪良的《公法便览》(6卷本)即译自该书。关于吴尔玺的生平,详见 "Address of President Dwight at the Funeral Service", *New Englander and Yale Review* 51, 1889, pp.143-151。

统地阐述了共产主义和社会主义的发展过程与主要理念，并围绕社会主义与国家、社会、宗教、家庭的关系展开分析。小崎的类型说直接来源于吴尔玺，三种类型分别对应书中的第二章、第三章、第四至六章，不过小崎略去了书中关于共产主义与社会主义的区别，以"社会说"概括之，或因"社会主义比共产主义更加宽泛"。① 多年以后，小崎重申自己的看法，认为社会主义分为三种，"宗教团体的社会主义""学者的理想社会"与"欧美当前的社会主义"，最末者又有"渐进"与"急进"之分。② 另一方面，吴尔玺一书尤其关注德国社会党的发展，对马克思着墨甚多。此前日本国内关于社会主义的论说以英、法、俄为主，该书的译介无疑推动了德国社会主义在日本的传播。③ 小崎一文发表翌年，宍户义知将该书译出，名《论古今社会党沿革》。④ 尽管最终仅出两卷（即原书前四章），且译文质量较低，⑤但正是在这本书中，"socialism"首次以"社会主義"之汉译词形式出现。宍户将"communism"译作"结社主义"，亦称"旧社会主义"，将"socialism"译作"社会主义"，亦称"新社会主义"。应当说，"社会主义"一词所包含的内容相当宽泛。

回到小崎的文章。如果说文章的前半部分以译介为主，后半部分则集中体现了作者的观点。在他的论述中，"社会说"既不是某个简单的经济学流派，也不是针对社会问题的某种解决方案，而是底层劳役者出于一己私欲的"破坏主义"。它在西方发展迅猛，甚至在日本也出现了萌芽的迹象——其时正值自由民权运动发展的高潮。在小崎看来，"社会党"正在逐渐变成日本社会的威胁。也正是基于这一原因，他认为有必要探究"社会党"产生的原因。只有充分了解其根源，才能对症下药，防止其"惨毒波及我国"。明治一〇年代日本社会运动的发展以及随之而来的忧患意识是理解小崎一文的关键。

同为基督教徒，小崎与勒尼德毫不掩饰内心对宗教的推崇，不过二人关

---

① T. D. Woolsey, *Communism and Socialism in Their History and Theory*, New York: Charles Scribner's Sons, 1880, p.3.

② 小崎弘道「基督教と我国体」(1911年4月)『小崎全集 2 日本基督教史』警醒社、1938年、541—542頁。

③ 木村毅「明治前半期に於けるマルクス認識の過程」明治文化研究会編『明治文化研究論叢』一元社、1934年、50頁。

④ ウールセイ『古今社会党沿革説』宍戸義知訳、弘令社、1882年。

⑤ 木村毅「明治前半期に於けるマルクス認識の過程」明治文化研究会編『明治文化研究論叢』一元社、1934年、45—50頁。

于社会主义的认识仍然存在着一些分歧。在勒尼德看来,社会主义/共产主义解决社会问题的初衷是值得肯定的;在这一点上,它与基督教之间存在某些共通点,只不过后者是更加有效的社会改良方案。相比之下,小崎眼中的社会主义与基督教之关系略显暧昧。一方面,存在一种宗教共同体式的"社会说",它的成立直接源于共同信奉的宗教教义,故呈现宗教之底色;另一方面,如果说"近世社会党"是宗教衰颓后人们转向他种途径以寻求安慰的产物,那么某种程度上它扮演了过去宗教的角色,二者承诺的平等或如小崎所说不尽相同,却都描绘了一个理想的共同体社会。小崎在行文过程中不断强调以第一国际为代表的"社会党"与基督教之不可调和,他的论述却在某种程度上暗示了社会主义与基督教之间的关联。

从"ソシアリスメ"到"社会党/社会说",再到"社会主義",十余年间日本社会关于社会主义的认识不断深化。① 这种渐成体系的认识与日本国内政治环境的变化息息相关,尤其是自由民权运动的发展。以自由党左派为代表的民权运动家的政治诉求与社会主义的潜在关联,促进了社会主义思想的进一步传播(尽管大多数时候是负面意义上的),并引起相当的关注。在此过程中,社会主义从一个抽象的、遥远的"socialism"逐渐转变为一个具象的、近在咫尺的"社会主義"。上述三个文本侧重点各有不同——或政治,或经济,或宗教,却不约而同地强调社会主义的消极因素,随之而来的是不断强化的对社会主义的防范意识。

饶有兴味的是,在明治初期社会主义的译介中,基督教似乎是一个不可忽视的因素。作为西方文化传播的主体,基督教人士(外来的传教士与本土的基督徒)发挥了积极的译介作用,不过由于他们的社会主义观最终几乎总要回归宗教信仰,社会主义与宗教/基督教之关系往往在他们的论述中占据相当的篇幅。在这方面,同为基督徒的勒尼德与小崎弘道呈现了两种不同的视角——前者的讲义暗示了社会主义与基督教结合的可能,后者的分析则彰

---

① 一般认为,1882 年前后日本关于社会主义的认识已达到一定的水平。除了前述宍户知翻译的《论古今社会党沿革》,托马斯·莫尔的《乌托邦》也被译成日文出版,详见トーマス·モール『良政府談』井上勤訳、思誠堂、1882 年。另,原田潜所著《自由提纲财产平均论》也于同年出版,详见原田潜『自由提綱財產平均論』博文書院、1882 年。

显了社会主义与基督教之间的张力,为日后社会主义在日本的发展奠定了基础。1901年5月18日,日本第一个社会主义政党——社会民主党成立,六个成员中有五名基督徒:如安部矶雄(1865—1949),他以基督教精神为社会主义之基础;再如木下尚江(1869—1937),他称自己的社会主义为"基督教的共产主义"。在这个以基督徒为主的政党中,唯一的无神论者幸德秋水(1871—1911)的存在尤显特殊;十年后,在他的《基督抹杀论》中,基督教一变而为社会主义者的批判对象。

大正"德谟克拉西"的黄昏

王瀚浩[*]

一、天皇制的龃龉

明治初期乃至之前的江户末期,"德谟克拉西"观念便随着欧美书籍的译介进入日本,其时,"德谟克拉西"是作为一种政治体制为人们所了解的。"德谟克拉西"与明治现代国家的建设产生了良性互动关系,开设国会、制定宪法等均反映了"德谟克拉西"的诉求。然而,因为独特的天皇制、国体观念等,以1889年颁布的《大日本帝国宪法》为标志,明治立宪君主国家与被视为典范的英国的君主立宪之间不同加大,相较英国国王,日本天皇拥有更大的权力,天皇成为日本政治内部紧张关系的聚焦点。在制度设计上,原本用以彰显民意、制衡政府的国会仅有建言权,且多次因与政府政策相悖而被强行解散,难以发挥应有的功能。国务大臣更被视为天皇的辅佐,难以建立负责任的内阁。

除此之外,明治维新后,随着政府"殖产兴业"政策的推行,资本主义稳步发展,甲午战争后日本获得的不平等条约的优惠大大推动了资本主义发展,与此同步,工人阶级的数量也在不断增大。面对恶劣的劳动条件与低廉的劳

---

[*] 王瀚浩,收稿时为南京大学政府管理学院博士研究生,现为清华大学人文与社会科学高等研究所"水木学者"博士后。

动报酬,工人阶级谋求增加薪资、减少劳动时间,劳资关系对立。对此,日本的立宪体制大多采用武力镇压手段,不仅没有缓和劳资间的紧张关系,反而将广大劳动阶级推向了反政府的一面。

明治中叶以降,日本积极寻求对外扩张。1890年12月,在《大日本帝国宪法》正式施行不久,时任内阁总理大臣的山县有朋在众议院发表施政方针,直言:"盖国家独立自营之道有二途,第一乃守护主权线,第二乃守护利益线。其主权线谓国之疆域,利益线为与其主权线之安危密切相关之区域。凡国无不保主权线及利益线。方今介立列国之间,为维持一国之独立,独守御主权线绝不足够,必亦保护利益线。"①此次山县的言说旨在对政府在1891年年度预算案中扩充陆海军经费予以解释。经历了明治维新后20余年,向外扩张业已成为日本政府的重要政治目标。在此背景下,日本先后向中国及俄国发动了战争,侵占了中国台湾地区及朝鲜半岛,最终确立了在东亚的霸主地位。然而,在日本帝国体制之下,不断蚕食而来并被纳入帝国统治体系中的殖民地不断爆发反抗,既有武装斗争,如20世纪初朝鲜兴起的义兵运动,也有亚洲(中国、印度、暹罗等)知识人所发起的将日本排除在外的"亚洲和亲会"。②

在此天皇制内外问题丛生的局面中,明治天皇于1912年7月去世,时年33岁的太子嘉仁继位,由此开启了延续15年的大正时代。大正天皇继位不久,西园寺公望内阁便因反对军部扩军而倒台,继而军阀头目桂太郎成为首相并引发了东京地区的护宪运动,抗议者提出了"打倒藩阀"的口号。自此,包括护宪在内的政治运动和政治斗争不断发生,政治团体纷纷出现,日本进入一个不安定时代。一方面,一战后,德皇退位、奥匈帝国解体,沙皇一家被施以极刑,世界范围内的帝国解体令日本的天皇制受到挑战。而因战争导致的世界范围内的经济危机同样波及日本,物价飞涨、贫富差距加大等令本已针锋相对的无产阶级与资产阶级间的矛盾进一步加深。民族自决的声音在东亚地区的民族解放运动中开始高涨,殖民地人民要求改变被殖民的现状。

另一方面,基于不同的政治诉求,日本知识人也在探寻解决上述矛盾的

---

① 山县有朋施政方针演说,1890年12月6日,https://worldjpn.grips.ac.jp/documents/texts/pm/18901206.S1J.html,访问日期:2022年5月30日。
② 参见林少阳:《东京的章太炎——力图超越民族国家的民族主义者》,载氏著:《鼎革以文:清季革命与章太炎"复古"的新文化运动》,上海人民出版社2018年版,第186—195页。

方案。与明治时代的知识人或变革者不同，大正知识人是在"西化"思想教育下成长的一代，像吉野作造、福田德三是在谋得大学教职后被公派到欧洲留学，他们的远行带有"调查"和"研究"的意味，注重将欧洲方法运用到解决日本问题上来。一战的爆发和西欧现代文明所身处的隘路，给大正知识人将欧洲"相对化"提供了契机；苏俄革命的胜利，更在日本思想界掀起了"过激思想"的狂飙。这一时期的日本思想界是明治以来最为活跃和有深度的。

战后，历史学家信夫清三郎在回顾大正时代时提出了"大正德谟克拉西"（大正デモクラシー）概念，以此来概括这一时期的历史特征。信夫的这一发明深刻地影响了战后关于大正时代的书写，有关"大正德谟克拉西"论著不胜枚举。[①] 时过一个甲子，如何接续前人的研究重审"大正德谟克拉西"，这是本文的关心所在。

二、"德谟克拉西"三调

大正时代是"德谟克拉西"百家争鸣的世代，有各种经世方案，可从三个角度进行分类：体制内、反体制和体制外。本文讨论的吉野作造、山川均和福田德三分别代表了这三个类型。

吉野作造有关德谟克拉西——民主主义的论述奠定了其体制内改革者的地位。作为最高学府东京帝国大学法学部的教授，吉野试图在现行体制内最大程度地发挥立宪政体的功效，以"普选制"来消解"财阀""军阀"把持的政局的问题。

1916年1月，留欧归国后的吉野将Democracy译为"民主主义"和"民本主义"两个不同词语，呼吁在《大日本帝国宪法》所规定的天皇主权下落实和

---

① 关于相关研究的综合性讨论，可以参考的有 Matsuo Takayoshi, "The Development of Democracy in Japan—Taish Democracy: Its Flowering and Breakdown", *The Developing Economies*, Vol. 4, No. 4, 1966, pp. 613-617；钱昕怡：《战后日本历史学中的"大正民主"研究》，《日本研究》2015年第3期；田澤晴子ほか『「大正デモクラシー」の総合的研究研究成果報告書』、2020年；福家崇洋「大正デモクラシー論再考：戦後民主主義との関連から」『二十世紀研究』第22号、2021年、1—19頁。

完善源自欧洲的民主体制。① 这体现了自明治维新以来,通过脱亚入欧、全盘学习西欧经验以促进日本文明化的思想取向,不能认为是机械性地搬运西欧的思想和制度。吉野在游欧期间,目睹了此起彼伏的社会主义运动及要求普选的示威活动,其时欧洲各地不时出现质疑代议制的声音,认为这种制度在表达民意上存在不足。然而,吉野依然将英国视为世界范围内最好的政治典范,并根据同一时期有关代议制的讨论在日本完善代议制的方案,修补选举制度、革新政党组织等。究其原因,吉野将并不存在于宪法中的"藩阀"专权视为日本与欧洲现代政治的最大不同,认为这是政界弊端由以发生的根本原因。而通过扩大选举范围,将尽可能多的意见反映在选举中,则必能消解藩阀权力的横行。

一战特别是俄国"十月革命"的影响对代议制民主造成了冲击。吉野作造的学生今中次麿在1920年指出,代议制是建立在地域团体之上的,随着阶级斗争在世界范围内愈演愈烈,有关非难议员无法代表民意的声音迭起,苏维埃制恰是对各种破坏性方案——无政府主义、工团主义、基尔特社会主义的"对冲"。② 今中希望借此令民众更深入地参与到政治事务之中,对抗有关于议会制的两种意见,即一种认为议会制的缺陷源于人的道德缺陷,另一种则主张彻底废除议会制。③ 对今中的提案,吉野作造抱有极大的怀疑,警告无产阶级政党化后会导致无产阶级的声音有为政党首领所垄断的可能,而代议制民主在消极层面保护了多元价值,对于议会制的缺陷,是可以以其曾否定的比例代表制来完善的。④

与吉野在体制内进行改革的方案截然相反,社会主义者山川均提出的方案究其根本,乃是要彻底改造现存体制。与吉野毕业于"二高"和东京帝国大学,有着法学部教授的"精英"身份不同,山川肄业于同志社中学,未接受过系统的学校教育。因为参加社会主义运动,山川是监狱的常客,在监狱里学习,接触形形色色的劳动者,无产者的立场是其介入政治的底色。

---

① 吉野作造「憲政の本義を説いて其有終の美を済すの途を論ず」『中央公論』新年號、1916年1月、17—114頁。
② 今中关于苏维埃的认识源于 E. A. Ross and Selig Perlman, "Soviet Government in Russia", *American Political Science Review* 14, 1920, pp. 317-323 一文。
③ 今中次麿「代議制度の改造に就て(承前)」『新人』1920年10月號、38頁。
④ 吉野作造「選舉理論の二三」『國家学会雜誌』第37卷第5號、1923年5月、8—11頁。

在被吉野视为典范的英国，代议制民主依然存在很多未解问题。如果代议制的建立是为了实现大众权利上的平等，那么为何现实中依然存在选举与被选举权上的不平等呢？即使将来能够实现选举权利的平等，又如何通过代议制来保障随工业革命、资产主义发展而来的无产阶级的利益呢？有两种不同的回答。1848年由马克思、恩格斯共同起草的《共产党宣言》揭示了资产阶级社会的内在矛盾，提出了阶级斗争的理念，主张无产阶级通过革命方式夺回自身权利。[1]20世纪初，日本出现了最初的社会主义团体，因受到德国社会民主党的影响，主张通过普选来实现本阶级的权益。包括山川均在内的不少社会主义者甚至一度主张采取直接行动，以工人组织的力量来实现无产阶级的权益。

除社会主义之外，欧洲有通过国家干预来保障无产者权益的思想和实践。例如：英国的费边社会主义，主张在养老、失业、儿童、国民保险等方面建立相关法律；德国的社会政策学会，围绕如何解决劳资冲突等有十分充分的讨论。战后被视为日本福利国家理念鼻祖的福田德三，留学期间师从德国社会政策学会的创办者之一布伦坦诺，回国后积极投身于社会政策事业，提出了以保障工人权益的方式提升生产力发展的主张。如果将福田德三的思想置于大正的时代脉络里，可以说是在吉野与山川之外超越体制与反体制对立而展示出了第三条解决方案，用他自己的话是"生存权"。福田提出这一概念，试图打破上与下、政治与社会的区隔，通过国家手段实现所有人的权益保障。

在一战即将结束之际，福田德三提出了"新意义的民主"主张，试图以日本与法国在国际层面的合作来对抗英美所代表的"输出资本主义"。[2] 应予批判的是，福田将"新意义的民主"建立在日本特殊的国本上，错误地认为日本从未侵略过他国。撇开这一点，必须承认福田的思考是有深度的，他从德国的历史学派、英国新古典经济学以及福利经济学中汲取养分，试图"超克"建

---

[1] 张凤阳：《历史辩证法的政治修辞呈现——文体视角下的〈共产党宣言〉创作史研究》，《中国社会科学》2023年第6期。

[2] 福田德三「新しい意味のデモクラシー」『極東時報』第34號、1917年8月16日、24—26頁；「新世界の文明に於ける佛蘭西の使命」『極東時報』第81號、1918年12月24日、10—17頁。

立在古典经济学之上的资本主义矛盾。福田的构想没有停留在言论上,他通过参与政府设立的社会局工作及震后救灾活动不断积累实际经验,试图修正来自欧洲的理论,惜乎天不假其年。

百年后重新审视上述关于"大正德谟克拉西"的三种不同主张,论者可以获致怎样的思想养分呢?正如绪论所言,在美军占领下的战后,日本开始建立民主体制,战后知识人于反省侵略战争的同时,试图从战火的余烬中捕捉曾经闪烁的民主微光,这就是大正德谟克拉西"神话"出现的背景。而何谓德谟克拉西或民主呢?回到大正时代,不难发现这并非不言自明的概念。通过本文的讨论可见该问题十分复杂,三位不同理念的持有者基于自身的诉求试图对德谟克拉西进行再定义。在本文看来,如果以今日世界范围内有关民主的争论为镜像,"大正德谟克拉西"可视为东西文化碰撞的一次早期实验。这不仅涉及词语本身,还有其背后不同的政治文化在发生作用。

大正初期,日本民主体制的发展遭遇了结构性问题,政治维度平等权益的追求因为资本主义发展导致的经济维度上不平等而变得更加困难,仅靠政治民主显然不能解决后者导致的各种社会问题,同时后者又造成了政治不平等的深化。德谟克拉西的旗手吉野作造试图通过普选扩大民众的监督,实现政治清明,将民众运动作为制度外的舆论为改革施压。社会主义者山川均基于唯物史观将日本的困境视为私有制经济的必然结果,指出无产阶级的民主必须通过阶级斗争方式获得。社会政策论者福田德三则试图在不改变私有制的基础上通过国家行政手段保障所有国民的生存权,实现全民的民主。上述民主理念的区别同样也是欧洲国家在面对类似问题时祭出的应对方案:以政治制度行使权利,以阶级斗争夺取权利,以社会政策保障权利。但三人的思考并非照搬欧洲方案,而是有着对日本情景的观照。

从结论上说,吉野作造对彻底民主制的瞻望在二战后成为现实,其思想中最为关键的普选制诉求在东西方许多国家业已实现。应该关注到的是吉野理念中独特之处,即为了实现日本的德谟克拉西,吉野所提出的连带的思想,他认为日本可以通过与中国、朝鲜的互动实现德谟克拉西的目标。

1916年初,在《论立宪本义及实现其有终之美的途径》一文中提出"民本主义"理念不久,吉野作造对中国东北、朝鲜进行了一次实地考察。朝鲜之行是想听听当地人对日本的态度,得到的结果是,朝鲜人大体上都非常不满日本的统治,从无智的下层阶级到下级官吏均很痛恨日本人的专横,而受教育者则在心理上感到不快。① 在他看来,朝鲜本是一个独立的民族,日本无论怎样统治都无法改变这一事实,应尊重其独立性,并给予其政治上的自治,否则朝鲜局势会处在极不稳定的状态下,只能靠宪兵来维系。一如吉野所预料,1919年3月1日朝鲜独立运动爆发了。对同年中国爆发的五四运动,吉野与绝大部分日本知识人不同,而是抱有同情的理解。与时任《晨报》驻东京记者渊泉的谈话中,吉野透露了对中国学生运动感兴趣的原因,即希望通过中日两国学生间的相互"提携",唤日本学生起来打倒日本军阀。②

而作为无产阶级革命者的代表人物,山川均在俄国十月革命爆发后介绍苏维埃制、工农政体,对苏联充满向往。在为人民民主专政辩护的同时,山川参与建立了日本最早的先锋式政党——日本共产党。十月革命为山川均提供了一条以先锋队领导无产阶级夺权的榜样,但在日本政府不断加深弹压的现实下,他不得不退缩并弱化激进的政治方案。此外,山川所面临的问题还有力量强大的工会,无产阶级大多聚集其中,这造就了工团主义的盛行,无产阶级政党如何从工会手中夺取领导权,是一个大难题。更为根本的问题是,建立在阶级基础上的民主诉求其前提是阶级要有自身的阶级意识。恰如山川在分析资产阶级时所指出的:一方面,随着资本主义发展为帝国资本主义,资产阶级内部有可能分化出为无产阶级争取的小资产阶级势力;另一方面,随着普选制度的落实等原因,无产阶级内部也可能存在观点及利益上的分化。从世界范围内的无产阶级运动看,若要实现无产阶级的团结,必须有强有力的领导组织,这在"治安维持法"下显然是无法实现的。基于这一本土现状,山川转向了组建合法政党,与工会结合的"革命的议会主义"。这一调和理想与现实的转变,在一定程度上融合了第二国际的社会民主党理念,是通过议会斗争来实现无产阶级政治诉求的方式。可作一比较的是,中国共产党在革命的实践中也总结出了类似的认识,如毛泽东提出争取小资产阶级的支持的必要性。

三人中,福田德三对欧美了解最为深入,在对各家思想进行比较后,他尝试提出解决资本主义困境的方案,具体而言,是国家通过社会政策的调适来

---

① 吉野作造「満韓を視察して」松尾尊兊编『中国・朝鮮論』平凡社、1970年、62頁。
② 孙江:《五四时期中日知识界的往还》,《中国社会科学》2021年第8期。

通盘处理社会问题,这源于其对现代国家由以建立的理念的检讨。福田认为,"国家先于国家化,而社会后于社会化"①,他并不期冀改变现有体制——这不现实,也不像乐观的自由主义者那样认为随着经济的发展现有的问题会自然解决,而是认为需要凭借国家的介入,最终建立一个资本由劳动创造,所有的劳动都能成为资本的社会。在福田看来,英国工党内阁的成立,1924年日本劳动总同盟(排除了日本共产党),再如实现普选比例代表制等,都显示出了政治运动社会化的端倪,②可以用作参考。福田的观点预见了其后世界范围内的政治大势,其思想意义不容忽视。

通过以上梳理,不难发现吉野作造、山川均以及福田德三三人有关德谟克拉西的思考即便置于当下仍有其值得咀嚼的意义。以往关于"大正德谟克拉西"的研究有一个暗设的前提:大正德谟克拉西的崩溃与昭和日本走向军国主义战争有因果关系。然而,就历史的经验而言,民主制的建立与防止对外战争并不存在必然的关联。大正时期围绕代议制民主的各种思想和争论,在战后日本"拥抱战败"、走上民主化后仍有连锁关系。战后日本资本主义的发展在很大程度上汲取了大正时代的教训,但是,战后日本引以为傲的温和的劳资关系、极小的贫富差正在成为过去,这恰是近年日本舆论界社会主义乃至共产主义乡愁兴起的原因之所在。

三、"德谟克拉西"的困境

有关大正德谟克拉西的研究必须回答其去路问题:当德谟克拉西的黄昏来临时,其鼓吹者与转瞬而至的昭和极端国家主义是一种怎样的关系?

吉野作造既要捍卫代议制民主,又对民众运动持有戒心,其诉求结果仅止于思想层面的呐喊,最后连呐喊的自由也被淹没在国家主义怒涛中。山川均高呼"到大众中去"③,但口号本身恰恰说明其不在大众之中,换言之,理念

---

① 福田德三「社會政策序論」『社會政策と階級鬪爭』大倉書店、1922年、137頁。
② 福田德三「社會運動と政治運動」西沢保、森宜人編集『福田德三著作集 第十卷 社會政策と階級鬪爭』信山社、2015年、111頁。
③ 山川均「無產階級運動の方向轉換」『前衛』1922年7、8月合併號;『無產階級の政治運動』更生社、1924年、1—23頁。

与实际存在严重脱节。山川本人在强压下的调和姿态虽为迫不得已,实则意味着对原初理念的放弃。而福田谋求打破国家与社会区隔、建立福利国家的理想不可谓不高远,不过很容易与国家社会主义形成媾和关系。

德谟克拉西三调,各有其困境。

自1905年日比谷烧打事件以来,东京地区时常发生大众抗议中的暴力事件,进入20世纪20年代,因为普选运动的展开,大众运动的暴力色彩才逐渐褪去。① 吉野根据其留欧经验,将这些民众运动分为两类,标准在于能否推动政治革新。在他看来,在代议制尚未有效运行的前提下,民众的示威游行本无可厚非,重要的是要能推进代议制的落实,而不能仅仅起到破坏作用。基于实际,吉野对通过干扰社会秩序来鼓吹自身诉求的行为表示了不满。② 如此一来,他所认同的促进改革的力量就不可能是无产阶级,而只能是中产阶级。吉野的论述中经常会出现一个比喻,将政治家乃至宗教家与大众的关系视为医生与病人的关系。社会问题是大众身体所出现的症状,要看到这些症状背后的病因并对症施药就需要拥有专业知识的职业政治家。此外不可或缺的还有病人要向医生表达自身诉求的步骤,唯有如此,一套有效的医患交流机制才能建立起来。吉野认为,议会的设立及普选制的实施能够起到这样的功效,广泛吸纳国民参与政治,以代议制的形式实现上下沟通,可以替代以运动形式表达政治诉求。

如何推动这一构想转化为实践?吉野将之寄托在大学生身上。与黎明会大致同一时期,东京帝国大学学生(包括毕业生)的组织新人会成立了。翻看新人会的机关杂志《德谟克拉西》《先驱》等,其主张逐渐趋于"激进",甚至出现了苏维埃式的口号。吉野希望利用学生组织打破国粹主义者的"顽迷",防止共产主义的"过激思想"的侵蚀,前者达到了,后者则与其预想相反,不少学生被"过激思想"所吸引。然而,更令人吃惊的是,新人会在遭到警察的弹压后,特别是1925年《治安维持法》颁布之后,一些激进的学生为国家主义思想所吸引,转身成为国家社会主义者。对于这种思想层面对立性的共存,有学者认为源自帝国大学学生的精英意识及权力目标,即无论是站在反体制一面还是体制的一面,都认为自己担负着国家的责任,并处于领导者的地位。

---

① 参见藤野裕子『都市と暴動の民衆史——東京・1905—1923年——』有志舎、2015年。
② 吉野作造「民衆的示威運動を論ず」『中央公論』春期大附録號、1914年4月、87—114頁。

他们以自己的方式实践着对国家的期许,在战后很多人也顺利进入政、学、商界,成为日本战后社会的重要主导者。① 确实,不能否认左翼与右翼的思想及实践之间存在着隐秘的相似性。

研究日本近代政治思想史的松本三之介认为,吉野的思想虽然有过前后不同阶段的变化,但源自基督教的人道主义是贯彻始终的不变内核。② 这是吉野同情朝鲜、中国的反抗运动,临终前批判九一八事变后日本对中国东北的侵略的动力。然而,人道主义在国权、帝国权力膨胀的近代日本,很难得到时人的回应。这可谓其德谟克拉西思想付诸实践时显得苍白无力的内在原因。

在本文的研究对象中,思想最为危险的山川均最终活到了战后,这被有些论者视为是"不作为的转向",③即在严峻的现实面前,山川选择了沉默——"明哲保身"。撇开外部的偶然因素(如因入狱而躲过了弹压)外,不能否认的是山川在残酷的现实中不断有意识地调适其思想,既可以热情地拥抱苏俄革命、接受共产主义,也可以回到资产阶级的议会,使无产阶级运动发生"方向转换"。与同时代被弹压的共产主义者最后要么"转向"要么系狱不同,山川的这种"变换自在"似乎来自日本化社会主义运动调和的、个人化的传统。

大正日本存在多种不同流派的社会主义,其源头皆可溯及明治末年。④ 正如学术刊物《初期社会主义研究》在发刊辞中说到的,对于活跃于从明治到大正时期的日本社会主义者来说,即便在社会层面受到极大制约,依然存在着多样的个性化的思考。⑤ 山川就是一个。从未踏出国门的山川,是通过源源不断被引入日本的书刊接触到欧美社会主义的理论和运动的,这使他可以根据实际需要而各取所需,从直接行动、工团主义、共产主义,到最后的革命的议会主义,其主张几乎涉及各类社会主义。从山川对德谟克拉西的动态定

---

① 参见古川江里子「立身出世としての社会運動—帝大新人会エリートたちの挑戦と挫折—」『日本歴史』第 702 号、2006 年 11 月、53—71 頁。
② 松本三之介「『民本主義』の歴史的形成」『年報政治学』第 8 巻、1957 年、109—131 頁。
③ 判沢弘「労農派と人民戦線—山川均—」思想の科学研究会編『転向:共同研究 中巻』平凡社、1960 年;思想の科学研究会編『共同研究 転向 4 戦中篇 下』平凡社、2012 年、185—298 頁。
④ 如较早介绍社会主义的《近世社会主义》一书,作者福井准造就将当时存在的社会主义分为五类,包括无政府主义、社会民主主义、国家社会主义、社会政策及基督教社会主义。参见福井準造『近世社会主義』有斐閣、1899 年。
⑤ 「創刊に際して」『初期社会主義研究』創刊号、弘隆社、1986 年、1 頁。

义来看，其所处的社会主义者阵营起到的更多是启蒙者的作用，他们以一种近似传教的方式唤醒劳动者的阶级意识。但是，面对无产者的思想惰性和来自政府的弹压，山川的社会主义方策体现出灵动变化的一面，这也是不得不抬出德谟克拉西并把议会作为政治博弈的场域的原因所在。山川提出必须认识到大众诉求的正当性，但不能为了激进而激进，为了革命而革命。① 温和的德谟克拉西方案牵制着无产阶级的先锋党，而先锋党的无产阶级专政又限制了山川的德谟克拉西思想的展开，哪怕是作为手段的德谟克拉西。

在三人之中，福田的困境与其说源自外部，不如说来自其思想本身。随着"总体战"体制的逐步建立，不断强化的国家权力将手伸向社会的方方面面，福田在思想上的最大对手社会主义者在遭受多次弹压后，已然销声匿迹。福田寄寓厚望的国家在"社会化"后，与国家社会主义以及法西斯主义的界限何在？其实，福田很早便遭到了社会主义者的诘难。山川均直言福田的社会政策建立在现行社会组织之上，是对国家的无条件接受，否定了通过任何革命方式的改革。这必然导向通过对资本主义的稍加改良实现其永久的维持，更多是出于防范社会主义的保守方案。② 即便福田认识到了民主制的阶级属性，希望予以超越，但最终仍反对阶级斗争。③ 纵使福田声称希望通过"学术手段"而非国家暴力与社会主义相抗，实际上，国家暴力（警察、法官与监狱制度）已然将其敌手排挤出言论空间。④ 同样的批评也出现在室伏高信的言论中。对于有人将福田与罗素相提并论，室伏直言与罗素相比，福田是个沙文主义者。原因在于福田的德谟克拉西论述忽略了日本为军国主义者统治的事实，一味地强调日本与英国完全不同，美化日本未曾侵略过他国。⑤

福田德谟克拉西的限度与其所受德国历史学派的影响不无关系。明治时代，日本先后在医学、军事等方面学习德国，并逐渐扩大至宫廷礼仪、警察

---

① 山川均「個人の完成か組織の改造か―河上肇氏と福田徳三氏―」『山川均全集 2』勁草書房、1966 年、144—145 頁。
② 山川均「個人の完成か組織の改造か―河上肇氏と福田徳三氏―」『山川均全集 2』勁草書房、1966 年、144—145 頁。
③ 山川均「『河上・福田問題』の総勘定」『山川均全集 2』勁草書房、1966 年、368—369 頁。
④ 山川均「『河上・福田問題』の総勘定」『山川均全集 2』勁草書房、1966 年、362—363、365—366、368 頁。
⑤ 室伏高信「福田博士とベルトランド・ラッセル」『中央公論』定期増刊労働問題號、1919 年 8 月、46—58 頁。

业务等方面,进而则为政治领域。今野元认为其中的原因在于,19世纪下半叶德国学术在世界范围内取得了优势地位,学习德国是一种世界潮流。同时,从日本的角度出发,这也是对英法美等侵略国的反动,并警惕自由民权运动中利用的相关英法思想进一步危害日本的既存体制。① 福田正是在这一时代背景下前往德国留学的,不仅以德语撰写并出版了博士学位论文,还与自己的德国导师——历史学派的代表人物布伦坦诺建立了深厚的师生情谊。福田试图以在德国所学解释日本经济在历史演进中的规律,指出个人的解放与国民经济发展关系密切,两者相辅而成,在一定程度上将明治以来个人解放的思想诉求纳入国家权力扩张的需求之中了。

此外,德国社会政策学会的讨论也为福田解决日本社会问题提供了可供参考的方案,在此基础上,福田试图发展出关于社会政策的哲学。这种想法并非福田独有。曾在《资本论》译介中与福田有过交集的高畠素之,在1919年创办《国家社会主义》杂志,提出通过将马克思主义运用于经济领域,在政治层面以改良的方式将社会主义与国家主义统合在一起。在高畠看来,支配是国家的本质规定,奠定了国家的永续长久。人们所要做的并非废除国家,而是国家存在的各种压迫,这便是国家社会主义的内涵。② 然而,让国家参与社会管控,固然可以使对个人福利的保障以一种让渡个人权利的方式得到实现,但最终必然销蚀德谟克拉西的残影。福田、高畠等的观点与日本国家权力不断扩大的过程相契合,福田本人的论述中不难见到国家社会主义的面相。

1930年5月8日,福田德三去世。如果看到次年发生的九一八事变,福田会发表怎样的感想呢？1933年3月18日去世的吉野作造,生前曾谴责日本的侵略,可谓其思想一以贯之的结论。山川均战前的最后一篇文章发表于1938年1月,此后便守节不再发声。战后,山川建党要求追究战争责任,可以说只有到这时,他的德谟克拉西的思想才出现了实现的可能。

1945年8月15日,昭和天皇的"玉音"通过日本放送协会(NHK)的广播回荡在日本国上空。"玉音"的内容是宣布接受《波茨坦公告》,无条件投降,

---

① 今野元『吉野作造と上杉慎吉：日独戦争から大正デモクラシーへ』名古屋大学出版会、2018年、8—13頁。
② 田中真人『高畠素之：日本の国家社会主義』現代評論社、1978年、211—215頁。

即《终战诏书》。此前几天的6日及9日,两颗原子弹分别降临在广岛和长崎的上空,同一时间,苏联也出兵中国东北。由此,一场波及整个亚太地区的战争以一种戛然而止的戏剧性方式宣告终结。如约翰·道尔在《拥抱战败:第二次世界大战后的日本》中所言,不久,由驻日盟军总司令部(GHQ)所赋予的民主如原子弹般"从天而降"[1],虽然其中依旧保留了天皇制,并试图对左翼思想进行管制。1947年5月3日,《日本国宪法》开始实施,其中第九条为"放弃战争,战争力量及交战权的否认"。此后的1951年9月,日本首相吉田茂与美国代表签订《安全保障条约》,由此美军有权在日本国及其周围驻扎陆海空军。该条约历经修订、延长,时至今日在东京上空依然有美军的飞机不时飞过,在冲绳地区也不断上演着针对美军基地的示威活动。

在美国主导下形成的聚焦于和平、直接民主与平等三方面的"战后民主主义"[2]获得了民众压倒性的支持,却引发了知识人的反思。政治学者丸山真男便在1951年高呼:"资源匮乏、人口过剩、没有军备的日本在今后的世界中究竟具有怎样的存在价值? 这是一个多数日本国民至今仍然无法回答的问题。"[3]即便在很短的时间内,日本经济在美国的扶持下通过朝鲜战争中的对外出口等手段得到了恢复,但依然摆脱不了从思想及伦理层面被上述问题诘问。这构成了日本战后思想的底色。

1950年,《世界》杂志举办了一场名为"日本的命运"的座谈会。在座谈最后,主持人丸山真男作为与会人中唯一的"大正之子"提出探明过去半个世纪日本急速勃兴并迅速没落的原因是理解这段历史的关键。在他看来,对于具有巨大历史意义的制度而言,其误用并非由于偶然的外部原因,而是内在于制度的契机的发展。日本帝国的崩坏并非在昭和时代突然出现了军部暴乱者断送了先辈的苦心经营,而是内在于明治时代的契机显在化的结果。[4] 简

---

[1] John W. Dower, *Embracing Defeat Japan in the Wake of World War II*, New York: W. W. Norton & Company, 2000;约翰·W. 道尔:《拥抱战败:第二次世界大战后的日本》,胡博译,生活·读书·新知三联书店2008年版,第37页。
[2] 山本昭宏『戦後民主主義』中央公論新社、2021年、278—280頁。
[3] 丸山真男「日本におけるナショナリズム」『中央公論』新年特大号,1951年1月;『丸山真男集第5巻』岩波書店、1995年、72—73頁。
[4] 「日本の運命(二)興敗の岐路—半世紀を決算する—」吉野源三郎編『日本の運命』評論社、1969年、124頁。

言之，在丸山看来明治和昭和是连续的，这自然也包括处于其间，当时还未被冠以"民主"之名的大正时代。但与此同时，如小熊英二所言，也必须看到不少战后知识人由于与大正民主一脉相承的政党政治在20世纪30年代因腐败而土崩瓦解，此后日本迅速走向战争体制而极力撇清自己与大正民主的关系，与此同时却肯定明治。也有观点将"战后民主主义"视作"大正教养主义"的延续，并试图以此对两者进行批判，认为前者是新的政治无知的重演。① 从上述观点不难看出，即便如今"大正民主"已经进入教科书成为一般性知识，并获得了标准化的定义②，但因其最终走向了昭和的战争时代而必然会遭受不断的诘问。正如平野敬和在2016年所言，以往的大正民主研究很大程度上受到"战后民主主义"的框架设定，这一点在理解立宪主义及帝国主义问题上体现得尤为明显。③ "立宪主义"衔接"战后民主主义"，"帝国主义"导向大东亚战争，大正民主研究大抵成了一种溯源性的研究，结局已定。

基于此，本文试图回到"大正"时代，以政治学者吉野作造、社会主义者山川均，以及经济学者福田德三这三位在大正时期著述颇丰且富有行动力的人物作为切入点，讨论他们对于"民主"的不同理解。同时，揭示他们被置于其中的具体语境，包括他们直面的如世界范围内民众崛起的具体现实，以及所能够利用的思想资源，以此思考大正政治思想的可能性及其失败的原因。需要强调的是，选取上述三人作为研究对象的重要原因在于他们一方面在大正时期明确提出了互相对立的民主观，并形成了积极的对话，另一方面也构成了源自欧洲的民主理念及其改造方案在亚洲的镜像对照。

---

① 小熊英二『「民主」と「愛国」—戦後日本のナショナリズムと公共性—』新曜社、2002年；小熊英二：《"民主"与"爱国"：战后日本的民族主义与公共性》上册，黄大慧等译，社会科学文献出版社2020年版，第4—5页。
② 如"从日俄战争开始，经第一次世界大战及俄国革命，渐渐高涨的国民参政及社会平准化的要求。此外，因接连爆发的日比谷烧打事件、大正政变、西门子事件、米骚动及工农运动的展开引发的危机感，试图以此为起点在明治宪法体制下进行的以一定参与及推进平准化为条件的国民统合的重组及改革，并将之合理化的各种理念"。廣松涉、子安宣邦、三島憲一ほか編『岩波哲学・思想事典』岩波書店、1998年、1015頁。
③ 平野敬和「『大正デモクラシー』の再検討」『日本思想史学』第48号、2016年、47—48頁。

1941年德王第二次访日

——以日方档案为中心的考察

景梦如[*]

一、引言

1941年2月11日,日本扶植起来的伪蒙疆政权的头子德王一行人从张家口乘机前往北京,踏上了访日之旅。这是继1938年之后,德王再次访日。

2月14日清晨,德王乘坐关釜联络船兴安丸号抵达山口县下关市的下关港[①],入住山阳酒店稍作小憩后,乘晚上8点的列车前往东京。翌日下午,德王抵达东京车站,再驱车前往帝国酒店。德王在此次访日之行中,先后见了天皇、外务大臣松冈洋右、陆军大臣东条英机、首相近卫文麿等日本政界高层,以及祭拜位于宫城县仙台市善应寺内为超度元日战争中战殁的蒙古军而建立的"蒙古碑"。3月11日,德王一行人从下关港启程,乘船离日。

---

[*] 景梦如,南京大学历史学院博士研究生。本文是2022年度国家留学基金资助的研究成果。
[①] 下关市位于日本山口县,为日本本州岛最西端的城市,其主要市区过去曾称为"赤间关"(赤間関,あかまがせき,あかませき,あかまのせき),也写作训读相同的"赤马关"(赤馬関,あかまがせき,音读せきばかん),简称马关(馬関,ばかん),是1895年中日两国签署《马关条约》的地点。1902年,赤间关市更名为下关市。1905年起,下关港出发的定期航班"关釜联络船"开始运营,成为日本往返朝鲜半岛及中国大陆的主要路线之一。

德王的第一次访日是在日本驻蒙军安排之下进行的，日方希望笼络德王等人，巩固新建立的伪蒙疆政权。德王则希望通过第一次访日越过驻蒙军，寻求日本高层的支持，实现"蒙古建国"的妄念，但结果不遂德王之愿。时隔三年，德王为何再次访日？关于德王第二次访日，伊琳娜在《关于德王访日与日本的内蒙古政策》[①]这篇文章中考察了德王第二次访日的目的和过程，描述了日本对德王的态度，以及德王对日本从期待到失望的心情转变过程。甘巴加纳在《日本对内蒙古政策的研究——内蒙古自治运动与日本外交（1933—1945年）》[②]中考察了德王第二次访日的原因及过程，日本政府应对德王访日采取的措施。甘巴加纳认为此次访日德王对日本寄予了强烈的期望，然而日本政府对德王态度冷淡。他认为对日本政府来说，虽然独立问题是关东军等地方机关的谋略，但日本也背负着道义上的责任，因此日本政府避免直接拒绝德王的要求，采取委婉的方式加以应对。尽管伊琳娜和甘巴加纳对于德王第二次访日的考察较为详细，但是对于德王第二次访日的研究仍有进一步探究的必要性。首先，伊琳娜未利用日本外务省外交史料馆藏的德王访日相关的重要史料《各国名士之本邦访问关系杂件：蒙古人之部——德王》（分类番号：L.3.3.0.8-38-1）；其次，伊琳娜和甘巴加纳都未注意到德王在访日期间祭拜位于仙台的"蒙古碑"一事；最后，二者均未涉及德王访日作为政治仪式所具有的展演性和象征性，以及德王在利用这一"访日"仪式以实现其目的的过程中采取的策略。

孟根在《近代蒙古政要与日本的关系》[③]中简要提及了德王的两次访日。孛儿只斤·布仁赛音在《日本战前对元寇遗迹的政治利用》[④]中考察了二战时期日本为侵略中国东北和内蒙古地区，对"元寇"历史遗迹的政治利用，让殖民地傀儡参拜"蒙古"纪念碑的过程，包括概述了德王两次访日期间分别参拜

---

① イリナ「徳王の訪日と日本の内モンゴル政策について」桃山学院大学総合研究所編『国際文化論集』第31号、2004年12月、67—104頁。
② ガンバガナ『日本の対内モンゴル政策の研究—内モンゴル自治運動と日本外交（1933—1945年）』青山社、2016年、124—143頁。
③ 孟根「日本との関係から見る近代モンゴル要人」九州共立大学編『九州共立大学研究紀要』第9巻第1号、2018年9月、13—21頁。
④ ボルジギン・ブレンサイン「戦前期日本における元寇遺跡の政治利用について」滋賀県立大学人間文化学部編『人間文化：滋賀県立大学人間文化学部研究報告』第54号、2023年3月、71—76頁。

福冈县志贺岛和仙台县善应寺"蒙古碑"的史事。

本文将在先行研究的基础之上,根据对日本外务省外交史料馆藏档案《各国名士之本邦访问关系杂件:蒙古人之部——德王》(分类番号:L.3.3.0.8-38-1),当事人的回忆以及新闻报刊等资料的重新梳理,考察德王第二次访日的目的,德王如何利用"访日"这一政治仪式谋求自己的利益,以及日本政府的殖民政策。需要赘言的是,本文为保持原文翻译的完整,对原文未作改动。

二、再度访日的缘由

德王在自述中提到了第二次访日的原因:"关于我的第二次访日。这次访日是为了参加祝贺日本天皇纪元二千六百年纪念典礼,报告蒙古、察南、晋北三个政权合并后的'蒙疆政情'及恳请今后的援助。"①然而,这并非德王此次访日的真实原因,伪蒙疆政权面临的"困境"才是促使其访日的原因所在。

七七事变之后,日本发动了全面侵华战争。华北方面军侵占华北地区后,1937年12月14日,日本在北平扶植成立以王克敏为首的伪中华民国临时政府。1937年8月13日,日本发起了第二次上海事变,相继占领上海、南京等地区。1938年3月28日,日军在南京扶植成立了以梁鸿志为首的伪中华民国维新政府。1938年12月29日,出走河内的汪精卫发表"艳电"②,全盘接受了"近卫三原则"。1939年12月30日,汪精卫集团与日本"梅机关"在上海签署了《调整中日新关系之协议文件》及附件,即通称的"汪日密约"。汪精卫集团的重要成员高宗武、陶希圣不满日方拟定的条约及汪精卫的叛国行为,秘密逃离上海前往香港。1940年1月22日,高、陶在香港《大公报》上发表"汪兆铭卖国条件全文",引起轩然大波。

为了树立汪精卫的权威,日军开展了以汪精卫为首的伪新中央政府的组建工作。1940年1月24日及25日在青岛召开了汪精卫集团、梁鸿志为首的

---

① 中国人民政治协商会议内蒙古自治区委员会文史资料委员会编:《内蒙古文史资料》第13辑《德穆楚克栋鲁普自述》,内蒙古人民出版社1984年版,第107页。
② 汪精卫:《艳电》(1938年12月29日),载黄美真、张云编:《汪精卫集团投敌》(汪伪政权资料选编),上海人民出版社1984年版,第373—375页。

伪中华民国维新政府、王克敏主导的伪中华民国临时政府共同参加的"三巨头会议"。① 这场会议目的是讨论汪精卫主导的伪新中央政府与既存的伪维新、伪临时和伪蒙古联合自治政府之间的关系以及成立中央政治会议等问题。② 日本在扶植伪维新政府、伪临时政府之际，否定国民政府的法统。③ 日本鉴于国民政府仍具民心，试图借汪精卫以国民革命法统之名分化抗战阵营。同时，日本原来扶植的傀儡势力自然也要被纳入伪新政府。④

王克敏为首的伪中华民国临时政府被降为伪华北政务委员会，以梁鸿志为首的伪中华民国维新政府被撤销。青岛会议也邀请了德王，但是德王不愿参加。1940年1月21日，程潜电报蒋介石："敌方定于本晢在青岛召集各伪政府首脑会议，将产生汪为中心之新政权，蒙政府派李守信前往参加。敌怒德王出言不驯，不令参与。德王已回西苏尼特。"⑤ 札奇斯钦也说道："日本军方为了不使汪兆铭失望，虽然德王并未同意，仍派李守信以蒙古政权代表身份前去青岛，并派总务部部长关口保，总务厅理事官陈有声、参议府秘书中岛万藏随行。"⑥

金井章二曾将汪伪政权与伪蒙疆政权的协定原稿交给德王看过，德王不但不同意协定的内容，甚至不愿和汪伪政权进行任何接触。德王不满的原因有三。其一，协定中指出汪伪政权与伪蒙疆政权是中央和地方的关系。这就意味着伪蒙疆地区是汪伪政府统治下的高度自治区域，与德王"一向谋求蒙古建国、脱离中国而独立的主张相反"。尤其使他不悦的是"汪精卫已经承认了'满洲国'，却不承认蒙古的独立"。其二，德王认为自己是基于所谓"民族立场"而与日本合作的。其三，德王不服气自己投靠日本在先，汪精卫投靠在后，但汪精卫

---

① 「117. 青島会議と新政権の見透し（同盟通信社東亜部長、横田実）」JACAR（アジア歴史資料センター）Ref. B02030927600，本邦対内啓発関係雑件/講演関係/日本外交協会講演集第八卷（A－3－3－0－2_1_2_008）（外務省外交史料館）。
② 札奇斯钦：《我所知道的德王和当时的内蒙古》，中国文史出版社2005年版，第307页。
③ 张展：《日本扶植汪伪政权研究》，江苏人民出版社2022年版，第249页。
④ 张展：《日本扶植汪伪政权研究》，江苏人民出版社2022年版，第250页。
⑤ 《汪伪组织（三）》（1940年1月21日），《蒋中正总统文物》，国史馆藏，数位典藏号：002-090200-00024-009。
⑥ 札奇斯钦：《我所知道的德王和当时的内蒙古》，中国文史出版社2005年版，第308页。

后来居上,将伪蒙疆地区划分在他的统辖范围之内。① 但彼时德王"正与蒋介石秘密勾结,一心打算出走,因而对协定也没有表示反对的意见"②。

1940年1月23日,李守信在抵达青岛的翌日与汪精卫的代表周佛海单独会面,双方缔结"备忘录",其内容是:"一、中央政府根据现状,承认蒙古联合自治政府的高度防共自治权;二、关于中央政府和蒙古联合自治政府之间的关系调整,根据双方的谅解将在中央政府成立之后另行协商。"③制定此"备忘录"之时,因未规定文书使用的言语和年号,李守信和周佛海二人意见有分歧。经日本的中国派遣军总司令部的斡旋,李、周二人达成谅解。"蒙古联合自治政府"所使用文书中的汉文年号将采用成吉思汗纪年,而"新中央政府"汪伪政权的公文书将采用中华民国纪年。④ 李守信在和周佛海达成的协议上签字之后,翌日便返回张家口,并未出席接下来的青岛会议。

实际上,关于汪伪政权和伪蒙疆政权之间的关系,影佐祯昭和汪精卫还商订了所谓的密约——"关于调整新中央政府与蒙古联合自治政府之间关系的要领之二"。密约的具体内容是:"鉴于蒙疆的特殊性,从国防和经济上都是日满华三国紧密结合的地带,基于现状将其视为高度的防共自治区域,赋予广泛的自治权。这些权限将依据中央政府规定的内蒙自治法,而关于内蒙自治法的制定需要提前与日本方面进行协商。"⑤由此可见,汪伪政权和伪蒙疆政权之间的关系是由日本政府决定的。

不同于1938年德王的首度访日主要是在日方的安排之下进行的,德王的第二次赴日是在德王的多次要求下推进的。德王第二次访日的原因之一是,他发现在日本重新整合殖民地的局势之中,伪蒙疆政权很有可能被纳入汪伪政权。因此,德王希望再度赴日,拜见日本的中央政府高层,解除伪蒙疆

---

① 中国人民政治协商会议内蒙古自治区委员会文史资料委员会编:《内蒙古文史资料》第13辑《德穆楚克栋鲁普自述》,内蒙古人民出版社1984年版,第105—106页。
② 中国人民政治协商会议内蒙古自治区委员会文史资料委员会编:《内蒙古文史资料》第13辑《德穆楚克栋鲁普自述》,内蒙古人民出版社1984年版,第106页。
③ 『各国名士ノ本邦訪問関係雑件:蒙古人ノ部——徳王』日本外务省外交史料馆所藏、分类番号:L.3.3.0.8-38-1。
④ 中嶋万藏「青島会議(汪政権との関係)」らくだ会本部編『高原千里:内蒙古回顧録』らくだ会本部,1973年,77頁。
⑤ 『各国名士ノ本邦訪問関係雑件:蒙古人ノ部——徳王』日本外务省外交史料馆所藏、分类番号:L.3.3.0.8-38-1。

政权的"危机",以期实现独立的幻想。

德王身边的当事人也回忆了德王第二次访日的目的。中嶋万藏认为,与德王关系密切的东条英机升任为陆军大臣,德王借此机会希望再次访问日本以达成"独立"的宿愿。[①] 李守信也在自述中提及了德王第二次赴日的目的:"除了我代表伪蒙出席了1940年1月23日的青岛会议,4月9日汪亲自到张家口访问德王,在我们二次访日的前半个多月,汪又派他的伪驻日大使褚民谊来张家口活动,想把伪蒙完全隶属于汪的新中央政权底下。我们预感到伪蒙非但不能独立建国,恐怕连高度自治的局面都无法继续维持下去。因此需要进一步向裕仁天皇表示忠诚,以打消张家口'驻蒙军'军部在日本朝野给我们散布的流言蜚语。我们就是怀着这些目的,二次离开张家口访问日本的。"[②] 札奇斯钦回忆道:"这次德王的访问,是由于去年11月30日日本与南京汪政权签立日华基本条约的刺激,不是出于金井的安排,而是出于德王的主动。这时关系最为密切的东条英机已经在近卫内阁中担任陆相,田中隆吉在陆军省任兵务局长,武藤章任军务局长。这时访日,正好和他们就蒙古问题再作一次检讨,希望能把自青岛会议以来所造成的不利局势拨正一番。"[③]

除了面临伪蒙疆政权被纳入汪伪政权的危机,德王还需面对伪蒙疆政权内部来自"最高顾问"金井章二的压力。1938年,在德王第一次访日期间,他与金井章二关于"蒙古"与"蒙疆"的用法产生了激烈的争议。德王回蒙之后,驻蒙军主张以"蒙疆联合委员会"为基础,撤销"蒙古联盟自治政府",与察南、晋北两个伪政权合并,在张家口成立统一的伪政权,即"蒙疆联合自治政府"。而德王希望以"蒙古联盟自治政府"为基础,取消"蒙疆联合委员会",吸收察南、晋北两个伪政权,在呼和浩特(厚和豪特)建立"蒙古自治国"。德王与驻蒙军在关于成立新伪政权问题上发生过多次激烈的争执。[④] 最终德王妥协了。1939年9月1日,"蒙疆联合自治政府"在张家口成立,金井章二继续任

[①] 中嶋万藏著、中嶋熙編『徳王とともに:わたしと蒙古 私家版』中嶋熙出版、2000年、70—71頁。
[②] 中国人民政治协商会议内蒙古自治区委员会文史资料委员会编:《内蒙古文史资料》第20辑《李守信自述》,内蒙古人民出版社1986年版,第309页。
[③] 札奇斯钦:《我所知道的德王和当时的内蒙古》,中国文史出版社2005年版,第330页。
[④] 中国人民政治协商会议内蒙古自治区委员会文史资料委员会编:《内蒙古文史资料》第13辑《德穆楚克栋鲁普自述》,内蒙古人民出版社1984年版,第89页。

"最高顾问",德王内定为主席。德王的"建国"计划失败之后,他"感到不能再和日本'合作'下去,一心打算出走"①,于是联系上了蒋介石。

蒋介石任命德王为第八路军总司令,电复德王:"德总司令取道北路南来,绝不相宜,因为诺门汗事件业已和平解决,日苏关系已趋和缓,台端如果取道北路南来,通过苏联时,有被日本引渡过去的危险,仍宜另寻别途南来。如果无道路可寻,希勿遽前来,留在当地训练军民,忍辱负重,以待将来。"②1940年春,德王秘密联系蒋介石之事东窗事发,日军枪决了相关的人员,并警告了德王和李守信。面临伪蒙疆政权外部和内部的困境,既然南下出走之路不通,德王于是希望再次访日,利用访问日本的政治仪式,寻求日本政府高层的支持,实现"蒙古独立建国"的妄想。

除此之外,此事还与日本的对外政策从"北进论"转向"南进论"密切相关。关东军在诺门罕战役中败给苏联,由此对苏政策从进攻转向防御。驻扎在西苏尼特旗和阿巴嘎旗的特务机关人员透露:"当时驻蒙军以及关东军的情报活动,以对苏联、外蒙古,以及伊斯兰教徒的动向,调查苏联何时入侵满洲为主要任务。日本对蒙古民族的宣抚工作,主要以政府首脑为中心,还来不及对一般民众进行教育和宣传。"③

三、日本政府的应对

对德王的第二次访日,日本的接待远没有第一次隆重。据李守信描述,"到达东京时,不像上次那样热烈欢迎,街上只有四五千人摇旗呐喊,在'蒙古万岁'声中,把我们迎接到帝国饭店"④。而德王第一次访日踏入东京之时,"四五十万市民夹道欢迎"德王一行人,同时高呼"蒙古万岁"。⑤ 日方对德王

---

① 中国人民政治协商会议内蒙古自治区委员会文史资料委员会编:《内蒙古文史资料》第13辑《德穆楚克栋鲁普自述》,内蒙古人民出版社1984年版,第89页。
② 中国人民政治协商会议内蒙古自治区委员会文史资料委员会编:《内蒙古文史资料》第13辑《德穆楚克栋鲁普自述》,内蒙古人民出版社1984年版,第98页。
③ 中生勝美『近代日本の人類学史:帝国と植民地の記憶』風響社、2016年、382頁。
④ 中国人民政治协商会议内蒙古自治区委员会文史资料委员会编:《内蒙古文史资料》第20辑《李守信自述》,内蒙古人民出版社1986年版,第310页。
⑤ 中国人民政治协商会议内蒙古自治区委员会文史资料委员会编:《内蒙古文史资料》第20辑《李守信自述》,内蒙古人民出版社1986年版,第301页。

一行人接待的变化也反映了他们的态度,实际上是不期望德王的此次访日。同时,相比德王首次访日,日本国内的新闻报刊对于德王此次访日的报道减少了很多。

1941年1月29日,日本政务部长发给"蒙疆"长官关于"德王上京一事":"考虑到国内外的局势,应暂缓德王上京一事,但如果难以阻止德王的上京之念的话,恳请根据左记的注意事项安排上京之行,为了不让德王反而陷入困难的处境,予以关怀和考虑。一、德王上京的目的主要出于礼仪;二、假如涉及政治事宜,也只停留于让他说明当地的实际情况或者提出期望,不让其有谋求任何政治上协议的企图。"①对于德王访日的请求日方是不愿意应允的,但是无法阻止德王的意愿,于是做好了万全的应对政策。"德王上京的目的主要出于礼仪"指的是统一新闻报道等外界的宣传,德王为了感谢日本的帮助而"上京"。如同1941年2月16日《东京朝日新闻》所报道的那样,德王进入东京之后说道:"在日本的善导之下,蒙古民族的未来会逐渐走上发展之路,治安状况也很安定。我此次访日的目的是,对从任何方面来说都是优秀指导者的日本,表达无限的感谢之意。"②而除了《东京朝日新闻》之外,包括《读卖新闻》《新世界朝日新闻》《日米新闻》等日文报刊对德王的访日目的都进行了报道,并且内容都大同小异。"不让其有谋求任何政治上协议的企图"意味着日方已经知晓德王访日的真正原因,即寻求日本高层支持"蒙古独立建国",同时日方不愿对德王的要求做出承诺。

因此,为应对德王的访日,日方提前策划了接待方针。1941年1月29日,兴亚院政务部第二课发布了"德王接待要领(案)":"预定的德王上京为2月中旬,彼时也正是议会开会时期,以简朴为宗旨执行以下的事项。一、尽量缩短德王滞京时间;二、天皇赐见德王;三、仅总理大臣、陆军大臣、外务大臣、兴亚院总务长官接见德王,接待要领参见附文;四、外务大臣设宴款待;五、不进行视察。附注:一、接待事宜主要由外务省负责;二、若德王坚持扬

---

① 「徳王上京の件」『各国名士ノ本邦訪問関係雑件:蒙古人ノ部—徳王』日本外务省外交史料馆所藏、分类番号:L.3.3.0.8-38-1。
② 「温顔綻ばせ徳王入京/入京第一声〈写〉」『東京朝日新聞』1941年2月16日。

起蒙古的旗帜之时,只允许扬起蒙古联合自治政府的旗帜。"①由此可见,日方有意"以简朴为宗旨"规划德王的此番访日。"尽量缩短德王滞京时间"是为了尽可能地减少德王与日本高层的接触,同时"接待事宜主要由外务省负责"以及由"外务大臣设宴款待"是为了统一口径回答德王提出的要求。"德王接待要领"还提到了"若德王坚持扬起蒙古的旗帜之时,只允许扬起蒙古联合自治政府的旗帜",实际上德王与驻蒙军关于"蒙旗"的样式和意涵发生过激烈的冲突,以德王的妥协告终。据札奇斯钦忆述,伪蒙古联合自治政府成立后,新政权旗的采用曾引起德王和伪政权的不满。这一个旗帜由金井章二起案,经驻蒙军司令官莲沼蕃核定,事后这一个图案和说明才给德王过目。就旗帜的大致意义来说,是以日本为中心,东亚各民族向着这个中心协合一致组成政权的象征。德王曾坚决表示不肯接受,主张继续使用从伪蒙古军司令部时代开始的旧旗。双方僵持不下,最后还是由兴亚院联络部长官酒井隆直接向德王施以压力,这才迫使德王放弃了他的主张。②

1941年2月3日,兴亚院撰写了外务大臣接待德王的方针,并明确指出接待要领:"以听取德王对当地实际情况的说明,以及基于此提出的期望为重心,对于德王关于蒙古自治国成立以及时期的提议应慎重考虑措辞,避免给予承诺束缚我方的立场。"③除此之外,早在1941年1月18日,兴亚院"蒙疆联络部"就起草了提案"此次访日德王向日本提出的要求"④,详述了"德王访日的缘由""蒙古民族的基本观念""德王向日本提出的诉求",并在附文中列上了德王起草的"蒙古建国促进案"及"日华蒙协定草案"。日方对此次德王访日的真实目的了如指掌,并提出了相应的应对方针。

首先,提案中关于"德王访日的缘由",最主要的原因是"向日本朝野披沥蒙古传统的民族观念,诉说目前蒙古民族的苦衷,以及他们希望实现推进蒙古建国的宿愿"。其次,"蒙古民族的基本观念"记述了"以德王为首的内蒙古

---

① 『各国名士ノ本邦訪問関係雑件:蒙古人ノ部—德王』日本外务省外交史料馆所藏、分类番号:L.3.3.0.8-38-1。
② 札奇斯钦:《我所知道的德王和当时的内蒙古》,中国文史出版社2005年版,第296—297页。
③ 『各国名士ノ本邦訪問関係雑件:蒙古人ノ部—德王』日本外务省外交史料馆所藏、分类番号:L.3.3.0.8-38-1。
④ 『各国名士ノ本邦訪問関係雑件:蒙古人ノ部—德王』日本外务省外交史料馆所藏、分类番号:L.3.3.0.8-38-1。

王公以及权贵阶级的观念",并指出"让德王焦虑的根本原因是日本的态度,尤其是对日华条约的不满"。最后,提案中的"德王向日本提出的诉求"推测了德王的企图,即"在此次访日之行中将会向以内阁总理大臣为首的日本朝野解释附文德王起草的'蒙古建国促进案'的要旨,以及希望基于附文文末'日华蒙协定草案'缔结条约"。再者,提案中记载了德王可能向日本政府提出的三个问题和诉求。第一,"日本政府如何看待蒙古,并计划将来如何引导蒙古的发展?"第二,"日本政府将来何时承认蒙古的独立?"第三,"蒙古政府的政治应由蒙古人来实施,而日本人则应作为顾问参与,以维持和早年军政府时期类似的体制"。同时,兴亚院对上述第二个问题的应对策略进行了提示,指出当地驻蒙军一贯对此问题的答复是:"首先提升蒙古,当蒙古的实力具备之时,或者将来东亚时局发生重大变化之际,将承认蒙古的独立。自满洲事变以来,日本的官方和民间从未明确承诺过独立的时期……"

  兴亚院撰写的报告可谓相当详尽,对德王的诉求极度熟知。在德王赴日之前,此份报告已经送至外务大臣松冈洋右处。1941年2月1日,总领事代理梅川厚(在张家口)发给外务大臣松冈洋右密件"此次德王访日向日本提出的要求":"本文书是关于蒙古联合自治政府主席德王上京一事,竹下兴亚院蒙疆连络部长官为德王上京做准备,让同连络部制作的相关方面的说明资料,还附上德王起草的'蒙古建国促进案'作为参考。本文书将寄来此处一份。再者,竹下长官本来预定1月下旬从当地前往东京,但是因为情况变动而取消,代理官员将携带本文书上京。此外,1月31日蒙古政府金井最高顾问将从当地出发上京,他也将携带本文书。"① 由此可知,伪蒙古联合自治政府最高顾问金井章二也提前知晓了此报告。不仅如此,兴亚院还提前递交报告给金井过目,征求他的意见。和德王素有恩怨的金井提出:报告中"蒙古政府的政治应由蒙古人来实施,而日本人则应作为顾问参与"这一项会给人带来应该排斥当地日系官吏的印象,希望勿向德王传达类似印象。② 札奇斯钦认为此份密呈"除把德王将来携带之文件秘密转录外,并作了一个分析,认为非

---

① 『各国名士ノ本邦访问关系杂件:蒙古人ノ部—德王』日本外务省外交史料馆所藏、分类番号:L.3.3.0.8-38-1。
② 『各国名士ノ本邦访问关系杂件:蒙古人ノ部—德王』日本外务省外交史料馆所藏、分类番号:L.3.3.0.8-38-1。

使德王使命成功,蒙古民心难以把握。这也有助于德王在东京的谈判"。① 日方为了应付德王的再度访日,做好了全方位的准备。德王能否实现自己的诉求呢?

四、两场仪式表演

德王为了实现自己此次访日的目的,实施了周密的计划。首先,德王在赴日过程中重走"满蒙生命线",主动具象化日本帝国的"边疆"。德王一行人1941年2月11日从张家口出发,经北京、奉天(沈阳)、釜山再抵达下关,后乘坐列车前往东京。再者,德王在赴日途中多次接受了记者采访,只字不提汪伪政权,但却处处宣扬"日满蒙亲善"。2月11日,德王面对记者团的采访,讲述了"此次访日满使命":"再度得访问盟邦日本并满洲国机会,诚不胜欣快之至。吾等一行之使命概如前此之政府声明,对本政府肇建以来由两国所予之绝大援助以作答礼为主要目的,同时并在紧迫化之国际情势下应行协力建设东亚共荣圈大业,关于吾等蒙古人今后之问题作充分意见之交换。日满蒙之利益今日业为一体,此勿庸赘言。日满之利益即为我蒙古之利益,又思我地域之建设之成否,即以日满两国国策之成否为同轨者。"②德王在谈话中将伪蒙疆政权与日本、伪满洲国并列,宛然将伪蒙疆政权视作了国家,他也借此提醒日本"日满蒙之利益今日业为一体",暗示伪蒙疆政权的重要性。德王想表示伪蒙疆政权是"独立"的,并且和"日满"是一体的,而不是附属于汪伪政权。

1941年2月15日下午,德王一行人抵达东京车站,翌日参拜靖国神社、明治神宫。2月18日上午,德王在皇宫凤凰间觐见天皇,下午依次谒见外务大臣松冈洋右、首相近卫文麿、陆军大臣东条英机、兴亚院总务长官铃木贞一③,结束之后再度拜谒松冈,并与他举行会谈,晚上出席外相官邸举办的宴

---

① 札奇斯钦:《我所知道的德王和当时的内蒙古》,中国文史出版社2005年版,第333页。
② 《对于蒙古建设方向、此行必获真正把握、德主席出发前之谈话》,《蒙疆新报》1941年2月15日。
③ 铃木贞一(1888—1989),千叶县人,毕业于陆军士官学校第22期,陆军大学校第29期,历任陆军省军务局"支那"班长、新闻班班长、陆军大学校教官、内阁调查局调查官、兴亚院政务部长、兴亚院总务长官等职。1941—1943年,连任近卫文麿内阁和东条英机内阁的企划院总裁和国务大臣。历经日本明治、大正、昭和、平成四个时代,有"西装军人"(背广を着た军人)之称。战后被定为甲级战犯,判处无期徒刑,1955年获得假释出狱。

会。2月19—25日,德王前往贵族院旁听会议,参拜多摩御陵,前往第一、第二陆军医院慰问伤兵,在善邻高等商业讲堂,对着五百名日蒙青年做了一场关于"日蒙两国亲善"和"再建大蒙古"的讲演,在帝国酒店招待近百名东京的蒙古留学生,出席东条英机在军人会馆举办的晚宴等。2月26日,德王一行人抵达仙台,先后前往善王寺的"蒙古碑"、松岛海岸、盐釜港岸等地。3月7日,再次参拜皇宫,做归蒙之前最后的拜谒,随后访问首相近卫文麿。3月8日,离开东京前往下关,途经奈良、京都、大阪。3月11日,下关乘船,踏上返蒙之途。

德王自述他在第二次访日中受到日本各界郑重的招待。德王忆述道:"我在日本东京的活动,无非是访问军政首脑,游览名胜,参观学校、工厂,到处受到日本各界的招待,可以说,对我是极尽怀柔拢络之能事。"① 德王在日本的活动众多,但他始终未忘记此次赴日的目的。同时,德王意识到政治仪式的重要性,尤其希望觐见天皇,其中有着双重意涵:其一是象征着"两国首领的正式会晤",展示"日蒙亲善""日蒙一心";其二是意味着德王直接臣服于日本的天皇,而不是"中华民国国民政府"的汪精卫。1941年2月12日,式部长官子爵松平庆民呈给外务大臣松冈洋右一份公文,内容写道"蒙古联盟自治政府主席德穆楚克栋鲁普为了表达此次来访的敬意,特申请觐见天皇陛下。兹定于本月18日上午10点30分举行觐见仪式"②。由此可见,此次德王觐见天皇,并非日方的特意安排,而是在德王的请求之下进行的。

1941年2月18日午前十点半,德王在日本皇宫"凤凰之间"如愿见到天皇裕仁。③ 德王"佩戴勋一等旭日章"④,"身着蒙古长袍,坎肩便装"⑤,向裕仁道了数句应酬之语,裕仁庄重地与德王握手,致辞希望德王致力于东亚和平

---

① 中国人民政治协商会议内蒙古自治区委员会文史资料委员会编:《内蒙古文史资料》第13辑《德穆楚克栋鲁普自述》,内蒙古人民出版社1984年版,第107页。
② 『各国名士ノ本邦訪問関係雑件:蒙古人ノ部—德王』日本外务省外交史料馆所藏、分类番号:L.3.3.0.8-38-1。
③ 「德王に謁見を賜う」『東京朝日新聞』1941年2月19日。
④ 《德主席昨谒天皇 恭表感激支援之诚》,《蒙疆新报》1941年2月19日。
⑤ 中国人民政治协商会议内蒙古自治区委员会文史资料委员会编:《内蒙古文史资料》第13辑《德穆楚克栋鲁普自述》,内蒙古人民出版社1984年版,第107页。

事业。德王在答辞中表示感谢日本的支援。① 不同于德王的第一次访日,此次访日中金井章二未就"蒙疆"和"蒙古"的用法与德王相争论。因此,在德王谒见裕仁之时没有出现翻译相关的问题。札奇斯钦认为:"日皇希望德王致力于东亚和平,也是暗示承认德王是东亚一个国家或政权的领袖,而不是属于某一个国家以内的一个政权首脑。这显然与德王第一次访日之时大有改变。"② 然而,相比溥仪,德王并未给予天皇最高的敬意。溥仪之弟溥杰回忆:有不少日本法西斯主义者对于德王在访问日本天皇裕仁时穿着蓝袍青坎肩,而在访溥仪时却穿着蓝袍青马褂一事,就极表不满,说他看不起裕仁而看得起溥仪。③ 从仪式来看,天皇与德王是君臣关系,但是德王内心未必如此认同。

除此之外,德王在访日过程中还参与了一场政治仪式。1938年,德王在首次访日之行中曾赴福冈市博多湾志贺岛沿岸,在日莲宗僧正高锅日统的指引下祭拜"蒙古军供养塔"。德王在此次访日过程中也参拜过"蒙古碑",即为纪念"弘安之役"中战死日本的蒙古军而建立的碑文。但此行地点不是福冈县博多湾志贺岛,而是宫城县仙台善应寺。同时,德王的这次访仙台之行并非临时的安排,而是长达半年左右的计划。据仙台接待德王的小仓博所述:"自去年夏天起,蒙古政府的要人某氏便要求我进行秘密斡旋,以促成德主席对燕泽碑的视察。因此,我必须明确阐述碑文的重要意义。"④ "蒙古碑",也称"燕泽碑",位于仙台市善应寺内,相传由宋代的归化僧无学祖元(1226—1286)所建,为祭奠"文永之役"和"弘安之役"中战殁的元军将士亡魂,建立于弘安年间(1285年前后),也被称为"大乘妙典一字一石之碑"。⑤

1941年2月26日午前11点,德王一行人从旅馆伯庸阁乘坐汽车出发前往善应寺,沿途排列着前来欢迎的学校儿童和当地民众。德王抵达善应寺之

---

① 中国人民政治协商会议内蒙古自治区委员会文史资料委员会编:《内蒙古文史资料》第13辑《德穆楚克栋鲁普自述》,内蒙古人民出版社1984年版,第107页。
② 札奇斯钦:《我所知道的德王和当时的内蒙古》,中国文史出版社2005年版,第331页。
③ 爱新觉罗·溥杰:《有关德穆楚克栋鲁普的一些补充》,载全国政协文史资料委员会编:《文史资料存稿选编·日伪政权》第8卷,中国文史出版社2002年版,第606页。
④ 小倉博「燕澤碑に蒙古德王を迎へて」『仙臺郷土研究』第11卷第3号、1941年、14—16頁。
⑤ 田村桃渓「蒙古之碑」河北新報社宮城県百科事典編集本部編『宮城県百科事典』河北新報社、1982年、1038頁。

后,在小仓博的指导下在"蒙古碑"前为阵亡的元军将士烧香祈愿。① 小仓博带领德王从"蒙古碑"的背面绕至正面,并向其说道:"享保八年(1723年)村民在建立大乘妙典一字一石塔之际,此碑作为材料被发掘出来。碑的背面被重新雕刻,其正面未被削去,保存原貌维持至今。虽然碑文的读法、含义、建立者都不明晰,但从吊亡魂、弘安五天等文字可知,此碑是为吊慰战殁士兵的亡魂而建立的。时至今日的两百余年间,地方民众怀着和建立者同样的情感保存此碑,通过它对蒙古产生了非常强烈的亲近感。因而为了欢迎阁下今日的光临,远近的地方民众都云集于此。"②随后,德王亲自在善应寺种下了一棵纪念树,小仓博将此称为"日蒙亲善的感人场景"。③

据1941年3月的《斋藤报恩会时报》报道:2月26日下午6点,以德王访仙为机,斋藤报恩会举办了一场介绍蒙古情况和名为"日蒙亲善讲演会"的讲座,日莲宗僧人兼伪政权巴盟嘱托高锅日统、"蒙古联合自治政府"最高顾问金井章二、斋藤报恩会学术研究总务部长小仓博三人进行了演讲,来访听众有二百余名,但德王未出席此次讲座。高锅日统以"蒙古碑的现代警训"为题进行了讲演。金井章二先介绍了蒙古与日本之间的关系,然后向与会者转达了德王在访仙之际的感铭,接下来讲述了自己在蒙古的经历。小仓博叙述了制造德王访仙动机的过程,并感谢了在背后奉献的众人。④

德王在首次访日之际,祭拜博多湾沿岸的"日莲铜像"和"蒙古军供养塔"之时表现出"尴尬"和"感慨万千"。但是此次德王祭拜"蒙古碑","在碑前为战殁的蒙古士兵烧香祈愿"时,面容中浮现"感激之情",并且在此后记者的采访中,也对仙台的"蒙古碑"表示感谢。1941年3月16日,德王在抵达张家口后,面对记者的采访回答道:"日本东北地区与我们蒙古在地球上的纬度完全一致,因此我对东北人的淳朴印象深刻。尤其在仙台,我去祭拜蒙古碑之时,得知他们如此庄重地对待当时是日本敌国的蒙古战殁士兵的魂魄,让我感激得无以言表。感慨这正是八纮一宇的日本精神,相信有如此大理想,东亚新

---

① 小倉博「燕澤碑に蒙古徳王を迎へて」『仙臺郷土研究』第11巻第3号、1941年、14—16頁。
② 小倉博「燕澤碑に蒙古徳王を迎へて」『仙臺郷土研究』第11巻第3号、1941年、14—16頁。
③ 小倉博「燕澤碑に蒙古徳王を迎へて」『仙臺郷土研究』第11巻第3号、1941年、14—16頁。
④ 「日蒙親善講演会(会館彙報)」『斎藤報恩会時報』第171号、1941年3月、12頁。

秩序的建设一定会成功。"①政治演出的背后都有其政治诉求。德王积极参与这场祭拜"蒙古碑"的政治仪式，其目的是强调"日蒙"之间特殊的"亲缘"关系，让日方更加重视自己的诉求，即协助"建国"。

五、德王与日本高层

德王在觐见天皇时并未言明自己的诉求。德王此番赴日的重点在于拜见掌握日本政治实权的高层——近卫文麿、东条英机、松冈洋右等人。此次德王访日过程中，有一位不可或缺之人，即日本外务省次官大桥忠一。德王的这次访日之行，主要由大桥忠一负责接待，德王认为大桥"与我接触机会较多，他在口头上表述尊重我的'权力'，因而我对他有好印象"②。札奇斯钦甚至说道："大桥是德王的好友，也是以支持蒙古独立和大胆而著称的职业外交家。"③

其实，早在德王第二次访日之前，大桥忠一就已经给板垣征四郎寄信，希望日本政府承认"蒙古自治邦"。1940年8月9日，板垣回信大桥："中国和满洲对于首相的处理应该感到非常满意，但蒙古问题在小生任内的进展情况，并未对外公布'自治邦'。最近才明确得知，实际上蒙古方面强烈希望公开称为'自治邦'，小生对此感到责任重大，恳切希望首相能予以考虑。"④想必德王访日期间，全程接待的大桥为德王出谋划策，如何实现此次访日的目的。同时，大桥忠一也对自己的上司松冈洋右提供了许多接待德王的建议。1944年9月15日，松冈洋右甚至在致大桥的信的文末写道："诚如老兄所言，对待德王必须用真心，不能用策略。"⑤

面见首相近卫文麿、陆军大臣东条英机、外务大臣松冈洋右，以及将《蒙古建国促进案》和《日华蒙协定草案》当面交给他们是德王此番赴日的主要目

---

① 「日本の大理想感得 德王訪日手記/張家口電」『東京朝日新聞』1941年3月17日。
② 中国人民政治协商会议内蒙古自治区委员会文史资料委员会编：《内蒙古文史资料》第13辑《德穆楚克栋鲁普自述》，内蒙古人民出版社1984年版，第107页。
③ 札奇斯钦：《我所知道的德王和当时的内蒙古》，中国文史出版社2005年版，第331页。
④ 小池聖一、森茂樹編『大橋忠一関係文書』現代史料出版、2014年、373頁。
⑤ 小池聖一、森茂樹編『大橋忠一関係文書』現代史料出版、2014年、383頁。

的。德王在《蒙古建国促进案》①开篇首先强调"日中条约的签订竟使蒙古与华北并列,已经是独立政权的蒙古却成为了中国的一部分",点明自己对《日中条约》的不满。接着从中日两方面讲述"蒙古独立"的可能性:"中国也曾经准许前年百灵庙的高度自治运动","若我蒙古恢复独立,中国对此也并非无法理解",更何况"中国奉行的最高原则《建国大纲》明文规定,对于中国国内之弱小民族,政府当扶植之,使之能自决自治"。紧接着,着重说"日本帝国是信奉东亚道义的国家","坚信现在的日本不会中途改变方针"。然后,从三个方面论述"《日中条约》中将蒙古视为中国一部分的那节条款所导致的结果":第一,"使蒙古民心颓丧,还滋生当地汉人的故国之思","实际上会给蒙古政权带来致命的打击";第二,"东亚各弱小民族都将视蒙古为前车之鉴,而长期依附于他国";第三,"蒙古独立的成败不仅关乎蒙古自身的兴衰,更是关乎兴亚大业的成败与否"。最后提出自己的要求,即《日华蒙协定草案》六条,并且还考虑了若日方和汪伪政权不同意后的备选方案,即"进一步降格为自治邦"。《日华蒙协定草案》②共有六条,其内容是:"一、日本帝国、中华民国均承认蒙古自治国,南长城线以北的地方为其统治区域,具有高度广泛的自治权,一切国政悉由其自主。二、日本帝国承认中华民国在蒙古自治国具有的宗主权。中华民国遇有蒙古自治国关涉事项时,相互协商处理之。三、蒙古自治国对日本、满洲及其他相关国家均有交涉权,须交换公使,均能加入各种兴亚国际团体,为其中成员。四、蒙古自治国沿用成吉思汗年号。五、蒙古自治国自定国旗、国徽。六、蒙古自治国自定宪法并施行之。"

2月18日下午,德王以及李守信访问日本外务大臣官邸,德王如愿与松冈举行了一个半小时的会谈。③德王不知松冈洋右已经提前知晓他撰写的《蒙古建国促进案》和《日华蒙协定草案》,并且熟知应对德王的策略。德王将自己起草的提案从内蒙古带至日本,当面递交给松冈,并向他提出"作为东亚共荣圈的一部分努力参与新东亚建设的同时,我也希望促进蒙古民族的复

---

① 『各国名士ノ本邦訪問関係雑件:蒙古人ノ部—德王』日本外务省外交史料馆所藏、分类番号:L.3.3.0.8-38-1。
② 『各国名士ノ本邦訪問関係雑件:蒙古人ノ部—德王』日本外务省外交史料馆所藏、分类番号:L.3.3.0.8-38-1。
③ 「松岡大臣、德王会談録」『各国名士ノ本邦訪問関係雑件:蒙古人ノ部—德王』日本外务省外交史料馆所藏、分类番号:L.3.3.0.8-38-1。

兴"、"希望蒙古尽快实现独立"等要求,德王的这些行为都在日方的意料之中。松冈对德王的回答则遵循了兴亚院报告中的提示:"对于德王关于蒙古自治国成立以及时期的提议应慎重考虑措辞,避免给予承诺束缚我方的立场。"首先,松冈安抚德王的情绪道"从我个人来说,我对这份意见书十分同情与理解",接着,言道"作为外务大臣,在详细探讨此意见书的各项内容与日华基本条约的关系之前"尚不能做出任何回答,之后再用"八纮一宇的精神"日本皇道的观念敷衍德王,最后再"展望未来"给予德王不切实际的承诺,如"坚决反对如日本将蒙古作为属国等行径"、"会尽最大的努力去实现蒙古的独立"。德王对松冈洋右的回答非常满意,"喜形于色"并"郑重感谢了松冈大臣的心意"。德王与松冈会谈结束之后,当晚德王一行人还出席了松冈在外相官邸举办的正式宴会。札奇斯钦写道:"松冈在他为德王所设的欢宴中也曾举杯向德王祝贺'蒙古万岁',使德王感到非常欣慰。这当然与外务次官大桥忠一的建议有关。"①

除了要求日本支持"蒙古独立建国"之外,德王还时刻记得此番赴日的另外一个目的,即更换伪蒙疆政权的最高顾问——金井章二。"德王此行表面上是与金井没有什么摩擦,可是凡在单独与日本政要会面之时,却郑重的表示希望日本政府更换最高顾问。这种反金井的活动金井不可能耳无所闻,不过在表面上还是尽量表示融洽。"②德王忆道:"我总认为金井章二这个人,口蜜腹剑,笑里藏刀,特别是在制造'蒙疆'问题上,使我最伤脑筋,对他成见已深。因而在访日期间,就向日本陆军省兵务局长田中隆吉说他的坏话,表示对大桥忠一有好感,有意请他来当最高顾问。"③德王对大桥忠一寄予了"厚望","以为有这样一个同情蒙古独立建国的朋友担任斯职,一面可以借他影响日本政府的政策,一面也可以用他的斡旋减少与日本军方的摩擦"④。

德王前往陆军省面见东条英机时,排除了金井章二,带着吴鹤龄、吉尔噶

---

① 札奇斯钦:《我所知道的德王和当时的内蒙古》,中国文史出版社2005年版,第331页。
② 札奇斯钦:《我所知道的德王和当时的内蒙古》,中国文史出版社2005年版,第333页。
③ 中国人民政治协商会议内蒙古自治区委员会文史资料委员会编:《内蒙古文史资料》第13辑《德穆楚克栋鲁普自述》,内蒙古人民出版社1984年版,第113页。
④ 札奇斯钦:《我所知道的德王和当时的内蒙古》,中国文史出版社2005年版,第361页。

朗和东条做了一次长谈,当时在场的还有陆军省军务局长武藤章①、陆军省兵务局长田中隆吉,都是德王的"旧相识"。②德王与吴鹤龄向东条等人提出改组伪蒙疆联合自治政府的方案,其主要内容是在伪蒙疆联合自治政府下成立两个委员会:其一是"蒙古联盟政务委员会",专门负责巴彦塔拉盟、察哈尔盟、锡林郭勒盟、乌兰察布盟、伊克昭盟等五盟事务,为了恢复类似伪蒙古联盟自治政府的机构,方便德王更好地掌控,成为他的政治资本;其二是伪蒙疆自治委员会,专管察南、晋北两个地区的事务,主要由日方进行管理。德王认为"察南、晋北两个地区日本人抓得更紧,我什么事也不能过问,干脆放弃不管"③。札奇斯钦认为德王提出此方案的原因是"蒙古人自从1933年的自治运动以来,就是要达到民族的独立,既不愿受制于人,也不愿把察南、晋北一带的汉人置于自己的控制之下"④。当时东条等人没有明确回复这个方案。在会谈中,双方还提到了人事方面的问题,德王表示希望日本政府更换伪蒙疆政权的最高顾问。此前极力反对吴鹤龄的田中隆吉则当着德王和吴鹤龄的面说:"吴先生很能干,叫他当政务院长吧。"⑤德王非常欢迎,当即表示希望田中把他的意见通知驻蒙军。这次长谈结束之后,吴鹤龄又去陆军省探问,对于德王提出的改组伪蒙疆政权方案所做的处理结果。武藤章回复道:"德王提出这个方案,是因为他愿意专办蒙古事。既然他愿意这样做,给他在德化设立一个专办蒙事的机构,叫他干不好吗?"⑥德王回蒙后,1941年4月18日,伪蒙疆政权成立了"兴蒙委员会",松津旺楚克任委员长,村谷彦治郎任

---

① 武藤章(1892—1948),熊本县人,毕业于陆军士官学校第25期,陆军大学校第32期,以该期学员第2名的成绩毕业,毕业后被送往德国留学,进一步研究军事,回国后历任关东军参谋、日本华中方面军副参谋长。1937年11月,成为松井石根司令官的幕僚,参与南京大屠杀,1938年改任日军华北方面军副参谋长,1939年出任陆军省军务局长,1942年任第二近卫师团长,1944年就任第14方面军参谋长。日本投降后被列为甲级战犯,由远东国际军事法庭判处绞刑,1948年12月在日本巢鸭监狱执行。
② 中国人民政治协商会议内蒙古自治区委员会文史资料委员会编:《内蒙古文史资料》第13辑《德穆楚克栋鲁普自述》,内蒙古人民出版社1984年版,第108页。
③ 中国人民政治协商会议内蒙古自治区委员会文史资料委员会编:《内蒙古文史资料》第13辑《德穆楚克栋鲁普自述》,内蒙古人民出版社1984年版,第108页。
④ 札奇斯钦:《我所知道的德王和当时的内蒙古》,中国文史出版社2005年版,第332页。
⑤ 中国人民政治协商会议内蒙古自治区委员会文史资料委员会编:《内蒙古文史资料》第13辑《德穆楚克栋鲁普自述》,内蒙古人民出版社1984年版,第108页。
⑥ 中国人民政治协商会议内蒙古自治区委员会文史资料委员会编:《内蒙古文史资料》第13辑《德穆楚克栋鲁普自述》,内蒙古人民出版社1984年版,第108页。

次长。

见首相近卫文麿,也是德王此次访日的重点之一。然而,近卫文麿并不愿意见德王。1941年2月18日,按原计划德王一行人会谒见近卫文麿,但近卫托病取消了会谈,并且未能出席当晚松冈洋右在外相官邸举办的欢迎德王访日的宴会。当时的外务省接待员长山义男忆道①:因为首相近卫提前知悉德王访日的目的,所以称病尽量避免与德王的接触。而德王坚持与近卫相见,甚至说道"我会一直等到总理有时间的时候",于是去岩手县花卷温泉待了四五日②。在这期间,作为外务省接伴员的长山义男给内阁总理大臣秘书官细川护贞打去了数次电话,最终获得了见近卫文麿的机会,条件是德王当天只能说应酬之语,不能提出尖锐的问题。终于在3月7日午前10点③,德王拜访了首相近卫,会见当天仅有德王、近卫、长山义男以及翻译共四人。刚开始德王确实如承诺的那样,只对近卫说了一些客套话,但中途突然从怀中拿出一份文件,上面赫然写着"蒙古建国促进案"。彼时近卫瞬间严肃紧张起来,目光如炬地盯着长山,眼神仿佛在说"外务省在搞什么事?难道不只是寒暄问候一下吗?我可没听说过还有这个事情"。久经沙场的近卫还是缓慢地翻着这份报告并说:"现在才第一次看到这份报告,回头仔细拜读后再和相关大臣认真商议,再向您答复。"德王谒见近卫后,已经完成了此番访日的全部目的。于是翌日3月8日,德王一行人离开东京,踏上归蒙之途。

---

① 長山義男「德王の悲劇——戦中秘史」『自由』編集委員会編『自由』第29卷第9号、1987年9月、106—113頁。
② 长山义男在文章中记述的是宫城县鹤卷温泉,但是根据『各国名士ノ本邦訪問関係雑件:蒙古人ノ部—德王』日本外务省外交史料馆所藏、分类番号:L.3.3.0.8-38-1的记载,以及「德王一行、飯坂へ」『東京朝日新聞』1941年3月2日的报道可知,德王去的是岩手县花卷温泉。长山义男应该是记忆有误。
③ 长山义男在文中写的时间是2月27日午前10点,应该是记忆有误,正确的时间是3月7日午前10点。首先,根据「德王、首相訪問」『東京朝日新聞』1941年3月8日,短文报道了3月7日午前10点,德王在首相官邸拜访了近卫文麿;其次,长山义男在文中记述德王在与近卫会谈的翌日从东京出发踏上归途,途中参拜了伊势神宫,经由大阪、朝鲜。而根据新闻报道以及外务省档案可知,德王于3月8日离开东京,归国途中参拜过伊势神宫,以及经过奈良、京都、大阪及朝鲜。因而笔者认为德王与近卫的会谈具体时间是1941年3月7日午前10点。

六、结语

  德王的第二次访日是在他的多次要求下推进的。其中,最重要的原因是德王发现在日本重新整合殖民地的局势之中,伪蒙疆政权很有可能被纳入汪伪政权。除此之外,德王还需面对伪蒙疆政权内部来自"最高顾问"金井章二的压力。德王与驻蒙军在关于成立新伪政权问题上发生过多次激烈的争执,以德王的失败告终。再者,还与日本的对外政策从"北进论"转向"南进论"密切相关。关东军在诺门罕战役中败给苏联,由此对苏政策从进攻转向防御,减少了对伪蒙疆政权的关注。德王希望通过此次访日,越过驻蒙军寻求日本高层对"蒙古建国"的支持,以及更换伪蒙疆政权"最高顾问"一职的人选。

  日本政府知晓德王的诉求,并不欢迎德王的此次访日,但是无法改变他的意愿,于是日方做好了万全的应对策略。首先,日方统一新闻报道等外界对德王再次访日的宣传口径,内容都是德王为了感谢日本的帮助而"上京"。其次,日方提前策划了接待德王的方针,有意"以简朴为宗旨"规划德王的此番访日,同时尽可能减少他与日本高层接触的机会。兴亚院"蒙疆联络部"甚至还起草了提案"此次访日德王向日本提出的要求",其中详细记载了德王访日的缘由、"蒙古民族的基本观念",以及此次德王访日将会向日本提出的具体要求,最后还附上了德王起草的《蒙古建国促进案》和《日华蒙协定草案》。为确保万无一失,兴亚院还撰写了外务大臣松冈洋右接待德王的方针,提前为他的到访写好了剧本。

  德王为了达到此次访日的目的,实施了周密的计划。首先,德王在赴日过程中重走"满蒙生命线",主动具象化日本的"边疆"。并且,德王在赴日途中接受记者采访时,只字不提汪伪政权,但却处处宣扬"日满蒙亲善"。其次,德王意识到政治仪式的重要性,主动向日本政府提出觐见天皇的要求。此外,德王积极参与祭拜仙台"蒙古碑"的政治仪式,其目的是强调"日蒙"之间特殊的"亲缘"关系,让日方更加重视自己的诉求。德王在此次访日中如愿拜见掌握日本政治实权的高层,并向他们提出自己的诉求,即实现伪蒙古建国或成立伪蒙古自治邦,以及让大桥忠一接替金井章二"最高顾问"一职。而德王是否达到了第二次访日的目的呢?从表面来看,德王此次访日似乎取得了

"成功"。首先,德王厌恶的金井章二被解职,由德王看重的大桥忠一于1941年11月27日担任伪蒙古联合自治政府最高顾问。接着,1941年8月4日,张家口成立伪蒙古自治邦,在形式上满足了德王的部分要求。但是从德王此行中,日本政府降低了德王的待遇以及提前准备应对德王的方针,可以看出德王访日所谓的"成功"也是日方意料之中的"妥协"。

学术书评

"伟大民族"抑或"伟大的国家"?
——兼评科林·琼斯 *The Great Nation: France from Louis XV to Napoleon*

宋逸炜[*]

一、引言

> 在愤怒的海神向阿尔科莱和洛迪的可怕士兵发起进攻之际,
> 怎样的峭壁和堡垒会成为他们的庇护所?
> 所有这些年轻的英雄都是熟谙战争艺术的长者,
> 伟大的国家对于胜利习以为常,
> 伟大的将军率领着伟大的军队!

1798年1月4日,刚从意大利战场得胜而归的拿破仑·波拿巴(Napoléon Bonaparte)莅临卢浮宫,首次出席法兰西学会的公开会议。著名诗人马里-约瑟夫·谢尼埃(Marie-Joseph Chénier)在现场朗诵的这段诗歌,赢得了听众的高声欢呼。事实上,在这首充满仇英情绪的作品中,诗人还提到了另一位与拿破仑同龄的年轻将军——拉扎尔·奥什(Lazare Hoche)。后

---

[*] 宋逸炜,南京大学历史学院暨学衡研究院博士后研究人员。

者曾在旺代击退英军的入侵,平息了保王派叛乱,亦曾在远征爱尔兰的途中因故受阻,最终饮恨早逝。在谢尼埃笔下,英国人即将面临一个比奥什将军更加幸运的对手,"伟大的国家"(La grande nation)也将在拿破仑的带领下取得胜利。①

时隔两个世纪,英国著名历史学家科林·琼斯(Colins Jones)于2002年出版专著 The Great Nation: France from Louis XV to Napoleon,详细叙述了1715—1799年的法国历史。2024年,该书中译本《伟大民族:从路易十五到拿破仑的法国史》由译林出版社出版。围绕"The Great Nation"的翻译问题,笔者曾与编辑反复沟通,并多次向本书作者和学界前辈求教。面对英法两国的"千年恩怨",科林·琼斯为何会使用一个曾经明显针对英国的表述作为本书主标题? 梳理"The Great Nation"及其法语原型"La Grande Nation"出现的历史语境和研究脉络,有助于更好地理解本书作者的用意所在。

二、从"Nation"到"La Grande Nation"

关于"Nation"的翻译,是一个稍显缠绕的问题。在1694年第一版《法兰西学术院词典》中,关于"Nation"的定义是:"同一个国家或地区的全体居民,他们在相同的法律下生活,使用相同的语言。"1789年1月,西耶斯出版了政论小册子《第三等级是什么?》,直陈旧制度之弊,突出第三等级参与现实政治的重要性:"第三等级就是整个国家(une Nation complète)";"国民(la Nation)存在于一切之前,它是一切之本源。它的意志永远合法,它本身便是法律"。② 该书发行不过月余,销量就突破了三万份,进而成为5月召开的三级会议的"前奏"。8月26日,制宪议会颁布《人权和公民权宣言》,其中第三条写道:"整个主权的本原根本上乃存在于国民(la Nation)。任何团体或任何个人皆不得行使国民所未明白授予的权力。"1882年,埃内斯特·勒南在巴

---

① G. Lacour-Gayet, *Napoléon: Sa vie, son œuvre, son temps*, Paris: Hachette, 1921, pp. 49 – 50.
② Emmanuel Joseph Sieyès, *Qu'est-ce que le Tiers-État ?* (Troisième Édition), 1789, pp. 5, 111. 中译本参见西耶斯:《论特权 第三等级是什么?》,冯棠译,商务印书馆1990年版,第20、59页。

黎大学发表公开演讲,讲座文稿《民族是什么?》整理出版后,成为理解西方民族主义理论的经典文本。① 在20世纪德国概念史研究的集大成之作《历史性基本概念:德国政治—社会语言历史辞典》中,作为丛书主编的莱因哈特·科泽勒克(Reinhart Koselleck),不仅亲自撰写了有关"Nation"的词条,而且将之与"Volk"(人民)、"Nationalismus"(民族主义)和"Masse"(群众)并列,共占据391页的篇幅。因此,无论译作"国家"或者"国民",还是业已成为惯例的"民族","Nation"始终指向统一的集合单数。

具体到法语"La Grande Nation"的用法,学界亦有关注。1734年,孟德斯鸠在其出版的《罗马盛衰原因论》中写道:"长时期的经验使欧洲的人们意识到,拥有百万臣民的国王,要使自己的国家不致毁灭,就不能保有一万以上的士兵:因此只有大国才能有军队。"在该书的多版中译本中,译者均将复数的"les grandes nations"译作"大国"。孟德斯鸠笔下的"大国"没有具体所指,形容词"grande"(伟大)是"nation"的修饰语,泛指人口数量庞大的国家。②

在1789年革命爆发后的各类文献中,关于"Grande Nation"的表述屡见不鲜。例如,1792年9月28日,刚刚带领法军取得瓦尔米战役胜利的迪穆里埃(Dumouriez)致信普鲁士将领,对不伦瑞克公爵(Duc de Brunswick)的最新一封宣言表示愤慨:"这既不是对待一个自由的、伟大的国家(une grande nation libre)的方式,也不是向一个主权国家人民发号施令的方式。"③再如,1792年11月,国民公会收到了来自爱尔兰爱国者的致敬:"我们很高兴地看到,你们伟大的国家(votre Grande Nation)为欧洲带来了自由。"此时,"nation"译作"国家"更为合适,"Grande Nation"特指法国,它"不再只是1789

---

① Ernest Renan, *Qu'est-ce qu'une nation*? Paris: Calmann Lévy, 1882. 参见于京东:《近代法国"国家民族"的理念探析——基于厄内斯特·勒南的文本和语境考察》,《世界民族》2020年第5期。

② Montesquieu, *Considérations sur les causes de la grandeur des Romains et de leur décadence*, Amsterdam: Chez Jaques Desbordes, 1734, p.22. 中译本参见孟德斯鸠:《罗马盛衰原因论》,婉玲译,商务印书馆2009年版,第14页。另一版中译本的翻译是:"长期的经验告诉欧洲人,一个拥有百万臣民的君主不应该维持一支万人以上的军队,否则就是自取灭亡。所以,只有大国才能拥有多支军队。"参见孟德斯鸠:《罗马盛衰原因论》,许明龙译,商务印书馆2016年版,第16页。

③ *Archives parlementaires de 1787 à 1860*, Première série (1787 à 1799), Tome LII, du 22 septembre 1792 au 26 octobre 1792, Paris: Imprimerie et librairie administrative et des chemins de fer, 1897, p.282.

年战胜君主制的国家,而是战胜内外敌人的国家,它还将拯救整个欧洲饱受压迫的爱国者"。①

但是,用定冠词修饰、体现排他性和绝对性的"La Grande Nation",需要等到1797年。② 8月1日,在意大利战场连战连捷的拿破仑致信督政府:

> 赞特岛、凯法洛尼亚岛和圣莫尔岛对自由拥有同样的渴望,表达了同样的祝愿和同样的情感;自由之树遍布于每个村庄;市政当局统治着所有城镇,这里的人民希望在"伟大的国家"(la grande nation)的保护下,他们可以恢复在寡头制的暴政中失去的科学、艺术和商业。③

这段表述可能源于拿破仑在7月底向来自科西嘉岛且身为斯达巴人后裔的家庭医生迪莫·斯特凡诺波利(Dimo Stephanopoli)下达的政治任务:"播撒真正自由的种子,[使]希腊子民无愧于他们的祖先,无愧于即将打破他们枷锁的'伟大的国家'。"④ 显然,1797年的拿破仑对使用"La Grande Nation"的修辞青睐有加。9月22日,拿破仑在向士兵发表的公告中表示:"这是共和国成立的日子,也是'伟大的国家'组成的日子;在命运的召唤下,'伟大的国家'让世界感到欣慰和震撼。"⑤ 10月7日,拿破仑致信外交部长:"我们民族的显著特点是在繁荣中充满活力。如果我们把真正的政治,也就是对组合和机会的精打细算,作为一切行动的根基,那么我们将长久地成为'伟大的国家'和

---

① Jacques Godechot, "Nation, Patrie, Nationalisme et Patriotisme en France au XVIIIe siècle", *Annales historiques de la Révolution française*, n°206, 1971, p.499.

② Jean-Yves Guiomar, "Histoire et significations de 'la Grande Nation' (août 1797-automne 1799): problèmes d'interprétation", in Hervé Leuwers, Jean-Pierre Jessenne, Jacques Bernet eds., *Du Directoire au Consulat 1. Le lien politique local dans la Grande Nation*, Publications de l'Institut de recherches historiques du Septentrion, 2018, pp.317-328. 在这篇文章中,作者对"La Grande Nation"在督政府时期的使用情况做出了非常详细的考察,以下凡引此文,仅标作者与文章名。在四卷本的"从督政府到执政府"丛书中,还有多篇文章涉及对"La Grande Nation"的讨论,亦可参考。

③ *Correspondance de Napoléon Ier par ordre de l'Empereur Napoléon III*, tome 3, Paris: Imprimerie Impériale, 1859, pp.284-285.

④ Jean-Yves Guiomar, "Histoire et significations de 'la Grande Nation' (août 1797-automne 1799): problèmes d'interprétation".

⑤ *Correspondance de Napoléon Ier par ordre de l'Empereur Napoléon III*, tome 3, Paris: Imprimerie Impériale, 1859, p.431.

欧洲的仲裁者。"①11月1日,"La Grande Nation"的表述出现在巴黎。当代表拿破仑的将领向督政府递交《坎波福尔米奥条约》并发表演说后,现场听众高喊"共和国万岁""伟大的国家万岁""波拿巴万岁""自由的奠基者和捍卫者万岁""共和三年宪法万岁"等口号。②

1798年以后,"La Grande Nation"的表述不仅频繁出现在法国国内的各类场合,而且伴随着法国的对外战争逐渐传播,尤其是在莱茵河左岸的德语区。但是,它开始带有军事扩张的贬义色彩。1798年5月,瑞士作家拉瓦特尔(Lavater)写道:"法兰西人!不要自称为'伟大的国家',体格魁梧的'伟大'不是真正的伟大。"③时至1799年5月8日,五百人院议员雅克-夏尔·巴约尔(Jacques-Charles Bailleul)就奥地利军队屠杀法国大使的事件予以强烈谴责,表示"法兰西共和国曾被外国人称作'伟大的国家'。但它目前已经不是了;它和它的盟友,现在是'唯一的国家'(La seul nation)",其他国家只有通过对人类历史上最严重罪行的复仇,才能恢复被暂时中止的"权利"(droits)。④ 的确,1799年夏天新雅各宾主义对"人民权利"(droit des peuples)的呼唤,也预示了"伟大的国家"的衰退。10月27日,一篇题为《尊重人民和法律》的文章中写道:

> 一个号召其他所有国家走向自由的国家,在自己征服了自由之后,还想帮助他们征服自由;一个以各种荣耀而名垂青史的国家,让全世界都在关注它不断创造的奇迹;这个欧洲人口中的"伟大的国家",从行使政治权利和享受公民权利的双重角度来看,似乎突然消失了,而让位给了一小撮盗贼、屠夫、阴谋家和变节者。

不到两周后,拿破仑通过雾月政变走向权力巅峰。此时,作为他曾经使用过的"个人宣传工具"和"意识形态武器","La Grande Nation"的政治修辞已经

---

① *Correspondance de Napoléon Ier par ordre de l'Empereur Napoléon III*, tome 3, Paris: Imprimerie Impériale, 1859, p. 490.
② *Gazette nationale ou Le Moniteur universel*, 2 novembre 1797, p. 169.
③ Jean-Yves Guiomar, "Histoire et significations de 'la Grande Nation' (août 1797 - automne 1799) : problèmes d'interprétation".
④ Discours prononcé par Bailleul, séance du 16 floréal an 7, Paris: Imprimerie nationale, 1799, pp. 2 - 3.

完成了自己的使命，很快也被其抛诸脑后。①

此后，"La Grande Nation"的表述并未消失。在德意志反对拿破仑的"解放"战争、1840年莱茵河危机、1870年普法战争，直至1945年的德文语境中，它被视作法国的同义词，具有消极性，甚至到今天还带有嘲笑和戏弄的意味。②

三、法国革命史研究中的"La Grande Nation"

"La Grande Nation"既是一个流行于法国大革命时期的历史概念，也承载了长期以来法国革命史研究者的学术思考。第二次世界大战后，以法国大革命史研究所(Institut d'histoire de la Révolution française, IHRF)为阵地、曾长期占据主导地位的"正统派"学者及其捍卫革命传统的左翼立场，开始受到冲击和挑战。与此同时，有关"La Grande Nation"的史学研究也不断涌现。③

1955年，法国学者雅克·戈德肖和美国学者罗伯特·帕尔默向第十届国际历史科学大会提交报告，他们关注到18—20世纪的"大西洋问题"。在其看来，欧洲革命与美国革命之间具有密切联系，构成了"我们时代的地中海"。次年，戈德肖出版专著 La grande nation : L'expansion révolutionnaire de la France dans le monde de 1789 à 1799。关于"大西洋革命"的主要观点，中国学界已有介绍，并将戈德肖这部作品的主标题译作"伟大民族"，以期贴合该书副标题"1789—1799年法国在世界的革命扩张"。④

---

① Jean-Yves Guiomar, "Histoire et significations de 'la Grande Nation' (août 1797-automne 1799) : problèmes d'interprétation".
② 参见德文维基百科"Grande Nation"词条，https://de.wikipedia.org/wiki/Grande_Nation，访问日期：2024年2月2日。
③ 关于法国革命史研究发展脉络，参见洪庆明：《历史的当代阐释典范：半个世纪来法国革命史学研究述略》，《史林》2009年第3期；多伊尔：《法国大革命的起源》，张弛译，上海人民出版社2009年版，译者序；埃里克·霍布斯鲍姆：《法国大革命：马赛曲的回响》，冯涵译，上海人民出版社2022年版。
④ Jacques Godechot, Robert R. Palmer, "Le problème de l'Atlantique du XVIIIème au XXème siècle", Relazioni del X Congresso Internazionale di Scienze Storiche, Vol. 5, Florence: Sansoni, 1955, pp.175 – 239. 参见黄艳红：《多样和复杂的欧美革命史》，《读书》2008年第12期；李倩：《戈德肖与马丹的法国大革命中的反革命史研究》，《史学理论研究》2013年第3期；彼得·迈克菲：《姐妹共和国？——比较视野下的美国革命和法国大革命》，黄艳红译，《世界历史》2016年第4期；马伟军：《罗伯特·帕尔默的"大西洋革命"观与当今大西洋史研究》，《全球史评论》2023年第1期。

对于自己在书名中使用的"La Grande Nation"一词,戈德肖有其深刻理解。他写道:"所有国家的'爱国者'都认为,'La Grande Nation'见证了法兰西共和国为他们带来的启蒙哲学中看似乌托邦式的内容,现在却使之成为现实。"他准确把握了这一表述的多重属性:"La Grande Nation"代表了"法国在革命时期的扩张,它既是积极的,也是不幸的",甚至还会被"法国的敌人——而且往往是自由的敌人——以具有讽刺意味的贬义形式使用"。继而,戈德肖提醒读者注意另一个常见错误:"相信 1789—1799 年破茧而出的所有'革命'思想新制度都无一例外地起源于法国。"他指出,历史学家对 18 世纪最后十年的研究仍然带有明显的"民族主义"色彩,但忽视了世界范围内的演变,养成了仅谈论"法国革命"(révolution *française*)的习惯。因此,戈德肖直言此书的主要内容和观点在于:"事实上,法国革命只是西方革命的一个方面,或者更确切地说,是大西洋革命的一个方面。"这场革命从 1763 年的英属北美殖民地开始,经过瑞士、尼德兰、爱尔兰革命,于 1787—1789 年抵达法国,接着又反作用于尼德兰、莱茵兰、瑞士、意大利、马耳他、地中海东部和埃及,此后还将扩展到欧洲其他国家和整个伊比利亚美洲。"在这种情况下,法国向世界传播的思想、制度、社会和政治生活形式,不是——也不可能完全——起源于法兰西。法国扮演的角色是民族国家(nation)的孕育者,而非其真正的创造者";"在本书中,我们试图将法国的贡献与预先存在的元素区分开来"。①

戈德肖和帕尔默有关"大西洋革命"的观点提出后,立刻招致了学界的广泛批判。批判者认为二者忽视了法国大革命的特殊性,甚至在冷战格局下有为北大西洋公约组织"背书"之嫌。不过,相较于以英国学者阿尔弗雷德·科班(Alfred Cobban)和法国学者弗朗索瓦·孚雷(François Furet)为代表的"修正派"史学家对马克思主义史观发起系统论战,戈德肖更愿意强调自己与"正统派"学者之间的渊源和联系。1983 年,戈德肖将"La Grande Nation"一书修订再版,他在新版序言中强调:"当然,关于大革命,没有一本书超越了阿尔贝·马蒂耶(Albert Mathiez)和乔治·勒费弗尔(Georges Lefebvre)的综

---

① Jacques Godechot, *La grande nation : L'expansion révolutionnaire de la France dans le monde de 1789 à 1799*, Paris: Editions Flammarion, 2004, "Avertissement de la première édition", pp. 17 - 19.

合性著作","阿尔贝·索布尔(Albert Soboul)的作品也大大丰富了我们的知识,并改变了许多观点"。对于戈德肖而言,马蒂耶和勒费弗尔是他的导师,后者也是1955年他与帕尔默合作的促成者,而长期担任法国大革命史研究所所长的索布尔则是他的同窗和同门。戈德肖回应了对于他的不实指控,说明了修订过程中对农民革命和新闻自由的关注,并再次申明:"'La Grande Nation'是民族主义的起源,民族主义理论在19和20世纪产生了如此重大的后果,毫无疑问,它的影响可以与马克思主义相较。"①

法国大革命两百周年之际,所谓"正统派"与"修正派"之间的论战似乎告一段落。然而,有关"大西洋革命"和"La Grande Nation"的反思仍在继续。2008年1月,即将接任法国大革命史研究所所长的皮埃尔·塞尔纳在巴黎组织了一场研讨会,旨在解构拿破仑操控的"伟大的国家民族"神话,而将督政府视作"欧洲共和国"的交汇处。参会论文以《姐妹共和国:督政府与大西洋革命》为题结集出版。在导论中,塞尔纳承认"大西洋革命"的连续性和戈德肖相关论著的新颖性,但更重视1795—1799年共和模式的交互以及人员和共和思想的流动,"因此,督政府不再是这个'Grande Nation',而是一个根据不同情况尝试共和主义的实验室"。他表示,在"大西洋革命"之说提出半个世纪之后,是否还会存在一个可能的"大西洋共和国"?"它从1776年开始,1792年得到继续;1795年被重新激活,导致了姐妹共和国的诞生,直到1799年那不勒斯共和国,而1804年海地共和国的成立,终于结束了这段共和主义历史的一章。"②而在结论中,詹姆斯·利夫西(James Livesey)进一步表示:对于督政府时期的法国人来说,共和国具有多样性,共和主义者也存在诸多面相;对于尚未建立共和政体的其他欧洲国家来说,法国与其说是一面"镜子",不如说是期待实现的"幻象";对于此前已经成立共和国的瑞士和尼德兰,本土的旧传统比法国的新思想更有影响;而对于英美等西方国家来说,它们更愿意与法国共和政体保持距离。因此,共和原则与实践的复杂性尤其应该得

---

① Jacques Godechot, *La grande nation : L'expansion révolutionnaire de la France dans le monde de 1789 à 1799*, Paris: Editions Flammarion, 2004, " Préface de la deuxième édition", pp.7 - 11.
② Pierre Serna ed., *République sœur: Le Directoire et la révolution atlantique*, Rennes: Presses universitaires de Rennes, 2009, pp.11 - 13, 20.

到重视。① 这次研讨会虽然没有就"大西洋共和国"的问题给出明确答案,但法国大革命史的"国际化"趋势,已经成为当下法国革命史研究的热点问题之一。②

某种意义上可以说,法国革命史学界关于"La Grande Nation"的研究,代表了第二次世界大战以后的一种理论取向,即探讨法国大革命在世界范围内的深远影响。这种研究主张跨越法国本土的"世界主义"色彩,绕过了"正统派"与"修正派"辩论的藩篱。因此,将本节所讨论的"La Grande Nation"译作"伟大民族"有一定的合理性,但其重点在于国家——超越单一民族国家的局限。

在隔海相望的英国,最具有世界主义精神的法国革命史研究者,当属理查德·科布(Richard Cobb)。第二次世界大战之前的旅法经历,就让科布对法国心生热爱;战争期间,科布在驻守法国北方的英军中服役;战后,科布来到索邦大学深造。在勒费弗尔的众多学生中,他与索布尔、乔治·鲁德(Georges Rude)有"三个火枪手"之谓。科布"不属于任何学派,实际上他反对任何学派","因此在60年代法国大革命的炙热的讨论中见不到他的影子"。但是,他对档案的深入钻研和充分利用,强调"自下而上的历史"的底层视角,都与他接受的学术训练和学界交往不无关系。在牛津大学任教期间,"科布培养了几代英国学者",而科林·琼斯正是他的学生之一。③

四、科林·琼斯及其"The Great Nation"

1967年,科林·琼斯进入牛津大学读书;1978年,他在理查德·科布的

---

① Pierre Serna ed., *République sœur: Le Directoire et la révolution atlantique*, Rennes: Pressess universitaires de Rennes, 2009, pp. 349 – 352.
② 相关研究可参见 Jean-Yves Guiomar, *L'invention de la guerre totale, XVIIIe – XXe siècle*, Paris: Éditions du Félin, 2004 ; Bernard Gainot, "Construction/destruction du discours sur la 'Grande Nation'", *Du Directoire au Consulat. 2. L'intégration des citoyens dans la grande nation*, pp. 27 – 42 ; Antonio de Francesco, *L'Italie de Bonaparte*, traduit par Peggy Macquet-Dubois, Ceyzérieu:Éditions Champ Vallon, 2022。塞尔纳教授指导的诸位博士生也正在进行法国大革命在英、美、意等国影响的研究,参见法国大革命史研究所官方网站,https://ihrf.pantheonsorbonne.fr/,访问日期:2024年2月8日。
③ 参见 Alan Forrest, "Nécrologie : Richard Charles Cobb (1917 – 1996)", *Annales historiques de la Révolution française*, n° 308 ,1997, pp. 357 – 359;多伊尔:《法国大革命的起源》,张弛译,上海人民出版社2009年版,译者序,第3—4页。

指导下,完成了关于法国大革命前后慈善救济问题的博士学位论文。此后,他在纽卡斯尔大学、埃克塞特大学、华威大学和伦敦玛丽女王大学任教,深耕于18世纪的法国社会史、文化史、医学史研究。2008年,科林·琼斯当选英国国家学术院院士,并于次年担任英国皇家历史学会主席。目前,他的作品《巴黎传》《凡尔赛宫》等已有中译本。

在翻译 *The Great Nation: France from Louis XV to Napoleon* 的过程中,笔者反复思考主标题的译法,并曾致信作者求教。对此,科林·琼斯的答复是:

> 关于你提出的有趣问题,我想说的是,我知道戈德肖的这部作品,也知道督政府时期使用的"grande nation"一词。我想让读者感觉到,在国际层面,旧制度下的法国是最强大的欧洲国家,它拥有大西洋世界最令人印象深刻的社会和文化以及领先的经济水平。我试图表明,20世纪80—90年代的主流认识——旧制度下的法国是一个正在等待革命的衰落国家——无疑是错误的。历史学家尤其秉持这种观点,强调逐渐沉寂的法国与经济步入工业化的英国呈现出的所谓"活力"形成了鲜明对比。我在书中试图淡化这种对比,并证明了自己的正确性。此外,历史学家已经对上述观点提出了挑战:在18世纪,英国的商业和金融实力非常脆弱,但法国似乎是基础最牢固的经济体。
>
> 在出版之后的几年里,本书的不足之处逐渐显现,即缺乏对于法国在18世纪全球影响力的充分关注。21世纪以来的"全球转向"重塑了我们关于民族-国家历史(national history)的认识,但实际上强化了我在书中描绘的形象——法国是一个经济充满活力的国家。①

可以看到,科林·琼斯熟谙第二次世界大战以后的英法学界研究动态,对"The Great Nation"的理解也符合历史语境和先行研究。在其看来,该书的写作主旨是系统论证法国在18世纪的大国地位。经过初步统计,在原书近600页篇幅中,作者使用"nation""national"的表述共计333次;在翻译时,

---

① Colin Jones, "Great Nation",2024年3月1日(电子邮件)。

笔者根据具体语境和反复斟酌，将之大部分译作"国家""国民"，少部分译作"民族"。进一步来看，法文"grande nation"共出现 4 次，其中导论和结语各 2 次；英文"great nation"共出现 11 次，其中导论和结语各 1 次，第四章 3 次，第九章 2 次，第七、八、十、十一章各 1 次。①

在导论中，作者表示，路易十四的统治时期（1643—1715）被视作"伟大的世纪"（Grand Siècle），虽然在其逝世之际，法国面临着内忧外患的困境，但时至 1799 年，在人口、文化、社会与经济、政治与国际关系等领域，法国已经取得了巨大成就。不过，作者强调，"将 18 世纪的法国视作'the great nation'并不意味着拒绝批评"，"需要对'伟大'的标准进行冷静而非赞美般的审视"。他承认"la grande nation"的含义受到了 1789 年以后军事主义和扩张主义倾向的影响，"意味着某种更为险恶的事物"，"la grande nation"一词"往往带有批判、怨恨和讽刺的色彩"。他特别提到，"伟大"的标准在 1799 年以后发生了变化，"法国从高位上跌落下来，英国取而代之"。② 正是以这种批判的眼光，作者尝试打破学界过于重视 1789—1799 年的叙事，强调 1715—1799 年的连续性，注重发掘"政治史复兴"的意义所在。

因此，该书的叙述大致以时间为线索，按照政治史脉络进行铺陈。第一章"1715 年的法国：国王的腿疾与权力的编排"，从路易十四之死切入，探讨了"太阳王"的"神话般的在场"，以及波旁王朝的政体、国王与贵族的关系、绝对主义的诞生等问题，并落脚于即将拉开的摄政统治。第二章"越过暴风骤雨：摄政时期与弗勒里的崛起"，聚焦于 1715—1726 年，路易十四之死为法国带来的希望、奥尔良公爵的"多部会议制"试验、贵族与法官之间的冲突、摄政时期的经济状况、"约翰·劳体制"的成败以及路易十五的童年生活等内容。第三章"弗勒里治下的法兰西"，着重于年逾古稀的首席大臣在 1726—1743 年的执政时期，包括国际关系、天主教徒、詹森主义、信息流通和弗勒里晚年等方面。第四章"毋庸置疑的黄金年代"，呈现了路易十五在 1743—1756 年亲政初期的作为，在有关对外战争的部分，作者三次使用了"great nation"的表

---

① Colin Jones, *The Great Nation: France from Louis XV to Napoleon*, London: Penguin Books, 2003. 参见拙译《伟大民族：从路易十五到拿破仑的法国史》，译林出版社 2024 年版。
② Colin Jones, *The Great Nation: France from Louis XV to Napoleon*, London: Penguin Books, 2003, pp. xiii - xiv.

述：其一，叙述1748年签订《亚琛和约》时，指出路易十五"声称要避免不体面的讨价还价，要以'a great nation'统治者——'国王而不是商人'的身份来实现和平"；其二，针对法国军队人数从17世纪末的25万增加到西班牙王位继承战争期间的40万，评论"像法国这样未来的'great nation'还想拥有一支强大的海军"；其三，总结1756年开始的七年战争对法国造成的影响，认为这场战争将"会打击这个'great nation'作为一个主要强国的自信"。①

作者认为，七年战争的另一个影响还在于推动了公共领域的发展。第五章"启蒙时代"，就更多侧重于思想文化史的视角，讨论了百科全书派和启蒙哲学家的主要观点以及公共舆论中的政治分歧。第六章"洪水滔天之前"，叙述了路易十五在1756年遇刺之后发生的一系列政局转变，涉及高等法院与政府的冲突、七年战争、舒瓦瑟尔的政策、君主制的重组、爱国主义思潮、布列塔尼事件等内容，该章的终点不是1774年路易十五去世，而是1771年莫普流放高等法院法官。第七章"三巨头及其余波"，勾连了1771—1784年法国的政局演变，在谈到法国参加北美独立战争的影响时，作者指出："战争和海军的胜利为法国的国际声望创造了奇迹"，"战争也受到了法国人民的欢迎"，"'The great nation'似乎正在重回正轨"。② 战争推动了爱国主义的兴起，也激化了国内的复杂矛盾。第八章"垂死的波旁王朝"，从1784年"钻石项链事件"谈起，分析了波旁王朝在大革命爆发前遭遇的多重困境，即使"军事胜利曾是'the great nation'最常使用的王牌之一——领土扩张和国际荣耀始终是波旁王朝政治方案中的关键组成部分"，但在严重的财政危机下，"关于战争与和平的舆论动员也超出了政府的能力范畴"。③ 一系列的补救措施于事无补，革命已经迫在眉睫。

1789年造成了法国历史的断裂？第九章"政治文化的革命"选择从1788年夏天的政治氛围开始论述，呈现了法国民众希望召开三级会议的呼声：18世纪末的国王应该成为"14世纪三个等级的召集者"，而非成为"因其文明而

---

① Colin Jones, *The Great Nation: France from Louis XV to Napoleon*, London: Penguin Books, 2003, pp.137, 139 - 140, 170.

② Colin Jones, *The Great Nation: France from Louis XV to Napoleon*, London: Penguin Books, 2003, p.306.

③ Colin Jones, *The Great Nation: France from Louis XV to Napoleon*, London: Penguin Books, 2003, pp.379 - 380.

复兴的'a great nation'的所有者"。① 1789 年的夏日如同"闪电"变幻莫测,但参加制宪议会的代表却发现这是建立政治架构的"黄金时机",特别是在对外关系方面,"'The Great Nation'似乎没有构成太大威胁"。② 但希望转瞬即逝,"大革命民族的最初缔造者,将在他们一手创造的事物中蒙受巨大的痛苦"。③ 第十章"战争与恐怖",详细叙述了 1791—1795 年的惊人巨变。尽管诸多成就"夸大了法国作为'a great nation'的自我形象",但在战争方面,"法国除了 1792 年的疆界之外,没有取得其他任何财产"。④ 第十一章"不稳定的共和国",梳理了 1795—1799 年的摇摆状态。统一和阴谋是大革命政治文化的双重特色,革命的"他者"往往在于内部,而非外国。因此,"法国人恢复了对于世界其他地区的文化优越感",经过革命文化的磨炼,"'the Great Nation'的文明使命肇始于法国本土"。⑤

在结语中,作者为"La Grande Nation"的历史画上句号。18 世纪末,法国面临新老对手的夹击,"'la grande nation'的武装士兵,已经不再是雅各宾派想象中兄弟般的解放者,而是强取豪夺的象征"。意大利战场的胜利,同时引发了恐慌和兴奋的不同情绪,"这个国家似乎对大革命原则并不热衷,而是对被称作'la Grande Nation/the Great Nation'的扩张主义式荣耀更感兴趣"。⑥

---

① Colin Jones, *The Great Nation: France from Louis XV to Napoleon*, London: Penguin Books, 2003, p.399. 需要指出的是,科林·琼斯引用的是法国学者让·埃格雷 1962 年出版的《法国前革命时期》,该书的英译本和法文原本使用了"a great nation"和"une grande Nation"的表述,但埃格雷引用的《拉克雷泰勒全集》第五卷,笔者暂未得见。这段文字缺乏直接史料证明,应出自拉克雷泰勒关于马勒泽布回忆录的描述。拉克雷泰勒(P. L. Lacretelle,1751—1824)在大革命前后非常活跃,1803 年当选法兰西学术院院士。参见 Jean Egret, *La pré-révolution française : 1787 - 1788*, Paris : Presses universitaires de France, 1962, pp.321 - 322 ; Jean Egret, *The French Prerevolution: 1787 - 1788*, translated by Wesley D. Camp, Chicago: The University of Chicago Press, 1977, p.188。

② Colin Jones, *The Great Nation: France from Louis XV to Napoleon*, London: Penguin Books, 2003, p.424.

③ Colin Jones, *The Great Nation: France from Louis XV to Napoleon*, London: Penguin Books, 2003, p.448.

④ Colin Jones, *The Great Nation: France from Louis XV to Napoleon*, London: Penguin Books, 2003, p.457.

⑤ Colin Jones, *The Great Nation: France from Louis XV to Napoleon*, London: Penguin Books, 2003, p.553.

⑥ Colin Jones, *The Great Nation: France from Louis XV to Napoleon*, London: Penguin Books, 2003, pp.571, 575 - 576.

因此,作者将拿破仑比作"雾月的利维坦",更愿意使用"波拿巴"这个相对年轻的称谓。在其看来,"崭新的波拿巴主义政治传统的建立,宣告了18世纪的结束——它汲取了波旁王朝、启蒙运动和大革命的思想,在波旁王朝绝对主义、君主立宪制、自由共和主义和雅各宾专政的表层废墟上,构筑了自己的政权基础。但是,波拿巴政权及其宣称的伟大之处,终因它的军事主义取向而变得脆弱不堪"①。

爬梳"La Grande Nation/The Great Nation"一词在本书中的使用情况,有助于更好地理解作者的写作主旨和逻辑。不难发现,几乎所有表述都出现在有关军事和外交的语境中,直接译作"伟大的国家",或许更能反映该书的副标题——"从路易十五到拿破仑的法国史"。当然,对于这一表述的扩张主义色彩及其在学术研究中的理论含义,作者都有充分的了解。无论是用于书名的"The Great Nation",还是各章节标题的设置,抑或行文中遣词造句的推敲,作者的巧思俯拾皆是。一方面,他延长了"The Great Nation"的时间跨度和使用范围,在尽可能吸纳学界研究的基础上,书写了一部涉及政治、经济、文化、军事、社会等各个领域的18世纪法国史。另一方面,对于一位用英语写作的法国史研究者而言,英国也是他写作过程中关注的对象。例如,在谈及督政府时期的英法关系时,他采纳了法国人使用的"背信弃义的英国佬"(Perfidious Albion)、"新迦太基"(new Carthage)等蔑称。但他也提到,法国人的"恐英症"实则可能更多是"亲英症",并戏谑地表示:"法国人在对英国人进行妖魔化的同时,却对其他欧洲人表现出了兄弟般的包容。"②类似的细节不遑枚举,有待各位读者继续发掘。

五、结语

综上所述,在历史语境中,"La Grande Nation"既是对法国取得军事胜利的赞誉,也是对法国对外扩张活动的讽刺;在学界研究中,"La Grande

---

① Colin Jones, *The Great Nation: France from Louis XV to Napoleon*, London: Penguin Books, 2003, p.580.
② Colin Jones, *The Great Nation: France from Louis XV to Napoleon*, London: Penguin Books, 2003, pp.552-553.

Nation"既是对民族国家历史叙事的超越,也是对法国革命史研究"国际化"取向的呼应。虽然这一表述在理论层面带有民族主义的色彩,但它特指法国的历史含义、突破法国本土界限的学术理念,以及科林·琼斯的写作主旨和该词的具体使用情况表明,该书中出现的"The Great Nation",译作"伟大的国家"似乎更加适当。

值得注意的是,尽管科林·琼斯尝试打破1789年的"断裂",叙述过程中也不免"揶揄",但他着力借鉴学界研究的最新成果,试图撰写一部纵观1715—1799年的法国史,进而系统论证法国在18世纪的大国地位。再次回顾科林·琼斯导论的结尾,这段文字确实值得读者仔细咀嚼:

> 将18世纪推向高潮的法国大革命,不仅为昔日的问题找到了崭新的解决方案,而且成功地催生了一种崭新的意识——1789年开创的政治价值观,值得我们为之付出生命的代价。无论在法国国内还是国外,这种意识已经延续了两个多世纪。作为历史学者,我们对此深感敬畏。[①]

[①] Colin Jones, *The Great Nation: France from Louis XV to Napoleon*, London: Penguin Books, 2003, pp. xxv - xxvi.

书写有情节的思想史

——周月峰《另一场新文化运动：五四前后"梁启超系"再造新文明的努力》读后*

潘恩源**

以五四学生运动为标识的新文化运动历来受到学界关注，四川大学历史文化学院周月峰教授基于博士学位论文修改而成的新著《另一场新文化运动：五四前后"梁启超系"再造新文明的努力》（北京大学出版社2023年版，下文简称"该著"）是有关研究领域的又一部力作。笔者拜读该著后，有感作者在研究视野、方法和观点等多方面均切实推进了学界对五四前后思想世界的书写，因而不揣浅陋，草就本文略作介绍和评论。

一、追索复调的"五四"

该著的问题意识，应置于七十余年来五四新文化运动研究的学术脉络中进行理解。20世纪后半叶有关"五四"的研究，在焦点上大致经历了从以《新青年》《新潮》诸人为主体的北大师生辈，到囊括其他各思想群体及不同群体之间思想互动的转变。

---

* 本文系江苏省研究生科研创新计划"再造文枢：近代南京的文教机构与知识生产研究"（KYCX24_0082）的阶段性成果。
** 潘恩源，南京大学历史学院博士研究生。

对于民国初年多歧的思想潮流、分散于各地的思想群体,大陆学界很早就有关注。然而在很长的一段时间内,受"以阶级斗争为纲"的思维主导,学界往往以是否认同和传播马克思主义、是否在后期转向劳工运动与共产革命为标准判定各群体的性质和地位。没有出现上述经历、转向或持不同意见的知识人常被定性为"资产阶级知识分子",他们的思想主张被界定为"唯心主义""改良主义"和"修正主义"。即使是曾经广为译介社会主义学说的知识人,也被认为是打着马克思主义的"幌子"或带有空想成分。主张将儒家文化作为新文明主体的知识人,则被扣上"封建"的帽子。直到20世纪70年代末,上述研究理路仍在《五四时期期刊介绍》《五四时期的社团》等史料介绍和汇编集中存在鲜明的体现。① 此种研究理路的目的,是为20年代兴起的共产革命寻找思想与社会起源,因而过于偏向以后设视角裁剪新文化运动,最后难免陷入树"正统"、黜"异端"的一元线性叙事中。

1949年后的三十年中,台湾学界对五四新文化运动的研究并不多,"在台湾学界认真讨论五四当是在1979年五四一甲子以后"。② 80年代后,伴随着社会转型,台湾和大陆学者不约而同地开始正视北大师生辈以外的思想群体及其主张。沈松侨对学衡派的研究、吕芳上对革命党人的研究、王元化对《东方杂志》主编杜亚泉的研究、罗志田对林纾的研究均对曾在民初思想界、舆论界有相当影响,却被后来者有意无意忽视、误解的思想个体或同人群体投去更多目光。③ 这些成果不仅拓宽了新文化运动研究的视野,更促使研究者重新审视既存的研究理路。学界逐渐意识到,那些曾被视为"保守派"的知识人,实际上同样从域外汲取了新的思想资源,新派人士亦带有传统的思想意识,"新""旧"之间的距离没有后来者想象得那样遥远,且不同思想群体之间

---

① 参见中共中央马克思恩格斯列宁斯大林著作编译局研究室编:《五四时期期刊介绍》(全3册),生活·读书·新知三联书店1978年版;张允侯等编:《五四时期的社团》(全4册),生活·读书·新知三联书店1979年版。
② 吕芳上:《革命之再起:中国国民党改组前对新思潮的回应(1914—1924)》,"中研院"近代史研究所1989年版,第552页。
③ 参见沈松侨:《学衡派与五四时期的反新文化运动》,台湾大学出版中心1984年版;吕芳上:《革命之再起:中国国民党改组前对新思潮的回应(1914—1924)》,"中研院"近代史研究所1989年版;王元化:《杜亚泉与东西文化问题论战》,载《王元化文论选》,上海文艺出版社2009年版,第338—359页;罗志田:《林纾的认同危机与民初的新旧之争》,载氏著:《权势转移:近代中国的思想、社会与学术》,湖北人民出版社1999年版,第263—289页。

互相渗透、互相影响,各自处于动态变化中,本质主义的描述去史实太远。余英时在 20 世纪末的思考或可视为上述研究带来的理路转向:"五四的思想世界由很多变动中的心灵社群所构成。于是,不仅有许多不断变动又经常彼此冲突的五四规划,而且每一规划也有不同的版本。……五四必须通过它的多重面相性和多重方向性来获得理解。"①

进入 21 世纪,学界对五四前后的各群体持续展开研究,对彼时思想世界的多歧与张力有了更多切身体会。曾与《新青年》诸人有过论争的《学衡》诸人得到深入解读。② 江苏省教育会、革命党人的广泛活动也受到重视,桑兵由此提出重新界定"新文化运动"的名与实,将五四运动以前的思想变革称为"新思潮",五四以后的政治和社会运动称为"新文化运动",以更契合时人的自称并揭示彼时思想界、舆论界重心的转换。③ 张仲民则揭示了基督教青年会在新文化运动缘起过程中培育趋新青年群体、营造新文化论题的作用。④ 此外,一批学者着手探讨五四时期各地青年对新文化报刊的获取、阅读、理解和参与,以揭示新文化运动如何成为一场风靡全国的运动,并引起不同面相的心灵激荡。⑤ 此种对"地方"的关注,一方面受到域外书籍史和阅读史研究的启发,另一方面与前述学界对"五四"思想世界多歧性的揭示分不开。正惟如此,这些从"中心"与"边缘"互动视角出发的研究,才明显有别于 20 世纪后半叶的多种史料汇编《五四运动在××》(××为地名)的旨趣。

可以说,前述一系列成果共同打破了早先五四新文化运动研究的一元线

---

① 余英时:《文艺复兴乎?启蒙运动乎?——一个史学家对五四运动的反思》,载氏著:《现代危机与思想人物》,生活·读书·新知三联书店 2005 年版,第 98—99 页。
② 参见郑师渠:《在欧化与国粹之间:学衡派文化思想研究》,北京师范大学出版社 2001 年版;沈卫威:《"学衡派"谱系:历史与叙事》,江西教育出版社 2007 年版。
③ 参见桑兵:《"新文化运动"的缘起》,《澳门理工学报(人文社会科学版)》2015 年第 4 期;桑兵:《北京大学与新文化运动》,《中山大学学报(社会科学版)》2017 年第 5 期;桑兵:《〈新青年〉与新文化运动》,《学术月刊》2020 年第 5 期。
④ 张仲民:《基督教青年会与五四新文化运动》,载复旦大学历史学系、复旦大学中外现代化进程研究中心编:《近代中国的阅读史》,上海古籍出版社 2022 年版,第 130—153 页。
⑤ 例如,章清:《五四思想界:中心与边缘——〈新青年〉及新文化运动的阅读个案》,《近代史研究》2010 年第 3 期;张仲民:《种瓜得豆:清末民初的阅读文化与接受政治》,社会科学文献出版社 2016 年版,第 287—316 页;徐佳贵:《"五四"与"新文化"如何地方化——以民初温州地方知识人及刊物为视角》,《近代史研究》2018 年第 6 期;瞿骏:《觅路的小镇青年——钱穆与五四运动再探》,《近代史研究》2019 年第 2 期。

性叙事,充分彰显民初思想界多元并进的一面。在当时具有较大影响的思想群体中,梁启超及其周围的学人亦为一个重要群体。他们长期以来被视为新文化运动的反对者,或仅被视为新文化整体的一部分,其自身文化方案、实践的独特性尚未受到重视,与其他知识人的互动亦未得到呈现。由此,作者选择探究五四前后"梁启超系"的新文化主张与实践,既是五四新文化运动研究不断趋于复调的最新成果,又大大推进了这一研究趋势。

二、描摹思想的"肌理"

该著凡三十余万言,除"绪论"与"总论"外,正文共八章。此八章又可根据核心人物梁启超欧游返国的前与后,分为张东荪等人自主思索新文化和梁启超整顿自家报刊、调整本系文化运动方略两大部分。

第二、三章讲述了张东荪、蓝公武主持《时事新报·学灯》《国民公报》,先后加入新文化论域,一面响应《新青年》,一面又调节后者对待传统文化态度的故事。第四、五章聚焦张东荪,探讨其面向青年,笼统引介各种社会主义学说,求中西以外第三种文明方案的激进文化运动方针。

第六章着重刻画了梁启超、蒋百里、张君劢等人游历欧洲"求曙光"的点滴。在此期间,一行人广泛学习战后西欧的各类学说,尤青睐柏格森(Henri Bergson)和倭伊铿(Rudolf Christoph Eucken)的哲学思想,由此重新审视"欧化"与中国传统文化的时代价值,准备回国发起一场体系化的文化运动。第七章讲述梁启超返国后整顿《解放与改造》杂志,使自家文化运动从高谈主义转向研究问题,从一度反对谈政治到主动介入政治言说的调整过程。第八章深入剖析了梁启超的文明理想,指出梁启超对"复古""欧化""俄化"均感不满,立意以中国传统文化为主体,化合中西,预备提出超越一切预定型范的新文明主张。第九章主要考察了梁启超系之文化运动与政治运动的关系,指出梁启超诸人意在以文化运动培养、延揽"社会中坚分子",组党造党,在推动五四后思想界走向政治行动的同时,又逐渐难以吸引激进者,遭遇边缘化。

如作者所言:"展现梁启超一系'新文化运动'的故事,可以是起点与基础,但不必是其全部。"(第29页)作者并不止步于"一人一派",而更着眼于梁启超系与北大师生辈等思想界其他群体之间、与时代思潮之间的"相互关系",以避免静态的、抽象的思想史书写,努力把捉动态的、有情节的思想史。这一学术追求产生了该著在研究上的两大特色。

其一是注重刻画知识人之间的具体互动。作者大量使用《梁任公先生年谱长编初稿》所录、各种报刊所登之书札,以及有关人物日后回忆所见之往来迹象,细致描绘了各思想者之间的互动。如第一、二章通过梳理张东荪、蓝公武与陈独秀、胡适、傅斯年等人的信函,分析张、蓝调整报刊栏目的举动,将梁启超系进入新文化论域、调节新文化走向的过程具象化。也正是通过揣摩这些思想者互动时的"身法招式",方能将他们在思想光谱上的位置描摹出来。

其二是在比较中定位梁启超系的思想光谱。梁启超归国后试图化合中西,超越"复古""欧化""俄化"三种既存型范,却因倾向长期研究的态度,暂缓给出一种新的型范。因此,只有在比较中方能看出其思想特点。如相比胡适,梁更看重中国传统文化的主体地位,在科学与民主之外强调哲学的价值。随着时间推移,社会主义学说影响日盛,梁则强调中国缺乏扎实的工业基础,社会主义难以解决中国的现实问题,且社会主义和资本主义一样过于偏重物质生活问题,缺乏对精神生活之研究。

第六章对梁启超等人欧游"心影"的"实录",更还原了梁启超生命史中极为重大,却尚未得到充分理解的思想转折。如罗志田在序言中所言:"就梁启超一生而言,戊戌前后或是最显'进步'的时刻,其次是护国运动时期,五四前后已是被认为'落伍'的一段。"(第3页)在众多思想史著作中,清末以常带感情之笔锋为国人输入"东学"的梁启超可谓光辉无比,五四前后的他却被有意无意忽视或简化,此种认识与梁启超当时的自我认知和实际影响皆相去甚远。事实上,在梁启超看来,自己于一战后亲往欧洲,乃克服晚清通过"东学"转手"西学"的弊端,直接研习西洋学说。无论就其个人还是当时的中国而言,其意义均超越清末东渡。作者通过解读函札,刻画了梁启超诸人在欧洲期间的种种观感和思考,更通过捕捉他们与留在国内的张东荪的互动,凸显五四运动发生时的"在场"与否对思想个体所产生的微妙影响。同时,作者还原了梁启超系内部筹划文化运动方案时的商议过程,又通过其他群体或公开或私下的议论,呈现梁启超系之活动对新文化运动的具体形塑。凡此种种,皆将人事互动与思想的生成紧密结合,让读者充分感受到思想的"其来有自"。

三、文化与政治的纠缠

五四新文化运动在后期逐渐转向社会运动和政治运动,思想世界步入"主义时代"①,青年群体为国民革命所吸引。对于此种转向的缘由和历史意义,海峡两岸长期以来争讼不休,而且往往难以摆脱意识形态和政治诉求的影响。梁启超不仅不是国民革命的鼓吹者和参与者,而且在很大程度上是这场革命的反思者。由此,梁启超系与"五四"的整体转向有无关系,他们与同时期思想界的激进化有何具体的互动,对理解五四前后文化运动与政治运动的纠缠具有重要意义。笔者拜读该著,在获益良多之余,对书中有关上述主题的论述略感存疑,故在此提出一些不成熟的讨论。

作者指出,梁启超系原本活跃在民国初年的政治舞台上,故即使转向文化运动,他们与现实政治的心理距离仍较胡适等人更近。张东荪一度高谈彻底"解放",笼统地引介各类社会主义学说,对思想界走向社会运动实有鼓动之力。梁启超诸人归国后,不仅重新介入现实政治言说,而且有意培养和延揽人才,旨在组党造党、参与"新选举"。他们"带着浓厚的政治色彩参与新文化运动,这一姿态和举动对思想界具有感染性,使得文化运动越来越政治化"(第 215—216 页)。

在作上述论述时,作者常将梁启超系与胡适作比较。胡适晚年认为国共两党和梁启超系共同促成青年对政治发生兴趣,造成文化运动中断而转向政治运动的看法,也多次被征引(第 216、228、245 页)。相对胡适,梁启超系的政治色彩的确更为浓厚。只是"政治(化)"意象本身内涵丰富,不宜一概而论。笔者认为,至少应将"政治"进一步区分为建国目标或曰文明理想、行为手段两种情形,然后加以具体辨析。

何卓恩在讨论五四以后社会思潮的分化问题时,指出应区分建国目标和行为手段两种情况。在建国目标上,"民族主义(保守的理想)、自由主义(温

---

① 王汎森认为,20 世纪 20 年代中期以后,"主义"与思想、组织、行动(主要是党和军队)结合,变成一种排他性的无上律令和近百年来中国最强大的政治论述。中国历史由此进入"主义时代"。参见王汎森:《思想是生活的一种方式:中国近代思想史的再思考》,北京大学出版社 2018 年版,第 138—219 页。

和的理想）、共产主义（激进的理想）"共时态竞合。在行为手段方面，则有"保守方式、渐进方式、激进方式"的分歧贯穿五四前后。建国目标和行为手段又被时人分别组合，产生多种选择方案。①

借鉴上述分析思路，不难发现：在建国目标/文明理想层面，梁启超超越一切既存型范的文明设想固然激进，但由于他暂缓给出一个新方案，实则难以吸引青年。在现实过程中，作者已将梁启超与陈独秀、孙中山作比较，指出梁启超希望改造的是国民和执政者，比意在同时改造国民、变革执政者和制度的陈独秀更温和，比护法运动时期只想更替执政者的孙中山更激进/彻底。在行为手段层面，梁启超系参与时政、起草宪法，希望以政党政治的方式改造政府，乃在制度轨道内行动，可谓十分温和。陈、孙则主张以革命行动颠覆既存秩序，明显更为激进（第 213 页）。五四后，青年群体转向政治与社会运动，包括在目标和理想上转向变革执政者与制度，一部分人更憧憬遥远的社会主义，在行为手段上转向街头抗议、劳工运动、军事行动。此种转向，显然与梁启超系的所思所行相去甚远。因此，梁启超系固然介入了政治言说和行动，但除了前期张东荪高谈社会主义的影响，无论在目标和理想还是行为手段上，似乎都很难说他们"实实在在地助力了后来政治运动的主流声音，连接起新文化运动和国民革命两个历史进程"（第 217 页）。正惟如此，倾向于在轨道内进行政治改革的梁启超系，才会被视为时代的"落伍者"。

笔者所以会与作者有不同观感，可能正缘于比较对象不同。与胡适相比，梁启超系不那么超然于现实政治；与陈独秀和孙中山相较，梁启超诸人心中的"政治"指向又大相径庭。避免本质主义的思想定性，追求在"相互关系"、动态情节中理解和书写思想史，正是该著予以读者的重要启迪。

作者曾将五四新文化运动生动地比作电影，进而指出从配角的视角重访"五四"，不仅有助于重访被遗忘的声音，而且能够增加比较关联的思考维度，

---

① 详见何卓恩：《"常""变"之争和"主义"之辩下的保守与激进——"保守主义、自由主义、激进主义"三分法商榷》，《学术月刊》2011 年第 4 期。

丰富对主角的理解,并在主角和配角的竞逐中理解新文化运动的过程。① 该著在还原五四前后梁启超系再造新文明之鲜活身影的同时,亦不同程度地勾勒出胡适、陈独秀、孙中山等人的另面。如若回到历史现场,我们甚至可能发现"主角"和"配角"的位置本不那么确定,而是在竞逐中渐次生成,历经后人形塑。五四学生运动已过去一百余年,研究者实有必要进一步思考如何淡化后设的"主角光环",以期书写更富有情节的思想史。

---

① 周月峰:《从配角的视角重访五四新文化运动》,载马敏主编:《近代史学刊》第22辑,社会科学文献出版社2020年版,第18—21页。

征稿启事

1. 《亚洲概念史研究》由南京大学学衡研究院主办。

2. 刊载与语言、翻译、概念、文本、学科、制度和现代性等主题有关的论文和评论。

3. 除特约稿件外,论文字数以不多于 30 000 字为宜,评论以不多于 20 000 字为宜。

4. 热忱欢迎海内外学者不吝赐稿。请将电子稿寄至 xuehengnju@163.com 或将打印稿寄至:南京市栖霞区仙林大道 163 号南京大学圣达楼学衡研究院收(邮编:210023)。

5. 文稿第一页请标示以下内容:文章标题、作者姓名、单位、电子邮箱、通讯地址。

6. 投寄本刊文章,凡采用他人成说,请务必加注说明,注释一律采用当页脚注,并注明作者、书名、出版信息及引用页码,参考文献另列于文末。

7. 本刊实行匿名评审制度。编辑部有权对来稿文字做技术性处理,文章中的学术观点不代表编辑部意见。

8. 投稿一个月之内未收到刊用通知,请自行处理。